監査業務の法的考察

弥永 真生 著

 日本公認会計士協会出版局

はしがき

　昭和56（1981）年商法改正の前後には、商法（会社法）の研究者と監査論の研究者・公認会計士との間での議論が多くなされており、相互に他方の領域に強い関心を持っていたように思われます。そこで、企業会計・監査と会社法・金融商品取引法という２つの領域に関心をもって研究している者として、法律学（とりわけ、会社法）の観点から、公認会計士・監査法人による監査についてどのように考えられてきたのかを明らかにし、また、今後の課題を概観してみようとしたのが本書です。無謀な試みですが、法律学と監査論との間の橋渡し・通訳を試みたものです。公認会計士・監査法人は、企業会計審議会が定める監査基準や日本公認会計士協会が策定する監査実務指針に則り監査業務を遂行していますが、監査基準や監査実務指針のほか、監査業務の遂行に当たっては会社法等の法律の規定にも留意する必要があると思われる一方で、法律学の研究者や実務家にも今一度、監査の問題に注目していただき、議論が活発化する一助となることを願って、まとめました。

　引用等させていただいている論文や著書のほか、企業会計審議会監査部会における議論、日本監査役協会の方々、とりわけ会計委員会の委員の方々からのご教示、日本公認会計士協会監査基準委員会有識者懇談会における議論などから多くのご示唆を受けた成果でもあります。同時に、監査論の研究者の方々、とりわけ、町田祥弘教授（青山学院大学大学院）及び松本祥尚教授（関西大学会計専門職大学院）から投げかけられたご質問、ご指摘に自分なりに応えようとした成果です。

　本書を執筆するにあたっては、第３章及び第４章については大渕真喜子教授（筑波大学ビジネスサイエンス系）、第７章については小野上真也准教授（清和大学法学部）から、それぞれ、多くのご教示をいただきました。もっとも、当然のことながら、ありうべき誤りは著者にのみ帰するものです。

　検討が及んでいない点もいまだ多くありますが、監査報告書の在り方や監査人の役割については今後ますます議論が活発化すると予想されるなかで、さらに研究を深めていきたいと考えております。

最後になりますが、日本公認会計士協会機関誌「会計・監査ジャーナル」の連載の際に、丁寧にチェックをしてくださった編集部の方々、出版を取り巻く環境が厳しい中、本書のようなマニアックな書籍の出版にご尽力くださった日本公認会計士協会出版局の方々に心より御礼を申し上げます。

　2021年4月

弥永真生

監査業務の法的考察●もくじ

本書は、日本公認会計士協会機関誌「会計・監査ジャーナル」に2018年10月号から2020年12月号まで連載された記事「法的な観点から監査業務を考察する」を基にして、加筆およびアップ・デートを行ったものです。

■凡例

略称	名称
協会	日本公認会計士協会

略称	資料名
監査証明府令	財務諸表等の監査証明に関する内閣府令
企業内容開示府令	企業内容等の開示に関する内閣府令
企業内容等開示ガイドライン	企業内容等の開示に関する留意事項について
財務諸表等規則	財務諸表等の用語、様式及び作成方法に関する規則
連結財務諸表規則	連結財務諸表の用語、様式及び作成方法に関する規則
中間財務諸表等規則	中間財務諸表等の用語、様式及び作成方法に関する規則
中間連結財務諸表規則	中間連結財務諸表の用語、様式及び作成方法に関する規則
四半期財務諸表等規則	四半期財務諸表等の用語、様式及び作成方法に関する規則
四半期連結財務諸表規則	四半期連結財務諸表の用語、様式及び作成方法に関する規則
財務諸表等規則ガイドライン	「財務諸表等の用語、様式及び作成方法に関する規則」の取扱いに関する留意事項について
商法特例法	株式会社の監査等に関する商法の特例に関する法律
企業会計基準第11号	企業会計基準第11号 関連当事者の開示に関する会計基準
企業会計基準第21号	企業会計基準第21号 企業結合に関する会計基準
企業会計基準第24号	企業会計基準第24号 会計方針の開示、会計上の変更及び誤謬の訂正に関する会計基準
企業会計基準第29号	企業会計基準第29号 収益認識に関する会計基準
企業会計基準適用指針第11号	企業会計基準適用指針第11号 ストック・オプション等に関する会計基準の適用指針
企業会計基準適用指針第13号	企業会計基準適用指針第13号 関連当事者の開示に関する会計基準の適用指針
企業会計基準適用指針第24号	企業会計基準適用指針第24号 会計方針の開示、会計上の変更及び誤謬の訂正に関する会計基準の適用指針
監査基準委員会報告書200	監査基準委員会報告書200 財務諸表監査における総括的な目的
監査基準委員会報告書210	監査基準委員会報告書210 監査業務の契約条件の合意
監査基準委員会報告書220	監査基準委員会報告書220 監査業務における品質管理
監査基準委員会報告書230	監査基準委員会報告書230 監査調書
監査基準委員会報告書240	監査基準委員会報告書240 財務諸表監査における不正

監査基準委員会報告書250	監査基準委員会報告書250　財務諸表監査における法令の検討
監査基準委員会報告書260	監査基準委員会報告書260　監査役等とのコミュニケーション
監査基準委員会報告書315	監査基準委員会報告書315　企業及び企業環境の理解を通じた重要な虚偽表示リスクの識別と評価
監査基準委員会報告書330	監査基準委員会報告書330　評価したリスクに対応する監査人の手続
監査基準委員会報告書510	監査基準委員会報告書510　初年度監査の期首残高
監査基準委員会報告書550	監査基準委員会報告書550　関連当事者
監査基準委員会報告書560	監査基準委員会報告書560　後発事象
監査基準委員会報告書570	監査基準委員会報告書570　継続企業
監査基準委員会報告書580	監査基準委員会報告書580　経営者確認書
監査基準委員会報告書600	監査基準委員会報告書600　グループ監査
監査基準委員会報告書610	監査基準委員会報告書610　内部監査人の作業の利用
監査基準委員会報告書700	監査基準委員会報告書700　財務諸表に対する意見の形成と監査報告
監査基準委員会報告書701	監査基準委員会報告書701　独立監査人の監査報告書における監査上の主要な検討事項の報告
監査基準委員会報告書705	監査基準委員会報告書705　独立監査人の監査報告書における除外事項付意見
監査基準委員会報告書706	監査基準委員会報告書706　独立監査人の監査報告書における強調事項区分とその他の事項区分
監査基準委員会報告書720	監査基準委員会報告書720　その他の記載内容に関連する監査人の責任
監査基準委員会報告書900	監査基準委員会報告書900　監査人の交代
監査基準委員会研究報告第3号	監査基準委員会研究報告第3号　監査基準委員会報告書800及び805に係るQ&A
品質管理基準委員会報告書第1号	品質管理基準委員会報告書第1号　監査事務所における品質管理
監査・保証実務委員会報告第76号	監査・保証実務委員会報告第76号　後発事象に関する監査上の取扱い
監査・保証実務委員会報告第83号	監査・保証実務委員会報告第83号　四半期レビューに関する実務指針
監査・保証実務委員会実務指針第85号	監査・保証実務委員会実務指針第85号　監査報告書の文例
監査約款	法規・制度委員会研究報告第1号　監査及びレビュー等の契約書の作成例　監査約款及び四半期レビュー約款（様式1及び様式2共通）監査約款

●本書は、2021年4月14日までに公表された資料を元に執筆しております。

●本書における法令や実務指針等の引用箇所の接続詞等の表記については、編集の都合上、原文と一致していない場合があります。

監査業務の法的考察

1 裁判例における監査基準

1 │ 『監査基準』等または
日本公認会計士協会の実務指針の意義

　金融商品取引法上の民事責任との関係で、監査人が投資者に対して損害賠償責任を負うことを免れるためには、証明をしたことについて故意または過失がなかったことを主張立証する必要がある（金融商品取引法21条2項2号・24条の4）。

　学説上、公認会計士が監査証明したことにつき故意または過失がなかったとは、一般的には公認会計士が受任者としての善管注意義務を尽くしたことをいい、具体的には一般に公正妥当と認められる監査の基準及び慣行に基づいて監査を実施し、その監査の結果が、監査報告書に正確に記載されていることをいうと解されている[1]。

　これは、「監査報告書……は、一般に公正妥当と認められる監査に関する基準及び慣行に従つて実施された監査……の結果に基いて作成されなければならない」とする財務諸表等の監査証明に関する内閣府令（以下「監査証明府令」という。）3条2項の文言からも明白である。そして、「一般に公正妥当と認められる監査に関する基準」に『監査基準』（監査証明府令3条3項1号）及び日本公認会計士協会（以下「協会」という。）の公表する実務指針が含まれることには異論はない[2]。もっとも、監査証明府令は、「一般に公正妥当と認められる監査に関する基準及び慣行」（圏点—引用者）に従って監査を行うことを要求しており、「一般に公正妥当と認められる監査に関

する基準」に従ったのみでは無過失を立証するために不十分であって、さらに「一般に公正妥当と認められる監査に関する慣行」に従うべき場合がありうることが示唆されている。ここで、ある監査実務が一般に公正妥当と認められる「慣行」[3]にあたるかどうかは――具体的には、裁判所の事実認定によるが[4]――公認会計士及び監査法人の間で広く採用されている監査実務のうち、金融商品取引法監査の目的を実現するためにふさわしい監査実務を意味すると解するのが穏当であろう。

このような観点からは、『監査基準』などや協会の実務指針には、公認会計士が金融商品取引法上の監査または会計監査人監査を実施するにあたって、その任務（監査契約上の債務）の内容や善管注意義務のレベルを画するという機能が認められる。

なお、実際上は、ある特定の業種に属する会社の監査について、適切に対応した協会の実務指針が公表されていないような場合を除き、『監査基準』及び協会の実務指針に従って監査を実施し、適切に報告したことによって、無過失は、一応、推定されるものと予想される[5]。もっとも、『監査基準』は相当程度抽象的であり、協会の実務指針が指示する監査手続等には選択の幅があるため、機械的にあてはめられるようなものではない、すなわち、公認会計士の判断を伴うものである。したがって、ある公認会計士または監査法人が『監査基準』等に従って監査を実施したことが一目瞭然である場合はけっして多くはないと予想される[6]。

2 | 裁判例における監査基準

①東京地判平成3・3・19判時1381号116頁［有限会社の任意監査］
②東京高判平成7・9・28判時1552号128頁［①の控訴審判決］
③東京地判平成15・4・14判時1826号97頁［労働組合監査］
④大阪地判平成17・2・24判時1931号152頁
⑤大阪地判平成18・3・20判時1951号129頁

	原告	事案	時期
①② 任意監査（有限会社）	被監査会社	従業員不正	1977/1-1977/12
③ 労働組合監査	労働組合	従業員不正	1990/8-1998/7
④ 証券取引法監査	株主	粉飾決算	1993/4-1997/3
⑤ 特例法監査/証券取引法監査	株主	粉飾決算	1991/4-1997/3
⑧ 特例法監査/証券取引法監査	破産管財人	粉飾決算	1997/4-2001/3
⑩ 学校法人監査	住民	粉飾決算	1997/8/20時点（財産目録）
⑨ 特例法監査	被監査会社	従業員不正	2000/4-2002/3
⑥ 特例法監査	債権者	粉飾決算	2003/2-2004/1
⑪ 証券取引法監査	投資者	粉飾決算	2003/10-2004/9
⑫ 証券取引法監査/特例法監査	投資者		
⑬ 証券取引法監査/特例法監査	投資者		
⑮ 証券取引法監査/特例法監査	投資者		
⑭ 証券取引法監査	投資者	粉飾決算	2004/1-2004/12
⑦ 特例法監査/証券取引法監査	被監査会社	粉飾決算	2004/4-2005/3
⑯ 特例法監査/証券取引法監査	再生債務者管財人	粉飾決算	2003/4-2006/3
⑰⑱ 特例法監査・会社法監査/証券取引法監査・金融商品取引法監査	投資者	粉飾決算	2002/7-2007/6
⑲ 証券取引法監査・金融商品取引法監査	投資者	粉飾決算	2004/7-2007/6

⑥東京地判平成19・11・28金法1835号39頁

⑦東京地判平成20・2・27判時2010号131頁

⑧大阪地判平成20・4・18判時2007号104頁

⑨東京地判平成20・7・31（平成17年（ワ）第19120号）

⑩仙台地判平成21・4・13（平成17年（行ウ）第9号）

⑪東京地判平成21・5・21判時2047号36頁

⑫東京地判平成21・6・18判時2049号77頁

⑬東京地判平成21・7・9判タ1338号156頁

⑭東京地判平成22・10・15（平成19年（ワ）第7803号）

判断規準	リスク・アプローチ	結論
監査基準等の適用なし→監査基準、準則に盛られた監査に関する一般的な原則	n/a	責任あり
		責任なし
監査基準等を参照		責任あり
監査基準等		責任なし
監査基準等	不適用	責任なし
監査基準等＋JICPA実務指針	適用	責任あり
日本公認会計士協会「学校法人監査手続一覧表」	n/a	責任あり
監査基準等＋JICPA実務指針	適用	責任なし
監査基準等＋JICPA実務指針	適用	責任なし
監査基準	言及なし	責任あり
監査基準等＋JICPA実務指針	適用	責任なし
不明	実質的には不適用	責任なし
監査基準等＋JICPA実務指針	適用	責任なし
監査基準等＋JICPA実務指針	適用	責任なし

⑮東京高判平成23・11・30判時2152号116頁［⑪の控訴審判決］

⑯大阪地判平成24・3・23判時2168号97頁

⑰東京地判平成26・12・25（平成21年（ワ）第30700号）

⑱東京高判平成27・11・4（平成27年（ネ）第598号）［⑰の控訴審判決］
　（最決平成28・10・11により上告棄却・上告不受理）

⑲東京地判平成28・2・23（平成21年（ワ）第24606号）

　一般論としては、会計監査人は一般に公正妥当と認められる監査の基準及び慣行に基づいて監査を行えば、正当な注意を払ったと評価され、被監査会

社や第三者に対して損害賠償責任を負うことにはならないと解され、裁判例もそのような解釈を前提とする。そして、民事責任との関係では、正当な注意を払ったかどうかの判断は、公認会計士に期待される監査手続等を実施し、その結果に基づいて合理的な判断を行い、意見を表明し、または証明を行ったかどうかという規準によってなされるものと考えられる。もっとも、公認会計士が正当な注意を払ったと判断されるかどうかは、監査技法の発達、監査の基準の設定・改廃、公認会計士監査に対する被監査会社や社会の期待の変化等の影響を受けるものと考えられる。

　裁判例においても、たとえば、⑯判決は、「監査契約上の善管注意義務に違反したか否かは、通常の監査人が準拠すべき一般に公正妥当と認められる監査の基準である企業会計審議会の定めた『監査基準』や日本公認会計士協会の定めた実務指針、監査実務慣行に従った監査を実施したかどうかにより判断することとなる」とする。⑲判決も「通常の監査人が準拠すべき監査基準等に従った監査を実施したものということができる」として、故意または過失は認められないとした。他方、⑪、⑫、⑬及び⑮判決は、監査基準に違反したことをもって、故意または過失があるものとした[7]。

　なお、⑤判決と同じ虚偽記載について損害賠償が求められた事案に関する④判決は、「国内ダミー会社であるD1等5社も海外ダミー会社も、連結規則5条による連結の範囲に含まれる会社ではなく、監査の対象とはならないところ、……外部からはA1との関係を容易に知り得ないD1等5社において顧客の含み損ある有価証券を引き取らせ、特金勘定を利用してその資金を捻出するなどの仕組みにより、多額の損失の存在を隠ぺいし、本件各有価証券報告書に虚偽の記載をさせていたというのであり、Yにおいて、監査人として通常要求される程度の注意義務を尽くしたとしても、……運用状況報告書の記載からは、D1等5社の存在及びそれらの法人格の独立性がA1との関係において否認されるべきものであることを基礎付ける事情を認識することは不可能であったものと認められる」と判示していた。

　⑤判決の事案においては、A1が構築した粉飾のスキームが巧妙であり、Yにとっての監査期間及び監査資源の制約を前提とする限り、飛ばしを発見

できなかったという結果から、Yが正当な注意を払わなかったと判断することは適当でないということもできた。たとえば、⑤判決後に下されたものであり、しかも、監査実施の時期が本件よりかなり後（平成16年1月期）の事案に関する⑥判決は、「代表取締役を始めとする経営陣が組織的に、」「巧妙な手段を用いて粉飾決算を行っていたため」、会計監査人が被監査会社の「決算について粉飾であることを発見できなかったことはやむを得ないというべきである」として、会計監査人に過失があるともいえない。」と判示しているが、⑤判決の事案においても、試査に基づくことを前提とする以上、D1等5社との取引を発見することは一般に期待できなかったと考えられるし、この事案は⑥判決の事案に勝るとも劣らない組織的粉飾の事案であったと評価できる。

　また、2002年改訂後監査基準にいうリスク・アプローチの考え方に基づいても、不正のリスクを念頭に置く必要があるとはいえ、公認会計士などが、不正の発見に重点を置いた監査手続を常に行わなければならないとか、不正を発見することができなかったことにより、正当な注意を払わなかったと直ちに推認されるものでもない[8]。

　ところで、監査基準委員会報告書以外の協会の文書につき、⑯判決は、日本公認会計士協会IT業界における特殊な取引検討プロジェクトチーム「情報サービス産業における監査上の諸問題について」（2005年3月11日）は、「プロジェクトチームの報告という形式を採ってなされた提言であって、日本公認会計士協会の定めた実務指針である監査基準委員会報告書等でもないこと……、その内容も、あくまでも情報サービス産業における監査を実施する際の留意点として一般的注意事項が述べられたに過ぎないものであること、本件監査当時、情報サービス産業における監査一般において、諸問題に記載されているような監査手続を含む監査が行われていたと認めるに足りる証拠は存しないことからすれば、本件監査当時、諸問題が監査実務慣行として監査人が準拠すべき監査の基準となっていたとまでは認められない。また、会長通牒も、同様に、諸問題を前提とした慎重な監査を要請するものに過ぎず、それ自体が監査の基準とはいえない。」とした。⑲判決も「プロジェクトチ

ーム報告……の内容も、情報サービス産業に係る監査についての留意事項を挙げ、一般的な注意喚起をするものである……。そうすると、監査人が準拠すべき企業会計審議会の定めた監査基準や、日本公認会計士協会の定めた実務指針とは形式や位置づけが異なるものであり、また、当時、プロジェクトチーム報告記載の監査手続が広く一般に実施されていたことを認めるに足りる的確な証拠もないのであって、これをもって監査実務慣行に当たると評価するのは相当でない。加えて、……日本公認会計士協会会長通牒平成23年第３号…は、Yが本件有価証券報告書等に係る監査を行った当時、発出されていたものではない。したがって、プロジェクトチーム報告が、上記の当時、一般的な注意喚起の域を超えて、監査人が準拠すべき監査基準や監査実務慣行等を構成していたということはでき……ない」とした。そして、当該「監査の当時、諸問題あるいは会長通牒が、情報サービス産業における監査についての一般的な注意喚起の域を超えて、善管注意義務違反の有無の指標となる監査の基準であったと認めることはできず、情報サービス産業の監査に従事する者が、単に抽象的に不正の可能性や疑いが存在するに過ぎず、不正を窺わせる具体的な事情が特段存在しない状況において、取引先と共謀した架空循環取引の存在を前提に、諸問題が指摘するような架空循環取引発見のための監査手続を実施すべき義務を負っていたとはいえない。」と判示した（⑲判決も同趣旨）。

　なお、『監査基準』及び『監査実施準則』等に基づいて監査したのみでは善管注意義務を尽くしたとはいえない場合があると指摘されてきた[9]。なぜなら、善管注意義務に基づいて何をなすべきかは具体的な事案に即して変わってくるからである。そして、⑯判決は、「監査人が、監査計画を策定して監査手続を実施する過程において、財務諸表の適正性に影響を及ぼすような不正行為に起因する財務諸表の重要な虚偽の記載の具体的な兆候を発見した場合には、当該不正の類型や発生可能性、財務諸表全体への影響額等を考慮の上、十分かつ適正な監査証拠を入手すべく、監査手続を選択・追加・修正する義務を負っているといえる」とし、当該事案においては、監査人が「リスク・アプローチに基づき、監査計画を策定して監査手続を実施する過程にお

いて、再生会社による架空循環取引等の不正行為に起因する重要な虚偽の記載の具体的な兆候を発見したか、あるいは発見すべきであったといえる場合において、前記不正の類型や発生可能性、財務諸表全体への影響額等を考慮し、不正発見のために必要な監査手続を実施すべきと認められるときは」、監査人は、「善管注意義務の一内容として、Xが主張するような架空循環取引発見のための合理的な監査手続を実施すべき義務を負う」とした。もっとも、⑰判決から⑲判決は同一の粉飾事件に係るものであるが、たとえば、⑲判決は「不正の兆候を認識していたのに、漫然とこれを放置したことを示す的確な証拠はない。そうすると、Yにおいて、その行った監査手続以上の対策を講ずべきであったと断定することはできない」としている。

このように、裁判例においては、結局、『監査基準』等に従っている限り、過失はないものと認定されるのが一般的であり、『監査基準』等はこれまでのところセーフ・ハーバーとして機能してきたといってよいであろう。

〈注〉
1　加藤貴仁「21条」岸田雅雄（監修）『注釈金融商品取引法［改訂版］第1巻』（金融財政事情研究会、2021）341頁、神田秀樹（監修）『注釈証券取引法』（有斐閣、1997）136頁、神崎克郎＝志谷匡史＝川口恭弘『証券取引法』（青林書院、2006）366-367頁など。なお、特に調査を必要とする徴表を発見した場合には、監査基準以上の監査が必要となる可能性があるという見解が、かつて、示されていたが（谷川　久「民事責任」ルイ・ロス＝矢澤　惇（監修）・証券取引法研究会（編）『アメリカと日本の証券取引法　下』（商事法務研究会、1975）609頁）、これは、監査実施準則などが「通常の監査手続」を具体的に列挙していたことを背景とする指摘であったとみるのが適切であろう。
2　平成11年3月30日大蔵省令第25号による改正により、「金融再生委員会組織令（平成10年政令第392号）第31条に規定する企業会計審議会により公表された監査に関する基準は、前項に規定する一般に公正妥当と認められる監査に関する基準に該当するものとする。」とする第3項が追加された。なお、この改正前には、財務諸表等の監査証明に関する省令取扱通達の三が「省令第3条第2項に規定する『一般に公正妥当と認められる慣行に従つて実施された監査又は中間監査』とは、おおむね、『監査基準、監査実施準則及び監査報告準則の

改訂について（企業会計審議会平成3年12月26日報告）』に定めるところに従って実施されたものをいうものとする。」と定めていた。

3　法律上は、法的な確信を伴った慣行を慣習法とよび、商事に関する事項については、商法典に規定がないものについては、商慣習法が民法に優先して適用される（商法1条2項）。

4　この判断にあたっては、国際監査基準とのコンバージェンスを図った日本公認会計士協会の実務指針が現在では詳細なものとなっていることから、高い重要性を有すると推測されるが、研究者及び実務家による文献なども参照されることになろう。

5　北村雅史「24条の4」神田秀樹ほか（編著）『金融商品取引法コンメンタール1　[第2版]』（商事法務、2018）590頁は、「監査時点での監査基準（および公認会計士協会の実務指針）に従っていれば過失がなかったと一応はいえそうである」とする。証券取引法に基づく監査について、おおむね監査実施準則に基づく監査を行い、それを監査調書に記録しておれば、過失がないことを立証することができようとしていたものとして、奥村光夫「企業内容開示制度の改正について」商事法務研究555号（1971）22頁、渡辺豊樹ほか『改正証券取引法の解説』（商事法務研究会、1971）69頁、河本一郎＝神崎克郎『問答式改正証券取引法の解説』（中央経済社、1971）111-112頁、土肥東一郎「投資家保護と公認会計士の社会的責任」企業会計23巻6号（1971）32頁などがある。

6　畑　知成「公認会計士の監査証明業務に関する損害賠償責任について」NBL879号（2008）51頁、田澤元章「粉飾決算等の看過と会計監査人の民事責任」名城法学60巻別冊（2010）352頁、北村・前掲注(5)590頁参照

7　なお、⑤判決は、2002年1月25日改訂前監査基準及び廃止前監査実施準則の一部分の監査規範性について否定的な判示を行った点で特徴を有する。すなわち、本判決は、「監査基準第二・三及び監査実施準則五は、監査人が監査を実施するに当たっての規範といえるほどの具体性を有していたとはいえ」ないとして（長銀刑事事件最高裁判決（最判平成20・7・18刑集62巻7号2101頁）の発想と共通する）、本件監査当時、いまだに、「厳格な意味でのリスク・アプローチ」（おそらく、平成14年改訂後監査基準が定めるリスク・アプローチという趣旨であろう。）を採用しなかったことをもって直ちに過失があったととらえることはできないとした（平成14年改訂前監査基準の下で監査が行われたにもかかわらず、⑧判決［平成10年3月期から平成13年3月期に係る監査］及び⑨判決［平成13年3月期及び平成14年3月期に係る監査］においては、リスク・アプローチの適用が認められているのと対照的である。）。

　しかし、監査基準及び監査実施準則は、これらの規定に限らず、やや抽象的な規定であり、具体性を有していなかったことを⑤判決のように強調するならば、ほとんどすべての規定が規範性を有しないことになりそうである。そして、このようなとらえ方は、監査基準及び監査実施準則がセーフ・ハーバーとしての意味を持つかどうかは格別として、それらの監査規範性、正当な注意の判断基準性を認めてきた従来の裁判例及び通説とは整合的であるとはいえない。もっとも、平成「14年改訂前の監査基準等にいう監査上の危険性を踏まえた監査を実施する注意義務を負っていたにとどまる」としていた。

　また、⑤判決は、平成9年4月1日以後に開始する事業年度に係る監査に適用されるものとされていた監査基準委員会報告書第10号「不正及び誤謬」及び同第11号「違法行為」は、平成9年3月期までの監査に関する争いである当該事案には適用されないので、これを監査実務の指針として考えることはできないとした。もっとも、両報告書が国際監査基準とのコンバージェンスを意識したものであったことから、創設的な基準であり、いまだに、監査慣行性を有していなかったと評価したのかもしれない。

8　平成17年3月期に係る監査上の失敗が主張された事案に関する⑦判決においても「不正を共謀して架空取引を行っていたことを前提として、監査を実施する義務を監査人が負っていたとまでは認められない」とされている。ただし、⑧判決。

9　十分な証拠なしに意見を表明することには過失があるといわざるをえない（龍田　節「公認会計士の責任と保険の対象」上柳克郎（編集代表）『商法・保険法の諸問題（大森忠夫先生還暦記念）』（有斐閣、1972）527頁）。しかし、十分かつ適切な監査証拠を入手せずに意見表明することは監査基準委員会報告500などに違反するから、端的に、監査基準等に基づいていないということになる。

2 会計監査人監査と 監査の基準

1 ┃ 2つの法定監査

　証券取引法の下での公認会計士または監査法人による監査では不十分であるという問題意識を背景として、昭和49年に株式会社の監査等に関する商法の特例に関する法律（昭和49年法律第22号）（以下「商法特例法」という。）が制定され、会計監査人監査が導入されて以来、有価証券報告書提出会社であり、かつ、会計監査人設置会社である株式会社は、商法特例法（昭和56年改正後は、さらに大会社の監査報告書に関する規則（昭和57年法務省令第26号））（現在は、会社法および会社計算規則）に基づく会計監査人監査と、証券取引法および財務諸表等の監査証明に関する省令（昭和32年大蔵省令第12号）（現在は、金融商品取引法および監査証明府令）に基づく公認会計士または監査法人による監査とを受けるという二重構造になっている[1]。

　この結果、会計監査人設置会社であり有価証券報告書提出会社にとって、不必要なコストが発生し、また、監査人にとっても必ずしも必要ではない監査手続等の重複が生じているのではないかという懸念がある[2]。

2 ┃ 監査スケジュール

　金融商品取引法は、有価証券報告書の提出義務を負う内国会社は、事業年

度ごとに、原則として、当該事業年度経過後3か月以内に、有価証券報告書を内閣総理大臣に提出しなければならないと定めている（24条）。

　他方、会社法の下では、株主総会を招集するには、取締役は、株主総会の日の2週間（書面または電磁的方法により議決権を行使できる旨を定めたときを除き、公開会社でない株式会社では、1週間（その株式会社が取締役会設置会社以外の株式会社である場合に、これを下回る期間を定款で定めた場合にあっては、その期間））前までに、株主に対してその通知を発しなければならないとされている（299条1項）。そして、取締役会設置会社においては、取締役は、定時株主総会の招集の通知に際して、法務省令で定めるところにより、株主に対し、取締役会の承認を受けた計算書類および事業報告（監査役設置会社では監査役の監査報告［監査役会設置会社では監査役会の監査報告］、監査等委員会設置会社では監査等委員会の監査報告、指名委員会等設置会社では監査委員会の監査報告、会計監査人設置会社では会計監査報告を含む。）を提供しなければならないとされている（437条）。しかし、定時株主総会を開催すべき時期については、何の定めも置かれていない。

　ところが、事業年度の末日から3か月以内に定時株主総会を開催することが実務慣行であるようであり、これを前提とすると、会計監査報告の発行日と金融商品取引法に基づく有価証券報告書に含まれる公認会計士または監査法人の監査報告書の発行日とを一致させることは難しいと、従来、考えられてきたようである。

　しかし、これに対しては、事業年度の末日後3か月以上経過した日時を定時株主総会の開催時期として選定することが直截な対応策である。現在の会社法は、事業年度の末日後3か月以内に定時株主総会を開催することを要求しておらず、会社の自治にゆだねているからである[3]。また、事業年度の末日から3か月以内に定時株主総会を開催するというスケジュールであっても、会計監査報告を紙ベースではなく、かりに、電子的に提供すれば足りるということになれば[4]、印刷、封入、発送などの時間が不要となり、会計監査報告も定時株主総会の2週間前あるいはそのわずか前に発行されれば十分ということになり、その発行日を有価証券報告書に含まれる監査報告書の発行日

と一致させることができるかもしれない。もっとも、定時株主総会の後に、有価証券報告書を提出するというのが会社の経営者の自然な意識だとすれば、会社法上の計算書類等および監査報告を金融商品取引法上受け入れるという方が自然であるということになるように思われる。

3 監査人の独立性の確保

会社法では、株主総会に提出する会計監査人の選任および解任ならびに会計監査人を再任しないことに関する議案の内容の決定は監査役、監査役会、監査等委員会または監査委員会の職務とされている（344条、399条の2第3項2号、404条2項2号）。そして、会計監査人の任期は、選任後1年以内に終了する事業年度のうち最終のものに関する定時株主総会の終結の時までとされているものの（338条1項）、会計監査人は、同条第1項の定時株主総会において別段の決議がされなかったときは、当該定時株主総会において再任されたものとみなすとされている（338条2項）。したがって、解任または不再任の議案が提出されない限り、再任されたものとみなされるわけである。

これらによって、取締役や執行役が会計監査人の解任または不再任の議案を株主総会に提出することはできないことになり、会計監査人の経営者（取締役や執行役）からの独立性が担保されることを会社法は期待している。また、取締役は、会計監査人または一時会計監査人の職務を行うべき者の報酬等を定める場合には、監査役（監査役が2人以上ある場合には、その過半数。監査役会設置会社では監査役会、監査等委員会設置会社では監査等委員会、指名委員会等設置会社では監査委員会）の同意を得なければならないものと定められている（399条）。これにより、十分な監査が行われることを確保するのみならず、監査人の独立性を担保しようとしている。もっとも、監査役等が取締役・執行役から精神的に独立していなければ、これらの仕組みによって会計監査人の独立性を十分に担保することはできないので、会計監査人は、株主総会において、会計監査人の選任、解任もしくは不再任または辞任

について、株主総会に出席して意見を述べることができ、会計監査人を辞任
し、または株主総会の決議によらずに（340条1項の規定により）解任され
た者は、解任後または辞任後最初に招集される株主総会に出席して、辞任し
た旨およびその理由または解任についての意見を述べることができるものと
されている（345条5項・1項・2項）[5]。また、監査役、監査役会、監査等
委員会または監査委員会が会計監査人を解任したときは、監査役（監査役が
2人以上ある場合には、監査役の互選によって定めた監査役、監査役会設置
会社では監査役会が選定した監査役、監査等委員会設置会社では監査等委員
会が選定した監査等委員、指名委員会等設置会社では監査委員会が選定した
監査委員会の委員）は、その旨および解任の理由を解任後最初に招集される
株主総会に報告しなければならないとされ（340条2項から6項）、監査役等
による解任の正当さが株主総会による監視にさらされるようになっている。

　これに対して、金融商品取引法と会社法の守備範囲のすみ分けを図るため
か、金融商品取引法は、監査人の独立性を担保するための手当て（任期、選
任、解任、報酬など）を制度的には講じていない。もっとも、たとえば、東
京証券取引所の有価証券上場規程438条は、「上場内国株券の発行者は、当該
発行者の会計監査人を、有価証券報告書又は四半期報告書に記載される財務
諸表等又は四半期財務諸表等の監査証明等を行う公認会計士等として選任す
るものとする」と定めていることにより、会社法上、会計監査人の地位を保
障することが金融商品取引法上の監査人の地位を保障することにつながって
いる。

4 ｜ 監査の規範

　金融商品取引法に基づく監査については、金融商品取引法193条の2第5
項が「監査証明は、内閣府令で定める基準及び手続によつて、これを行わな
ければならない。」と定め、これをうけて、監査証明府令が「監査報告書、
中間監査報告書又は四半期レビュー報告書は、一般に公正妥当と認められる

監査に関する基準及び慣行に従つて実施された監査、中間監査又は四半期レビューの結果に基いて作成されなければならない。」と定めており（3条2項）、金融庁組織令24条1項に規定する企業会計審議会により公表された『監査基準』、『中間監査基準』、『監査に関する品質管理基準』、『四半期レビュー基準』および『監査における不正リスク対応基準』が、ここでいう「一般に公正妥当と認められる監査に関する基準」に該当するものとされている（3条3項）[6]。ただし、『監査における不正リスク対応基準』は、監査証明を受けようとする者がその発行する有価証券が上場有価証券または店頭登録有価証券に該当することにより、有価証券報告書を提出しなければならない会社またはその発行する有価証券はその発行する有価証券が上場有価証券または店頭登録有価証券に該当しないが有価証券報告書を提出しなければならない会社（最終事業年度に係る貸借対照表に資本金として計上した額が5億円未満または最終事業年度に係る損益計算書による売上高（事業収益および営業収益その他これに準ずるものを含む。）の額もしくは直近3年間に終了した各事業年度に係る損益計算書による売上高の額の合計額を3で除して得た額のうちいずれか大きい方の額が10億円未満であり、かつ、最終事業年度に係る貸借対照表の負債の部に計上した額の合計額が200億円未満である会社を除く。）のいずれかに該当する者であるときに限り、適用されるものとされており（3条4項）、適用される場合に限り、「一般に公正妥当と認められる監査に関する基準」に該当するものとされている。

　他方、会社法上の会計監査人による監査については、どのような監査の規範に従うべきかは、会社法においても会社計算規則においても明示されておらず、解釈に委ねられている。企業会計審議会「監査基準の改訂について」（平成14年1月25日）の前文二の3では、「改訂基準における監査の目的が示す枠組み及びこれから引き出されたそれぞれの基準は、証券取引法に基づく監査のみならず、株式会社の監査等に関する商法の特例に関する法律に基づく監査など、財務諸表の種類や意見として表明すべき事項を異にする監査も含め、公認会計士監査のすべてに共通するものである。」と述べられているが、企業会計審議会の位置づけからすれば、——きわめて有力な解釈であるもの

の——これのみを根拠に、金融商品取引法上の「一般に公正妥当と認められる監査に関する基準及び慣行」に従って、会計監査人監査を実施することを会社法が要求していると直ちに解釈することができるわけではない[7]。

　もっとも、協会が公表している監査報告書のひな型[8]に沿って、会計監査人は会計監査報告を作成しているのが通例であるところ、そこに含まれる文例には[9]「我が国において一般に公正妥当と認められる監査の基準に準拠して監査を行った。」という一文が含まれているため、現実には、金融商品取引法の下での「一般に公正妥当と認められる監査に関する基準」に従って、会計監査人監査も行われていると考えられるし[10]、「一般に公正妥当と認められる監査に関する基準」に従わない監査を行うことは会計監査人の任務懈怠と評価されることになるのはやむを得ない（禁反言）[11]。また、会社法は、金融商品取引法の下での監査と異なる基準によって会計監査人監査をすることを要求しておらず、金融商品取引法の下で規範性が認められていることに鑑みると、被監査会社と会計監査人との間で金融商品取引法の下での「一般に公正妥当と認められる監査に関する基準」に従って監査を行う旨合意した場合に、それを会社法上、認めないという理由はないであろう[12, 13]。

　しかし、会社法および会社計算規則の規定ぶりならびに会計監査人監査導入の趣旨からは、会計監査人は、金融商品取引法の下での「一般に公正妥当と認められる監査に関する基準及び慣行」に従った監査を——被監査会社との監査契約において別段の定めをすれば——必ずしも行わなくてもよいと理解することが自然でありうる。

　すなわち、第1に、金融商品取引法監査について、「監査報告書……は、一般に公正妥当と認められる監査に関する基準及び慣行に従つて実施された監査……の結果に基いて作成されなければならない」と定める監査証明府令3条2項のような規定は会社法または会社計算規則には設けられていない[14]。かりに、会計監査人監査が（金融商品取引法の下での）「一般に公正妥当と認められる監査に関する基準及び慣行」に従って行われるべきであるのであれば、会社法431条や会社計算規則3条とパラレルな規定[15]が会計監査人の監査について設けられていても不思議ではないが、そのような規定は

設けられていない[16]。

　第2に、会社計算規則126条1項1号は、「会計監査人の監査の方法及びその内容」を会計監査報告の内容の1つとすることを求めている。かりに、会計監査人は、常に、金融商品取引法の下での「一般に公正妥当と認められる監査に関する基準及び慣行」に従った監査をしなければならないのだとすれば、このような記載事項を定めることにはほとんど意味がないであろう（追加的な情報価値はない。）。むしろ、「監査の方法及びその内容」を会計監査報告に含めることを要求しているのは、会社によって、会計監査人の「監査の方法及びその内容」が異なりうることを前提としていると解するのが自然である[17]。

　第3に、会計監査人監査は、会社を取り巻く利害関係人の私的利益の保護・調整、すなわち、「所有と経営が分離した機構の下における所有者たる株主の利益保護をはかること、および、株主の間接有限責任制度の下における債権者保護をはかること」[18]を目的とすると考えられるとすると、株主や会社債権者が会計監査人に依頼する監査の内容について、ある程度の裁量を有すると解することが首尾一貫するという評価も可能である。

　第4に、会計監査人を置く株式会社の間でも、規模や複雑性に差があり、また、上場会社であるかどうか、そもそも、（会社法の意味における）公開会社であるかどうかという点でも異なる。とりわけ、上場会社などを念頭に置いて、資本市場監督当局からの働きかけも踏まえて、要求水準を高める方向での改正を行っている国際監査基準や品質管理基準とのコンバージェンスを図っている『監査基準』などおよび『監査に関する品質管理基準』ならびに日本公認会計士協会の監査基準委員会報告書及び品質管理基準委員会報告書を、すべての会計監査人監査に適用することが過剰にならないかという視点からものを見ると、会計監査人監査については、監査の規範に一定の幅があってもよいと考える余地が会社法上はあるのではないかとも思われる[19]。

〈注〉

　1　しかも、我が国の制度には諸外国ではあまり見られない特徴がある。すなわ

ち、我が国の会社法の下では、少なくとも公開会社においては、会計監査を含む業務監査は、監査役、監査役会、監査等委員会または監査委員会の任務の1つである（会社法381条1項、390条2項1号、399条の2第3項1号、404条2項1号、会社計算規則122条、123条。127条1号、128条2項1号、128条の2第1項1号、129条1項1号）。しかし、比較法的には、監査委員会または日本の監査役、監査役会もしくは監査等委員会に相当する会社の機関が会計監査を行い、監査報告書を作成することが要求されている例はきわめて少ない（片木晴彦「株式会社監査体系と会計監査人の役割」広島法学12巻2号（1998）1頁以下）。また、外部の独立した、会計及び会計監査に係る専門的知識・経験を有する者による監査である会計監査人監査の方法および結果の相当性を監査委員会または日本の監査役、監査役会もしくは監査等委員会に相当する会社の機関が判断するという仕組みになっているという国は、さらに少ない。

2　また、後発事象の取扱いについて、比較制度的にはみられない、会計的には必ずしも適切とはいえないといわれても仕方がない実務が容認されているという問題も観察される。すなわち、決算日後に発生した会計事象ではあるが、その実質的な原因が決算日現在において既に存在しており、決算日現在の状況に関連する会計上の判断ないし見積りをする上で、追加的またはより客観的な証拠を提供するものとして考慮しなければならない会計事象は、それが重要である限り、財務諸表の修正を行うことが必要となる（修正後発事象）のに対し、決算日後において発生し、当該事業年度の財務諸表には影響を及ぼさないが、翌事業年度以降の財務諸表に影響を及ぼす会計事象はそれが重要である限り財務諸表に注記すべき後発事象（開示後発事象）とされる（企業会計審議会「後発事象の監査に関する解釈指針」（1983年2月14日）参照）。しかし、監査・保証実務委員会報告第76号「後発事象に関する監査上の取扱い」（2003年3月25日。最終改正：2009年7月8日）では、「修正後発事象が会社法監査における会計監査人の監査報告書日後に発生した場合には、金融商品取引法に基づいて作成される財務諸表においては、計算書類との単一性を重視する立場から当該修正後発事象は開示後発事象に準じて取り扱うものとする」（4.(2)①b.(a)）、「計算書類の会計監査人の監査報告書日から連結計算書類の会計監査人の監査報告書日までに発生した修正後発事象は、本来、連結計算書類を修正すべきものと考えられるが、計算書類との単一性を重視する立場から、開示後発事象に準じて取り扱うこととする」（4.(2)②a.）などとされ、（少なくともほとんどの）実務はこれによっている。

3　浜田道代「新会社法の下における基準日の運用問題　従来の慣行は合理的か

（上）（下）」商事法務1772号（2006）4頁以下、1773号（2006）13頁以下、田中　亘「定時株主総会はなぜ六月開催なのか」黒沼悦郎＝藤田友敬（編）『江頭憲治郎先生還暦記念・企業法の理論（上）』（商事法務、2007）415頁以下など参照

4　令和元年法律第70号による改正により、株式会社は，株主総会参考書類，議決権行使書面，計算書類及び事業報告ならびに連結計算書類（以下、「株主総会参考書類等」）の交付または提供に代えて，株主総会参考書類等に記載し、または記録すべき事項に係る情報を電磁的方法により株主が提供を受けることができる状態に置く措置（電子提供措置）をとる旨を定款で定めることができるものとされた（325条の2から325条の5まで）。そして、振替機関は，電子提供措置をとる旨の」定款の定めがある株式会社の株式でなければ，取り扱うことができないものとされ（令和元年法律第71号による改正後社債、株式等の振替に関する法律159条の2第1項）、上場会社は、電子提供措置をとらなければならないこととなった（ただし、これらは、2019年12月11日から3年6か月を超えない範囲内で政令で定める日に施行されるため、現時点では未施行）。そして、法務省民事局参事官室『会社法制（企業統治等関係）の見直しに関する中間試案の補足説明』第1部、第1では、株主総会参考書類、計算書類および事業報告など、取締役が株主総会の招集の通知に際して株主に対して提供しなければならない資料（株主総会資料）を「インターネットを利用する方法によって提供することができるようになれば、株式会社は、印刷や郵送のために生ずる費用を削減することができるようになり、印刷や郵送が不要となることに伴い、株主に対し、従来よりも早期に充実した内容の株主総会資料を提供することができるようになることなども期待することができると指摘されている。取り分け、部会においては、株主総会資料の提供と株主総会の日の間隔が短く、株主が株主総会資料の内容を十分に検討する期間が確保されていないという問題が現在の実務には存在し、このような問題の改善のためにも、株主総会資料の提供においてインターネットを活用すべきであるという指摘がされている。　そこで、試案第1においては、インターネットを利用する方法による株主総会資料の提供を促進するため、取締役が、株主総会資料を自社のホームページ等のウェブサイトに掲載し、株主に対して当該ウェブサイトのアドレス等を書面により通知した場合には、株主の個別の承諾を得ていないときであっても、取締役は、株主に対して株主総会資料を適法に提供したものとする制度……を新たに設けるものとしている。」と説明されていた。

5　なお、取締役は、会計監査人を辞任し、または会社法340条1項の規定によ

り解任された者に、辞任後または解任後最初に招集される株主総会を招集する旨および会社法298条1項1号に掲げる事項を通知しなければならない（会社法345条5項・3項）とされており、会計監査人を辞任し、または会社法340条1項の規定により解任された者に、意見陳述の機会を保障している。

6　このリストは限定列挙ではなく、監査証明府令3条3項1号から5号までに掲げられた企業会計審議会が公表した基準のみならず、協会が公表した実務指針（監査基準委員会報告書など）も「一般に公正妥当と認められる監査に関する基準」に該当しうると解されている。「監査基準とこれを具体化した日本公認会計士協会の指針により、我が国における一般に公正妥当と認められる監査の基準の体系とすることが適切と判断した。」（企業会計審議会「監査基準の改訂について」（平成14年1月25日）前文、二、2）。

7　もっとも、たとえば、森本教授は、「会計監査人の任務懈怠の有無は、会計に関する職業的専門家として通常実施すべき監査手続を行っていたかどうか、得られた監査証拠に基づいて通常の専門家として合理的な意見形成を行ったか否かによって判断される」と述べられている（森本　滋「423条」岩原紳作（編）『会社法コンメンタール9』（商事法務、2014）277頁）。また、松井秀樹「会計監査人の権限と責任」江頭憲治郎＝門口正人（編集代表）『会社法大系　第3巻』（青林書院、2008）323頁は、「会社法の会計監査において会計監査人の任務懈怠の判断にあたっても重要な判断基準となると考えられる」と述べる。近藤光男「会計監査人の会社に対する責任」判例評論395号（1992）180頁も、「有限会社における任意監査であるからといって」、監査基準・監査報告準則のような「監査に関する一般的な原則があてはまらないことにはならないと考えられる」とし、末永敏和「監査役監査と外部監査」森　淳二朗（編集代表）『蓮井良憲先生・今井　宏先生古稀記念・企業監査とリスク管理の法構造』（法律文化社、1994）7頁は、「監査基準や監査準則は……会計監査人による大会社の監査の基準としても妥当すると考えられている」と指摘する。さらに、かつて、証券取引法監査の場合には、おおむね監査実施準則に基づく監査を行えば、過失がないことを立証できると解されていたが（渡辺豊樹ほか『改正証券取引法の解説』（商事法務研究会、1971）69頁、河本一郎＝神崎克郎『問答式改正証券取引法の解説』（中央経済社、1971）111-112頁、土肥東一郎「投資者保護と公認会計士の社会的責任」企業会計23巻6号（1971）32頁など。）、龍田教授は、「商法監査においても特に違った監査手続が要求されるわけではなく、ほぼ同様に解してよかろう」と指摘されていた（龍田　節「商特10条」上柳克郎＝鴻　常夫＝竹内昭夫（編集代表）『新版注釈会社法(6)』（有斐閣、1987）578

頁）。なお、日本公認会計士協会監査委員会「商法監査の監査手続について」（1975年4月）は、「商法監査における監査手続も……監査基準・監査実施準則に準拠して実施すべきものと思料する」と、一歩踏み込んだ見解を示していた（これに対しては、たとえば、安達　巧『会計基準の法的位置づけ』（税務経理協会、2004）84-85頁が批判を強く加えている。）。

8　日本公認会計士協会監査・保証実務委員会実務指針第85号「監査報告書の文例」（2011年7月8日、最終改正：2021年4月7日）。また、別府三郎「監査報告書の記載事項」森　淳二朗（編集代表）『蓮井良憲先生・今井宏先生古稀記念・企業監査とリスク管理の法構造』（法律文化社、1994）102頁、河村博文「会計監査人の監査報告書」『蓮井良憲先生還暦記念・改正会社法の研究』（法律文化社、1984）461頁以下、北村信彦「会計監査人の監査報告書」税経通信41巻10号（1986）213頁以下、倉澤康一郎「監査報告書と決算の確定」企業会計39巻7号（1987）118-119頁、広瀬義州「監査報告書における意見表明の意味」商事法務1277号（1992）2頁以下なども参照。

9　会社法監査に係る文例11または文例12。

10　任意監査についてであるが、龍田教授は、「特別の合意が（黙示的にせよ）ない場合には、監査基準・準則に盛られた監査手続による監査の依頼があり、監査人はそれを引き受けたと考えるほかない」とされ（龍田　節「有限会社の任意監査人の責任」商事法務1249号（1991）58頁）、倉澤博士も「特約のないかぎり、公認会計士として行わなければならない『監査』のスタンダードに基づいて監査」をすることが依頼の趣旨であると考えられるとされていた（倉澤康一郎「監査人に対する社会的期待とその責任」監査役291号（1991）8頁）。

11　なお、会計監査人であった監査法人に対する、債務不履行に基づく損害賠償請求が認容された大阪地判平成20・4・18金判1294号10頁では、『監査基準』に言及し、「通常実施すべき監査手続」が行われていないことが根拠とされている。

12　また、監査証明府令3条4項では、『監査における不正リスク対応基準』は一定の会社には適用されないとされているが、これは、社会的影響度が相対的に低い会社の負担軽減を狙いとするものであり、——会社法上も金融商品取引法上も——監査人と被監査会社との合意により、『監査における不正リスク対応基準』に従った監査を行うことを約することは妨げられないと解すべきであろう。

13　商法（現在では会社法）と証券取引法（現在では金融商品取引法）とは「それぞれ規制目的を異にする別個の性格の法律である」という立場（宮島　司「商

法は何処に」JICPAジャーナル13巻10号（2001）18頁以下）を形式論的に貫けば、少なくとも、金融商品取引法に基づく公認会計士監査をもって、会社法に基づく会計監査人監査を代替できる、あるいは前者が後者に優先すると解することには慎重であるべきこととなろう。

14　たとえば、法令上の手当てをしなくとも、『監査基準』が金融商品取引法の下での監査に当然に適用されるのであれば、監査証明府令3条2項および3項1号の規定を設ける意義は乏しいであろう。しかも、監査証明府令3条3項本文ただし書きが「第5号に掲げる基準（監査における不正リスク対応基準――引用者）は、次項の規定により適用される場合に限る」と定めていることからは、企業会計審議会が公表した監査の基準の適用範囲は内閣府令という法令で規律されていると理解するのが穏当である。

15　たとえば、「会計監査人の監査は一般に公正妥当と認められる監査に関する慣行に従うものとする（あるいは、一般に公正妥当と認められる監査に関する慣行に従わなければならない。）」、「この省令の用語の解釈及び規定の適用に関しては、一般に公正妥当と認められる監査に関する基準その他の慣行をしん酌しなければならない」というような規定。

16　もっとも、会社計算規則121条2項は、「公認会計士法（昭和23年法律第103号）第2条第1項に規定する監査のほか」と定めており、この観点からの制約があるという考え方もあろうが、監査証明府令3条2項3項のような規定が会社法との関係では存在しないことはかなり重要なポイントであるということができそうである。

17　ただし、「監査の方法及びその内容」として、「一般に公正妥当と認められる監査に関する基準及び慣行に従つて実施された」とのみ記載するのでは不十分であるという見方が、かつては、通説的であったが（味村　治＝加藤一昶『改正商法及び監査特例法等の解説』（法曹会、1977）267頁、加藤一昶＝黒木学『改正商法と計算規則の解説』（商事法務研究会、1975）136頁、稲葉威雄『改正会社法』（金融財政事情研究会、1982）336頁、大隅健一郎＝今井　宏『会社法論［第3版］中巻』（有斐閣、1992）359頁など）、最近では、そのような記載も――好ましいかどうかは別として――許容されるという見解が会社法の解釈として受け入れられているように思われる（大会社の監査報告書に関する規則（昭和57年4月24日法務省令第26号）2条2項は、「監査の方法の概要は、監査の信頼性を正確に判断することができるように記載しなければならない。」と定め、これを平成18年改正前商法施行規則128条2項は踏襲していたが、現在の会社計算規則にはこれに相当する規定は設けられていないことが、この解釈の背景

の1つであると推測される。)。

18　倉澤康一郎「会計監査人監査の機能と新基準・準則」JICPA ジャーナル4
巻6号（1992）32頁。倉澤康一郎「監査機構」竹内昭夫＝龍田　節（編）『現
代企業法講座3』（東京大学出版会、1985）345-347頁も参照

19　協会が上場会社監査事務所登録制度を導入している（それを証券取引所も前
提としてエンフォースしている）ことに照らすと、会社法の下でも、上場会社
とそれ以外の会社とで、その会社の計算関係書類に係る監査の手続（そして、
品質管理）に何らかの差があっても不思議ではない。また、何よりも、金融商
品取引法の下での公認会計士または監査法人による監査につき、監査証明府令
3条3項本文ただし書きが「第5号に掲げる基準（監査における不正リスク対
応基準―引用者）は、次項の規定により適用される場合に限る」と定めている
ことからは、金融商品取引法の下での監査ですら、必ずしも同じ監査の規範に
よることが求められていないと、少なくとも、理念的には解される。そうであ
れば、なおさらのこと、金融商品取引法の下での監査の規範と会計監査人監査
の監査の規範との間に差異があることも許容されそうであるし、会計監査人監
査についても、一定の範囲内であれば、――少なくとも、それが会計監査報告
の記載から明らかである限り――会社間で監査手続等が異なることを会社法は
排除していないと解することに無理はないように思われる。したがって、協会
が、たとえば、非上場会社が被監査会社である場合の会計監査人監査用の（簡
略版）実務指針を策定するようなことが、会社法上、妨げられるというわけで
はない（もっとも、自主規制として、その会員に対する要求事項をどのように
定めるかは協会に委ねられている事柄である。）。

3

監査人の守秘義務

1 | 守秘義務

　公認会計士法では、「公認会計士は、正当な理由がなく、その業務上取り扱つたことについて知り得た秘密を他に漏らし、又は盗用してはならない。公認会計士でなくなつた後であつても、同様とする。」(27条)とされている。また、日本公認会計士協会『倫理規則』(制定：1966年12月1日、最終改正：2019年7月22日。以下『倫理規則』という。) 6条1項は、「会員は、正当な理由なく、業務上知り得た情報を他の者に漏洩し、又は自己若しくは第三者の利益のために利用してはならない。」と定めている。したがって、公認会計士は、監査証明業務（1項業務）との関係においてのみならず、2項業務との関係においても、公認会計士法の下でも『倫理規則』の下でも、守秘義務を負っている。

　なお、『監査基準』は、「監査人は、業務上知り得た秘密を正当な理由なく他に漏らし、又は窃用してはならない。」(第二、8)と定めている[1]。そして、『監査基準』を前提として、監査契約が締結されることに鑑みると、監査人は、被監査会社との関係では、契約上の守秘義務も負うことになると考えられる[2]。

2 | 証言拒否権

　刑事訴訟法149条本文は、「医師、歯科医師、助産師、看護師、弁護士（外国法事務弁護士を含む。）、弁理士、公証人、宗教の職に在る者又はこれらの職に在つた者は、業務上委託を受けたため知り得た事実で他人の秘密に関するものについては、証言を拒むことができる。」と定め、民事訴訟法197条1項は、同法191条1項の場合（1号）のほか、「医師、歯科医師、薬剤師、医薬品販売業者、助産師、弁護士（外国法事務弁護士を含む。）、弁理士、弁護人、公証人、宗教、祈祷若しくは祭祀の職にある者又はこれらの職にあった者が職務上知り得た事実で黙秘すべきものについて尋問を受ける場合」（2号）または「技術又は職業の秘密に関する事項について尋問を受ける場合」（3号）には、「証人は、証言を拒むことができる」と定めている。

　刑事訴訟法との関係では、同法149条に列挙された職は限定列挙であると解されている[3]。最判昭和27・8・6刑集6巻8号974頁は、新聞記者についての事案であり、法令上、守秘義務が課されている者ではないという特殊性に留意する必要があるが、刑事訴訟法中の証言拒絶を認める「例外規定は限定的列挙であつて、これを他の場合に類推適用すべきものでないことは勿論である」とした[4]。また、公認会計士については、証言拒絶権を認める必要がないという判断が、公認会計士法制定の際になされたという沿革もある[5]。そして、刑事訴訟法149条本文に「外国法事務弁護士を含む。」というかっこ書きが追加されたのは、昭和61年法律第66号によってであったことに鑑みると、公認会計士はあえて含められていないというべきであろう[6]。

　他方、民事訴訟法との関係でも、昭和61年法律第66号によって、旧民事訴訟法（大正15年法律第61号）281条（現在の民事訴訟法197条に相当）1項2号に「外国法事務弁護士ヲ含ム」というかっこ書きが追加されたことに鑑みると、限定列挙であると解することが無理がなく[7]、とりわけ、上記のような公認会計士法制定時の経緯からは公認会計士は含まれないと解するのが自然である。しかし、同条項については例示列挙であり、同号に列挙された職

にあり、またはあった者に限らず、法令上、守秘義務を課せられている者も、証言拒絶権を有し、たとえば、公認会計士も証言拒絶権を有するという見解が現在では判例・通説となっている[8]。

　もっとも、かりに、このような解釈をとらない場合であっても、公認会計士は、その業務上取り扱ったことについて知り得た秘密については、「職業の秘密に関する事項について尋問を受ける場合」（3号）に当たるとして、証言を拒絶できるものと考えられる[9]。なぜなら、判例においては、民事訴訟法197条1項3号の「職業の秘密」とは、「その事項が公開されると、当該職業に深刻な影響を与え、以後その遂行が困難になるものをいう。」と解されているからである[10]。そして、法令上、守秘義務を課されているわけではない新聞記者についてすら、「取材活動は公権力の介入から自由でなければならず、報道機関と情報提供者との信頼関係が十分に確保されなければならない。そのためには、取材の相手方（取材源）が秘匿される必要がある。なぜなら、通常、報道機関と情報提供者との間において、取材源を公表しないという信頼関係があってはじめて正確な情報提供が可能になるのであり、報道機関が取材源の公表を余儀なくされるならば、報道機関と取材源との信頼関係が失われる結果、報道機関のその後の取材活動が著しく困難になり、取材の自由、ひいては報道の自由が著しく阻害される結果をもたらすものと推認されるからである。……そうだとすると、報道機関（新聞記者）が、取材源に関する事項について証言をすることは、その取材活動に深刻な影響を与え、以後その遂行が著しく困難になるものとして、取材源は、民訴法197条1項3号所定の「職業の秘密」に該当し、これを秘匿するための証言拒絶は原則として理由があるものと解するのが相当である。」との判断が示されている[11]。

3 ｜ なぜ守秘義務が課されているのか

　たしかに、公認会計士法立法当時の1人の大蔵省事務官は、秘密が漏らさ

れれば、被監査「会社に不測の損害をかけることがあるかもしれない」、「不利をかけることになる」と説明していた[12]。このように被監査会社等の利益を保護するため、公認会計士に守秘義務を課しているという面があることは否定できない[13]。

　しかし、すでにみたように、刑事訴訟においても、民事訴訟においても、公認会計士であることを理由としては、明文の規定では証言拒絶権は認められていない（もっとも、少なくとも民事訴訟においては認められると解されている）。これは、依頼人の利益は、裁判における真実の発見という要請には劣後するということを示唆している。すなわち、医師、歯科医師、助産師、看護師、弁護士（外国法事務弁護士を含む。）、弁護人、弁理士、公証人、宗教の職に在る者、薬剤師または医薬品販売業者が「業務上委託を受けたため知り得た事実で他人の秘密に関するもの」または「職務上知り得た事実で黙秘すべきもの」[14]よりも、公認会計士が「その業務上取り扱つたことについて知り得た秘密」の要保護性は低いという前提に立っているようでもある[15]。

　それにもかかわらず、公認会計士法27条の規定に違反した者は、2年以下の懲役[16]または100万円以下の罰金に処せられるとされ（同法52条1項）[17]、刑法134条1項が「医師、薬剤師、医薬品販売業者、助産師、弁護士、弁護人、公証人又はこれらの職にあった者が、正当な理由がないのに、その業務上取り扱ったことについて知り得た人の秘密を漏らしたときは、6カ月以下の懲役又は10万円以下の罰金に処する」と定めるにとどまっていることと対比すると、公認会計士法52条1項が定める罰則はかなり重いものとなっている。これは、公認会計士制度、とりわけ監査制度に対する信頼を保護する必要性が高いからであると説明することが最も自然であるように思われる。すなわち、監査は、被監査会社の会計帳簿・証憑等にアクセスするなど、被監査会社の協力なしには実施できないものであり、かつ、監査人は捜査機関のような強制処分を行う権限を有していないことに鑑みると、監査人と被監査会社との間の信頼関係なしには監査は成り立たない。監査人に厳格な守秘義務を課すという制度的基盤があることによって、被監査会社としても必要かつ十分な情報と協力を提供することに躊躇しなくともよくなり、その結果、

監査が適切に実施できることになると期待できる[18]。たとえば、河本博士も、会計監査人は、「非常に大きな権限……をもって監査に当たるわけであるから、いわば秘密の大部分を被監査会社から委ねられる地位にある。そのような地位にある会計監査人が秘密を守らないとなれば、この制度（会計監査人制度—引用者）そのものが円滑に機能しなくなる」と指摘されていた[19]。

　また、弁護士や医師と異なり、公認会計士という制度は、1948年に創設されたものであり、この職業が社会的に受け容れられ、その機能を発揮するためには、守秘義務違反に対する罰則を重くすることによって、社会的信頼を確保する必要があると考えられたという面があるかもしれない。

4 ｜「正当な理由」

　どのような場合に「正当な理由」があるとされるのかは、解釈に委ねられているが、協会は、「少なくとも」、①守秘義務の解除が法令等によって許容されており、かつ依頼人または雇用主から了解が得られている場合、②守秘義務の解除が法令等によって要求されている場合、③守秘義務の解除が法令等によって禁止されておらず、かつ、職業上の義務または権利がある場合（訴訟手続において会員の職業上の利益を擁護するとき、協会の品質管理レビューに応じるとき、会則等の規定により協会からの質問または調査に応じるとき[20]、監査の基準に基づくとき、現任会員との交代に際し、依頼人の承諾を得て業務（監査業務を除く。）の引継ぎを行う等、『倫理規則』に基づくとき）には「正当な理由」があると解しているようであり（『倫理規則』6条8項参照）、これは、「その業務上取り扱つたことについて知り得た秘密」とは公認会計士が「会計事務所等、雇用主及び依頼人から知り得た情報並びに専門業務を行うことにより知り得たその他の会社等の情報」のうち「秘密」を意味するのだとすれば（『倫理規則』注解4、2）、公認会計士法の解釈として、おおむね穏当なのではないかと思われる。

5 | 「監査の基準」と守秘義務

　依頼人の承諾を得て依頼人の秘密を他の者に知らせることは、少なくとも、公認会計士法上の守秘義務違反には当たらない[21]。

　そして、監査の基準に従って、監査報告書に記載し[22]、また、コミュニケーションや通報を行うことは、守秘義務違反には当たらないと解される。「一般に公正妥当と認められる監査に関する基準及び慣行」に従って監査を実施することが監査契約の内容だというのであれば、依頼人の承諾があるということができるからである[23]。しかも、上述したような、証言拒絶権が法定されていない趣旨に照らすと、公認会計士制度または監査制度に対する社会の信頼や社会による受容という要請が依頼者の秘密保護に優先する場合があることは否定できず、適正な手続を経て設定された監査の基準に従った開示が守秘義務違反に当たると解することは首尾一貫しないともいうことができそうである。

6 | 会社法の下での会計監査人の義務と守秘義務

　『倫理規則』6条8項ではふれられていないが、会社法の下での会計監査人の義務と守秘義務との関係は整理しておいた方がよいかもしれない。まず、会計監査人は、その職務を行うに際して取締役の職務の執行に関し不正の行為または法令もしくは定款に違反する重大な事実があることを発見したときは、遅滞なく、これを監査役、監査役会、監査等委員会または監査委員会（併せて監査役等）に報告しなければならない。また、監査役、監査等委員会が選定した監査等委員または監査委員会が選定した監査委員会の委員は、その職務を行うため必要があるときは、会計監査人に対し、その監査に関する報告を求めることができる（会社法397条）。さらに、定時株主総会において会計監査人の出席を求める決議があったときは、会計監査人（会計監査人が監

査法人である場合には、その職務を行うべき社員）は、定時株主総会に出席
して意見を述べなければならない（会社法398条２項）[24]。

　これらの場合には、まず、形式論としては、依頼者である株式会社の機関
である監査役等または株主総会に対して情報を提供するのであるから、「他に」
漏らすことには当たらず、したがって、守秘義務違反には当たらないといえ
そうである。実質論として考えてみても、監査役等に対する報告（監査等委
員会が選定した監査等委員または監査委員会が選定した監査委員会の委員に
対する報告は、それぞれ、監査等委員会または監査委員会に対する報告とみ
なすことができよう。）や定時株主総会での意見陳述[25]は、会社法上の義務
であるから、守秘義務の存在の余地はなく、少なくとも、後者の場合は、出
席を求める株主総会の決議には守秘義務を免除する趣旨が含まれていると解
することが自然である[26]。

　もっとも、会社法314条及び会社法施行規則71条をふまえると、株主共同
の利益を著しく害したり、「株主が説明を求めた事項について説明をするこ
とにより株式会社その他の者…の権利を侵害することと」ならないように説
明をするという点で善良な管理者としての注意義務を尽くす必要はあろ
う[27]。

　なお、会社法の下では、会計監査人は取締役会または取締役に対する報告
義務を負っていないため、取締役会または取締役に「その業務上取り扱つた
ことについて知り得た」情報を知らせることが守秘義務違反に当たるかどう
かという問題がある。監査基準委員会報告書260「監査役等とのコミュニケ
ーション」（2011年12月22日、最終改正：2021年１月14日）でも、「我が国に
おいては、取締役会、監査役、監査役会、監査等委員会、監査委員会、又は
それと同等の機関等が全体として企業統治の責任を有している。このため、
監査役等に限らず、以下のような場合に必要に応じ、社外取締役その他の非
業務執行取締役ともコミュニケーションを行うことが有用なことがある。
(1)　経営者の関与が疑われる不正を発見した場合、又は不正による重要な虚
　　偽表示の疑義があると判断した場合
(2)　経営者との連絡・調整や監査役会との連携に係る体制整備を図るため、

独立社外取締役の互選により「筆頭独立社外取締役」が決定されている場合
(3) 取締役会議長と経営者とを分離している場合」（圏点―引用者）とされている（A2項）。

　この点については、上述したように、形式論としては、取締役会は会社の機関であり、かつ、取締役はその構成員であるから、「他に」漏らすことにはならないと考えられる一方で、取締役会は取締役または執行役の職務の執行を監督するものとされており（会社法362条2項2号、399条の13第1項2号、416条1項2号）、そのためには会計監査人からの報告・コミュニケーションが必要であることに鑑みると、取締役会またはその構成員であり、取締役・監査役に対する監視義務を負い、必要に応じて取締役会を招集しまたは招集することを請求して、取締役会を通じて適切な措置をとることが求められている取締役に「その業務上取り扱つたことについて知り得た」情報を知らせることは守秘義務違反に当たらないと考えられる[28]。
　これに対して、株主は会社の機関ではなく、かつ、会社に対して任務を負っているわけでもないから、株主に対して知らせることは「他に」漏らしたことに当たり、守秘義務違反となりうる[29]。

7 ｜ 協会は守秘義務を負うのか

　協会に守秘義務を課している法令の規定はない。しかし、『倫理規則』6条8項では、「守秘義務の解除が法令等によって禁止されておらず、かつ、職業上の義務または権利がある場合」には「他に漏らす」正当な理由があるとし、そのような場合の例として、協会の品質管理レビューに応じるときや会則等の規定により協会からの質問または調査に応じるときが挙げられている。このような解釈が説得力を有するために、協会も、そのような形で会員から情報を得た場合には守秘義務を負うということが前提となるように思わ

れる。協会が守秘義務を負っているからこそ、会員はその業務上、取り扱ったことについて知り得た秘密を協会に開示することが許されるのである[30]。公認会計士（会員）自身は、たとえば、監査により知り得た被監査会社に関する情報を他に漏らすことは許されないと解されるような場合に、協会には開示することが許され、かつ、協会が他に開示することには制約がないというのであれば、公認会計士法27条は空文化してしまうことになる。

　また、協会が会員から得た情報について守秘義務を負わないとすると、会員が協会に対して十分な情報または真実の情報を開示することを差し控えるおそれもある。公認会計士の登録を取り消したり、公認会計士等に業務の停止を命ずることができるのは内閣総理大臣（金融庁）であり、会則上、協会が有している会員に対するサンクションは、たかだか会員権の停止や退会勧告である以上[31]、品質管理レビューまたは質問もしくは調査に応じることを会員に実効的に強制できない面があるからである。

8 | 違法行為等と守秘義務

　監査基準委員会報告書240「財務諸表監査における不正」（2011年12月22日、最終改正：2021年1月14日）は、「監査基準委員会報告書250では、監査人の守秘義務の検討を含め、一定の状況において、違法行為又はその疑いを適切な規制当局に報告することが求められているかどうか、又は適切であるかどうかに関する監査人の判断についての詳細な指針が記載されている。」とのみ述べているが（A62項）、2018年10月19日改正前には、「監査人は、不正を識別した場合、法令等の規定により、規制当局等に対し報告する責任があるかどうかを判断しなければならない。監査人は、守秘義務があるため、被監査会社の同意がある場合や法令等の規定に基づく場合等正当な理由がある場合を除き、企業の外部に対して報告又は漏洩してはならない。」と規定していた（42項）。

　ところが、協会の「違法行為への対応に関する指針」（2018年4月13日、

最終改正：2019年9月17日）は、「違法行為又はその疑いに対処する会計事務所等所属の会員は、公認会計士法第27条に規定される秘密を守る義務にも従う必要がある」（3項）と指摘し、2016年7月改正後国際会計士倫理基準審議会（IESBA）倫理規程とは異なり、追加的な対応として、違法行為又はその疑いを適切な当局へ通報することが適切かどうかを判断し、「場合によっては法律で要求されていない場合であっても、適切な当局に当該事項を通報すること」までは監査人に要求していない。これは、現行法においては、金融商品取引法193条の3に従う場合を除き、適切な規制当局への報告は公認会計士法上の守秘義務に抵触する可能性があるという解釈に基づいている[32, 33]。たしかに法令の明文の規定がない場合であっても、適切な規制当局への報告が守秘義務違反に当たらない、当たるとしても違法性が阻却される[34]と解される場合がある。しかし該当性または違法性阻却事由の有無を裁判所が判断する際には、秘密の報告によって生ずる不利益と報告によって実現される公共の利益との比較衡量によって[35]、違反に当たるかどうかを判断する可能性が高く、公認会計士にとっての予測可能性は必ずしも十分ではない。

〈注〉————————————————————————

1　なお、会計監査人制度を導入した昭和49年商法特例法制定の過程において、「株式会社監査制度改正要綱案」（昭和44年7月16日法制審議会商法部会決定）時点では、「会計監査人（その社員及び使用人を含む）は、その職務を行う際に知った会社又は従属会社の秘密をもらしてはならない」とされていたが（第一四の九2）、法案には盛り込まれず、商法特例法にもこのような規定は設けられなかった。

2　河本博士は、会計監査人の守秘義務は監査契約に当然に含まれていると解することができると指摘されていた（河本一郎「会計監査人の守秘義務」商事法務686号（1974）5頁）。

3　団藤重光『条解刑事訴訟法（上）』（弘文堂、1950）209頁、小野清一郎ほか『刑事訴訟法［新版］（上）』（有斐閣、1986）252頁、鈴木茂嗣「149条」平場安治ほか『注解刑事訴訟法［全訂新版］上』（青林書院、1987）451頁、藤永幸治「105条」伊藤栄樹ほか『注釈刑事訴訟法［新版］第2巻』（立花書房、1997）172頁、

亀山継夫「149条」伊藤ほか・前掲343頁など。

4 「刑訴143条は「裁判所はこの法律に特別の定ある場合を除いては何人でも証人としてこれを尋問することができる」と規定し、一般国民に証言義務を課しているのである。証人として法廷に出頭し証言することはその証人個人に対しては多大の犠牲を強いるものである。個人的の道義観念からいえば秘密にしておきたいと思うことでも証言しなければならない場合もあり、またその結果、他人から敵意、不信、怨恨を買う場合もあるのである。そして、証言を必要とする具体的事件は訴訟当事者の問題であるのにかかわらず、証人にかかる犠牲を強いる根拠は実験的真実の発見によつて法の適正な実現を期することが司法裁判の使命であり、証人の証言を強制することがその使命の達成に不可欠なものであるからである。従つて、一般国民の証言義務は国民が司法裁判の適正な行使に協力すべき重大な義務であるといわなけれならない。ところで、法律は一般国民の証言義務を原則としているが、その証言義務が免除される場合を例外的に認めているのである。すなわち、刑訴144条乃至149条の規定がその場合を列挙しているのであるが、なお最近の立法としては、犯罪者予防更正法59条に同趣旨の規定を見るのである。これらの証言義務に対する例外規定のうち、刑訴146条は憲法38条1項の規定による憲法上の保障を実現するために規定された例外であるが、その他の規定はすべて証言拒絶の例外を認めることが立法政策的考慮から妥当であると認められた場合の例外である。そして、一般国民の証言義務は国民の重大な義務である点に鑑み、証言拒絶権を認められる場合は極めて例外に属するのであり、また制限的である。」（条文はいずれも当時のもの）と判示しており（福岡高決昭和44・9・20刑集23巻11号1515頁［最決昭和44・11・26刑集23巻11号1490頁により抗告棄却］も同旨）、このような理由づけを前提とする限り、明文の法令の規定によって定められない限り、公認会計士の刑事訴訟における証言拒絶権は認められないと解すべきこととなろう。

5 大蔵省大臣官房文書課編纂『公認会計士法逐条解説』（大蔵財務協會、1948）116-117頁（他人の身分上の秘密又は肉体上の秘密を業務上知得する弁護士、公証人、医師等、或いは法律上無体財産権として保護されている特許に関する秘密を業務上知得する弁理士と異り公認会計士及び会計士補は、民事訴訟法第二百八十一条、改正刑事訴訟法第百八十七条の規定の適用上、証言を拒絶する権利を認められていないので、裁判所で証言を求められた場合には、業務上知り得た秘密といえどもこれを発表せざるを得ないことになるのである）（旧字体を新字体で置き換えた）。林　大造（述）『公認會計士法解説（代謄写）』（日本計理士會、1948）53頁（「弁護士とか医師というものは人の肉体上

の秘密とか身分上の秘密を知っている。然るに公認会計士及び会計士補が扱う秘密はそういう肉体上の秘密でもないし身分上の秘密でもない。又弁理士は法律で保護されている特許権についての秘密を知っておる。ところが、公認会計士及び会計士補が知っている秘密はそういう法律で無体財産としてはっきり保護を認められておるものではない。このような点から公認会計士及び会計士補には、証言拒否の権利は認められなかった」)。

6　なお、刑事訴訟法149条の規定の列挙は必ずしも合理的なものとはいえず、保健師や准看護師、公認会計士、税理士、海事保佐人については弁理士に準じて本条の適用が問題になるとする見解もある（亀山・前掲注(3)343頁）。

7　菊井維大＝村松俊夫『民事訴訟法［全訂版］II』（日本評論社、1989）501頁、杉本昭一「281条」小室直人＝賀集　唄（編）『基本法コンメンタール民事訴訟法2［第4版］』（日本評論社、1992）111頁。

8　東京高決平成16・6・8民集58巻8号2412頁が「公認会計士は同号（民事訴訟法197条1項2号—引用者）に明文では挙げられていないけれども、平成15年法律67号による改正前の公認会計士法27条により守秘義務が定められていた（前記改正後の同条も守秘義務を定めている点では変更がない。）のであるから、公認会計士についても民事訴訟法197条1項2号の主体となるものと解するのが相当である」と判示し、許可抗告審である最決平成16・11・26民集58巻8号2393頁はこれを前提として判断を示した。滝井繁男「証言拒否権」滝井繁男ほか（編）『論点　新民事訴訟法』（判例タイムズ社、1998）344頁、早田尚貴「証言拒否権」門口正人（編集代表）『民事証拠法大系(3)』（青林書院、2003）69頁、上野泰男〈判批〉『平成16年度重要判例解説』（有斐閣、2005）130頁、中村也寸志〈判解〉『最高裁判所判例解説平成16年度民事篇』（法曹会、2007）763頁、秋山幹男ほか『コンメンタール民事訴訟法IV』（日本評論社、2010）192頁、松浦馨＝加藤新太郎「197条」兼子一ほか『条解民事訴訟法［第2版］』（弘文堂、2011）1101頁、加藤新太郎「220条」松浦＝加藤・前掲1204-1205頁、小林秀之＝山本浩美「197条」賀集唄ほか（編）『基本法コンメンタール　民事訴訟法2［第3版追補版］』（日本評論社、2012）195頁、山田文「197条」笠井正俊＝越山和広（編）『新・コンメンタール民事訴訟法［第2版］』（日本評論社、2013）802頁、安西明子「197条」加藤新太郎＝松下淳一（編）『新基本法コンメンタール　民事訴訟法2』（日本評論社、2017）51頁。また、「弁護士などに関する証言拒絶権の規定は、他人の秘密に関与する専門職業人を信頼して、その秘密を開示した者の利益を保護する趣旨によるものであり、その点を考えれば、当該国の法令によって守秘義務を負うものである限り、その職務内容にお

いてわが国の弁護士に相当する外国弁護士にもこれらの規定（民事訴訟法197条1項2号、220条4号ハ—引用者）を類推適用することが許される」という見解（伊藤 眞「自己使用文書としての訴訟等準備書面と文書提出義務」『佐々木吉男追悼論集・民事紛争の解決と手続』（信山社、2000）426頁）によれば、公認会計士についても証言拒絶権が認められるというのが論理的帰結となるはずである。さらに、坂田宏「281条」谷口安平＝福永有利（編）『注釈民事訴訟法(6)』（有斐閣、1995）315頁及びそこに掲げられた文献を参照

9 民事訴訟法197条1項2号は専門家の地位を前提にした依頼者と専門家の信頼関係に重点があり、3号は専門家の職業の保護に重点があり、技術又は職業の秘密自体を社会的に保護しようとしているものであるとの指摘がある（斎藤秀夫『注解民事訴訟法(5)』（第一法規出版、1979）41頁以下、秋山ほか前掲注(8)194頁）。

10 最決平成12・3・10民集54巻3号1073頁。たとえば、長沢幸男〈判解〉『最高裁判所判例解説民事篇 平成12年度』（法曹会、2003）291頁以下参照。また、やや古いが、小林秀之「証言拒絶権・秘匿特権」民商法雑誌90巻4号（1984）543頁以下も参照

11 東京高決平成18・6・14判時1939号28頁

12 林・前掲注(5)52頁

13 公認会計士法52条2項が、27条（16条の2第6項において準用する場合を含む）、34条の10の16または49条の2の規定に違反した「罪は、告訴がなければ公訴を提起することができない。」と定めて、親告罪としているのは、この表われであると考えられる。

14 刑法134条は、秘密を遵守するように刑罰により担保することとして秘密を保護する反面、一般の人々が安心してこれらの職にある者に対して秘密を開示することができるようにし、その反射的効果としてこれらの職業を保護するものであると解されている（米澤敏雄「134条」大塚 仁ほか編『大コンメンタール刑法［第3版］第7巻』（青林書院、2014）363頁）。すなわち、守秘義務がたとえば医師に課されているのは、心身に問題を抱えている患者としてはその事実を他人に知られたくないと考えることが少なくないと推測されるところ、医師が的確な医療を施すためには患者からの率直な事実の開示が不可欠であり、そのためには医師に開示した事実が他に漏洩されることがないという医師に対する信頼が確保される必要があると考えられたためであるという面があるが、身体に関する秘密はとりわけ機微を要することから要保護性が高いといえる。同様に、弁護士についても、とりわけ身分上の秘密は機微を要し、その依頼者

の秘密の要保護性は高いということができる（もっとも、日本弁護士連合会調査室編著『条解弁護士法［第3版］』（弘文堂、2003）155頁は、「職務上知り得た秘密を他に漏らさないことは、弁護士の義務として最も重要視されるものであり、また、この義務が遵守されることによって、弁護士の職業の存立が保障されるともいえる。」とする）。しかも、民事訴訟法197条では、弁護士ではない弁護人にも証言拒絶が認められており、これは明らかに被告人または被告人であった者が告げた内容の要保護性が高いことに着目したものであり、弁護人にならないとしても弁護士は被疑者や被告人から相談を受けることがあることに鑑みると（刑事訴訟法149条に弁護人が挙げられていないのは、弁護人はそもそも証人とはなりえないからである。弁護人を辞任した者について、大阪高判平成4・3・12判タ802号233頁）、この点でも、弁護士の守秘義務はその依頼者の秘密保護の要請に支えられている。実際、すでにみたように、公認会計士法制定直後に林　大造氏はこのようなことが医師や弁護士に証言拒否が認められる根拠であると説明している。

15　刑事訴訟法149条は、依頼者との個人的な信頼関係に基づいて個人の秘密を委託されるという社会生活上不可欠な職業に対する社会的信頼の保護を目的とするものであると解するのが多数説である（仲家暢彦「149条」河上和雄ほか編『大コンメンタール刑事訴訟法［第2版］第3巻』（青林書院、2010）153頁、松本時夫ほか（編著）『条解刑事訴訟法［第4版増補版］』（弘文堂、2016）265頁）。また、民事訴訟法197条1項2号についても、列挙された専門職業人を信頼して、秘密を開示した者の信頼を保護するもの（菊井維大＝村松俊夫『民事訴訟法［全訂版］II』（日本評論社、1989）501頁、斎藤秀夫ほか編『注解民事訴訟法［第2版］(7)』（第一法規出版、1993）436頁、杉本・前掲注(7)111頁など）、すなわち、他人の秘密を打ち明けられる専門的職業従事者に対する人々の信頼を確保し、その職業自体の存立を確保するという政策的考慮に基づくものと解するのが通説である（秋山幹男ほか『コンメンタール民事訴訟法IV』（日本評論社、2010）190頁、坂田・前掲注(8)314頁参照）。

16　昭和23年制定時には1年以下の懲役であったが、昭和26年法律第51号による改正により2年以下の懲役に引き上げられた（議員提案の議案であったためか、国会では「罰則の整備」とのみ説明され、重罰化された理由は説明されておらず、また、討議の対象ともなっていない。）。内山　繁「公認会計士法の改正について」会計監査2巻5号（1951）87-95頁参照

17　なお、法制審議会「改正刑法草案」（1974）では、「会計業務その他依頼者との信頼関係に基づいて人の秘密を知ることとなる業務に従事する者」が「正当

な理由がないのに、その業務に関して知ることができた人の秘密を洩らしたときは、１年以下の懲役もしくは禁固又は20万円以下の罰金に処する。」（317条１項）とすることを提案しており、「改正刑法草案説明書」では会計業務に従事する者の例として公認会計士を掲げていたのであり、これよりも、現在の公認会計士法は重い罰則を定めている。

18 『倫理規則』注解４も、「１ 守秘義務の原則は、依頼人や所属する組織から会員に対する情報提供を促進するものであり、公共の利益に資するものである。」（圏点—引用者）としている。

19 河本・前掲注(2)5頁

20 なお、日本公認会計士協会「職業倫理に関する解釈指針」（2010年12月14日、最終改正：2020年12月10日）は、「会計事務所等が当該事務所の所属するネットワーク内において独立性の確認や品質管理レビュー等の品質管理目的のために必要な報告又は資料の提出などを行う場合」は、「職業上の義務若しくは権利又は法令等の要請によるものではない」から、「守秘義務が解除される場合には該当しない。」、そのため、監査契約及びその他の業務実施の契約書等において条項として織り込むなど、あらかじめ依頼人の了解を得ておくことが必要である。」としている（Q8）。これは、公認会計士による監査すべてについて生じうる情報の第三者に対する伝達ではない。したがって、依頼者が黙示的に承諾を与えていると解することはやや強引でありうる。もっとも、公認会計士に監査を依頼する以上、依頼者としては、公認会計士から品質管理レビュー等のための協会への開示は当然の前提としている［べきである］と解する余地はある。

21 『倫理規則』６条９項は、依頼人から了解が得られている場合でも、第三者も含めた利害関係者の利益が不当に損なわれるおそれがないかどうか（１号）を、情報を開示するに当たり考慮することを求めている。依頼人以外の者の秘密については、依頼人の了解を得ただけで、守秘義務が必ずしも解除されるわけではない。また、公認会計士制度あるいは監査制度に対する社会的信頼や社会的受容を確保するという点から、第三者の利益を考慮すべきとすることは、自主規制レベルでは十分に説得力を有する。

22 「監査基準の改訂に関する意見書」（2018年７月５日）は、「監査人が追加的な情報開示を促した場合において経営者が情報を開示しないときに、監査人が正当な注意を払って職業的専門家としての判断において当該情報を「監査上の主要な検討事項」に含めることは、監査基準に照らして守秘義務が解除される正当な理由に該当する。」と指摘する（二、１(5)）。

23　逆に、依頼者が特にある事項について守秘義務を解除しないという意思を表明し、その結果、監査人が監査の基準が求め、または許容している開示を行わないのであれば、「一般に公正妥当と認められる監査に関する基準及び慣行」に従って監査を実施した旨を監査報告書に記載することはできないであろう。

24　また、株式会社の計算書類及びその附属明細書、臨時計算書類ならびに連結計算書類が法令または定款に適合するかどうかについて会計監査人が監査役、監査役会、監査等委員会、監査等委員、監査委員会または監査委員会の委員と意見を異にするときは、会計監査人（会計監査人が監査法人である場合には、その職務を行うべき社員）は、定時株主総会に出席して意見を述べることができる（会社法398条1項・3項・4項・5項）とされているが、これは単なる権利ではなく、この権限を適切に行使することが任務であるという解釈の余地が十分にある。そして、この規定に基づき、意見を述べる場合には、守秘義務との関係では、出席を求める決議があった場合とパラレルに考えることになろう（味村　治＝川北　博「監査役および会計監査人の守秘義務」商事法務755号（1976）8頁［味村］参照）。

25　河本・前掲注(2)6 - 7頁、大隅健一郎＝今井宏『会社法論　中巻　[第3版]』（有斐閣、1992）341頁、西山芳喜「会計監査」川村正幸＝布井千博（編）『新しい会社法制の理論と実務』（経済法令研究会、2006）136頁、松井秀樹「会計監査人の権限と責任」江頭憲治郎＝門口正人（編集代表）『会社法大系(3)』（青林書院、2008）317頁、山田純子「398条」岩原紳作（編）『会社法コンメンタール9』（商事法務、2014）39頁など。もっとも、守秘義務との抵触がありうるという見解も、かつて少数ながら見られた（鴻　常夫ほか『改正会社法セミナー(3)』（有斐閣、1984）423頁［萩原康弘］［鴻　常夫]）。

26　たとえば、河本博士は、「守秘義務を認めながら、それをも勘案しつつ総会場で発言しろということは、ほとんど実行不可能な、その場での判断を会計監査人に要求することにならないだろうか。そして、また、会計監査に関して会社側と会計監査人との間に意見の不一致が存在し、その調整がつかないというような異常な場合には、総会場においてすべてをぶちまけて、株主の最終的判断に待つほかはなく、もはや会計監査人の守秘義務の存在の余地はないといってよいと思うのだが、いかがなものであろうか」（河本・前掲注(2)7頁）と指摘されている。また、味村氏は、商法特例法の規定に従って、「株主総会に出席し、会計監査人が意見を述べたり質問に答えたりすることは、公認会計士法第27条の正当な理由に該当するという考え方と、株主総会が計算書類を審議するについて総会で明らかにすることを要する事項は秘密ではないのだという考

え方があり得ると思います。どちらの考え方をとっても結論的には大差ないように思われる」とされていた（味村＝川北・前掲注(24)８頁［味村］）。

27　大隅＝今井・前掲注(25)341-342頁。

28　河本・前掲注(2)５頁

29　河本・前掲注(2)5-6頁

30　このように考えると、協会は会員（場合によっては、さらに会員の被監査会社）に対して、信義則上（また、会員に対してはさらに黙示の契約上）の守秘義務を負っていると法律構成するのが穏当であるように思われる。なお、法令上は定められていない金融機関の守秘義務は、最決平成19・12・11民集61巻９号3364頁の法廷意見では、「商慣習上又は契約上」の義務とされているが、同決定については、田原睦夫判事の補足意見が付されており、そこでは、「契約上（黙示のものを含む。）又は商慣習あるいは信義則上」の義務とされている。

31　ただし、証券取引所の規則とあいまった上場会社監査事務所名簿制度は実効性確保に一定程度寄与すると評価できる。

32　志村さやかほか「違法行為への対応に関する倫理規則改正について」会計・監査ジャーナル30巻９号（2018）37-38頁［北川哲雄発言］。ただし、日本公認会計士協会の会則または規則によって要求されている場合には、職業上の義務がある、または、監査契約に適切な監督当局等への通報を行うことがある旨を記載し、もしくは日本公認会計士協会の会則・規則に従って監査を行う旨を記載していれば依頼人の了解が得られているとして「正当な理由」があるという解釈も十分に成り立ちそうである。

33　たとえば、河本博士は、40年以上も前に、「一般的に考えておかなければならないことは、公益の保護と守秘義務との関係である」とされ、「大企業における粉飾決算等の事実を会計監査人が知ったときは、考えようによっては、一日も早くそれを公表することが、社会全体のためになる、このような公益のためには、個々の企業に対する関係で存在する守秘義務は後退すべきである、というようなこともいえるかもしれない。しかし、現行の制度全体の仕組を前提にして考えてみた場合、右のような方法で会社の不正を暴露することは、会計監査人には許されていないといわねばならない」と指摘されていた（河本・前掲注(2)６頁）。

34　患者の尿から覚せい剤反応が出たことを医師が警察官に通報したという事案について、刑法134条との関係で、正当行為として許容されるとした最決平成17・７・19刑集59巻６号600頁参照

35　報道関係者の証言拒否権に関する最決平成18・10・３民集60巻８号2647頁参

照。もっとも、「監査基準の改訂に関する意見書」は、「監査人は、「監査上の主要な検討事項」の記載により企業又は社会にもたらされる不利益が、当該事項を記載することによりもたらされる公共の利益を上回ると合理的に見込まれない限り、「監査上の主要な検討事項」として記載することが適切である。」としており（二、１(5)）、このような発想が適当な当局への通報にもあてはまると裁判所が判断する可能性が全くないというわけでもなさそうである。

4 監査上必要な情報へのアクセス

1 | 必要な情報への契約に基づくアクセスと経営者確認書

　法規・制度委員会研究報告第1号「監査及びレビュー等の契約書の作成例」（2020年3月17日）の「監査約款及び四半期レビュー約款（様式1及び様式2共通）」の「監査約款」（以下「監査約款」という。）4条1項では、委嘱者の経営者は、記録、文書及びその他の事項等、財務諸表等及び内部統制報告書の作成に関連すると委嘱者が認識している全ての情報を入手する機会、監査報告書日及び内部統制監査報告書日までに開催される株主総会及び取締役会の議事録及び重要な稟議書、受嘱者から要請のある財務諸表監査及び内部統制監査のための追加的な情報、ならびに、監査証拠を入手するために必要であると受嘱者が判断する、委嘱者の役員及び従業員への制限のない質問や面談の機会を受嘱者に提供する責任を負うとしている（6号）。また、同条3項では、「委嘱者は、受嘱者が効率的かつ適切に監査を実施できるよう受嘱者に全面的に協力し、関係部署（関係会社等を含む。）に対し周知を図らなければならない。」としている。そして、14条1項では、「委嘱者の役職員が受嘱者の業務遂行に誠実に対応しない場合等、受嘱者の委嘱者に対する信頼関係が著しく損なわれた場合」（4号）などに該当する場合には、「受嘱者は委嘱者に対し、何らの催告をすることなく本契約を直ちに解除することができる。」と、15条では、「委嘱者又は受嘱者は本契約に基づく義務の履行を怠ったときは、相手方に対し、その損害を賠償する。」と、それぞれ定

めている。

　また、『監査基準』は、監査人は、適正な財務諸表を作成する責任は経営者にあること、財務諸表の作成に関する基本的な事項、経営者が採用した会計方針、経営者は監査の実施に必要な資料を全て提示したこと及び監査人が必要と判断した事項について、経営者から書面をもって確認しなければならないと定めている（第三、三、9）。そして、監査基準委員会報告書580「経営者確認書」（2011年12月22日、最終改正：2021年1月14日）は、特定の事項を確認するためまたは他の監査証拠を裏付けるため、経営者が監査人に提出する書面による陳述を経営者確認書と呼び（6項）、監査人は、経営者に対して、監査契約書に記載されたとおり、適用される財務報告の枠組みに準拠して財務諸表を作成する責任（適正表示の枠組みの場合、作成し適正に表示する責任）を果たした旨の経営者確認書（9項）及び監査契約書において合意したとおり、経営者が財務諸表の作成に関連すると認識しているまたは監査に関連して監査人が依頼したすべての情報及び情報を入手する機会を監査人に提供した旨、ならびに、すべての取引が記録され、財務諸表に反映されている旨を記載した経営者確認書（10項）を提出するように要請しなければならないと定めている[1]。監査人が、経営者の誠実性について深刻な疑義があり、第9項及び第10項により要求される経営者の責任に関する確認事項に信頼性がないと判断した場合または第9項及び第10項により要求される事項について経営者から確認が得られない場合には、財務諸表に対する意見を表明してはならない（19項）としている[2]。

2 | 必要な情報へのアクセスが認められなかった場合など ─監査の基準

　『監査基準』は、監査人は、重要な監査手続を実施できなかったことにより、無限定適正意見を表明することができない場合において、その影響が財務諸表全体に対する意見表明ができないほどではないと判断したときには、除外事項を付した限定付適正意見を表明しなければならないとし（第四、五、1）、

重要な監査手続を実施できなかったことにより、財務諸表全体に対する意見表明のための基礎を得ることができなかったときには、意見を表明してはならないと定めている（第四、五、2）。

そして、監査基準委員会報告書705「独立監査人の監査報告書における除外事項付意見」（2011年7月1日、最終改正：2021年1月14日）は、監査人は、監査契約を締結した後に、経営者による監査範囲の制約に気付き、財務諸表に対する限定意見の表明または意見不表明につながる可能性が高いと判断する場合には、経営者に当該制約を取り除くように要請しなければならないとし（10項）、経営者が、そのような制約を取り除くことを拒否した場合、監査人は、監査役もしくは監査役会、監査等委員会又は監査委員会（併せて監査役等）に当該事項を報告するとともに、十分かつ適切な監査証拠を入手するための代替手続を実施できるかどうかを判断しなければならないとしている（11項）。また、監査人は、十分かつ適切な監査証拠を入手できない場合には、監査人は、未発見の虚偽表示がもしあるとすれば、それが財務諸表に及ぼす可能性のある影響が、(1)重要であるが広範ではないと判断する場合には、監査意見を限定しなければならず、(2)重要かつ広範であり、その状況を伝達するためには監査意見の限定では不十分であると判断する場合には、①現実的な対応として可能であれば[3]、監査契約の解除、②監査報告書を発行する前に監査契約を解除することが現実的に不可能な場合には財務諸表に対する意見の不表明のいずれかを行わなければならないとする（12項）。さらに、経営者による監査範囲の制約により、十分かつ適切な監査証拠が入手できない場合には、たとえば、監査人による実地棚卸の立会を経営者が拒否している場合や特定の勘定残高に関する外部確認についての監査人の要求を経営者が拒否している場合が含まれるとする（A12項）。

3 会計監査人の権利

会社法の下では、会計監査人は、いつでも、①会計帳簿またはこれに関す

る資料が書面をもって作成されているときは、当該書面、②会計帳簿または
これに関する資料が電磁的記録をもって作成されているときは、当該電磁的
記録に記録された事項を法務省令で定める方法により表示したものの閲覧及
び謄写をし、または取締役及び会計参与ならびに支配人その他の使用人に対
し、会計に関する報告を求めることができる（会社法396条2項）。

　また、会計監査人は、その職務を行うため必要があるときは、会計監査人
設置会社の子会社に対して会計に関する報告を求め、または会計監査人設置
会社もしくはその子会社の業務及び財産の状況の調査をすることができる（会
社法396条3項）。

　このように「会計監査人の権限が法律で定められたことは、……重要な意
味をもつのである。すなわち、証券取引法［当時―引用者］による監査――
その他の法定監査または任意監査でも同様であるが――では、公認会計士ま
たは監査法人が監査のための調査等をするのは、監査契約によるか、そのつ
ど会社側の同意を得るかによるのであって、いずれにしても会社側の意に反
して調査することはできず、会社側が調査等に同意しないときは、監査報告
書に意見を差し控える旨の記載をするか［当時―引用者］……、公認会計士
または監査法人の側から監査契約を解除するほかはないのである。ところが、
会計監査人の権限が法定されたことは、その権限の行使を妨げた者に対して
罰則を適用することができることとなるからである。」と指摘されていた[4]。

　もっとも、子会社は、正当な理由があるときは、報告または調査を拒むこ
とができるとされているが（会社法396条4項）、監査役の権限との関連でも
会社法381条4項が同様に定めている。会社法381条4項の趣旨については、
「その職務を行うため必要があるとき」という要件を満たさない場合など不
適法な場合に子会社が報告または調査を拒むことができることを確認的に規
定したものであるという見解[5]と適法な報告請求または調査であっても、営
業秘密の保持など子会社の利益の保護の必要性も正当な理由に当たるという
見解[6]とがある。たしかに、親会社と子会社とは別個の法人格を有すること、
子会社には親会社以外の株主が存在しうること、国会における議論[7]、親会
社の監査役は守秘義務を負っていないこと[8]などを踏まえると、子会社に親

46

会社以外の株主が存在する場合には、営業秘密の保持など子会社の利益の保護の必要性も会社法381条4項との関連では正当な理由に当たると解することが穏当であろう。しかし、会計監査人である公認会計士・監査法人は公認会計士法上の守秘義務を課されており、親会社またはその役員や使用人に対しても漏らすことは許されないこと、会計監査人の「職務を行うため必要があるとき」は監査役の「職務を行うため必要があるとき」よりも狭いと考えられることからすれば、会計監査人の「職務を行うため必要があるとき」には、通常、子会社は報告または調査を拒むことはできないと解すべきであろう[9]。

4 | 会計監査人の権限の実効性確保

会計帳簿資料の閲覧等請求の訴えを通じた閲覧等には相当の時間を要することから、会計帳簿資料閲覧等の仮処分が認められるかどうかがかつては議論されたが[10]、現在ではこのような仮処分が認められることに異論はないといってよい[11]。これは、報告の徴求や業務財産状況調査にも妥当する。

そして、一般論として、不代替的作為を命じる仮処分の執行は間接強制によらざるをえないが（民事執行法172条1項）、代替的作為を命じる仮処分の執行は代替執行または間接強制による（民事執行法171条1項・173条1項・172条1項、民法414条2項本文）。不作為を命じる仮処分のうち、債権者が行う行為を債務者が受忍することを命じるものについても代替執行または間接強制による（民事執行法171条1項・173条1項・172条1項、民法414条3項）[12, 13]。代替執行であれば、授権決定（または費用前払決定）の申立て、間接強制であれば、強制金決定の申立てによることになる（民事執行法171条1項4項）。

ところで、従来、学説は、会計帳簿資料の閲覧等請求の場合、会社は不作為義務を負うに過ぎないと解するのが一般的であり[14]、その強制は、間接強制（債務者［この場合であれば会社］が債務を履行しない［この場合であれ

ば、会計監査人に会計帳簿資料の閲覧等をさせない〕場合に、債務の履行を確保するために相当と認める一定の額〔たとえば、履行するまで1日当たり○○円〕の金銭を支払うことを裁判所が命じる）によるしかないという考え方が示されてきた[15]。

しかし、大判昭和5・12・6法律新聞3210号8頁は、文書の閲覧請求権は「畢竟有体物引渡請求権ノ一態様」であり、合資会社の有限責任社員が会社の財産状況調査権（当時の商法304条が準用する111条）[16]に基づいて、会計帳簿に改竄作為が加えられるおそれがある場合には、当該会計帳簿を執行吏の保管に移す仮処分を求めることができると判示している[17]。このような考え方によれば、引渡を命じる仮処分として直接強制によることができることになる。

引渡を命じる仮処分は認められないと解しても、会計帳簿資料の閲覧等をさせることは単なる不作為義務ではなく、会計帳簿資料の保存場所から、閲覧等が可能な場所に運んでくるなど、閲覧等を可能にする作為が会社に求められることに着目するならば、代替的作為[18]を命じる仮処分が認められ、代替執行[19]及び間接強制が認められると解する余地がないわけではないようにも思われる[20]。

そもそも、民事保全法24条は、「裁判所は、仮処分命令の申立ての目的を達するため、債務者に対し一定の行為を命じ、若しくは禁止し、若しくは給付を命じ、又は保管人に目的物を保管させる処分その他の必要な処分をすることができる。」（圏点―引用者）と定めている。すなわち、裁判所が命じることができる処分は、作為もしくは不作為を命じ、給付を命じることには限られていない。

しかも、かりに、会計帳簿資料の閲覧等をさせることは不作為義務であると位置づけたとしても、不作為を命じる仮処分の執行方法として、間接強制[21]以外のものが想定できないというわけではない。すなわち、会計監査人としては、執行官の立会いを求めて[22]、会社の妨害を排除し[23]、会計帳簿資料の閲覧等を行うということも考えられる[24]。さらに、すすんで、会計監査人自らが会社の抵抗排除のため、執行官に援助を求め[25]、会計帳簿資料閲覧

等を行うことができるという考え方もありうる[26]。

　他方、取締役・会計参与・支配人その他の使用人に対する会計に関する報告徴求または子会社に対する報告徴求については、不代替的作為義務の執行であるから、間接強制によらざるを得ないことになる。報告の徴求に応じる義務は義務内容からみてそれを強制することが人倫に反するとみられるものの、現代の文化観念上、許容できないものではなく[27]、間接強制が許されると考えられる。

　また、会社またはその子会社の業務及び財産の状況の調査には必要な資料を収集することが含まれることから、データの複製の移転を求めることができるはずであり、会社またはその子会社の業務及び財産の状況の調査の仮処分の執行には、データの複製の引渡義務、代替的作為義務、不代替的作為義務及び不作為義務の執行が含まれると解するのが穏当であるように思われる。そして、データの複製の引渡義務については、刑事訴訟法で認められているような執行が可能であると解してもよいのではないかと思われる。すなわち、刑事訴訟法99条の2は、「裁判所は、必要があるときは、記録命令付差押え（電磁的記録を保管する者その他電磁的記録を利用する権限を有する者に命じて必要な電磁的記録を記録媒体に記録させ、又は印刷させた上、当該記録媒体を差し押さえること）をすることができる。」としている。また、同法99条2項は、「差し押さえるべき物が電子計算機であるときは、当該電子計算機に電気通信回線で接続している記録媒体であつて、当該電子計算機で作成若しくは変更をした電磁的記録又は当該電子計算機で変更若しくは消去をすることができることとされている電磁的記録を保管するために使用されていると認めるに足りる状況にあるものから、その電磁的記録を当該電子計算機又は他の記録媒体に複写した上、当該電子計算機又は当該他の記録媒体を差し押さえることができる。」と定め、同法110条の2は、差し押さえるべき物が電磁的記録に係る記録媒体であるときは、差押状の執行をする者は、その差押えに代えて、「差し押さえるべき記録媒体に記録された電磁的記録を他の記録媒体に複写し、印刷し、又は移転した上、当該他の記録媒体を差し押さえること」、または、「差押えを受ける者に差し押さえるべき記録媒体に記録

された電磁的記録を他の記録媒体に複写させ、印刷させ、又は移転させた上、当該他の記録媒体を差し押さえること」ができると定めている。このような形で、執行官が（電磁的記録として作成されている場合の）会社の帳簿資料の電磁的記録を複写・印刷・移転した記録媒体を差し押さえ、それを執行官の下で、会計監査人の閲覧等に供するということも考えられるのではないかと思われる。

　なお、東京地決平成17・12・9（平成17年（ヒ）第389号・第390号）は、匿名組合員による営業者の業務財産検査を許可し、これについて、東京地決平成18・3・9（平成18年（ヨ）第20004号・第20005号）は、執行官が営業者の帳簿資料を差し押さえ、10日間保管し、匿名組合員にその閲覧及び謄写を許可した[28]。

5 その他の未解決の問題

　金融商品取引法の下での監査または任意監査においては、監査人は訴訟や仮処分の申立てを用いて、必要な情報へのアクセスを実現することは難しいと考えられる。すなわち、監査契約において定められている委嘱者またはその経営者の義務は、司法を通じて、その履行を強制できる性質のものではないと一般には考えられているようである。したがって、監査人としては、必要な情報へのアクセスが確保されない場合には、除外事項を付した意見を表明し、もしくは、意見不表明とすること、及び／または、監査契約を解除することができると、会社法・金融商品取引法の研究者（少なくとも、そのほとんど）は考えているようである。

　他方、会社法の下で会計監査人には上述のような権限が与えられている。そして、会社法の下で与えられている権限は、それを適切に行使しないと、善管注意義務に違反した、任務懈怠があったと評価される。与えられている権限は同時に義務であると解されているのである[29]。そこで、帳簿書類をはじめとする監査実施のために必要な情報へのアクセスを会社（の経営者）が

妨害し、または認めない場合に、会計監査人としてはどの程度の努力をすれば、任務懈怠・善管注意義務違反と評価されないのか、裁判所に仮処分を申し立て、仮処分の執行を申し立てなければならないのかという問題がある。

〈注〉

1　「監査人は、監査期間中に、経営者が第9項及び第10項に記載した責任を果たしたことについて監査証拠を入手するが、経営者がその責任を果たしたと判断している旨の確認書を入手しなければ十分ではない。」としている（A7項）。もっとも、4項は、「経営者確認書は、必要な監査証拠であるが、経営者確認書自体は、記載されている事項に関する十分かつ適切な監査証拠とはならない。また、経営者から信頼性のある経営者確認書を入手したとしても、経営者が監査実施の基礎となる責任を果たしたこと又は特定のアサーションに関して監査人が入手する他の監査証拠の種類又は範囲には影響を及ぼさない。」としている。

2　これは、「監査人がこれらの確認事項に信頼性がないと判断した場合、又はこれらの事項の確認が得られない場合には、監査人は十分かつ適切な監査証拠を入手することができない。この場合、監査証拠の入手が不可能であることの財務諸表への影響は、財務諸表の特定の構成要素、勘定又は項目に限定されず、広範囲に及ぶ。監査基準委員会報告書705は、このような場合に財務諸表に対する意見を表明しないことを求めている。」と説明されている（A22項）。

3　監査基準委員会報告書705は、「監査契約の解除が現実的に可能かどうかは、経営者により監査範囲が制約された時点で、監査業務がどの程度完了しているのかによって決まることがある。監査人は、監査のほとんどが完了しているような場合には、監査契約を解除せずに、実施可能な範囲で監査を完了し、監査報告書の「意見不表明の根拠」区分において監査範囲の制約について説明した上で、意見不表明とすることもある。」とする（A13項）。

4　味村　治＝加藤一昶『改正商法及び監査特例法等の解説』（法曹会、1977）260頁

5　前田　庸『会社法入門［第13版］』（有斐閣、2018）536頁など。また、江頭憲治郎『株式会社法［第8版］』（有斐閣、2021）556頁

6　谷川久「274条ノ3」上柳克郎＝鴻　常夫＝竹内昭夫（編集代表）『新版注釈会社法(6)』（有斐閣、1987）459頁、吉本健一「381条」落合誠一（編）『会社法コンメンタール8』（商事法務、2009）400頁

7　現在の会社法381条4項及び396条4項に相当する規定は、昭和49年商法改正

及び商法特例法の制定の際に、参議院の法務委員会において追加されたものである（第72回国会参議院法務委員会会議録第6号（昭和49年2月21日）8頁[後藤義隆委員]、11頁）。この提案の理由を後藤委員は説明していないが、衆議院の法務委員会において川島一郎政府委員は、「子会社調査権の乱用の場合……以外に、一応調査権は行使し得る場合である、しかしながら子会社としてはその調査に応じがたいという客観的に正当な理由がある、先ほど申し上げました子会社の営業上の秘密であるとかそういうものを調査するにつき、親会社の監査役のほうは調査の必要がある、しかしながら子会社としてはこれは調査に応ずることは困る、こういう場合にこの規定が適用になる、そういう解釈になろうかと考えております。」と答えている（第72回国会衆議院法務委員会会議録第11号（昭和49年3月1日）16頁）。

8　吉本・前掲注(6)400頁

9　片木晴彦「396条」岩原紳作（編）『会社法コンメンタール9』（商事法務、2014）15頁

10　このような仮処分を認めると、本案訴訟の目的を達してしまうこと（満足的仮処分）、全く原状回復の余地がないことなどに着目したものであった。和座一清「293条ノ6」上柳克郎＝鴻　常夫＝竹内昭夫（編集代表）『新版注釈会社法(9)』（有斐閣、1988）214-215頁

11　株主の会計帳簿資料閲覧等請求の仮処分に関するものであるが、鈴木竹雄＝竹内昭夫『会社法［第3版］』（有斐閣、1994）389頁注6、江頭・前掲注(5)737頁、藤原俊雄「株主の帳簿閲覧権の問題」判タ1179号（2005）114頁、正井章筰「株主の会計帳簿閲覧請求権の行使をめぐる問題点」判タ917号（1996）163頁、新谷　勝『会社訴訟・仮処分の理論と実務［第2版］』（民事法研究会、2011）594頁などを参照。東京高決平成19・6・27金判1270号52頁、浦和地決昭和38・2・15下民集14巻2号214頁。株主の会計帳簿資料閲覧権については、たとえば、久保田光昭「帳簿・書類閲覧権に関する立法論的考察」吉川栄一＝出口正義（編）『商法・保険法の現代的課題：石田　満先生還暦記念論文集』（文眞堂、1992）171-197頁なども参照

12　たとえば、若林弘樹「24条」加藤新太郎＝山本和彦（編）『裁判例コンメンタール民事保全法』（立花書房、2012）235-237頁、萩屋昌志「52条」加藤＝山本・前掲482-484頁参照。なお、平成29年改正前の民法414条3項は、「不作為を目的とする債務については、債務者の費用で、債務者がした行為の結果を除去し、又は将来のため適当な処分をすることを裁判所に請求することができる。」と定めているが、「適当な処分」を広く解する見解が唱えられている（川嶋四

郎「代替執行論・覚書（一）（二・完）」法政研究67巻（2001年）3号105-134頁、4号117-148頁）。

13 民法414条1項は、「債務者が任意に債務の履行をしないときは、債権者は、民事執行法その他強制執行の手続に関する法令の規定に従い、直接強制、代替執行、間接強制その他の方法による履行の強制を裁判所に請求することができる。ただし、債務の性質がこれを許さないときは、この限りでない。」と定め、平成29年改正前の同条2項及び3項は削除された。すなわち、どのような方法で履行を強制するかは民事執行法などに委ねられることになっている。

14 和座・前掲注(10)203頁

15 大隅健一郎「株主権に基づく仮処分」『保全処分の体系　下巻』（有斐閣、1966）668頁、菊井維大ほか『仮差押・仮処分［三訂版］』（青林書院新社、1982）336頁、和座・前掲注(10)217頁、新谷　勝『会社仮処分』（中央経済社、1992）133頁、157頁

16 現在は、会社法592条

17 「本案訴訟ナルモノハ取リモ直サス此検査閲覧ノ権利ヲ以テ訴訟物トスルモノニ外ナラサルヤノ消息ハ之ヲ窺ヒ得テ余リアリ夫レ文書ノ閲覧請求権ナルモノハ畢竟有体物引渡請求権ノ一態様ヲ出テスシテ而モ合資会社ノ有限責任社員カ被上告人主張ノ如キ請求権ヲ有スルコトノ法文上明々白々タルニ於テ果シテ原審認定ノ如ク当該帳簿ニ対シ改竄作偽ノ加ヘラルル虞アル以上本件仮処分ノ如キハ其相当ノ挙タルコト殆ト論ヲ俟タス」。なお、上告会社代理人は、「商法第百十一条ニ依ルモ被上告人ハ単ニ会社ノ営業時間内ニ限リ会社ノ諸帳簿ノ閲覧及検査ノ権利ヲ有スルニ過キスシテ帳簿ノ引渡ヲ求ムルノ権限ナシ然ルニ本件仮処分決定ハ之ヲ執達吏ノ占有ニ移スニ付何等ノ制限ヲ附セサルヲ以テ会社ノ本店外タル執達吏役場ニ於テ保管スルニ至リ上告会社カ閲覧ヲ求ムルモ日曜日外ニハ之ヲ許サス（第一審昭和五年三月十日口頭弁論調書及証人爪坂正親調書参照）其結果トシテ上告会社ノ義務ニ属スル決算ヲ頗ル困難シメタリ」と主張していたが、この主張を退けた点は注目に値する。

18 もっとも、「代替的行為」とは第三者が代わって同じ債務の内容を実現できる性質のものをいい、あくまで会社が会計帳簿資料のデータを出さなければならない（つまり会社自身の行為が必須である）以上、不代替的行為であると解すれば（たとえば、富越和厚「171条」鈴木忠一＝三ヶ月　章（編）『注解民事執行法5』（第一法規、1985）72頁は、会社自身がしなければならないことを理由として受忍義務という表現を用いていた）、間接強制によるしかないことになる。

19　なお、債務者［この場合は会社など］が仮処分命令によって命じられた行為［作為・不作為］を行わない場合に備えて、あらかじめ、仮処分命令の主文中に、債権者［この場合は、会計監査人］が債務者の費用で執行官に当該違反行為の結果である状況を除去するための行為を行わせることができる旨の代替執行（民事執行法171条、民法414条2項3項）における執行命令を盛り込むことは、実務上広く行われていると指摘されている（若林・前掲注(12)227頁）。

20　新谷・前掲注(15)156頁に示されている申請の趣旨参照（また、後掲東京地決平成18・3・9）。しかし、執行官保管の仮処分は占有移転禁止仮処分の一種として行われるものであり、占有移転禁止仮処分の被保全権利は引渡請求権であり、会計帳簿書類閲覧等請求権は物の引渡請求権ではないから、占有を移転することになる執行官保管の仮処分は執行保全の目的を超えるもの［本案で請求できない権利を仮処分の被保全権利とすることには理論上の問題がある］であり（兼子　一（編）『判例保全訴訟　上』（酒井書店、1965）75頁、竹下守夫「株主の書類帳簿閲覧謄写権と満足的仮処分」ジュリスト272号（1963）99頁）、また、実質的にも、使用中の会計帳簿資料の場合は会社の業務執行に支障をきたすという批判が加えられ（片山欽司「会社の帳簿閲覧の仮処分」判タ197号（1966）96頁、清水研一「帳簿・会計書類・株主名簿の閲覧謄写仮処分」金融法務事情1409号（債権管理72号）34頁。ただし、新谷・前掲注(15)155頁）、閲覧謄写が認められるとしても、会計帳簿資料が隠滅・改竄等されるおそれのある場合（証拠保全の必要性があるような場合）に限られると解されてきた（生田治郎「帳簿閲覧請求仮処分」竹下守夫＝藤田耕三（編）『裁判実務大系第3巻会社訴訟・会社更生法［改訂版］』（青林書院新社、1994）139-140頁参照）。たとえば、東京高決昭和35・5・2下民集11巻5号965頁は、「抗告人はもし本件書類、帳簿の閲覧謄写の権利を実現するような断行の仮処分が得られない場合は、本案事件勝訴のときその執行を全うするためみぎ物件を執行吏に保管せしめるにとどまる仮処分をもとめる旨申立て、所論の大審院判決［前掲大判昭和5・12・6—引用者］を引用するけれども、本件物件たる書類帳簿のごときは常時あるいは特定の期間相手方会社に備えつけ会社の営業の用に供さなければならないものであるから抗告人が将来提起すべき本案の訴が係属する間引続いて執行吏の保管に対して相手方の使用を禁じるような仮処分命令をすることは相手方がそれらの書類を以後正当に備付けて使用する意思なく、理由なく隠匿、偽造、毀滅するおそれが明白な場合にかぎると解すべく前記判決の要旨もみぎのように理解すべき」としていた。しかし、現在では、会計帳簿は電磁的記録の形をとることが多く、その場合には、電磁的記録の複製がなされさえすれば、

会社の業務執行に支障をきたすとはいえなくなっているように思われる。また、清水・前掲35頁などが指摘するように、隠匿・改竄のおそれに対応するのであれば、裁判所による証拠保全が直截であるように思われる。なお、会社が会計帳簿などを隠匿しまたは改竄するおそれがある場合には執行官保管の仮処分が認められるが、仮処分によって会計帳簿を閲覧、謄写することは許されないという見解（石井照久『会社法　下』（勁草書房、1972）246頁）があったが、現在では満足的仮処分が認められることに異論はみられないので、執行官保管の仮処分が発令されたときは、閲覧等が認められることに問題はなかろう。

21　不作為を命じる仮処分において、あらかじめ、債務者が違反した場合に違反状態が継続する間（会計帳簿資料閲覧等請求にあてはめるならば、会社が会計監査人による会計帳簿閲覧等を不可能な状態においている間）、一定の金銭の支払を命じることができるかについて見解は分かれているが、東京地決平成21・8・13判時2055号99頁は、仮処分命令が遵守されなかった場合に債権者に回復不可能な損害が生ずることに着目し、間接強制文言を仮処分命令に含めた（他方、東京高決昭和58・4・20判時1079号50頁は否定）。学説上もできるとする見解が多数説である（西山俊彦『保全処分概論［新版］』（一粒社、1985）141頁、藤田耕三「24条」竹下守夫＝藤田耕三（編）『注解民事保全法　上』297-299頁（青林書院、1996）、若林・前掲注(19)227頁、萩屋・前掲注(12)483頁、上原敏夫「不作為を命じる仮処分」『新実務民事訴訟講座14』（日本評論社、1982）241-245頁。ただし、戸根住夫「仮処分命令に掲げる執行命令」村松裁判官還暦記念論文集刊行会（編）『仮処分の研究』（日本評論社、1965）179-186頁）。ただし、仮処分命令にあらかじめ間接強制を含めておかないと命令の実効性が確保できない場合に限って、それが認められるという指摘がある（瀬木比呂志『民事保全法［第3版］』（判例タイムズ社、2009）365頁）。裁判所が行うべき判断の内容が、間接強制の場合は代替執行とは異なり、必ずしも単純なものとはいえないことを根拠として、慎重であるべきであり、「仮処分の命じる不作為義務の内容がその履行の有無を通常人により容易に判定できる程度に明らかであることが必要である」と指摘するものがあるが（若林・前掲注(12)227-228頁）、少なくとも、会計帳簿資料閲覧等請求については明らかであるといってよいように思われる。

22　もっとも、執行官が会計帳簿資料を閲覧可能な状態にさせることまで、将来のための処分として立会いが命じられた執行官の職務としてみることは、たとえば、竹下守夫「不作為を命じる仮処分」『保全処分の体系　下巻』（法律文化社、1966）608頁においても想定されていないようである。

23　もっとも、たとえば、竹下・前掲注(22)608頁は単純な受忍義務の場合（債務者の行為なしに実現できる場合）について、債権者らの行為に対する債務者の妨害を排除することを念頭においているとみるのが自然かもしれない。すなわち、債務者の「物理的行為」の妨害（債務者の土地にある債権者の物を引き上げるときに、債務者が人垣を作って入れないように妨害するなど）を念頭においており、会計帳簿資料閲覧との関係では、たとえば、会社のデータにアクセスできる端末が置かれている（と考えられる）建物及び部屋への入室を妨げる、端末を使わせないというような「物理的行為」は排除できるのかもしれないが、たとえば、会社がデータが収納されているファイル名、ファイルの所在場所、パスワードなどを教えないことによってデータへのアクセスを妨げる場合に、それらを明らかにすることを強制することはできない。

24　代替執行の規定を類推して、債権者は執行裁判所に将来のための適当な処分（民事執行法171条1項2号）として執行官の立会い・抵抗排除を命ずる授権決定を求めるというものである（民事執行法171条6項、6条2項。竹下・前掲注(22)608頁以下、西山・前掲注(21)269頁、菊井ほか・前掲注(15)292頁、福永有利『民事執行法・民事保全法［第2版］』（有斐閣、2011）、上原敏夫ほか『民事執行・保全法［第4版］』（有斐閣、2014）219頁、中野貞一郎＝下村正明『民事執行法』（青林書院、2016）823頁注6など参照。ただし、田中康久「6条」吉野　衛＝三宅弘人（執筆代表）『注釈民事執行法(1)』（金融財政事情研究会、1983）190頁、最高裁判所事務総局（編）『条解民事執行規則』（法曹会、1980）533頁は消極的であった）。

25　この文脈では、会計監査人が民事執行法6条2項にいう「執行官以外の者で執行裁判所の命令により民事執行に関する職務を行うもの」にあたるとみることになる。中西　正ほか『民事執行・保全法』（有斐閣、2010）251頁は、不作為義務違反が債務者またはその指図に従う者の抵抗によってなされている場合に、民事執行法6条2項を類推して、債権者自らが、直接、抵抗排除するため、執行官に援助を求めることができるという見解が、最近では一般的であると指摘している。このような見解によるものとして、東京地判昭和37・6・20判タ132号141頁［就業妨害禁止の仮処分の事案］のほか、兼子　一『増補強制執行法』（酒井書店、1951）295頁、三ケ月　章『民事執行法』（弘文堂、1981）424頁、中野貞一郎（編）『民事執行・保全法概説［第3版］』（有斐閣、2006）271頁［中野］、小林昭彦・榎本光宏「171条」浦野雄幸（編）『基本法コンメンタール民事執行法［第6版］』（日本評論社、2009）500頁など。

26　もっとも、このように、かりに代替執行が認められると解して、裁判所が当

該代替的作為を債務者の費用で債務者以外の者に実施させることを債権者に授権する決定をしても、債務者（会社）がパスワードを教えないなど会計帳簿資料へのアクセスを拒否する場合には、執行不能になる（無理やりアクセスさせることまでは授権決定ではできない）ことにならざるをえなさそうである。

27　奥田昌道・坂田　宏「414条」奥田昌道（編）『新版注釈民法(10)』（有斐閣、2003）539頁、583-584頁

28　日本経済新聞平成18年3月19日朝刊38面

29　たとえば、今井　宏「監査役の事前監査—取締役会出席権を中心として」月刊監査役50号（1973）6頁、加藤一昶「行政法違反等と監査役の差止請求権」商事法務670号（1974）27頁

5

監査役等との
コミュニケーション

1 | 会社法

　第1に、会計監査人設置会社においては、会計監査人が監査役等に会計に関する監査の方法とその結果である監査意見を含む会計監査報告の内容を通知し、これをうけて監査役等が会計監査人の監査の方法と結果の相当性を判断し、会計監査人の監査の方法または結果が相当でないと認めたときは、監査役等の監査報告にその旨及びその理由を含めることとされているが（会社計算規則127条2号、128条2項2号、129条1項2号）、その監査報告の内容は取締役及び会計監査人に通知される（会社計算規則132条1項）。

　会計監査報告には、監査の方法は具体的には記載されず、「当監査法人…は、我が国において一般に公正妥当と認められる監査の基準に準拠して監査を行った。監査の基準は、当監査法人…に計算書類及びその附属明細書に重要な虚偽表示がないかどうかについて合理的な保証を得るために、監査計画を策定し、これに基づき監査を実施することを求めている。監査においては、計算書類及びその附属明細書の金額及び開示について監査証拠を入手するための手続が実施される。監査手続は、当監査法人…の判断により、不正又は誤謬による計算書類及びその附属明細書の重要な虚偽表示のリスクの評価に基づいて選択及び適用される。監査の目的は、内部統制の有効性について意見表明するためのものではないが、当監査法人…は、リスク評価の実施に際して、状況に応じた適切な監査手続を立案するために、計算書類及びその附

属明細書の作成と適正な表示に関連する内部統制を検討する。また、監査に
は、経営者が採用した会計方針及びその適用方法並びに経営者によって行わ
れた見積りの評価も含め全体としての計算書類及びその附属明細書の表示を
検討することが含まれる。」というように記載されるのが現在の実務である
こと[1]に照らすと、会計監査人から会計監査報告外でその監査の方法及び結
果について監査役等は説明等をうけ、また、それについて質問を行うことが
当然の前提となる。会社法は、「監査役は、その職務を行うため必要がある
ときは、会計監査人に対し、その監査に関する報告を求めることができる。」
と規定しており（397条2項・3項・4項・5項）、監査に関する報告[2]には
監査の方法および結果についての報告が含まれることはいうまでもない[3]。

　第2に、「会計監査人は、その職務を行うに際して取締役の職務の執行に
関し不正の行為又は法令若しくは定款に違反する重大な事実があることを発
見したときは、遅滞なく、これを監査役に報告しなければならない。」とさ
れ（会社法397条1項・3項・4項・5項）[4]、例外的な場合であるにせよ、
ここでは、会計監査人と監査役等のコミュニケーションが要求されている。
この報告をうけて、監査役等が会計監査人に対し、その監査に関する報告を
求めることも当然に想定される。報告をうけたのみでは、監査役等は「取締
役の職務の執行に関し不正の行為又は法令若しくは定款に違反する重大な事
実」を的確に把握できないおそれがあり、さらに詳しい報告を求めるという
ことはありうることであろう。

　第3に、会計監査人は、特定監査役に対する会計監査報告の内容の通知に
際して、会計監査人の職務の遂行に関する事項として、①独立性に関する事
項その他監査に関する法令及び規程の遵守に関する事項、②監査、監査に準
ずる業務及びこれらに関する業務の契約の受任及び継続の方針に関する事項、
③会計監査人の職務の遂行が適正に行われることを確保するための体制に関
するその他の事項を通知しなければならないものとされている（会社計算規
則131条）。そして、監査役等は、会計監査人の職務遂行の体制について、そ
の監査報告にその内容を記載しなければならない（会社計算規則127条2号、
128条2項2号、129条1項2号、128条の2第1項2号）。また、会計監査人

の選任・解任・不再任議案の内容の決定や会計監査人の解任は監査役等の権限とされており（会社法344条、399条の２第３項２号、404条２項２号、340条）、かつ、会計監査人の報酬の決定には監査役等の同意が必要とされている（会社法399条）。このような権限と任務を背景として、監査役等は、会計監査人の職務の遂行に関する事項の通知をうけたときは、その詳細を把握するために、コミュニケーションが行われることになる。

　なお、日本監査役協会と日本公認会計士協会は「監査役等と監査人との連携に関する共同研究報告」（最終改正：2021年４月14日）を公表しており、日本監査役協会会計委員会「会計監査人との連携に関する実務指針」（最終改正：2018年８月17日）（連携実務指針）も策定されている。

2 ｜ KAM導入前の金融商品取引法

　提出会社が金融商品取引法24条１項１号または２号に掲げる有価証券（ただし、金融商品取引法５条１項に規定する特定有価証券を除く。）を発行する者である場合には、有価証券報告書の「監査の状況」には、「内部監査、監査役監査及び会計監査の相互連携並びにこれらの監査と内部統制部門との関係について、具体的に、かつ、分かりやすく記載すること」[5]、及び、「社外取締役又は社外監査役を選任している場合には、……当該社外取締役又は社外監査役による監督又は監査と内部監査、監査役監査……及び会計監査との相互連携並びに内部統制部門との関係について、具体的に、かつ、分かりやすく記載すること」[6]が求められている。監査役等と監査人との間のコミュニケーションなしには、相互連携を実現することはできないであろう。

　また、例外的な場合であるが、金融商品取引法193条の３は、公認会計士または監査法人が「特定発行者における法令に違反する事実その他の財務計算に関する書類の適正性の確保に影響を及ぼすおそれがある事実（……法令違反等事実……）を発見したときは、当該事実の内容及び当該事実に係る法令違反の是正その他の適切な措置をとるべき旨を、遅滞なく、内閣府令で定

めるところにより、当該特定発行者に書面で通知しなければならない。」と
しており、その通知を受けるのは、「監査役又は監事その他これらに準ずる者」
である（監査証明府令7条）[7]。監査役等が法令違反の是正その他の適切な
措置を的確にとるためには、事実を正確かつ詳細に把握する必要があり、そ
うであれば、監査人とのコミュニケーションは欠かせないし、「財務計算に
関する書類の適正性の確保に影響を及ぼすおそれがある事実」[8]ということ
であるから、企業会計の専門家としての（監査人である）公認会計士または
監査法人との意見交換や質疑を行うことが当然に想定されることになる。

　さらに、金融商品取引法の下で、企業会計審議会『監査基準』は一般に公
正妥当と認められる監査に関する基準に該当するところ（監査証明府令3条
3項1号）、『監査基準』は「監査人は、監査の各段階において、監査役、監
査役会、監査等委員会又は監査委員会（以下「監査役等」という。）と協議
する等適切な連携を図らなければならない。」と定めている（第三　実施基準、
一　基本原則、7）。そして、企業会計審議会『監査における不正リスク対
応基準』は、監査証明を受けようとする者が監査証明府令3条4項に列挙さ
れた者である場合に適用されるが（監査証明府令3条3項柱書）、「監査人は、
監査の各段階において、不正リスクの内容や程度に応じ、適切に監査役等と
協議する等、監査役等との連携を図らなければならない。　監査人は、不正
による重要な虚偽の表示の疑義があると判断した場合には、速やかに監査役
等に報告するとともに、監査を完了するために必要となる監査手続の種類、
時期及び範囲についても協議しなければならない。」とし（第二、17）、「監
査人は、監査実施の過程において経営者の関与が疑われる不正を発見した場
合には、監査役等に報告し、協議の上、経営者に問題点の是正等適切な措置
を求めるとともに、当該不正が財務諸表に与える影響を評価しなければなら
ない。」としている（第二、18）。いずれの要求事項も、監査役等と監査人と
の間のコミュニケーションなしにはみたすことができない。

　以上に加えて、『財務報告に係る内部統制の評価及び監査の基準』におい
ても、監査人が内部統制監査の実施において開示すべき重要な不備を発見し
た場合には、当該開示すべき重要な不備の内容及びその是正結果を監査役等

に報告すべきこととされている（Ⅲ、3⑸）。また、監査人が内部統制監査の実施において不正又は法令に違反する重大な事実を発見した場合には、監査役等へ報告して適切な対応を求めることとされている（Ⅲ、3⑹）。さらに、監査人は、効果的かつ効率的な監査を実施するために、監査役等との連携の範囲及び程度を決定しなければならないとされている（Ⅲ、3⑺）。これらは、いずれも、監査役等と監査人とのコミュニケーションを求めるものということができよう。

3 ｜ 監査法人のガバナンス・コード

　監査法人のガバナンス・コードに関する有識者検討会「監査法人の組織的な運営に関する原則≪監査法人のガバナンス・コード≫」（2017年3月31日）では、原則4において、「人材の育成・確保を強化し、法人内及び被監査会社等との間において会計監査の品質の向上に向けた意見交換や議論を積極的に行うべきである。」とされ、指針4-4として、「監査法人は、被監査会社のCEO・CFO等の経営陣幹部及び監査役等との間で監査上のリスク等について率直かつ深度ある意見交換を尽くすとともに、監査の現場における被監査会社との間での十分な意見交換や議論に留意すべきである。」（圏点─引用者）とされた。ここでも、監査役等とのコミュニケーションの重要さが強調されている。

4 ｜ KAMの記載要求と監査基準委員会報告書260

⑴　2018年『監査基準』改訂

　企業会計審議会「監査基準の改訂に関する意見書」（2018年7月5日）の最も大きな柱は、監査人が財務諸表の監査において特に重要であると判断し

た事項（監査上の主要な検討事項。KAM）を監査報告書に記載することを要求することである。KAMは、「当年度の財務諸表の監査の過程で監査役等と協議した事項のうち、職業的専門家として当該監査において特に重要であると判断した事項」であると定義されており（「監査基準」第四 報告基準、二 監査報告書の記載区分、2⑵)、「監査役等と協議した事項」とされていることから明らかなように、「監査基準の改訂に関する意見書」では、「監査上の主要な検討事項」の記載により、監査人と監査役等（監査役、監査役会、監査等委員会または監査委員会）との間の「コミュニケーションや、監査人と経営者の間の議論を更に充実させることを通じ、コーポレート・ガバナンスの強化や、監査の過程で識別した様々なリスクに関する認識が共有されることによる効果的な監査の実施につながること」[9]等の効果が期待されると指摘されている。さらに、「監査人の責任」として、改訂前には要求されていなかった記載事項として、「監査役等と適切な連携を図ること、監査上の主要な検討事項を決定して監査報告書に記載すること」（圏点—引用者）が求められている（『監査基準』第四 報告基準、三 無限定適正意見の記載事項、⑷)。

⑵　監査基準委員会報告書260

　監査基準委員会報告書260「監査役等とのコミュニケーション」は[10]、2019年改正前から、コミュニケーションを行うことが要求される事項として、財務諸表監査に関連する監査人の責任、計画した監査の範囲とその実施時期、監査上の重要な発見事項、監査人の独立性及び品質管理のシステムの整備・運用状況を挙げていた（12項-16項）。会社法や金融商品取引法では明示的に要求されているわけではないが、監査役等及び監査人の職務が適切に遂行されるために重要と思われるのは、コミュニケーションの対象には、監査人により識別された特別な検討を必要とするリスクが含まれ（13項）、たとえば、①不正または誤謬による、重要な虚偽表示に係る特別な検討を必要とするリスクへの監査人の対応、②特別な検討を必要とするリスク以外に識別している重要な虚偽表示リスクが高い領域への監査人の対応、③監査に関連する内

部統制についての監査人の監査アプローチ、④監査に適用される重要性の概念、⑤監査人の利用する専門家の業務の利用を含む、計画した監査手続の実施またはその結果の評価において必要となる、特定分野での技能または知識の内容及び範囲、⑥監査基準委員会報告書701が適用となる場合に監査において監査人が特に注意を払う領域であり、監査上の主要な検討事項となる可能性がある事項に関する監査人の見解、⑦適用される財務報告の枠組みの改正、ならびに、⑧企業環境、事業活動及び財務状況における重要な変更が個々の財務諸表や注記事項に与える影響に対する、監査人が計画した監査アプローチが含まれるとされていること（A13項）である。⑥はKAMの導入に伴い、追加された例示である。

　また、「監査人は、会計実務が、適用される財務報告の枠組みの下で受入可能であるが、企業の特定の状況においては最適なものではないと考える場合は、その理由を監査役等に説明しなければならない。」とされている点（14項(1)）、ならびに、監査上の重要な発見事項として、監査期間中に困難な状況に直面した場合は、その状況（14項(2)）、監査の過程で発見され、経営者と協議したかまたは経営者に伝達した重要な事項（14項(3)）、監査人が要請した経営者確認書の草案（14項(4)）、監査報告書の様式及び内容に影響を及ぼす状況（14項(5)）及び監査の過程で発見され、監査人が、職業的専門家としての判断において財務報告プロセスに対する監査役等による監視にとって重要と判断したその他の事項（14項(6)）をコミュニケーションの対象に含めることが要求されている点も注目に値する。とりわけ、2017年改正で、監査上の発見事項として「監査報告書の様式及び内容に影響を及ぼす状況」をコミュニケーションの対象に含めるべきこととされ、これは、「監査報告書について、監査契約締結時に想定された様式及び内容と異なる場合、又は実施された監査に関する追加的な情報を含む場合に、その状況を監査役等に報告することを想定している。」と説明されている（A22項）。そして、「監査報告書に追加的な情報を含めることが要求される又は必要と判断するため、監査役等とのコミュニケーションが必要とされる場合」には、たとえば、①監査報告書において除外事項付意見の表明が見込まれる場合（「監査基準委員

会報告書705」29項)、②継続企業の前提に関する重要な不確実性を報告する場合(「監査基準委員会報告書570」24項)、③監査上の主要な検討事項を報告する場合(「監査基準委員会報告書701」16項)、及び、④「監査基準委員会報告書706」11項またはその他の監査基準委員会報告書の要求により、「強調事項」区分または「その他の事項」区分を含めることを監査人が必要と判断する場合が含まれるとされているが(A23項)、③はまさにKAMの導入に伴うものである。このような状況においては、監査報告書において当該事項をどのように取り扱う予定かに関する協議の資料として、監査報告書の草案を監査役等に提供することが有用と監査人が判断する場合があると指摘されている(A23項)。

さらに、監査人と監査役等の間の有効な双方向のコミュニケーションは、監査人と監査役等が、監査に関する事項を理解し、効果的な連携をもたらすような関係を構築すること、監査人が、監査役等から監査に関連する情報を入手すること[11]、及び、監査役等が、財務報告プロセスを監視する責任を果たし、それによって、財務諸表の重要な虚偽表示リスクを軽減することを行う上で重要であるとされている点(4項)も注目に値する。

5 │ 監査役等から監査人への情報の提供

監査役等から会計監査人への情報提供を明示的に求めている規定は、会社法や金融商品取引法には設けられていない。会社法397条1項とミラーの規定が設けられていないのは、会計監査人は監査役等と異なり、違法行為差止請求権を与えられているわけではないから、会計監査人としては、監査役等からその職務を行うに際して取締役・執行役の職務の執行に関し不正の行為または法令もしくは定款に違反する重大な事実があることを報告してもらっても、対応しようがない(対応する義務もない)こと、及び、監査役等は、発見した、取締役または執行役の職務の執行に関する不正の行為または法令もしくは定款に違反する重大な事実を自らの監査報告に記載すればよいので

あって、会計監査人の会計監査報告に記載させる必要はないことに基づくといわれている[12]。また、会社法397条2項は、監査役等が会計監査人の監査の方法及び結果の相当性を判断するための基礎を提供し、また、二重に監査するという非効率的なことを防ぐという観点から、会計事項については類型的にはより知見を有する会計監査人に監査役等としては報告を求めることができるようにすることを狙っていると考えられることからすれば、会計監査人から監査役等に対して報告を求めることができるとする必要性が乏しいと考えられてきたようである。

とはいえ、「監査役が不当な会計処理の事実を知ったときは、（会計監査について第一次的に責任を負う）会計監査人にそのことを知らせて、その監査が適切に行われるよう注意を喚起すべきことは当然である。会計監査人にそのような告知をしないまま、不意に監査報告書で指摘することは、監査役としての善管注意義務に違反する……。特段の規定はなくても、監査役が会社の財産および損益の状況に影響を及ぼす事実を知った場合において、会計監査人はまだその事実を知らないように思われるときは、これを会計監査人に知らせるのが監査役の善管注意義務として当然要求されていること」であり[13]、この義務を尽くさないときは、監査役は、平成17年改正前商法267条（現在では会社法423条）の会社に対する責任、同280条1項によって準用される266条ノ3（現在では会社法429条）の第三者に対する責任のいずれをも問われることになると指摘されてきており[14]、これは会社法の下でも、また、監査等委員または監査委員会の委員である取締役にも妥当する。

また、監査契約も監査役等から監査人に対して一定の情報を提供することが求められる根拠となりうる。たとえば、監査約款の4条1項では、受嘱者から要請のある財務諸表監査及び内部統制監査のための追加的な情報ならびに監査証拠を入手するために必要であると受嘱者が判断する、委嘱者の役員及び従業員への制限のない質問や面談の機会（5号ウ及びエ）を受嘱者に提供する義務を委嘱者の経営者は負うこととされているが、会社の役員には監査役、会計参与及び取締役・執行役が含まれる。しかも、6条3項は、「委嘱者は、受嘱者が委嘱者の監査役等と連携し、有効な双方向のコミュニケー

ションを行って監査を実施できるように、十分配慮を行う。」（圏点—引用者）
と定めている。14条1項では、委嘱者の役職員が受嘱者の業務遂行に誠実に
対応しない場合等、受嘱者の委嘱者に対する信頼関係が著しく損なわれた場
合（4号）に該当する場合、「受嘱者は委嘱者に対し、何らの催告をするこ
となく本契約を直ちに解除することができる。」と定めている[15]。

6 適切なコミュニケーションを行わなかった場合の法的責任

　適切なコミュニケーションを行わなかった結果、会計監査人の会計監査報
告または監査役等の監査報告に記載し、または記録すべき重要な事項につい
ての虚偽の記載または記録をしたときは、会計監査人・監査役等は、会社に
対し、また、注意を怠らなかったことを証明しない限り第三者に対し、それ
ぞれ、損害賠償責任を負うことになるのは当然である（会社法423条、429条
2項3号・4号）。同様に、適切なコミュニケーションを行わなかった結果、
有価証券届出書・有価証券報告書・四半期報告書・半期報告書に係る金融商
品取引法193条の2第1項に規定する監査証明において、当該監査証明に係
る書類について記載が虚偽でありまたは欠けているものを虚偽でなくまたは
欠けていないものとして証明したときには、当該監査証明を行った公認会計
士・監査法人は、当該証明をしたことについて故意または過失がなかったこ
とを証明しない限り、有価証券を取得または処分した者に対し、記載が虚偽
でありまたは欠けていることにより生じた損害を賠償する責任を負うことに
なるし（金融商品取引法21条1項3号2項、22条、24条の4、24条の4の7
第4項、24条の5第5項）、故意または過失があるときは、会社に対して債
務不履行に基づく損害賠償責任を負うことになる（民法415条）。
　他方、会計監査報告・監査報告または金融商品取引法上の監査報告書・四
半期レビュー報告書・中間監査報告書の虚偽記載に基づかない損害賠償責任
を負う可能性もある。典型的には、会計監査人が監査役等に対して、取締役・
執行役の不正の行為または法令もしくは定款に違反する重大な事実を報告し

なかったことによって、監査役等が適時に違法行為差止請求その他の是正措置を講じることができなかった場合に、──通知を怠ったことと相当因果関係があるといえるかどうかは難問でありうるが、かりに、あるといえる場合には──会社の損害を賠償する責任である（会社法423条）[16, 17]。

　これに対して、金融商品取引法193条の3に基づく通知義務は、内閣総理大臣に対する申出義務と結び付けられているものであることから、私法上の義務ではなく、会社または第三者に対する損害賠償責任を基礎付けるものではない[18]と位置づけるのが自然なのではないかと考えられる。もっとも、金融商品取引法上の監査においては、金融商品取引法の規定を前提とした監査を行うことが契約内容となっていること、上記2でみた『監査における不正リスク対応基準』の規定、監査基準委員会報告書240「財務諸表監査における不正」が、監査人は、(1)経営者による不正または不正の疑い、(2)内部統制において重要な役割を担っている従業員による不正または不正の疑い、または、(3)上記以外の者による財務諸表に重要な影響を及ぼす可能性がある不正または不正の疑いといった「企業に影響を与える不正を識別したか又は不正の疑い（不正リスク対応基準が適用される場合、不正による重要な虚偽表示の疑義があると判断した場合を含む。）を抱いた場合、適時に、監査役等とコミュニケーションを行わなければならない。」、「監査人は、不正又は不正の疑いに経営者の関与が疑われる場合、監査役等とコミュニケーションを行い、監査を完了するため必要となる監査手続の種類、時期及び範囲についても協議しなければならない。法令によって禁止されていない限り、当該監査役等とのコミュニケーションは求められる。」（40項）、「法令によって禁止されていない限り、監査人は、不正に関連するその他の事項で、監査役等の責任に関係すると判断した事項について監査役等とコミュニケーションを行わなければならない。」（41項）と要求していること、ならびに、監査基準委員会報告書250「財務諸表監査における法令の検討」（2011年12月22日、最終改正：2019年6月12日）が、「監査人は、監査の実施過程で気付いた違法行為又はその疑いに関連する事項を、法令により禁止されていない限り、明らかに軽微である場合を除き、監査役等とコミュニケーションを行わなければな

らない。」(22項)、「監査人は、第22項に記載している違法行為又はその疑い
が故意でかつ重要であると判断する場合、当該事項について監査役等と速や
かにコミュニケーションを行わなければならない。」(23項) と定めていること
とからすれば、それらの通知は監査契約上の義務であり、それを怠ることは、
債務不履行であると評価されうる[19]。

　なお、監査役等は会社法397条に基づく会計監査人からの通知または報告
がなかったことを[20]、また、会計監査人や金融商品取引法上の監査人は監査
役等から適切に情報提供がなされなかったことを、それぞれ、理由としては
免責されないと考えるべきであろう。監査役等や(会計)監査人は、この局
面においては、自己の任務を善管注意義務を尽くして行うべきであり、法制
上、他方の業務の成果に依存するという建付けにはなっていないからである。

〈注〉
1　監査・保証実務委員会実務指針第85号文例11及び文例12参照
2　「関する」も「係る」も、ある言葉とある言葉をつなぐために用いられる表
　現で、前の語が後の語の内容を特定したり、意味を説明したり、あるいは、目
　的語の関係にあることを示すが、法制執務上、「関する」は「係る」に比べ、
　より緩やかな範囲での結び付きを表す場合に使用される(法制執務用語研究会
　『条文の読み方』(有斐閣、2012) 40-43頁)。したがって、監査役等の報告請求
　権はかなり広範に及ぶと考えられる。
3　監査の実施の過程における中間的報告を求めることや、監査役等が何らかの
　端緒により懸念を抱いた点についての監査の報告を求めることも、もちろん可
　能である。
4　これは、計算関係書類に関するものに限られない一方で、会計監査人がたま
　たま発見したものを報告させるものである。東京高判平成7・9・28判時1552
　号128頁 [監査人が通常実施すべき監査手続を行う過程で結果的に幹部職員、
　従業員等の不正行為を発見した場合には、その旨を監査依頼者に指摘・報告す
　れば足りる] も参照
5　企業内容開示府令第三号様式記載上の注意(37)、同第2号様式記載上の注意(56)
　b(b)。ここでいう監査役監査は、「監査等委員会設置会社にあっては監査等委
　員会による監査、指名委員会等設置会社にあっては監査委員会による監査をい
　う。」とされている(同第2号様式記載上の注意(55)j(a))。提出会社が金融商品

取引法24条１項１号または２号に掲げる有価証券（金融商品取引法５条１項に
　　規定する特定有価証券を除く。）を発行する者でない場合にも求められる（同
　　第２号様式記載上の注意(56) c (b)）。

6　企業内容開示府令第三号様式記載上の注意(37)、同第二号様式記載上の注意(55)
　　j (a)

7　これは、監査役等が、取締役・執行役の不正行為や法令・定款に違反する事
　　実や著しく不当な事実があると認められるときは、取締役（取締役会）に報告
　　する義務を負う立場にあることに着目したものであると同時に、監査役等には
　　違法行為差止請求権などが与えられており、暫定的には適切な措置を自ら講じ
　　ることができ、より根本的には取締役会や株主総会に報告することを通じて、
　　違反の是正を図ることができると期待されるためである。

8　金融商品取引法193条の３との関係では、「法令に違反する事実その他の財務
　　計算に関する書類の適正性の確保に影響を及ぼすおそれがある事実」（圏点—
　　引用者）とされているので（現在では、法制執務上、「Ａその他のＢ」という
　　表現は、ＡがＢの例である場合、すなわち、ＡがＢの部分集合である場合に用
　　いられる。）、「法令に違反する事実」すべてが通知の対象となるわけではなく、
　　財務計算に関する書類の適正性の確保に影響を及ぼすおそれがある「法令に違
　　反する事実」が対象となる。

9　重要なリスクが存在すると思われるところを重点的に監査するという、いわ
　　ゆるリスク・アプローチによる場合、リスクの把握が重要であることに鑑みる
　　と、監査役等と監査人それぞれが保有するリスク情報を共有し、意見交換をす
　　ることにより、的確にリスクを把握できると期待される。

10　後述「６適切なコミュニケーションを行わなかった場合の法的責任」で言及
　　する監査基準委員会報告書240および同250も、監査役等とのコミュニケーショ
　　ンを要求する監査の基準としてきわめて重要である。

11　監査人の企業及び企業環境の理解に資する情報、監査証拠の適切な情報源の
　　識別及び特定の取引や事象に関する情報を監査役等が提供することがあると指
　　摘されている。

12　稲葉威雄『改正会社法』（金融財政事情研究会、1982）396頁

13　稲葉・前掲注(12)396頁

14　稲葉・前掲注(12)396頁

15　共同研究報告は、「監査役等が業務監査から得る情報は監査人の監査にも有
　　用である。一方、監査人から得られる情報は監査役等にとって会計監査だけで
　　なく業務監査にも有用である。」と指摘し(2)、随時、情報・意見交換すべき基

本的事項としての「監査役等が監査人の監査に影響を及ぼすと判断した事項」として、会社及び企業集団の経営環境の変化、業務執行方針・組織の変更、その他監査の過程で把握した情報、監査役等が把握している不正、違法行為及びそれらの疑い、監査役等が監査の過程で改善が必要と判断した事項、監査人からの照会に対する、取締役会での議論の内容や、代表取締役などの経営トップと監査役等の意見交換の内容、事業所・子会社への監査役・監査委員・監査等委員の往査結果等（往査時等に子会社の監査人から報告を受けた内容を含む）、監査役等が注視している、監査人が必要な監査情報を入手できる監査環境の整備状況を例示している（4 (6)）。また、日本監査役協会の『監査役監査基準』47条3項、『監査委員会監査基準』41条3項及び『監査等委員会監査等基準』44条3項では、監査役等は、業務監査の過程で知り得た情報のうち、会計監査人の監査の参考となる情報または会計監査人の監査に影響を及ぼすと認められる事項について会計監査人に情報を提供するなど、会計監査人との情報の共有に努めることとされている。さらに、連携実務指針では「監査人の置かれている状況を的確に把握し、監査人に対し必要な情報を提供するとともに、監査人の活動に対する執行側の理解を促すことも重要である。」（第4 (1)）とされ、第5「③監査役等から監査人への情報提供の範囲」という項が設けられている。

16　第三者に対して責任を負うのは、その職務を行うについて悪意または重大な過失があったときに限られる（会社法429条1項）。

17　監査役等が会計監査人に情報を提供しなかった場合の責任については前述「5 監査役等から監査人への情報の提供」参照

18　本書「17　監査人の交代と引継ぎ」参照

19　なお、監査基準委員会報告書240の40項および41項は「法令によって禁止されていない限り」と、同250の22項は「法令によって禁止されていない限り」または「法令により禁止されていない限り」とそれぞれ定めているが、日本法の下では、法令により禁止されていることはないと考えられ、コミュニケーションを行わなければならないことになる。監査役等とのコミュニケーションが守秘義務に抵触することはないと解されることについて、本書「3　監査人の守秘義務」参照

20　監査役等は、会計監査人の会計監査報告には原則として信頼を置くことができるが、会社法397条は会計監査人の固有の職務に含まれない通知義務等を定めており、監査役等が、本来、自ら、監査を実施すべき事項に係るものを広く含んでいるからである。

6 内部監査人の作業の結果の利用

1 | コーポレート・ガバナンスにおける公認会計士等による監査と内部監査

　『コーポレートガバナンス・コード』（2018年6月版）の「第3章 適切な情報開示と透明性の確保」は、補充原則3-2②として、取締役会及び監査役会が少なくとも行うべき対応の1つとして、「外部会計監査人と監査役（監査役会への出席を含む）、内部監査部門や社外取締役との十分な連携の確保」を挙げている（(iii)）[1]。

　そして、企業内容開示府令第二号様式の第二部【企業情報】、第4【提出会社の状況】、4【コーポレート・ガバナンスの状況等】、(3)【監査の状況】に係る記載上の注意（56）のbでは、「提出会社が上場会社等である場合には、内部監査の状況等について、次のとおり記載すること。(a)内部監査の組織、人員及び手続について、具体的に、かつ、分かりやすく記載すること。(b)内部監査、監査役監査及び会計監査[2]の相互連携並びにこれらの監査と内部統制部門との関係について、具体的に、かつ、分かりやすく記載すること。」とされ、cでも、「提出会社が上場会社等以外の者である場合には、内部監査の状況等について、次のとおり記載すること。(a)内部監査の組織、人員及び手続について、具体的に、かつ、分かりやすく記載すること。(b)内部監査、監査役監査及び会計監査の相互連携について、具体的に、かつ、分かりやすく記載すること。」とされている。そして、有価証券報告書との関係では、第三号様式記載上の注意（37）が「第二号様式記載上の注意（56）に準じて

記載すること。」と定めている。

　このように、公認会計士または監査法人による監査と内部監査との相互連携がコーポレート・ガバナンスにおいては想定されており[3]、公認会計士等による監査において内部監査の結果の利用及び／または公認会計士等と内部監査部門との間でのコミュニケーションがなされることが前提とされている。

　そして、2002年の『監査基準』改訂に至る過程においても、連携が強調されていた。すなわち、公認会計士審査会「会計士監査の充実に向けての提言」(1997年4月24日)[4]では、「(2)監査役監査・内部監査との相互補完」として、「監査役監査・内部監査・会計士監査は、企業のコーポレートガバナンスの充実を進めるうえで、相互補完的に位置づけられるものであり、双方向的な情報交換が進められる必要がある。このため、相互連携のためのガイドラインの整備、経営側に対する監査意見表明等のための監査役との協議の場の充実などが検討されるべきである。これらを通じ、会計士監査の効率性の向上という視点についても実際の運用に際し留意されるべきである。」とされ、これをうけて、企業会計審議会第二部会で議論がなされたが[5]、第6回部会(2000年4月21日)では、山浦委員から、実施基準及び監査実施準則について、「(5)監査役との連携や内部監査部門との共同作業、あるいは監査人が発見した不正や違法行為、あるいは不適正事項を、取締役レベルと協議の上で事後措置の適切性を確かめるなどの指示を加えることで、財務諸表の適正性の確保のために関係者が一致協力すること、これを明示すべきではないかと考えます。」との見解が示された[6]。また、第13回部会(2000年12月22日)[7]では、藤田委員が、内部監査の作業結果を利用するとされていることに加え、「他の内部監査人を利用するとか、……会計監査人と内部監査人との関係というところをもう少し連係プレーを強めるような、何らかの表現が欲しいなと思います」と意見を述べた。

2 | 『監査基準』と内部監査の結果の利用

　『監査基準』（1950年）の「序論 財務諸表監査について」では、「監査を實施するには、監査を依頼する企業の側において、あらかじめその受入體制が整備されていなければならない。即ち整然たる會計組織を備えて正確な會計記録を作成するとともに、内部牽制組織を設けて不正過失の發見防止につとめ、又規模の大きな企業においては、内部監査組織により自ら経常的に監査を行って會計記録の信頼性を確保すること等がこれである。」とされていた（三(2)）。この時点では、内部監査は財務報告に係る内部統制の構成要素ととらえられており、内部監査（の結果）の利用には全く言及されていなかった。しかも、「序論 財務諸表監査について」は1956年改訂で削除され、2002年改訂に至るまで、『監査基準』が内部監査に言及することはなかった[8]。

　2002年改訂により、『監査基準』は、「監査人は、企業の内部監査の目的及び手続が監査人の監査の目的に適合するかどうか、内部監査の方法及び結果が信頼できるかどうかを評価した上で、内部監査の結果を利用できると判断した場合には、財務諸表の項目に与える影響等を勘案して、その利用の程度を決定しなければならない。」と規定した（第三 実施基準、四 他の監査人等の利用、3）[9]。この規定について、第15回部会（2001年3月16日）[10]で、多賀谷課長補佐は、「内部監査業務を利用する場合ということですが、これも、実際には、企業によって、内部監査業務といっても、特定の形があるわけではないわけで、種々違いがあると思います。また、何を内部監査というものとするかというのも、一義的に決められないので、種々理解があると思いますので、ここでは特定はしておりません。ただ、他の監査人、公認会計士さんとしての監査をしていらっしゃる方とは、利用する場合のレベルといいましょうか、これは本質的に違うという問題でございますので、ここの記述は、かなりそこは慎重な形で記述をしております。すなわち、「企業の内部監査の目的及び手続が監査人の監査の目的に適合するかどうか」等々、監査人の方がまず評価をした上で利用できると判断した場合には、今度は、どこを利

用できるのかというような、あるいはどの程度利用できるのかということを、またもう１度さらに評価して決定をしていくということで、ここは慎重な取り扱いというような形になっております。」と説明した[11]。

そして、監査基準委員会報告書610「内部監査人の作業の利用」（2011年12月22日、最終改正：2021年１月14日）は、内部監査人の作業の利用の可否、利用する領域及び利用の程度の判断についての実務上の指針を提供している[12]。

3 監査計画の策定と内部監査

監査人の責任が争点となった近時の裁判例[13]においては、少なくとも表相的には、企業会計審議会「監査基準の改訂について」（2002年１月25日）が示した、いわゆるリスク・アプローチに沿った監査を実施したかどうかが問われている。

ところで、『監査基準』は、「監査人は、監査の実施において、内部統制を含む、企業及び企業環境を理解し、これらに内在する事業上のリスク等が財務諸表に重要な虚偽の表示をもたらす可能性を考慮しなければならない。」とし（第三 実施基準、一 基本原則、２）、また、「監査人は、監査を効果的かつ効率的に実施するために、監査リスクと監査上の重要性を勘案して監査計画を策定しなければならない。」としつつ（第三 実施基準、二 監査計画の策定、１）、「監査人は、監査計画の策定に当たり、……内部統制の整備状況……その他企業の経営活動に関わる情報を入手し、企業及び企業環境に内在する事業上のリスク等がもたらす財務諸表における重要な虚偽表示のリスクを暫定的に評価しなければならない。」としている（第三 実施基準、二 監査計画の策定、２）。

また、『監査における不正リスク対応基準』では、「監査人は、監査計画の策定に当たり、入手した情報が不正リスク要因の存在を示しているかどうか検討し、それらを財務諸表全体及び財務諸表項目の不正リスクの識別及び評

価において考慮しなければならない。監査人は、評価した不正リスクに応じた全般的な対応と個別の監査手続に係る監査計画を策定しなければならない。」とされている（第二 不正リスクに対応した監査の実施、3 不正リスク要因を考慮した監査計画の策定）。

　これらを前提として、監査基準委員会報告書315「企業及び企業環境の理解を通じた重要な虚偽表示リスクの識別と評価」（2011年12月22日、最終改正：2019年6月12日）は、内部統制を含む、企業及び企業環境の理解を通じて、財務諸表の重要な虚偽表示リスクを識別し評価することに関する実務上の指針を提供するものであるが、まず、リスク評価手続においては、「内部監査に従事する適切な者（内部監査機能がある場合）への質問」を含めなければならないとしている（5項(1)）。これは、「内部監査人は、内部監査の実施を通じて、企業の事業運営や事業上のリスクに関する知識を有していることが多く、また、内部統制の不備等の指摘を行っていることが」あり、「これらの情報は、監査人の企業の理解、監査人のリスク評価又は監査の他の局面において有益なことがある」ためであるとされている[14]。そして、「監査人の質問は、実施する監査手続の種類若しくは時期を変更するか、又は範囲を縮小するために、監査人が内部監査人の作業を利用するか否かにかかわらず、実施される。」（A9項）、そして、「監査人の質問に対する回答に企業の財務報告や監査に関連する可能性がある指摘事項が含まれる場合、監査人は、関連する内部監査の報告書[15]を通読することが適切かどうかを検討することがある。」とされている（A10項）。

　また、「企業が内部監査機能を有している場合、監査人は、内部監査機能の責任、組織上の位置付け、及び実施された又は実施される予定の業務を理解しなければならない。」としている（22項）。そして、A115項では、「監査の初期段階から監査期間を通じた内部監査に従事する適切な者との継続的なコミュニケーションは、効果的な情報共有を促進する。それにより、内部監査人が把握した重要な事項のうち、監査人の作業に影響を与える可能性がある情報が監査人に提供される関係が構築される。また、監査期間を通じた内部監査人とのコミュニケーションによって、監査証拠として利用する記録や

証憑書類又は質問に対する回答の信頼性に疑念を抱かせるような情報を、内部監査人が監査人に伝達する機会がもたらされる。監査人は、重要な虚偽表示リスクの識別及び評価の際に、そのような情報を考慮することが可能となる。」と指摘されている。

　以上に加えて、『監査における不正リスク対応基準』は、「監査人は、経営者、監査役等及び必要な場合には関連するその他の企業構成員に、不正リスクに関連して把握している事実を質問しなければならない。」（圏点—引用者）と規定するにすぎない（第二 不正リスクに対応した監査の実施、2 不正リスクに関連する質問）のに対し、監査基準委員会報告書240「財務諸表監査における不正」は、「監査人は、内部監査機能を有する企業については、内部監査に従事する適切な者に対して、企業に影響を及ぼす不正、不正の疑いや不正の申立てを把握しているかどうかを判断するため、及び不正リスクに関する見解を得るため、質問を行わなければならない。」と定めている（18項）[16]。すなわち、「内部監査人が不正を発見するために監査対象期間中に実施した手続」やその「手続を実施したことにより発見した事項に対する、経営者による十分な対応の有無」について質問することがあるとしている（A17項）。そして、監査基準委員会報告書315では、「監査人が、不正、不正の疑い又は不正の申立てに関する情報を内部監査人から入手した場合、監査人は、不正による重要な虚偽表示リスクを識別する際に当該情報を考慮する。」とされている（A11項）。

4 ┃ 内部監査による直接支援と会社法

　2013年改訂後国際監査基準610には内部監査による直接支援の取扱いについての規定が含まれているが[17]、監査基準委員会報告書610には、内部監査による直接支援は、日本の制度上、許容されていないという理解を前提として、このような規定は含められていない[18]。これは、会社法396条5項が、会計監査人は、その職務を行うに当たっては、337条3項1号または2号に

掲げる者（1号）、会計監査人設置会社もしくはその子会社の取締役、会計参与、監査役もしくは執行役もしくは支配人その他の使用人である者（2号）、または、会計監査人設置会社もしくはその子会社から公認会計士もしくは監査法人の業務以外の業務により継続的な報酬を受けている者（3号）のいずれかに該当する者を使用してはならないとしている[19]ためであると指摘されている[20]。

　会社法396条5項は一定の者を「使用してはならない」と定めるが、このような規律を会社法が設けているのは、監査の公正を保持するため[21]、会計監査人の独立性と監査の公正を確保しようとした趣旨を監査手続の全体に貫徹するため[22]であると理解されている。ところで、商法特例法が昭和49年に制定された際に、（制定時の商法特例法7条5項）「使用」とは監査証明省令（現在の監査証明府令）2条1項6号に規定する「補助者」と同様であると説明されていた[23]。もっとも、監査証明府令2条1項6号との関係では、同項4号が「監査証明を受けようとする会社（以下「被監査会社」という。）について行う監査に補助者として従事する者」を「補助者」というとしており、「補助者」の意義が明確に定義されているわけではない。私法上、履行補助者とは債務者が履行に当たって使用する者をいうと解されており、監査との関係では、監査人（債務者）が、その手足として使用する者（真の意味の履行補助者）ということになろう。公認会計士法との関係では、東京高判平成13・10・24（平成13年（行コ）第106号。東京地判平成13・3・30（平成12年（行ウ）第186号）の控訴審判決）が「無資格者が財務書類の検査行為及び確認・証明行為の補助業務に従事することが許されるのは、当該補助業務への従事が単独の公認会計士又は監査法人の社員たる公認会計士の指揮監督下にあって、その履行補助者として業務に当たっているため、その業務が全体として、当該公認会計士又は当該監査法人の業務とみなされることになる上、法の規定上も、このような補助業務への従事は、法第47条の2の規定する要件のうち、「他人の求めに応じ報酬を得て」という要件及び法第2条第1項の業務を「営む」という要件（「営む」とは、自ら営業することを意味する。）に該当せず、同規定の禁止するところではないからであるとい

うべきである。」と判示しており、「公認会計士の指揮監督下」にあることが「補助者」であるというための1つの要件であることを示唆している。

5 使用人に対する報告徴求権と内部監査人

　会社法396条2項は、「会計監査人は、いつでも、……取締役及び……支配人その他の使用人に対し、会計に関する報告を求めることができる。」（指名委員会等設置会社の場合には、執行役に対しても求めることができる。6項）と定め、同条3項は、「会計監査人は、その職務を行うため必要があるときは、会計監査人設置会社の子会社に対して会計に関する報告を求め……ることができる。」と定めている[24]。ここで、会社の内部監査部門に所属する従業員は、会社の使用人に該当する。また、「会計に関する報告を求める」ということは、単に、現時点で知っていることを提供させることのみならず、たとえば、調査をして報告することも含んでいると考えられ、また、「関する」という表現は、「係る」よりも「より緩やかな」範囲での結び付きを表わすものであり、そうであれば、「会計に関する報告」の中には、財務報告に係る内部統制についての報告も含まれると考えるのが自然であることなどに鑑みると、会計監査人は一定の作業を内部監査人（内部監査部門担当の取締役・執行役、内部監査部門の職員）に対してすることを求め、その結果の報告を求めることができるのではないかと考えられる。

　なお、日本監査役協会監査法規委員会も、監査役による監査の文脈においてであるが、「会社法第381条第2項は、「監査役は、いつでも、取締役及び会計参与並びに支配人その他の使用人に対して事業の報告を求め、又はその会社の業務及び財産の状況の調査をすることができる。」とする。内部監査部門の職員も、同項にいう「使用人」に含まれると解される。そして、監査役等への報告を正確に行うためには、報告を求められた使用人において、一定の調査が必要となることも当然ありうることであり、また、監査役等による業務・財産の調査には、被調査対象である部門の使用人がそのために必要

な協力をすることを想定していると考えられることから、同項に規定される監査役等の報告徴求権や業務財産調査権は、報告や調査への協力を求められた使用人等の権限の範囲内において必要な調査や協力をすることを求める権限も含まれていると解することも可能と思われる。」との解釈を示している[25]。

6 | 「利用する」とはどういうことなのか

　直接支援とは、（外部）監査人の指示、監督及びレビューの下で、監査手続を実施するために、内部監査人を利用すること（「国際監査基準610」14項(b)）をいうが[26]、法的な観点から気になるのは、直接支援と「作業の利用」との違いである。

　監査基準委員会報告書610は、「内部監査人の作業の利用により、監査人が実施する手続の種類若しくは時期が変更され、又は範囲が縮小される。」（6項）とする一方で、監査手続には、内部監査人の作業の一部に対する再実施を含めなければならないとしており（20項）[27, 28]、国際監査基準610が直接支援の場合には再実施を要求していないことと対照的である。「監査人は、内部監査人の作業についての評価を適切に実施した上で、監査人自らが入手すべき監査証拠の一部として、内部監査人によって当該期間に実施された作業を利用する。」（圏点—引用者）ともされているのは（A4項）、内部監査人の作業の利用では、監査証拠の一部しか得られないことを示唆しているとみる余地もありそうである。すなわち、監査人は自ら何らかの手続を行うことが要求されている[29]。このような要求事項が定められている主要な理由の1つは、（補助者については一定の独立性が要求されているのと対照的に）「内部監査人が監査人によって実施される監査手続と同様の手続を実施する場合でも、内部監査人は財務諸表監査において監査人に要求される独立性（監査基準委員会報告書200「財務諸表監査における総括的な目的」第13項参照）を保持しているわけではない。」（8項）ことであるとされている。

　また、監査人が利用可能な内部監査人の作業の例には、内部統制の運用評価手続、複雑な判断を伴わない実証手続、棚卸資産の実地棚卸の立会、財務報告に関連する情報システムにおける取引のウォークスルー、法令の要求事項の遵守状況のテスト、特定の状況における、グループの重要な構成単位ではない子会社の財務情報の内部監査が含まれるとされており（A16項）、利用可能ではない作業の類型が存在することが前提とされている。とりわけ、「特別な検討を必要とするリスクは特別な監査上の検討が必要であるため、当該リスクに関する内部監査人の作業の利用は複雑な判断を伴わない手続に限定される。さらに、重要な虚偽表示リスクが低い場合を除いて、通常、内部監査人の作業の利用のみでは監査リスクを許容可能な低い水準に抑えることができず、監査人自らが手続を実施する必要がある。」としており（A21項）、これらは、補助者に監査手続を実施させることにより監査証拠を入手することはできるが、内部監査人の結果の利用という形では監査証拠を入手できないと位置づけているものと推察される。

　さらに、内部統制監査との関係においてであるが、内部監査人等の作業の利用について、「内部監査人等の作業から間接的に入手した監査証拠は、監査人自身が同様の監査手続を実施することにより直接入手できる監査証拠よりも監査証拠としての証明力が弱い」ことにも留意が必要であるとされており[30]、これは、財務諸表監査における内部監査人等の作業の利用にもあてはまるものと考えられる。内部監査人等の作業を利用して入手した監査証拠（間接証拠）よりも、監査人が直接入手した証拠（直接証拠）のほうが証拠の証明力が強いという一般論に基づくものと考えられるからである。

　なお、監査基準委員会報告書610は、「監査人は、表明した監査意見に単独で責任を負うものであり、内部監査人の作業を利用したとしても、監査人の責任は軽減されるものではない。」としているが（8項）、監査基準委員会報告書が定める要求事項に従って内部監査人の作業を利用すれば、みずからすべての監査手続を行ったわけではないという一事をもって、任務懈怠または善管注意義務違反があるとはされないことになろう[31]。

1　また、「第4章 取締役会等の責務」は、補充原則4−13③として、「上場会社は、内部監査部門と取締役・監査役との連携を確保すべきである。」としている。

2　公認会計士または監査法人による監査を意味している。

3　監査基準委員会報告書610も、「内部監査人の作業の利用を通じて、三様監査の連携が強化され、それぞれの監査の有効性や効率性が向上することにより、企業のガバナンスの強化に資する場合がある。監査人は、このような点を考慮して、監査役等とのコミュニケーションを行うことが有益である。」としている（A23項）。

4　〈https://www.fsa.go.jp/p_mof/singikai/kounin/tosin/1a1001.htm〉

5　なお、第5回部会（平成12年3月31日）では、頼広圭祐参考人から米国における内部監査についての報告があり、「会計士監査の前提として、充実した内部監査制度が存在するかどうかということは大きな問題です。内部監査において、いろいろな観点を徹底的に調べておれば、会計士としてはある程度そのシステムに依拠することができるということでございます。」との指摘がなされた。

6　もっとも、『監査基準等の一層の充実に関する論点整理』（平成12年6月9日）〈https://www.fsa.go.jp/p_mof/singikai/kaikei/tosin/1a926b.htm〉では、「四 実施基準・監査実施準則」、「6 経営者とのディスカッション」において、「監査役や内部監査従事者、その他種々のレベルの担当者とのディスカッションも監査手続として有効であると考えられる。」とのみふれられるにとどまった。

7　〈https://www.fsa.go.jp/singi/singi_kigyou/gijiroku/dai2/f-20010122-2.html〉

8　もっとも、監査計画の立案及び監査手続の実施において、内部統制組織の一部としての内部監査の整備及び実施状況を把握する場合、内部監査の有効性を評価して監査を進める場合及び十分な監査証拠を入手するために特定の内部監査業務を利用する場合の実務上の指針を提供するものとして、監査基準委員会報告書第15号（中間報告）「内部監査の整備及び実施状況の把握とその利用」（1998年3月24日）が公表されていた。

9　もっとも、「監査基準の改訂について」（2002年1月25日）では、内部統制との関連で「十分かつ適切に内部統制が運用されている企業については、利用し得る範囲において内部監査との連携等も考慮して、一層の効果的かつ効率的な監査が行われることが期待される。」と言及されたのみである。他方、『財務報告に係る内部統制の評価及び監査の基準』は、「監査人は、内部統制の基本的

要素であるモニタリングの一部をなす企業の内部監査の状況を評価した上で、内部監査の業務を利用する範囲及び程度を決定しなければならない。」と規定している（Ⅲ.3.(8)）。

10 〈https://www.fsa.go.jp/singi/singi_kigyou/gijiroku/dai2/f-20010411-3.html〉

11 これに対して、藤田委員が、「機能しているということであれば、ぜひ内部統制のインターナル・オディターといいますか、内部監査人……との連係プレー……についての表現、つまり、もう１つ、外部監査人である会計監査人は、……監査上の効率性を高める上でも、内部統制がうまくいっているかどうかを見るだけじゃなくて、そことの連係プレーというのを新しいアプローチとして位置づけるべきではないかと思うんです。……内部統制の責任者と、むしろ監査責任を分担し合う……方向で考えるべきじゃないか。一方的に査定するだけじゃなくて──というところまで踏み込んではどうか」と述べたのに対して、山浦委員は、「内部監査との連携の問題……は、……少なくともこれは無視しているわけはない。ただ、日本の内部監査の位置づけ、企業での位置づけ、これは企業によって随分違います。そのファンクションの実態についても、随分企業で違います。ですから、ここをもう一歩踏み込んで、連携を大々的に謳うというまでに、どうも躊躇するところがまだありまして、こういった表現に止めております。」と回答した。

12 監査基準委員会報告書315のA112項も、「内部監査機能の責任や活動が企業の財務報告に関連する場合、監査人は、監査証拠の入手に当たり、監査人自らが実施する監査手続の種類若しくは時期を変更するか、又は範囲を縮小するために、内部監査人の作業を利用できる場合がある。例えば、過去の監査やリスク評価手続により、企業規模と企業の事業内容に見合った適切な内部監査体制が整備されており、かつ内部監査人が取締役会又は監査役等に直接報告するように位置付けられていると考えられる場合、監査人は、当該企業の内部監査人の作業を利用できる可能性が高い。」としている。

13 東京地判平成28・2・23（平成21年（ワ）第24606号）、東京地判平成26・12・25（平成21年（ワ）第30700号。東京高判平成27・11・4（平成27年（ネ）第598号）により控訴棄却、最決平成28・10・11により上告棄却・上告不受理）、大阪地判平成24・3・23判時2168号97頁、大阪地判平成20・4・18判時2007号104頁など。

14 監査基準委員会報告書610も、「監査人が財務諸表監査において実施する監査手続と同様の手続を企業の内部監査人が実施していることがある。そのような

場合、監査人は、たとえば、「内部監査機能から不正又は誤謬による重要な虚偽表示リスクの評価に関連する情報を入手する」局面で内部監査機能を利用することがある」としている（A4項）。

15 関連する内部監査の報告書には、たとえば、「内部監査の方針や計画書、経営者、取締役会又は監査役等のために作成された内部監査の指摘事項を記載した報告書が含まれる。」とされている（A10項）。

16 不正リスク要因の検討との関係で、「大規模企業の場合には、経営者による不適切な行為を抑止する働きをもつもの」の例として、監査基準委員会報告書240のA24項は、「有効な内部監査機能」を挙げている。

17 この点については、たとえば、町田祥弘「外部監査と内部監査の関係の新たな展開」監査研究462号（2012）1頁以下参照

18 監査基準委員会報告書610第2項は「本報告書は、監査人が監査手続を実施するに当たり、内部監査人が監査人を直接に補助する場合を取り扱うものではない。」としている。

19 金融商品取引法に基づく監査との関係では、監査証明府令2条1項が、金融商品取引法193条の2第4項に規定する公認会計士に係る内閣府令で定めるものの1つとして、被監査会社について行う監査に補助者として従事する者が、「公認会計士法第24条第1項第1号若しくは第2号若しくは第3項又は公認会計士法施行令……第7条第1項第1号、第4号から第6号まで、第8号若しくは第9号に掲げる関係を有する場合」（4号）を規定しているが、公認会計士法24条1項2号は、「公認会計士がその使用人であり、又は過去1年以内に使用人であつた会社その他の者の財務書類」を定めている。公認会計士法24条1項2号の規定ぶりからは、監査証明府令2条1項4号にいう「公認会計士法第24条第1項……第2号……に掲げる関係」とは「被監査会社の使用人であり、又は過去1年以内に使用人であつた」という関係を意味するとは必ずしもいい切れず、「公認会計士が被監査会社の使用人であり、又は過去1年以内に使用人であつた」という関係を意味すると解する余地もないわけではなさそうである（公認会計士法24条の4は、「公認会計士は、大会社等の財務書類について第2条第1項の業務を行うときは、他の公認会計士若しくは監査法人と共同し、又は他の公認会計士を補助者として使用して行わなければならない。」と定めているのであって、公認会計士である補助者とそうでない補助者とを区別している）。後者の解釈によれば、被監査会社の使用人であり、または過去1年以内に使用人であった者であっても、公認会計士でなければ、金融商品取引法に基づく監査では補助者として用いることができると解するのが論理的帰結であ

る。すなわち、金融商品取引法に基づく監査では、公認会計士でない内部監査人の直接支援をうけることができるという解釈の余地がある。

20　住田清芽「ISA 改正内容を反映した内部監査、注記事項の監査に関する監査基準委員会報告書改正の解説（上）」経理情報1552号（2019）25頁、町田祥弘「不正リスクに対する内部監査の役割と他の監査との連携」清原　健ほか（編著）『会計不正の発見・予防と内部監査』（同文舘出版、2019）243頁

21　味村　治＝加藤一昶『改正商法及び監査特例法等の解説』（法曹会、1977）262頁

22　龍田　節「商特7条」上柳克郎＝鴻　常夫＝竹内昭夫（編集代表）『新版注釈会社法(6)』（有斐閣、1987）566頁

23　味村＝加藤・前掲注(21)262頁

24　使用人が報告の求めに応じない場合または虚偽の内容の報告をした場合の法的帰結は取締役・執行役が報告の求めに応じない場合または虚偽の内容の報告をした場合の法的帰結（この問題については、本書「7　経営者確認書」）とおおむねパラレルに考えることができるであろう。

25　日本監査役協会監査法規委員会「監査役等と内部監査部門との連携について」（2017年1月23日）。なお、この報告書のとりまとめ当時、監査法規委員会には、専門委員として松井秀樹弁護士及び田中　亘教授が参加していた。

26　「5　使用人に対する報告徴求権と内部監査人」で示したような理解を前提とすると、内部監査人の作業の結果の利用であっても、（外部）監査人の指示やレビューという特徴は認められるのであって、（外部）監査人の監督の下で作業が行われることが想定されていないという点で異なるというべきなのかもしれない。しかも、内部監査人等による直接支援の場合であっても、法的には、（外部）監査人と内部監査人等との間には雇用または準委任契約が存在するわけではないと考えられ、そうであるとすれば、雇用または準委任契約に基づく補助者に対するような監督は存在しないというべきようにも思われる（内部監査人等の人事考課などの権限を（外部）監査人は有していない。）。

　このように考えると、作業の結果の利用は許されるが、直接支援（補助者として用いること）は許されないという規律は、外観的独立性を確保し、監査人の精神的独立性に疑いをもたれることを予防するという点に重点があるとみるべきなのかもしれない（また、内部監査人等が板挟みにならないようにするという効果はありそうである。）。監査意見を形成するのは監査責任者であり補助者ではなく、直接支援を認める場合であっても、監査責任者が、他の補助者を指示し、監督し、かつ、その作業結果をレビューするのと同様に、内部監査人

等に対する指示、監督及びその作業結果のレビューをするというのであれば、内部監査人等の直接支援をうけることが監査の公正の確保に有意な悪影響を与えるとはいえないようにも思われる。

27　監査基準委員会報告書610では、「再実施は、内部監査人の結論が妥当であることを確かめることを目的として、監査人が独立的に実施する手続である。この目的は、内部監査人によって既に検討された項目を監査人が検討することにより達成されることもあれば、それが不可能な場合に、内部監査人が実際には検討していない他の類似項目から十分な件数を選定し、監査人が検討することによって達成されることもある。……利用する内部監査人の作業の各領域について監査人が再実施を行う必要はないが、……監査人が利用を計画している内部監査人の作業全体に対し、ある程度の再実施は必要である。手続の計画、実施及び結果の評価において内部監査人による高度な判断が行われる領域、及び重要な虚偽表示リスクが高い領域に対して、監査人はより多くの再実施を行うことになる。」とされている（A30項）。

28　監査基準委員会報告書610では、再実施のほかに、内部監査人が実施した作業の品質及び結論を評価するために監査人が実施する手続には、たとえば、内部監査に従事する適切な者への質問、内部監査人が実施する手続の観察、内部監査人の内部監査手続書及び内部監査調書の閲覧があるとされている（A28項）。また、「監査人は表明する監査意見に対して単独で責任を負うため、計画された範囲で内部監査人の作業を利用した場合でも、監査人が監査に十分に関与したかどうかを総合的に評価しなければならない。」とされている（15項）。

29　内部統制監査に関するものであるが、「内部監査人等が内部統制の有効性の評価に関して作業を行っている場合、監査人は、内部監査人等の作業を自己の検証そのものに代えて利用することはできないが、内部監査人等の作業の品質及び有効性を検証した上で、経営者の評価に対する監査証拠として利用することが考えられる。」とされ（圏点—引用者）（『財務報告に係る内部統制の評価及び監査に関する実施基準』III.4.(6)③イ）、監査・保証実務委員会報告第82号「財務報告に係る内部統制の監査に関する実務上の取扱い」（2007年10月24日、最終改正：2021年4月7日）236項も同旨である。

30　監査・保証実務委員会報告第82号230項

31　監査契約に基づく損害賠償責任、会社法または金融商品取引法に基づく損害賠償責任との関係では、補助者による監査手続実施が不十分であり、また、補助者に過失があれば、監査人に債務不履行・任務懈怠・過失があると評価されることになろうから、内部監査人の監査の結果の利用のほうが──内部監査人

の過失が直ちに外部監査人の過失とは評価されないという意味において——、むしろ、民事責任のリスクは低いとみることができるのかもしれない。

7 経営者確認書

1 | 監査の基準における経営者確認書

『監査基準』は、「監査人は、適正な財務諸表を作成する責任は経営者にあること、財務諸表の作成に関する基本的な事項、経営者が採用した会計方針、経営者は監査の実施に必要な資料を全て提示したこと及び監査人が必要と判断した事項について、経営者から書面をもって確認しなければならない。」と定めている（第三 実施基準、三 監査の実施、9）。

『監査実施準則』の1991年改訂により、監査人は、経営者による確認書を入手しなければならないとされたが（九）[1]、これは、「財務諸表監査制度は、財務諸表の作成者とその監査人が協力して、真実かつ公正な財務諸表を利害関係者に提供することを本来の目的としているものである。したがって、両者は、もともと対立関係にあるのではなく、財務諸表に関する責任を分担しながら、相互に協力し合う関係にあるといわなければならない。かかる協力関係を示し、もって監査制度に対する社会的信頼性を一層高めていくために、経営者による確認書を入手しなければならないことを定めた。この確認書の入手は、国際的にも既に慣行化しているものである。」と説明されていた[2,3]。

そして、監査基準委員会報告書580は、監査人は、経営者に対して、適用される財務報告の枠組みに準拠して財務諸表を作成する責任（適正表示の枠組みの場合、作成し適正に表示する責任）を果たした旨（9項）、経営者が財務諸表の作成に関連すると認識している又は監査に関連して監査人が依頼

した全ての情報及び情報を入手する機会を監査人に提供した旨、及び、全ての取引が記録され、財務諸表に反映されている旨（10項）を記載した経営者確認書を提出するように要請しなければならないと定めている。また、監査基準委員会報告書580のA9項、A10項及びA12項は、監査人は、その他の確認事項または経営者による陳述が必要であると判断する場合があるとする。さらに、監査基準委員会報告書580以外の監査基準委員会報告書により経営者確認書の入手が要求されている事項がある[4]。以上に加えて、「財務諸表又は財務諸表における特定のアサーションに関連する他の監査証拠を裏付けるため、その他の事項について経営者確認書を入手する必要があると判断した場合、当該確認事項についての経営者確認書を提出するように要請しなければならない。」とされている（12項）。

2 | 経営者確認書の入手の法的意義

　監査基準委員会報告書580は、「経営者確認書は、必要な監査証拠であるが、経営者確認書自体は、記載されている事項に関する十分かつ適切な監査証拠とはならない。また、経営者から信頼性のある経営者確認書を入手したとしても、経営者が監査実施の基礎となる責任を果たしたこと又は特定のアサーションに関して監査人が入手する他の監査証拠の種類又は範囲には影響を及ぼさない。」としている（4項）。すなわち、経営者確認書は、「経営者確認書によって、財務諸表又は財務諸表における特定のアサーションに関して入手した他の監査証拠を裏付ける」ものと位置づけられ（5項(2)）、それだけでは、特定のアサーションに関して十分かつ適切な監査証拠とはならない[5]。とはいえ、入手すべき場合[6]に、経営者確認書を入手しなければ、一般に公正妥当と認められる監査の基準に従って監査したことにはならず、会計監査人としての任務懈怠または監査契約上の債務不履行であると評価されることになる[7]。

　監査基準委員会報告書580では、経営者が、財務諸表の作成責任及び監査

人に提供した情報の網羅性に対する責任を果たしたと判断していることについて、経営者から経営者確認書を入手することが要求されている（5項）。まず、経営者が、財務諸表の作成責任を果たしたと判断していることについて、経営者から経営者確認書を入手しても、監査人の法的な責任の成否や範囲に影響を及ぼすとは考えにくいが、試査を基調とする監査手続に基づいて監査意見を形成し、表明することが許される前提には、経営者が監査人に重要な情報を漏れなく提供していることがあると考えられるから、経営者が監査人に提供した情報の網羅性に対する責任を果たしたと判断していることについて、経営者から経営者確認書を入手することには法的な意義があると考えることができそうである。

3 経営者確認書と意見表明

　上述のように、経営者確認書は重要な監査証拠であるから、監査基準委員会報告書580は、経営者から入手した経営者確認書に適切に対応すること、または監査人が要請した経営者確認書が提出されない場合には適切に対応することを求めている（5項(3)）。

　より具体的には、監査人が確認を要請した事項の全部または一部について経営者から確認を得られない場合には、監査人は、当該事項について経営者と協議すること、経営者の誠実性を再評価し、口頭または書面による陳述の信頼性及び監査証拠全体の証明力に及ぼす影響を評価すること、ならびに、監査基準委員会報告書705「独立監査人の監査報告書における除外事項付意見」に従って、監査意見への影響を判断することを含め、適切な措置を講じることをしなければならないとしている（18項）。

　意見表明との関係では、監査基準委員会報告書580第19項は、監査人は、監査基準委員会報告書705に従い、(1)監査人が、経営者の誠実性について深刻な疑義があり、第9項及び第10項により要求される経営者の責任に関する確認事項に信頼性がないと判断した場合、または、(2)第9項及び第10項によ

り要求される事項について経営者から確認が得られない場合には財務諸表に対する意見を表明してはならないとしている。これは、「監査人は、経営者が第9項及び第10項に記載している責任を果たしたかどうかについて経営者確認書以外の他の監査証拠のみから判断することはできない。したがって、……監査人がこれらの確認事項に信頼性がないと判断した場合、又はこれらの事項の確認が得られない場合には、監査人は十分かつ適切な監査証拠を入手することができない。この場合、監査証拠の入手が不可能であることの財務諸表への影響は、財務諸表の特定の構成要素、勘定又は項目に限定されず、広範囲に及ぶ。」ためであるとされている（A22項。A7項も参照）。

もっとも、法的には、（特定のアサーションについての）監査証拠となる経営者確認書が入手できないことが財務諸表全体に対する意見表明のための基礎を得ることができないことにつながり、意見不表明という帰結（第四報告基準、五 監査範囲の制約、2）を導くことになるのかという点が注目される[8]。

たとえば、セラーテムテクノロジーは、2012年6月15日に、平成22年6月期の第2四半期から平成24年6月期の第2四半期までの訂正四半期報告書及び訂正有価証券報告書を提出したが、それらに含められた連結財務諸表（及び四半期連結財務諸表）に係る監査報告書（及び四半期レビュー報告書）において、監査人は、意見不表明の理由として、「会社は、中国企業の子会社化に関連して、平成24年3月6日付で代表取締役社長ほか2名が金融商品取引法違反（偽計）の容疑で東京地検特捜部に逮捕され、さらに、同月26日付で代表取締役社長および元取締役については証券取引等監視委員会から刑事告発され、同日付で東京地方検察庁より起訴されており、現在も拘留中である。会社は、代表取締役社長が実質的に業務執行できない状況が継続しており、会社の今後の事業活動に重要な影響を与えるものであるが、会社には時間的な制約もあり事実関係の社内調査は現時点で未了である。さらに、連結財務諸表の作成責任を明確にするための経営者確認書の内容について、当監査法人は経営者に直接確認することができなかった。その結果、当監査法人は連結財務諸表に対する結論の表明の基礎となる証拠を入手することができ

なかった。」と記載していた。

　また、株式会社大阪証券取引所「㈱塩見ホールディングスの上場廃止理由について」（平成23年10月7日）では、「㈱塩見ホールディングス（以下、「同社」という。）は、……上場廃止基準（有価証券報告書の提出遅延）の提出期限（法定提出期限の経過後1か月以内）の最終営業日（7月29日）に「意見の表明をしない」旨記載された監査報告書を添付した有価証券報告書を提出しました。これは、同社が、債務超過に至る会計処理の訂正に応じないため会計監査人から不適正意見を付されることが予想されたことから、これを回避する目的をもって、監査意見の形成に際し必要である「経営者確認書」を自ら提出しなかったことにより、会計監査人が財務諸表等に対する意見を形成するに足る合理的な基礎を得ることができなかったことに起因します。」と分析されていた[9]。

　なお、たとえば、監査基準委員会報告書570「継続企業」（2011年12月22日、最終改正：2021年1月14日）は、「監査人は、継続企業の前提に重要な疑義を生じさせるような事象又は状況を識別した場合、追加的な監査手続（当該事象又は状況を解消する、又は改善する要因の検討を含む。）を実施することにより、継続企業の前提に関する重要な不確実性が認められるかどうか判断するための十分かつ適切な監査証拠を入手しなければならない。」が、これらの追加的な監査手続には、「経営者に、経営者の対応策及びその実行可能性に関して記載した経営者確認書を要請する。」ことを含めなければならないとし（15項(5)）、「監査人は、継続企業の前提に関する評価における経営者の対応策及びその実行可能性に関して入手した監査証拠を裏付けるために、経営者確認書において経営者の対応策及びその実行可能性についてより詳細で具体的な陳述を要請することが適切であると考える場合がある。」としている（A19項）。そして、『監査基準』は、「監査人は、継続企業の前提に重要な疑義を生じさせるような事象又は状況に関して経営者が評価及び対応策を示さないときには、継続企業の前提に関する重要な不確実性が認められるか否かを確かめる十分かつ適切な監査証拠を入手できないことがあるため、重要な監査手続を実施できなかった場合に準じて意見の表明の適否を判断し

なければならない。」と定めている（第四 報告基準、六 継続企業の前提、3）。

4 ┃ 経営者確認書と会社法

(1) 会計監査人の報告徴求権

会社法の下では、経営者確認書は、取締役・執行役が、書面[10]により会計監査人に報告するものとみることができる[11]。すなわち、会計監査人は、いつでも、取締役（指名委員会等設置会社では執行役及び取締役）及び会計参与ならびに支配人その他の使用人に対し、会計に関する報告を求めることができるとされ（会社法396条2項、6項）、会計監査人は、その職務を行うため必要があるときは、会計監査人設置会社の子会社に対して会計に関する報告を求めることができるとされている（会社法396条3項）。

(2) 経営者確認書の提出を強制できるか

一般論としては、会計監査人の求めに応じてなす取締役・執行役の報告（経営者確認書の提出はこれに含まれる。）は不代替的作為にあたり、不代替的作為を命じる仮処分の執行は間接強制によらざるをえず（民事執行法172条1項）、間接強制は、強制金決定の申立てによることになる（民事執行法171条1項、4項）。もっとも、民法414条1項は、「債務者が任意に債務の履行をしないときは、債権者は、民事執行法その他強制執行の手続に関する法令の規定に従い、直接強制、代替執行、間接強制その他の方法による履行の強制を裁判所に請求することができる。ただし、債務の性質がこれを許さないときは、この限りでない。」と定めている。ここで、とりわけ、経営者確認書は単なる事実の記載にとどまらず、経営者の思想・物事のとらえ方を記載させる面を有しているとも考えられる。そのため、画家が絵を描く債務[12]や夫婦の同居義務[13]については債務の性質が間接強制による履行の強制を許さないと考えられている[14]のと同様に考えられるのではないかという点が問題

となりうる。実質的に考えても、取締役等に対する報告請求権との関連では、報告が得られない場合には、会計監査人は、その職務を行うため必要があるときは、会計監査人設置会社またはその子会社の業務及び財産の状況の調査（会社法396条3項）を自ら行うこともできるのだから、履行強制を広く認めなくても不都合は大きくないのではないかという見方もありうるところである。

(3) 監査契約の解除

　監査約款の4条6項は、「委嘱者は、受嘱者が監査報告書日及び内部統制監査報告書日に、委嘱者の経営者から経営者確認書を入手することを了解する。経営者確認書には、我が国において一般に公正妥当と認められる監査の基準及び我が国において一般に公正妥当と認められる財務報告に係る内部統制の監査の基準で要求されている確認事項並びに他の監査証拠を裏付けるために必要な確認事項並びに経営者が責任を果たした旨を記載するものとする。」と定めている。そして、同第14条（契約の解除・終了）1項は、委嘱者の役職員が受嘱者の業務遂行に誠実に対応しない場合等、受嘱者の委嘱者に対する信頼関係が著しく損なわれた場合（第4号）には、「受嘱者は委嘱者に対し、何らの催告をすることなく本契約を直ちに解除することができる。本項に基づき本契約が解除された場合、委嘱者は、監査着手前においては、既に支払った報酬の返還を要求せず、監査着手後においては、契約書本文に定められた支払の時期にかかわらず、受嘱者が請求した報酬の全額を直ちに支払うものとする。」としている。経営者確認書の提供を委嘱者の経営者が拒む場合は「委嘱者の役職員が受嘱者の業務遂行に誠実に対応しない場合」に該当するものと考えられ、このような契約が締結されている場合には、民法541条の規定にかかわらず、監査人は、催告なしに監査契約を解除することができると考えられ、また、会計監査人を辞任することができると解される。

(4) 実効的なサンクションの不存在？

　会社法の下では、会計監査人による報告請求があったにもかかわらず、取

締役・執行役（または使用人）が報告をしないことまたは虚偽の報告をすることに対するサンクションは、明文の規定では定められていない[15]。報告をしないことに対するサンクションが定められていないのは、報告がなされない場合には、十分かつ適切な監査証拠を入手できなかったとして、会計監査人としては意見不表明その他の除外事項付意見を表明すれば足りる、または、監査契約を解除すれば足りるという趣旨なのかもしれないが[16]、虚偽の報告に対するサンクションが定められていない（会社法976条7号と対照）ことに問題はないのかという疑問は残る（サンクションが定められることにより、経営者確認書の証拠価値（証拠力）が担保され、または高められるという見方はありえよう。)[17]。たしかに、「経営者確認書自体は、記載されている事項に関する十分かつ適切な監査証拠とはならない。また、経営者から信頼性のある経営者確認書を入手したとしても、経営者が監査実施の基礎となる責任を果たしたこと又は特定のアサーションに関して監査人が入手する他の監査証拠の種類又は範囲には影響を及ぼさない。」とされているが（「監査基準委員会報告書580」4項）、監査の基準においては、経営者確認書は必要な監査証拠とされ、かつ、（会計監査人は、警察や検察のような強制捜査権を有しないのであるから）会計監査人監査は会社（場合によっては、さらに、その子会社）の役員及び使用人の協力があることを前提とする制度である。

　会計監査人監査が想定されている機能を果たすためには、立法論として、会計監査人に対して報告をしないことまたは虚偽の報告をすることに対するサンクションが不要なのかどうかをそろそろ検討してみることにも意味がありそうである[18]。日本には、連合王国をはじめとするコモンウェルス諸国のような取締役資格はく奪制度[19]がないことに鑑みると[20]、かりに民事責任などでは十分なインセンティブを与えることができないというのであれば、少なくとも経営者確認書の不提出や虚偽記載につき、刑事罰を導入することも検討に値するかもしれない[21]。

　たとえば、連合王国2006年会社法[22]501条は会社の会計監査役に対し故意または重過失により、（口頭または書面で）会計監査役が請求し、または請求する権限を有するものであって、重要な事項につき、誤解を招き、虚偽で

あり、または詐欺的な情報を提供しまたは説明をした者に対する（陪審員による有罪評決の場合は）2年以下の懲役刑もしくは罰金刑（またはその併科）を、ドイツ商法典331条4号は資本会社の代表権を有する機関の構成員またはその子企業（290条1項2項）の代表権を有する機関の構成員もしくは代表権を有する業務執行者として、320条に基づき資本会社、結合企業またはコンツェルンの決算検査役に対して与える説明または証拠において、不正確な情報を与え、または資本会社、子企業またはコンツェルンの状況を不正確に報告しまたは隠ぺいした者に対する3年以下の禁錮刑または罰金刑を、フランス商法典L820-4条2項は監査人による計算書類の監査を妨害し、または、監査人の業務に関連するすべてのもの、とりわけ、契約書、帳簿、会計文書及び議事録を提供することを拒んだ法人の役員その他業務を行う者に対する5年以下の懲役刑及び75,000ユーロの罰金刑を、それぞれ定めている[23]。

5 ｜ 経営者確認書の不提出または虚偽記載と監査人の責任

　上述したように、経営者確認書は、それだけでは、特定のアサーションに関して十分かつ適切な監査証拠とはならないのだとすれば、経営者確認書の不提出または虚偽記載があったとしても、それを理由として、監査証明に係る財務諸表等について記載が虚偽でありもしくは欠けているものを虚偽でなくもしくは欠けていないものとして証明したことにつき過失がなかった（金融商品取引法21条2項2号）、または会計監査報告に記載し、もしくは記録すべき重要な事項についての虚偽の記載もしくは記録をしたが、注意を怠らなかった（会社法429条2項）とはいえない。たとえば、公認会計士Xが、監査法人ウィングパートナーズ（以下「ウィング」という。）所属の公認会計士として、監査契約に基づき平成20年3月期のゼンテックの監査を行い（本件監査）、適正意見等を表明していたところ、ゼンテックの粉飾を見抜けずに適正意見を表明したこと等を理由に、金融庁長官から、3か月の業務停止処分（本件懲戒処分）を受けたという事案につき、東京地判平成26・7・25

（平成25年（ワ）第25402号）は、「Xは、Y1らがウィングに対して、粉飾決算の事実や経営者確認書に明記された内容と異なる事実があることを通知していれば、ウィングは本件監査契約を締結せずXが本件懲戒処分等を受けることはなかった、ゼンテックが本件調査報告書を公表しなければXが本件懲戒処分等を受けることはなかったなどと述べて、因果関係がある旨主張するが、Xは公認会計士として通常求められる注意義務を尽くしていれば本件懲戒処分を受けなかった……から、相当因果関係があるとは認められない。」と判示した[24]。

　もっとも、被監査会社に対する監査人の損害賠償責任との関係では、過失相殺が認められるものと考えられる。すなわち、会社にも帰責性がある場合に監査人の会社に対する損害賠償責任につき過失相殺が認められるかについて学説は分かれているものの[25]、裁判例は、一貫して、過失相殺を認めている[26]。

〈注〉
1　確認書には少なくとも財務諸表の作成責任が経営者にある旨、監査の実施に必要なすべての資料を監査人に提供した旨、重要な偶発事象及び後発事象が記載されなければならないとされた。また、その際には、監査人は、確認書を入手したことを理由として、通常実施すべき監査手続を省略してはならないとされた。『監査実施準則の改正試案』（1991年9月27日）（企業会計43巻11号（1991）85頁所収）の10では、「財務諸表に重要な虚偽記載がないと信ずる旨」の記載が必要であることを具体的に規定することとしてはどうかとされていたが、1991年改訂では採用されなかった。
2　大蔵省企業会計審議会『監査基準、監査実施準則及び監査報告準則の改訂について』（1991年12月26日）三、2(3)。経営者確認書入手の目的には、公認会計士等の監査の対象である財務諸表に係る責任関係を経営者の立場から明瞭にすること、及び、公認会計士等により実施される財務諸表監査に対する被監査会社としての責任関係を明瞭にすることのみならず、経営者が企業内不正や誤謬もしくは経営者の背任行為（不誠実な行為）の抑制摘発責任（受託責任）の確認が含まれるという主張もなされていた（脇田良一「報告書第3号「経営者による確認書」管見」企業会計45巻4号（1993）46-48頁）。

3　経営者確認書の導入に対して、経済界は強い懸念を示し（遠藤博志「監査実施準則見直しの主要論点と経済界の意見」企業会計44巻３号（1992）50頁）、脇田博士は「これは意外なことであった。」と評している（脇田良一『情報監査としての財務諸表監査に関する研究』（早稲田大学審査学位論文（博士（商学））（1991）134頁））。

4　監査基準委員会報告書240「財務諸表監査における不正」38項・F38-2項・A55項・A56項・FA56-2項・FA56-3項、監査基準委員会報告書250「財務諸表監査における法令の検討」16項・A15項、監査基準委員会報告書450「監査の過程で識別した虚偽表示の評価」13項・A26項、監査基準委員会報告書501「特定項目の監査証拠」11項、監査基準委員会報告書540「会計上の見積りの監査」21項・A125項・A126項、監査基準委員会報告書550「関連当事者」25項・A47項・A48項、監査基準委員会報告書560「後発事象」８項・A7項、監査基準委員会報告書570「継続企業」15項・A19項、監査基準委員会報告書710「過年度の比較情報―対応数値と比較財務諸表」８項・A1項、監査基準委員会報告書910「中間監査」24項参照

5　監査基準委員会報告書200「財務諸表監査における総括的な目的」（2011年12月22日、最終改正：2021年１月14日）は、「監査人が、過去の経験に基づいて、経営者、取締役等及び監査役等は信頼が置ける、又は誠実であると認識していたとしても、それによって職業的懐疑心を保持する必要性が軽減されるわけではなく、また、合理的な保証を得る際に心証を形成するに至らない監査証拠に依拠することが許容されるわけでもない。」（A21項）としている。

6　「監査人が必要と判断する場合又は他の監査基準委員会報告書で要求されている場合」とされている（５項(2)）。

7　「経営者確認書が他の監査証拠と矛盾する場合、監査人は、問題を解消するための監査手続を実施しなければならない。」とされている（16項）。

8　もっとも、不適正意見が予想されるときに、経営者が経営者確認書の提出を拒むことは十分にありえそうであり、不適正意見を表明するために十分かつ適切な証拠を入手している場合には経営者確認書が提出されなくても不適正意見を表明すべきであろう。

9　なお、監査報告書には、単に、「私たちは、当該連結財務諸表に関する経営者確認書を入手できなかった。このため連結財務諸表の適正性を保証する証拠が入手できず、連結財務諸表に対する意見表明のための合理的な基礎を得ることができなかった。」と記載されていた。

10　龍田　節「商特７条」上柳克郎＝鴻　常夫＝竹内昭夫（編集代表）『新版注

釈会社法(6)』（有斐閣、1987）561頁、酒巻俊雄『改正商法の理論と実務』（帝
国地方行政学会、1974）102頁

11 コーポレートガバナンス・コード（2018年6月版）の補充原則3-2②では、
取締役会及び監査役会が少なくとも行うべき対応の1つとして、「外部会計監
査人からCEO・CFO等の経営陣幹部へのアクセス（面談等）の確保」（ⅱ）
を挙げている。

12 債務者の自由意思を圧迫して履行を強制したのでは本旨に適った給付を実現
しがたい場合の一例である（奥田昌道＝坂田　宏「414条」奥田昌道（編）『新
版注釈民法(10)』（有斐閣、2003）583-584頁）。

13 大決昭和5・9・30民集9巻926頁。これは、履行を強制することが、社会
通念上、容認できない場合の一例と考えられている（奥田＝坂田・前掲注(12)
584頁）。

14 第193回国会参議院法務委員会会議録第14号（平成29年5月25日）33頁［小
川秀樹政府参考人］参照

15 会社法976条5号は、会社法の規定による調査を妨げたときには100万円以下
の過料に処すると定めている。しかし、報告に応じないことや虚偽の報告をす
ることが会社法による調査を妨げたと評価することはできなさそうである（第
94回国会衆議院法務委員会議録第11号（昭和56年5月8日）6頁（この場合に
はそういう強制力、直接的な強制力あるいは間接的な強制力というものは伴っ
ておらない［中島一郎政府委員]）、（この［商法特例法―引用者］7条の関係
につきましては、会社の財産の調査というのが2項で書いてございまして、こ
の2項の調査権につきましては、この調査を妨げた場合については過料の制裁
を課するということになっております。これは［商法特例法―引用者］30条の
第4号でございます。［稲葉威雄説明員]））。龍田・前掲注(10)565頁も参照。また、
かりに科されると解しても、100万円以下の過料がどの程度のエンフォースメ
ント効果を有するのかは疑わしい。

　ところで、佐伯仁志「976条」落合誠一（編）『会社法コンメンタール21』（商
事法務、2011）175頁は、「威力・偽計を用いて故意に調査を妨害した場合は業
務妨害罪……が成立する」と指摘している。それでは、会計監査人の求めがあ
ったにもかかわらず、報告がなされず、または虚偽の内容の報告がなされた場
合に、偽計による業務妨害罪（刑法233条）の成立の余地があるのであろうか。
　まず、会計監査人または金融商品取引法に基づく監査人の監査の職務・業務
が刑法233条にいう「業務」に該当することに疑義はないであろう。
　次に、「偽計」が認められるかどうかであるが、たしかに、学説上は、「偽計」

の意義につき見解が分かれており（たとえば、坪内利彦＝松本　裕「233条」大塚　仁ほか（編）『大コンメンタール刑法［第2版］第12巻』（青林書院、2003）95-97頁参照）、裁判例も、大阪高判昭和29・11・12高刑集7巻11号1670頁が「刑法第233条にいう「偽計ヲ用ヒ」とは人の業務を妨害するため、他人の不知或は錯誤を利用する意図を以て錯誤を生ぜしめる手段を施す」ことをいうとしたのに対し、東京高判昭和48・8・7高刑集26巻3号322頁は「刑法233条にいう偽計を用いるとは、……欺罔行為により相手方を錯誤におちいらせる場合に限定されるものではなく、相手方の錯誤あるいは不知の状態を利用し、または社会生活上受容できる限度を越え不当に相手方を困惑させるような手段術策を用いる場合をも含むものと解するのが相当である」としている（たとえば、大阪高判昭和32・9・27労刑集7輯75頁［タクシーの配電盤回転子をひそかに取り外したという事案］や大阪高判昭和49・2・14刑月6巻2号118頁［放送送信に使用している電線をひそかに切断したという事案］も、人に対する働きかけという要素が認められないが、「偽計」を認定している。）。しかし、他の取締役・執行役・会計参与または使用人に対して、報告をしないように、あるいは虚偽の内容の報告をするように働きかけること、及び、取締役等が自ら、虚偽の報告をすることは、錯誤に生ぜしめる手段にあたるから、大阪高判昭和29・11・12のように「偽計」の意義を狭く解する見解によっても、「偽計」にあたるものと考えられる。また、東京高判昭和48・8・7のように広く解すると、取締役等が報告をしないことも「偽計」にあたる場合がありえそうである。そして、偽計による業務妨害罪の成立を認めた裁判例の中には、①区裁判所における不動産の競売の際に、低い価格で落札するため、参集した他の競買人に金員を贈与して競買申込みを中止してもらったという事案（大判明治42・2・19刑録15輯120頁）、②信号所勤務員を誤信させて信号機の操作を放置させ、電車を停車したままにさせた事案（最判昭和35・2・18刑集14巻2号138頁）、③マジックホン（電話料金の支払を免れるための装置）を電話回線に取り付けた事案（最判昭和59・4・27刑集38巻6号2584頁、最決昭和61・2・3刑集40巻1号1頁、最判昭和61・6・24刑集40巻4号292頁など）、④業務用電力量計に工作をし、実際の使用量より少ない量を指示させた事案（福岡地判昭和61・3・3判タ595号95頁、福岡地判昭和61・3・24判タ595号96頁）、⑤パチンコ遊技機に取り付けられた電子計算機部分を不正に交換し、大当たりを発生させた事案（福岡高判平成12・9・21判時1731号131頁）などが含まれており、業務の公正さを阻害するという点で、会計監査人に対する報告をせず、または、虚偽の内容の報告をする場合と共通する要素が含まれている。しかも、③の判決群

の考え方によれば、カンニング行為も「偽計」としてとらえることができると指摘されている（城祐一郎「カンニング行為における偽計業務妨害罪等の成否」警察公論66巻6号（2011）20頁）。否定的に解する見解が学説においては多数であるものの、大学入試におけるカンニングにつき偽計業務妨害の疑いで送致されたこと（「「ネットカンニング」元予備校生を不処分　大学入試問題投稿で山形家裁「深く反省」」産経MSNニュース2011年7月7日〈https://web.archive.org/web/20110710041127〉〈http://sankei.jp.msn.com/affairs/news/110707/trl11070714390009-n1.htm〉）のほか、2016年7月20日には、運行管理者の国家試験で集団カンニングをしたとして、運送会社の社員ら9人が偽計業務妨害容疑で書類送検されたこと（「運送会社員が集団カンニング国家試験で業務妨害の疑い」朝日新聞デジタル2016年7月21日〈https://www.asahi.com/articles/ASJ7N567JJ7NPIHB01J.html〉）が知られている。

　第3に、「妨害」が認められるかについては、⑥虚偽の犯罪事実を通報して海上保安庁職員に徒労の業務を行わせ、その通報さえ存しなければ遂行されたはずの本来の行政事務、パトロール業務、出動待機業務等の業務の遂行を困難ならしめ、もって偽計を用いて人の業務を妨害したとして（横浜地判平成14・9・5判タ1140号280頁）、⑦虚偽の被害届を提出し、それが存在しなければ遂行できたはずの機動警ら業務、事案発生に備えた出動待機業務、相談受付業務等の業務の遂行を困難ならしめたとして（名古屋簡判平成16・4・28［内藤惣一郎「虚偽の被害届を提出し本来の警ら業務等の遂行を困難にさせるなどの行為につき、業務妨害罪の成立が認められた事例」警察公論60巻1号（2005年）81頁]）、⑧インターネット掲示板に1週間以内に駅で無差別殺人を実行するとの虚構の予告通報をし、警察署員を徒労の業務に従事させ、その間、予告さえ存在しなければ遂行されたはずの警ら、立番業務その他の業務の遂行を困難ならしめ、もって偽計を用いて人の業務を妨害したとして（東京高判平成21・3・12高刑集62巻1号21頁）、⑨インターネット上の掲示板に警察官を殺害する旨の虚偽の犯行予告が書き込まれたため、警察官が本来行うはずであった業務が実際に妨害によって行えなくなれば業務妨害罪が成立するのは明らかであるとして（東京高判平成25・4・12東京高等裁判所（刑事）判決時報64巻103頁）、それぞれ、業務妨害罪の成立を認めた下級審裁判例が積み上がっている（大鶴基成「119番への虚偽通報により消防部隊等の出動活動を妨害した事案について、刑法233条の業務妨害罪の成立を認めた事例」研修649号（2002）13-14頁［東京地判平成11・12・10（平成11年（刑わ）第2662号・第2883号）を取り上げたもの。⑩110番通報を多数回行った事案に係る東京地判平成12・11・16に言及]

参照。また、大阪地判平成21・5・19判タ1327号282頁)。これらの裁判例の発想――学説においては必ずしも支持されていないが（生田勝義「警察への虚構犯罪通報は偽計業務妨害か?」立命館法学337号（2011）1211頁、野澤　充「虚偽犯罪予告行為と業務妨害罪」浅田和茂ほか（編）『自由と安全の刑事法学：生田勝義先生古稀祝賀論文集』（法律文化社、2014）335頁以下、同「虚偽犯罪予告行為と業務妨害罪・再論」法政研究 85巻3・4号（2019）285頁以下など参照）――からすれば（原田國男「233条」川端　博ほか（編）『裁判例コンメンタール刑法［第1巻］』（立花書房、2006）106頁参照）、少なくとも、会計監査人に対して虚偽の内容の報告をすると、監査人が的確な計画を立てることや監査手続を実施することを妨げることになると考えられ、その場合には、業務妨害罪の成立を認めることが自然であるという帰結が導かれるように思われる。

　以上に加え、かつて、「入学試験の問題を事前に探知し受験生に知らせる行為も、試験業務の公正を害するものとして偽計業務妨害罪に問うことができる」という見解が唱えられ（藤木英雄『刑法講義各論』（弘文堂、1976）250頁）、この見解によれば、会計監査人に対する報告をせず、または、虚偽の内容の報告をすることも偽計業務妨害罪に問うことができそうである。もっとも、この説に対しては、「刑法が業務妨害罪で予想している犯罪形態は、業務の実施そのものを妨害する行為であって、単に業務の内容的適正ないし公正を阻害する程度にとどまるものは本罪に当たらない」と解するべきであるとの批判が加えられている（坪内＝松本・前掲99-100頁。また、西田典之（橋爪　隆補訂）『刑法各論［第7版］』（弘文堂、2018）142頁、本田正義「不正入試と業務妨害罪」研修275号（1971）42頁など）。

　しかも、かりに、業務妨害罪が社会的利益を保護するものとして機能することを是認するのであれば（京藤哲久「業務妨害罪」芝原邦爾ほか（編）『刑法理論の現代的展開―各論』（日本評論社、1996）121頁参照。もっとも、京藤教授は「こうした傾向を推し進めることには問題が含まれている」とする［同125頁]。）、会計監査人の求めがあったにもかかわらず、報告がなされず、または虚偽の内容の報告がなされた場合に、――監査人は公安警察のように強制捜査権を有していないことや一般人には警察などに対する報告義務が課されていないのに対し、会社法の下で取締役等は会計監査人に対する報告義務を負っていることも勘案すると――偽計業務妨害罪の成立を認めても実質論としてはおかしくはない。

　なお、業務妨害罪を結果犯（侵害犯）ととらえる見解が学説としてはきわめて有力であるものの（平野龍一『刑法概説』（東京大学出版会、1977）188頁、

中山研一『刑法各論』（成文堂、1984）152頁、曽根威彦『刑法各論［第5版］』（弘文堂、2012）75頁、大谷　實『刑法講義各論［新版第4版］』（成文堂、2013）150頁、中森喜彦『刑法各論［第4版］』（有斐閣、2015）75頁、西田・前掲142頁など）、裁判例は一貫して危険犯であると位置づけており（大判昭和11・5・7刑集15巻8号573頁、東京高判昭和58・3・31判時1090号180頁）、危険犯ととらえれば、監査人の業務が現実に侵害されたことは犯罪成立要件とはならない。

16　第94回国会衆議院法務委員会議録第11号（昭和56年5月8日）6頁［稲葉威雄説明員］参照

17　もっとも、会計監査人が、取締役に対して使用人に報告するよう命令するように求めたにもかかわらず、報告することを命じなかった場合には、調査を妨げたものとして、昭和56年改正後商法特例法30条1項および4項によって過料に処せられることになると解説されていた（元木　伸『商法等の一部を改正する法律の解説』（法曹会、1990）662頁）。

18　商法特例法の昭和56年改正の国会審議の際に、「私は、会計監査人の権限行使の非協力について罰則を設けよとまでは必ずしも言いがたい点があると思うのです。しかし、権限をうたいながらそれに対する何らの保障もない、権限を行使するための担保がないという点はいかがなものか。」という発言があった（第94回国会衆議院法務委員会議録第11号（昭和56年5月8日）6頁［横山利秋委員］）。

19　アメリカ合衆国においても、1934年証券取引所法21条d項(2)及び1933年証券法20条e項が、違反者の行為が上場会社などの役員または取締役として職務を行うことの不適切性を示しているときは、その者がそのような発行体の役員または取締役として行動することを、裁判所は、条件付きでまたは条件を付すことなく、永久にまたは裁判所が定めた期間において、禁止する命令を発することができると定めている。たとえば、証券取引委員会は、2019年9月23日に、日産自動車株式会社の元社長であったカルロス・ゴーンに対して、課徴金の納付を命じると同時に、上場会社などの役員または取締役として活動することを禁止する命令を発することを求めて、ニューヨーク南地区連邦裁判所に訴えを提起した〈https://www.sec.gov/litigation/complaints/2019/comp24606.pdf〉。なお、和解により、10年間の禁止ということで決着した〈https://www.sec.gov/news/press-release/2019-183〉。また、上場会社などの役員または取締役として活動することを禁止する証券取引委員会の命令について、1934年証券取引所法21C条f項及び1933年証券法8条f項参照

20　もっとも、奇想天外な発想が許されるのであれば、現行法の下でも、東京証券取引所などが、上場規程において、上場会社監査事務所登録制度と同様の発想に基づき、上場会社の取締役その他の役員となることができる者は非適格者名簿に記載されていない者に限るというようなルールを定めること（ただし、このような定めを設けるにあたっては、独占禁止法との兼ね合いで問題が生じないかどうかについて慎重な検討が必要かもしれない。東京高判昭和58・11・17金判690号4頁、根岸　哲「手形交換所の取引停止処分制度と独占禁止法」岸田雅雄ほか（編）『現代企業と有価証券の法理（河本一郎先生古稀祝賀）』（有斐閣、1994）289頁参照）によって、取締役資格はく奪制度と同様の効果を得ることは可能であろう。

21　たしかに、注15で言及した⑥から⑩の裁判例が示したような、「警備配置が通常公務（業務）であるにしても、虚偽通報に基づく余計な業務をさせられた」ことを根拠として業務妨害罪の成立を認める法理は、経営者確認書の場合にもあてはまると解する余地は十分にある。すなわち、虚偽記載経営者確認書が提出された場合には、事実に合致した記載がなされていればそれに基づく意見を形成し、表明できたのに、虚偽内容を含んでいたため、適切に意見を形成し、表明できなかったということができ、業務が妨害されたと評価することができそうである。

　　しかし、経営者確認書が提出されない場合には、監査人は意見不表明とすることも可能であり、そうであれば、業務が妨害されたとはいえない、または、「偽計」は認められないと解されることになるとも考えられる。そうすると、経営者確認書の不提出に対しては十分なエンフォースメントを加えることができないことになりうる。

　　そこで、かりに、法定監査の社会的重要性に着目し、かつ、事実に合致した内容の経営者確認書の提出が監査の適切な実施のために不可欠であると考えることができるのだとすれば、それを担保するために、たとえば、会社法や金融商品取引法に明示的に直截に罰則を定めることが適切であるということになろう。また、業務妨害罪をめぐって、裁判例は処罰対象を不適切に拡張しているという懸念を表明する刑法学の研究者が少なくないことも併せ鑑みると、過剰な法的制裁を加えることを回避するという観点からも、監査人に対して情報（経営者確認書を含む。）を提供しないことまたは虚偽の情報を提供することについて罰則規定を設けることの要否が検討されることこそが穏当であるということもできそうである。

22　同418条は、取締役報告書は、当該報告書が承認された時点において取締役

である者それぞれについて、(a)当該取締役が認識している限りにおいて、会社の監査人が知らない関連監査情報（会社の監査人が監査報告書を作成するために必要とする情報。3項）は存在しないこと、および(b)関連監査情報を認識し、その情報を会社の監査人が認識することを確保するために、取締役として採るべきすべての手順を踏んだことの記載を含まなければならない（2項）と定めている。なお、取締役は、その会社の取締役としての任務により要求される合理的な注意、技能及び勤勉さを行使して、(a)その取締役が、その目的のために、他の取締役および会社の監査人にそのような質問をし、(b)その目的のために、（存在する場合には）他の手順を踏んだときには、第2項(b)に定められていることをするために取締役として採るべきすべての手順を踏んだものとみなされる（4項）。

　同条が要求する記載を含む取締役報告書が承認されたが、その記載が虚偽である場合には、(a)当該記載が虚偽であることについて、悪意または重過失であって、かつ、(b)当該取締役報告書が承認されることを阻止するために、合理的な手順を踏むことを怠った取締役は有罪であるとされ（5項）、陪審員による有罪評決の場合は、2年を超えない禁錮刑または罰金刑に処せられる（6項）。Company Law Review Steering Group, *Modern Company Law for a Competitive Economy - Final Report*, 2001, paragraph 8.119 も参照

23　なお、アメリカ合衆国では会社法上の外部監査制度はないが、サーベインス・オックスリー法は故意に虚偽の確認書を提出したCEO/CFOに対する20年以下の刑事罰を定めている（906条）。各国の制度を比較したものとして、野上信泰「会計不正を抑止するための罰則等に関して」会計・監査ジャーナル31巻6号（2019）34-43頁参照

24　Xが提訴した別事件について、東京地判平成25・7・17（平成24年（ワ）第17546号）も、「ゼンテックが虚偽の内容を含む本件有価証券報告書を作成し、Y2が、ウィングに対し、虚偽の説明をしたとしても、そのことのみでは、Xが本件懲戒処分を受けることはなかったのであり、Xが本件懲戒処分において指摘された証拠の入手ないし監査証拠間の矛盾の解消を怠ったことに対して本件懲戒処分がされているのであるから、Y2及び当時のゼンテックの代表者らが虚偽の財務書類を作成し、ウィングに対し虚偽の説明をしたことと、本件懲戒処分との間には、法的な因果関係は認められない。」と判示した。

25　龍田・前掲注(15)373頁、森本　滋「423条」岩原紳作（編）『会社法コンメンタール9』（商事法務、2014）284頁、江頭憲治郎『株式会社法［第8版］』（有斐閣、2021）650頁注(25)参照

26　東京地判平成３・３・19判時1381号116頁（任意監査の事案）（8割過失相殺）、東京地判平成15・4・14判時1826号97頁（労働組合の監査の事案）（7割過失相殺）、大阪地判平成20・4・18判時2007号104頁（過失相殺8割）など。

なお、たとえば、東芝は、「新日本有限責任監査法人への不提訴に関するお知らせ」（2016年9月16日）〈https://www.toshiba.co.jp/about/ir/jp/news/20160916_2.pdf〉において、不提訴とした根拠の1つとして、「仮に勝訴したとしても、……当社の本件監査人に対する情報提供が不適切であり、当社による本件監査人の監査対応に問題があったことは認めざるを得ず、大幅な過失相殺がなされることは不可避であると考えられる」ため、「認容金額を超えるコスト等の負担が発生する可能性が高いこと」を挙げていた。

8 違法行為

1 | 金融商品取引法と違法行為

　金融商品取引法は、被監査会社の取締役等の違法行為に関する監査人の責任を直接的には定めていない。したがって、監査契約において、違法行為の発見を特に監査の目的に含めるなどの特約をしない限り、「一般に公正妥当と認められる監査に関する基準及び慣行」によって、違法行為に関する監査人の義務と責任は規定されることになる。

2 | 「監査基準」及び不正リスク対応基準

　2002年改訂に係る「監査基準の改訂に関する意見書」では、「違法行為については、それ自体を発見することが監査人の責任ではなく、その判断には法律の専門的な知識が必要となることも多い。また、違法行為は必ずしも財務諸表の重要な虚偽の表示の原因となるものではないが、監査人が重要な虚偽の表示につながる虞のある違法行為を発見した場合には、不正等を発見した場合に準じて適切な対応をとることになる。」とされ、2002年改訂後『監査基準』第二　一般基準の4は「監査人は、財務諸表の利用者に対する不正な報告あるいは資産の流用の隠蔽を目的とした重要な虚偽の表示が、財務諸表に含まれる可能性を考慮しなければならない。また、違法行為が財務諸表

に重要な影響を及ぼす場合があることにも留意しなければならない。」（三、2、(4)）と定めるにとどまっていた。

　しかし、オリンパス事件など、金融商品取引法上のディスクロージャーをめぐり、不正による有価証券報告書の虚偽記載等の不適切な事例が相次ぎ、こうした事例においては、結果として公認会計士監査が有効に機能しておらず、より実効的な監査手続を求める指摘があったことを受けて、企業会計審議会は、国際的な議論の動向等も踏まえつつ、わが国の公認会計士監査をより実効性のあるものとするとの観点から、不正に対応した監査手続等の検討を行い、2013年3月26日に『監査基準』の改訂と『監査における不正リスク対応基準』（以下『不正リスク対応基準』という。）の設定とを行った。

　しかし、『監査基準』の一般基準の4の第2文には変更は加えられなかったし、不正リスク対応基準においても、「不正」とは、「不当又は違法な利益を得る等のために、他者を欺く行為を伴う、経営者、従業員等又は第三者による意図的な行為をいう。」としつつ、財務諸表の重要な虚偽の表示とは関係のない不正は対象としていない（「監査における不正リスク対応基準の設定について」二、2、(1)）。

　このように、『監査基準』や不正リスク対応基準は、違法行為が財務諸表に重要な影響を及ぼす場合がありうることを踏まえて、監査の計画及び実施をすることを要求しているものの、財務諸表に影響を及ぼさないような違法行為を発見するように監査を計画し実施することまでは要求していない。

3 ｜ 監査基準委員会報告書

　クラリティ・プロジェクトによる再起草後の国際監査基準250に対応するものとして、監査基準委員会報告第66号「財務諸表監査における法令の検討」（中間報告)」を経て、監査基準委員会報告書250「財務諸表監査における法令の検討」（2011年12月22日）が公表され、2014年4月4日、2015年5月29日、2018年10月19日及び2019年6月12日に改正が加えられている。

　ここでは、「監査人は企業の違法行為の防止に対して責任は負わず、違法
行為の全てを発見することが期待されているわけではない。」としつつ（4項）、
遵守すべき法令を、①たとえば、税金や年金に関する法令など、財務諸表の
重要な金額及び開示の決定に直接影響を及ぼすものとして一般的に認識され
ている法令と、②財務諸表の金額及び開示の決定に直接影響を及ぼさないが、
事業運営若しくは事業継続のために、または重大な罰則を科されないために
遵守することが必要なその他の法令（たとえば、事業の許認可に関する規定、
保険会社のソルベンシーに関する規制または環境に関する規制）とに分類し、
監査人の責任をそれぞれ区別して（6項）、規定を設けている。すなわち、
①の法令に対する監査人の責任は、当該法令を遵守していることについて十
分かつ適切な監査証拠を入手することであるが、②の法令に対する監査人の
責任は、財務諸表に重要な影響を及ぼすことがある違法行為の識別に資する
特定の監査手続を実施することに限定されている（7項）。

　もっとも、監査人は、違法行為またはその疑いに関する情報に気付いた場
合、行為の内容及び当該行為が発生した状況について理解し、かつ、財務諸
表に及ぼす影響を評価するために詳細な情報を入手しなければならないとさ
れ（18項）、監査人は、違法行為が疑われる場合、法令により禁止されてい
ない限り、当該事項について適切な階層の経営者、及び必要に応じて監査役
等と協議しなければならないとされている（19項）[1]。わが国では、監査人
が適切な階層の経営者、及び必要に応じて監査役等と協議することは法令に
より禁止されているわけではない。公認会計士法27条第1文は「公認会計士
は、正当な理由がなく、その業務上取り扱つたことについて知り得た秘密を
他に漏らし、又は盗用してはならない。」（圏点─引用者）と規定しているの
であって、被監査会社の適切な階層の経営者や監査役等と協議することは、
「他に」漏らしたとは評価されないからである。

　また、監査人は、「監査の実施過程で気付いた違法行為又はその疑いに関
連する事項を、法令により禁止されていない限り、明らかに軽微である場合
を除き、監査役等とコミュニケーションを行わなければならない」とされ（22
項）、かつ、違法行為またはその疑いが故意でかつ重要であると判断する場

合には、当該事項について監査役等と速やかにコミュニケーションを行わなければならないとされている（23項）。これは、後述する会社法397条よりも広い範囲の義務を監査人に課しているものとみることができる（監査役等とのコミュニケーションが法令により禁止されていないことはいうまでもない。）。なぜなら、監査基準委員会報告書250では、違法行為を「故意若しくは過失又は作為若しくは不作為を問わず、企業、その経営者、監査役等、従業員等又は企業の指示の下で働く委託先業者等のその他の者によって行われる、法令違反となる行為をいう。」と定義し（11項）[2]、ここでは、法令の範囲を限定していないことから、財務諸表に影響を及ぼさないような違法行為もカバーしつつ、違法行為の「疑い」に関する事項についてもコミュニケーションを行うことを要求しているからである。

　さらに、監査人は、経営者または監査役等の違法行為への関与が疑われる場合、「当該者より上位又は当該者を監督する機関又は者が存在するときは、当該機関又は者にその事項を報告しなければならない。」[3]とされている（24項）。監査基準委員会報告書250のこの要求事項は、わが国の会社法の枠組みとやや不整合な面を有している。たしかに、経営者には階層があり、たとえば、常務や専務の違法行為への関与が疑われるような場合に、社長や副社長に監査人が報告することは想定できる（このようなことを会社法その他の法令は要求しているわけではないにせよ、禁止しているわけではないし、報告が行われることを黙示的に想定していると解することができなくはない。）。しかし、会社法の規定は、代表取締役や業務執行取締役を含む取締役を監督する機関として第1次的には取締役会を想定しており、また、株主総会は取締役や監査役等を——選任・解任する権限を有し、かつ、一定の事項について報告を受け、説明を求め、承認するという意味において——監督する機関であるということができる[4]。しかし、金融商品取引法上の監査人には取締役会や株主総会への出席権は与えられておらず、ましてや、取締役会や株主総会における発言権は与えられていない。会社法の下でも、会計監査人には取締役会に出席し、報告をする権限や義務は規定されておらず、株主総会に出席し、意見を陳述することができるのは、書類が法令または定款に適合するか

どうかについて会計監査人が監査役と意見を異にするとき（398条1項）、定時株主総会において会計監査人の出席を求める決議があったとき（398条2項）及び会計監査人の選任、解任もしくは不再任または辞任について意見を述べるとき（345条5項）に限定されている。このように考えると、監査人が「監査基準委員会報告書250」24項の要求に従って、取締役会または株主総会に報告することは現実にはできないということになるのではないかという懸念が残る。

　以上に加えて、監査基準委員会報告書250では、監査人は、識別された違法行為またはその疑いがある場合、①法令により、適切な規制当局に報告することが監査人に求められているかどうか、②職業倫理規程により、追加的な対応として、適切な規制当局に報告することが例示されているかどうかを判断しなければならないとされている（28項）。わが国では、金融商品取引法193条の3の規定に基づき法令違反等事実に関する意見の申出が要求される場合が、①「法令が監査人に報告を要求している場合」に該当する（A28項）。他方、日本公認会計士協会の倫理規則は、②違法行為またはその疑いに対応するための、追加的な対応として、適切な規制当局に報告することは例示していない（「監査基準委員会報告書250」A29項参照）。

4 ｜ 会社法と違法行為

(1) 会計監査人の違法行為等報告義務

　会計監査人がその職務を行うに際して、取締役（指名委員会等設置会社では、執行役または取締役）の職務遂行に関し不正の行為または法令もしくは定款に違反する重大な事実があることを発見したときは、その会計監査人は、これを、監査役設置会社では監査役（監査役会設置会社の場合は、監査役会）に、監査等委員会設置会社では監査等委員会に、指名委員会等設置会社では監査委員会に、それぞれ、報告しなければならないものとされている（会社

法397条）[5]。

　ここでいう「法令」にどのようなものが含まれるかについては、必ずしも、十分に議論されてはこなかったが[6]、取締役の会社に対する責任を定めていた平成17年改正前商法266条1項5号にいう「法令」については[7]以下のように考えられていた。

　まず、判例・通説[8]は、平成17年改正前商法266条1項5号にいう「法令」には具体的な規範を与える法令のみならず、平成17年改正前商法254条3項（民法644条）及び同254条ノ3なども含まれると解していた。すなわち、取締役は会社に対し善良な管理者としての注意義務を負い（平成17年改正前商法254条3項、民法644条）[9]、また、忠実義務を負うから（平成17年改正前商法254条ノ3）[10]、これらの義務に違反した場合には平成17年改正前商法266条1項5号にいう法令違反に当たると解していた。

　それでは、具体的な規範を与える法令のすべてが、5号にいう「法令」に当たるのであろうか。従来は、暗黙のうちにすべての法令が5号にいう「法令」に当たるとする（非限定説）のが通説であったようである[11]。5号では何ら限定を加える文言が付加されていないことから、文理上はこのように解することが自然であった。

　しかし、平成17年改正前商法266条の目的は会社財産の健全性の確保にあるのだとすると、その立法趣旨からみて、5号にいう「法令」とは会社財産の健全性の確保を直接または間接に目的とする法令に限られると考えるべきことになると主張されていた（限定説）[12]。さらに、中間的な見解として、5号にいう「法令」とは会社財産の健全性の確保を直接または間接に目的とする法令のほか、公の秩序とみられる法令であるとする見解もあった（中間説）[13]。ある法令に違反した行為を取締役が行った場合に、非限定説によれば「法令」違反が当然にあることになるのに対し、限定説や中間説によると「法令」違反が当然にあるとされる場合と、当然には「法令」違反はないが、その法令違反が善管注意義務違反と評価されれば、その結果「法令」違反となる場合とがあることになる。

　たとえば、取締役が贈賄を行った場合、非限定説によると「法令」違反と

なり、中間説によっても、わいろに関する刑法の規定は公の秩序とみられる規定であるから、やはり「法令」違反となる。これに対して、限定説によると刑法の規定は会社財産の健全性の確保を直接または間接に目的とする法令とはいえないので、贈賄が取締役としての善管注意義務に反するかどうかが検討されなければならない。贈賄が判明すると入札停止処分を受けたり、企業の社会的名声が傷つくというおそれがあること、会社の利益のためであっても取締役にはこの種の違法行為を行う裁量は与えられていないと考えるべきことなどから、善管注意義務違反があったと考えてよいであろう。なお、下級審裁判例は、刑法の贈賄に関する規定は「法令」に当たるとしていたが（東京地判平成6・12・22判時1518号3頁）、野村證券損失補填事件において、平成17年改正前商法266条1項5号の「法令」は「商法その他の法令中の会社を名あて人とし、会社がその業務を行うに際して遵守すべきすべての規定」をいうとされ、独占禁止法19条は「法令」に当たるとされた（最判平成12・7・7民集54巻6号1676頁）。

　他方、平成17年改正前商法及び平成17年廃止前商法特例法の下での、監査役または監査委員による差止請求との関係での「法令」については、すべての法令を意味すると解されていたようである[14]。

　会社法の下では、役員及び会計監査人の会社に対する責任を定める423条は、任務懈怠を要件とするが、判例（前掲最判平成12・7・7参照）は、具体的な法令に違反することは任務懈怠に当たると解しているようである[15]。そして、たとえば、監査役による差止めは、「取締役が監査役設置会社の目的の範囲外の行為その他法令若しくは定款に違反する行為をし、又はこれらの行為をするおそれがある場合」に（会社法385条1項）、監査委員による差止めは、「執行役又は取締役が委員会設置会社の目的の範囲外の行為その他法令若しくは定款に違反する行為をし、又はこれらの行為をするおそれがある場合」に（会社法407条1項）、それぞれ認められているところ、会社法の下でも、差止請求との関係での「法令」については、すべての法令を意味すると解されている[16]。

　会計監査人の監査役等に対する報告義務は、監査役等のこのような差止請

求の契機を与えるものであるといえるので、――重要性の判断は必要であるが、基本的には――すべての法令違反が会計監査人の報告義務の対象となると考えてよいであろう。

⑵　会計監査人監査における違法行為発見に関する任務

　会社法397条は、「たまたま」会計監査人が違法行為を発見した場合についての規定であると考えられてきた。すなわち、会社法397条は、会計監査人に、取締役（指名委員会等設置会社では、執行役または取締役）の職務の執行に関し不正の行為または法令もしくは定款に違反する重大な事実があることを発見するための手続を行うことを要求するものではなく、計算関係書類の監査に際して発見したときに[17]、監査役（会）・監査委員会・監査等委員会に報告することを求めるものであると解されてきた[18]。

　他方、フランスをはじめとする、多くの拡大前EU構成国においては、違法行為に関して株主総会に対する報告が求められており[19]、わが国においても、監査役（会）、監査等委員会または監査委員会に報告をするだけで十分なのかという問題がある。すなわち、報告を受けたにもかかわらず、監査役等が適切に対処しない場合に実効性が確保できないという指摘がある。そこで、たとえば、龍田教授は、立法論として、会計監査人から監査役に報告があった旨を株主総会の招集通知に記載し、監査役がこれについてとった措置または措置をとらなかった理由を株主総会に報告する義務を負うとすること、株主総会の要請があれば、会計監査人は意見を述べなければならない旨の規定を設けること、当該報告書で名指しされた取締役からの名誉毀損を理由とする損害賠償請求または告訴の脅威から会計監査人を保護するため、会社に必要を負担させた上で、弁護士の意見[20]に従うことを条件として、会計監査人の免責を定めることなどを提案していた[21]。

　また、たしかに、わが国においても、金融商品取引法193条の3により、特定発行者における法令に違反する事実その他の財務計算に関する書類の適正性の確保に影響を及ぼすおそれがある事実に関して、内閣総理大臣への申し出義務が監査人に課されている。しかし、「その他の財務計算に関する書

類の適正性の確保に影響を及ぼすおそれがある事実」（圏点—引用者）とされているので、「法令に違反する事実」は「財務計算に関する書類の適正性の確保に影響を及ぼすおそれがある事実」の例示である。したがって、「財務計算に関する書類の適正性の確保に影響を及ぼすおそれがある」とはいえない法令違反事実の申し出義務が課されているわけではない[22]。ましてや、会社法には金融商品取引法193条の3に相当する規定は存在しないし、会計監査人の守秘義務の適用を排除する明文の規定も設けられていない。これに加えて、学説上も、不正・違法行為の監査人の当局等への通報を制度化することに対しては否定的な見解が有力であるようである[23]。

　たしかに、会計監査人に違法行為などの外部者に対する通告義務を課すことについては、会計監査人の権限などに照らすと慎重な検討が必要であるし、金融商品取引法上の監査人についても、監査は被監査会社との間の信頼関係を通常は前提とするものであり、かつ、警察や検察のような強制的な調査権を有しない公認会計士や監査法人がなしうることには限界がある。

　しかし、不正の行為または法令もしくは定款に違反する重大な事実の監査役等に対する報告義務が法定されているにもかかわらず、監査役等が適切な対応をとらない場合に、それを漫然と見過ごさざるをえないという法制には問題がある。会計監査報告の内容として法定されておらず、また、株主総会における意見陳述についても、計算関係「書類が法令又は定款に適合するかどうかについて会計監査人が監査役と意見を異にするときは、会計監査人（会計監査人が監査法人である場合にあっては、その職務を行うべき社員……）は、定時株主総会に出席して意見を述べることができる。」（会社法398条1項）とのみ定められていることからすると、現行法の下では、報告に対して監査役等が適切に対応していない旨、あるいは、認識した取締役等による不正の行為または法令もしくは定款に違反する重大な事実を会計監査報告に記載し、または株主総会において指摘することは守秘義務に反すると解される、少なくとも、権限の範囲外の行為であると位置づけられる可能性が高い。

　そこで、立法論としては、このような記載や報告が守秘義務に違反しないことを明確化する規定を設け、かつ、EU法定監査規則[24]やいくつかのEU構

成国の法令と同様、株主総会等への報告については、善意でなした限りにおいては、損害賠償責任を負わない旨の規定を設けた上で、会計監査報告への記載及び株主総会での報告を要求するという方向が検討されるべきではないかとも思われる。

〈注〉

1　そして、企業が法令を遵守していることを裏付ける十分な情報を経営者からも監査役等を通じても入手できず、違法行為が財務諸表に重要な影響を及ぼす可能性があると監査人が判断した場合、監査人は、法律専門家に助言を求める必要があるかを検討しなければならないとされている（19項）。

2　ただし、「違法行為には、企業の事業活動に関連しない、個人の違法行為は含まれない。」としている（11項）。

3　「そのような上位の機関又は者が存在しない場合、又は当該事項を報告しても対応がなされないと考えられる場合、若しくは報告すべき相手が不明瞭な場合、監査人は、法律専門家の助言を求めることを検討しなければならない。」と規定している（24項）。

4　監査基準委員会報告書250も、第3項で、「経営者は、取締役会による監督及び監査役若しくは監査役会、監査等委員会又は監査委員会……による監査……」と述べている。

5　実例はほとんど知られていないが、2015年11月6日に、ジャパン・フード＆リカー・アライアンス株式会社（JFLA、東証第2部上場）はプレス・リリースを行い、同社の会計監査人が取締役等の法令等違反行為につき、金融商品取引法193条の3第1項の規定による通知のみならず、違法行為に関する会社法上の通知も行ったことを明らかにした（http://alox.jp/dcms_media/other/151106_2538.pdf）。すなわち、JFLAの会計監査人であり、かつ、金融商品取引法上の監査人でもあるS監査法人は、同年10月27日付けで、JFLAの監査役会宛てに「金融商品取引法第193条の3第1項の規定による財務計算に関する書類の適正性の確保に影響を及ぼすおそれのある法令違反等事実の通知」及び「会社法第397条1項に基づく取締役の不正の行為等の報告」を行った。前者の通知では、類似案件の存否も含め、速やかに事実関係の調査が必要であると考えるとするとともに、JFLAの財務計算に関する書類の適正性の確保に影響を及ぼすおそれのある法令違反等事実に係る法令違反の是正その他の適切な措置をとることを求めた。なお、この通知より前に、S監査法人は、平

成27年9月期の監査の過程でJFLAの代表取締役会長Mの個人またはその同行者の交通費の経費支出について異常性があると指摘を行い（確認したところ、使途不明分があることが判明した。）、また、Mの実質的支配があるとみられる法人であるモリタフードサービス株式会社に対する貸付金の回収処理の妥当性や、Mと一定の関係があるとみられる個人の経営する法人に対する業務委託料の金額の合理性についても指摘している。同年7月30日には、S監査法人は、JFLAにおいてMの便宜が図られている疑義（本件疑義）は、経営者（特に上級経営者）が関与していると考えられる場合に当たり、従業員、経営者または第三者による共謀の可能性も検討しなければならず、外部調査が必要である旨をJFLAの役員に告げていた。これを受けて、JFLAは、本件疑義について外部専門家によりその専門的・客観的な見地に基づいて、事実関係等の調査・分析及びこれに対する法的評価が行われる必要があると判断し、同年8月に、独立性を有すると考えられる調査委員会を設置し、10月15日付けでその調査報告書も受領していた。

6　もっとも、法令違反が会計事項に関しない場合も同条の射程範囲にあることについては異論はなかった。たとえば、田邊　明ほか『商法改正三法の逐条解説（別冊商事法務24）』（商事法務研究会、1974）52頁、味村　治＝加藤一昶『改正商法及び監査特例法の解説』（法曹会、1977）262頁、加藤一昶＝黒木　学『改正商法と計算規則の解説』（商事法務研究会、1975）132頁、龍田　節「商特8条」上柳克郎＝鴻　常夫＝竹内昭夫（編集代表）『新版注釈会社法(6)』（有斐閣、1987）569頁など。

7　取締役の解任の訴えを規定する平成17年改正前商法257条（会社法854条）にいう「法令」の意義についても、十分な議論はなされていない。

8　たとえば、江頭憲治郎『株式会社・有限会社法［第4版］』（有斐閣、2005）402頁参照

9　現在では、会社法330条が同様に定めている。

10　現在では、会社法355条が同様に定めている。

11　詳細については、吉原和志「法令違反行為と取締役の責任」法学60巻1号（1996）1頁以下参照

12　たとえば、森本　滋『会社法［第2版］』（有信堂、1995）253頁注5

13　近藤光男『取締役の損害賠償責任』（中央経済社、1996）10頁以下

14　たとえば、鴻　常夫「商法275条ノ2」上柳＝鴻＝竹内・前掲注(6)463頁、加藤一昶「行政法違反等と監査役の差止請求権」商事法務670号（1974）26頁、大隅健一郎＝今井　宏『会社法論［第3版］中巻』（有斐閣、1992）317頁など。

株主の差止請求との関係で、北沢正啓「商法272条」上柳＝鴻＝竹内・前掲注
(6)424頁、大隅＝今井・前掲246頁、松井秀征「株主による原子炉の運転継続差
止請求」ジュリスト1217号（2002）127頁など。

15　山下友信［2002］「委員会等設置会社における取締役・執行役の責任」民商
法雑誌126巻6号810頁参照

16　岩原紳作「360条・385条」落合誠一（編）『会社法コンメンタール8』（商事
法務、2009）406頁。また、東京地決平成20・11・26（平成20年（ヨ）第20140
号）。株主による差止請求との関係でも同様である（岩原・前掲133頁）。

17　商法特例法の昭和56年改正の審議過程において、「8条について伺いますが、
……会計監査人が調べておるうちに取締役が悪いことをやったよということに
気がついた。気がついたら監査役にどうしても報告をしなければ……8条で報
告しなかった者は6条の2の1の義務違反になる、あるいは職務を怠ったとい
うことになる、こういうふうに解釈してよろしいのでしょうね。」という横山
委員の質問に対して、中島（一）政府委員は「そのとおりでございます。」と
回答している（第94回国会衆議院法務委員会議録第11号（昭和56年5月8日）
7頁）。

18　味村＝加藤・前掲注(6)262頁参照

19　詳細については、弥永真生「財務諸表監査と違法行為」筑波ロー・ジャーナ
ル17号（2014）145頁 以 下 参 照。*See also* Federation des Experts
Comptables Europeens, *Results of the Survey on the Role, Position
and Liability of the Statutory Auditor in the EU*, 1996, p.57.

20　檜田信男「会計監査人監査と監査役監査──独立性に関連して──」ビジネ
ス・レビュー（一橋大学）29巻2号（1981）14-15頁も、会計監査人は法律事
項の鑑定人ではないので、取締役と意見の相違するときは、当該事項について
鑑定書を入手することが必要であると指摘していた。

21　龍田　節「監査役と会計監査人の関係」監査役142号（1981）7頁。また、
志村治美「監査役と会計監査人の連携」今井　宏＝田辺康平（編集代表）『改
正会社法の研究（蓮井良憲先生還暦記念）』（法律文化社、1984）574頁もこの
提案に賛意を示していた。

22　金融庁は、「金商法第193条の3第1項に規定する「法令違反等事実」とは、
仮に監査人や被監査会社において何らの対応も図られず、当該事実が放置され
た状態のまま当該財務書類が提出された場合に、重要な事項についての虚偽記
載等が生じるような事実を指すものと解されます。」としている（「提出された
コメントの概要とコメントに対する金融庁の考え方」（平成19年12月7日）

https://www.fsa.go.jp/news/19/syouken/20071207-1/01.pdf III.29)。

23 吉見　宏「不正・違法行為」町田祥弘＝松本祥尚（編）『会計士監査制度の再構築』（中央経済社、2012）134頁、武井一浩「不正・違法行為─実務の観点からのコメント」町田＝松本・前掲138-139頁など。

24 Regulation（EU）No 537/2014 of the European Parliament and of the Council of 16 April 2014 on specific requirements regarding statutory audit of public-interest entities and repealing Commission Decision 2005/909/EC, OJ L 158, 27.5.2014, p.77.

9 関連当事者

1 | 関連当事者との関係及び関連当事者との取引の注記

(1) 金融商品取引法

　金融商品取引法の下では、連結財務諸表規則15条の4の2が関連当事者との取引に関する注記を要求している。すなわち、同条1項及び3項は、連結財務諸表提出会社または連結子会社が関連当事者との取引（当該関連当事者が第三者のために当該連結財務諸表提出会社または連結子会社との間で行う取引及び当該連結財務諸表提出会社と第三者との間の取引で当該関連当事者が当該取引に関して当該連結財務諸表提出会社または連結子会社に重要な影響を及ぼしているものを含む。）を行っている場合には、その重要なものについて（関連当事者との取引のうち連結財務諸表の作成に当たって相殺消去された取引、一般競争入札による取引及び預金利息及び配当の受取りその他取引の性質からみて取引条件が一般の取引と同様であることが明白な取引ならびに役員に対する報酬、賞与及び退職慰労金の支払いを除く。同条4項・5項）、同条1項各号に掲げる事項を、原則として関連当事者ごとに注記しなければならないと定めている。

　また、財務諸表等規則8条の10第1項では、連結財務諸表を作成している場合を除き、財務諸表提出会社が関連当事者との取引（当該関連当事者が第三者のために当該財務諸表提出会社との間で行う取引及び当該財務諸表提出

会社と第三者との間の取引で当該関連当事者が当該取引に関して当該財務諸表提出会社に重要な影響を及ぼしているものを含む。）を行っている場合には、その重要なものについて（一般競争入札による取引及び預金利息及び配当の受取りその他取引の性質からみて取引条件が一般の取引と同様であることが明白な取引ならびに役員に対する報酬、賞与及び退職慰労金の支払いを除く。同条 3 項）、同項各号に掲げる事項を関連当事者ごとに注記しなければならないとされている。

このような注記が要求されているのは、「会社と関連当事者との取引は、会社と役員等の個人との取引を含め、対等な立場で行われているとは限らず、会社の財政状態や経営成績に影響を及ぼすことが」あり、「直接の取引がない場合においても、関連当事者の存在自体が、会社の財政状態や経営成績に影響を及ぼすことがある。」からである（企業会計基準第11号「関連当事者の開示に関する会計基準（2006年10月17日） 2 項」[1]。「なお、関連当事者の開示は財務諸表の注記情報であることから、コーポレート・ガバナンスに関する側面は、副次的な位置付けとしている。」とされている（企業会計基準第11号16項）[2]。

(2) 会社法

会社法の下では、会社計算規則98条 2 項・ 1 項15号が関連当事者との取引に関する注記を会計監査人設置会社及び公開会社の個別注記表の内容の 1 つとすることを要求しており、同112条 1 項は、株式会社と関連当事者との間に取引（当該株式会社と第三者との間の取引で当該株式会社と当該関連当事者との間の利益が相反するものを含む。）がある場合における同条 1 項各号に掲げる事項であって、重要なもの（一般競争入札による取引及び預金利息及び配当金の受取りその他取引の性質からみて取引条件が一般の取引と同様であることが明白な取引、取締役、会計参与、監査役または執行役に対する報酬等の給付ならびに当該取引に係る条件につき市場価格その他当該取引に係る公正な価格を勘案して一般の取引の条件と同様のものを決定していることが明白な場合における当該取引を除く。同条 2 項）を注記することを求め

ている[3]。

会社法の下で関連当事者との取引に関する注記が求められている趣旨は、金融商品取引法の下で関連当事者との取引に関する注記が求められている趣旨とは若干異なる。すなわち、「単に、計算書類を適正に開示するという観点のみならず、一定の利害関係者との間で不公正な条件での取引等が行われている場合には、これを開示することによって、そのような取引を行う業務執行者の業務の執行のあり方の適正性の判断材料を提供させるという観点にたつもの」とされている[4]。

(3) 小括

いずれにせよ、日本においては、会社法及び金融商品取引法に基づく「財務報告の枠組みは、財務諸表の利用者が、関連当事者との関係や関連当事者との取引及び残高の内容、並びに財務諸表に対する影響を理解することができるよう、関連当事者との関係や関連当事者との取引及び残高に関する処理及び開示についての事項を定めている。」(監査基準委員会報告書550「関連当事者」(2011年12月22日、最終改正：2021年1月14日) 3項) ということができる。

2 | 関連当事者取引の監査にとってのインプリケーション

監査基準委員会報告書550は、関連当事者との関係及び関連当事者との取引に関して、財務諸表監査における実務上の指針を提供するものであり、監査基準委員会報告書315「企業及び企業環境の理解を通じた重要な虚偽表示リスクの識別と評価」、同330「評価したリスクに対応する監査人の手続」及び同240「財務諸表監査における不正」を、関連当事者との関係及び関連当事者との取引に伴う重要な虚偽表示リスクに関してどのように適用すべきかについて記載するものとされている (1項)。

すなわち、関連当事者との取引による財務諸表の重要な虚偽表示リスクは、

①関連当事者との関係や関連当事者との取引及び残高に関する処理及び開示についての虚偽表示リスクと、②①以外の虚偽表示リスクとに大別することができる。

すでにみたように、会社法及び金融商品取引法に基づく財務報告の枠組みは関連当事者及び関連当事者取引についての事項を定めているから、①の文脈においては、「監査人は、企業が、財務報告の枠組みにおいて要求される事項に準拠して、関連当事者との関係、取引又は残高を適切に処理又は開示しないことから生じる重要な虚偽表示リスクを識別し評価するとともに、評価したリスクに対応するための監査手続を実施する責任がある。」（3項）ことになる[5]。

②の文脈においても、企業会計審議会「監査基準の改訂及び監査における不正リスク対応基準の設定について」（2013年3月13日）が、「平成17年の監査基準の改訂により、会計上の見積りや収益認識等の重要な会計上の判断に関して財務諸表に重要な虚偽の表示をもたらす可能性のある事項、不正の疑いのある取引、関連当事者間で行われる通常でない取引等は、「特別な検討を必要とするリスク」として、それが財務諸表における重要な虚偽の表示をもたらしていないかを確かめるための監査計画の策定や監査手続の実施等が求められている。」（圏点─引用者）としている（二　監査における不正リスク対応基準の設定について、4　不正リスク対応基準の主な内容、(3)不正リスクに対応した監査の実施、①不正リスクに対応した監査計画の策定）。また、『監査における不正リスク対応基準』の付録1「不正リスク要因の例示」では、企業が属する産業や企業の事業特性が、たとえば、「通常の取引過程から外れた関連当事者との重要な取引、又は監査を受けていない若しくは他の監査人が監査する関連当事者との重要な取引が存在する。」というような要因により不正な財務報告にかかわる機会をもたらしていることがあるとされている（2　機会、(1)）。さらに、『監査における不正リスク対応基準』の付録2「不正による重要な虚偽の表示を示唆する状況の例示」では、「2　留意すべき通例でない取引等」の「(3)その他」として、「関連当事者又は企業との関係が不明な相手先（個人を含む）との間に、事業上の合理性が不明瞭な重要

な資金の貸付・借入契約、担保提供又は債務保証・被保証の契約がある。」
ことが挙げられている[6]。

3 │ 関連当事者取引に係る内部統制

　監査基準委員会報告書550は、監査人は、(1)適用される財務報告の枠組み
に準拠した、関連当事者との関係及び関連当事者との取引の識別、処理及び
開示、(2)関連当事者との重要な取引や取引条件についての権限の付与及び承
認、ならびに(3)通常の取引過程から外れた重要な取引や取引条件についての
権限の付与及び承認のために、経営者が「構築した内部統制がある場合には、
それらの内部統制を理解するため、経営者及びその他の企業構成員[7]に質問
を行うとともに、適切と考えられるその他のリスク評価手続を実施しなけれ
ばならない。」と規定している（13項）。

　もっとも、すでにみたように、会社法（会計監査人設置会社及び公開会社）
及び金融商品取引法の下で適用される財務報告の枠組みに関連当事者につい
ての事項が定められているので、「経営者の財務諸表の作成責任には、取締
役会による監督及び監査役等による監査（以下「監視」という。）の下で、
……関連当事者との関係及び関連当事者との取引を識別し、適切に処理し開
示するため、関連当事者との関係及び関連当事者との取引に係る適切な内部
統制を整備し運用することが含まれる。」（A15項）[8]。そして、会社法の下で、
代表取締役は（金融商品取引法及び会社法に基づく）財務報告に係る内部統
制システム[9]を適切に構築・運用する責任を負うと解されている[10]。

　したがって、通常は、経営者が構築した内部統制があるはずであり、監査
人としては、13項の手続を実施しなければならないし、万一、関連当事者と
の関係及び関連当事者との取引に係る適切な内部統制が存在しないか、ある
いは有効に運用されていない可能性が高いと判断した場合には、内部統制に
依拠することなく、実証手続により十分かつ適切な監査証拠を入手しなけれ
ばならないことになる（『監査基準』第三　実施基準、三、2）。そして、「監

査人は、関連当事者との関係及び関連当事者との取引について十分かつ適切な監査証拠を入手できないことがある。この場合、監査人は、監査基準委員会報告書705「独立監査人の監査報告書における除外事項付意見」に従って、監査報告書における意見への影響を含め、監査への影響を考慮することになる。」(「監査基準委員会報告書550」A17項)。

　会社法及び金融商品取引法の下で適用される財務報告の枠組みに関連当事者に関する事項が定められている以上、監査基準委員会報告書550に従って、監査人は、経営者から、関連当事者の名称、認識しているすべての関連当事者との関係及び関連当事者との取引を監査人に開示した旨ならびに当該関係及び取引を適用される財務報告の枠組みに準拠して適切に処理し開示した旨を記載した経営者確認書を入手しなければならない(25項)が、これを入手したのみで関連当事者との関係及び関連当事者との取引に係る適切な内部統制の存在及びその有効な運用につき十分かつ適切な監査証拠を入手したことにならないのは明らかである[11]。監査人としては、経営者が従来識別していないまたは監査人に開示していない関連当事者との関係または関連当事者との重要な取引が存在していないことを経営者確認書の入手のみによって確信することはできないはずである。

　むしろ、監査基準委員会報告書550のA17項で指摘されているように、関連当事者との関係及び関連当事者との取引に係る内部統制は、たとえば、「経営者が関連当事者との関係及び関連当事者との取引の識別、開示について重視していない。」、「取締役会及び監査役等が適切な監視を行っていない。」、「関連当事者を開示することにより、経営者が慎重な取扱いを期すると考える情報(例えば、経営者の親族が関与する取引の存在等)が明らかになることから、当該内部統制が意図的に無効化されている。」[12]、「経営者が、適用される財務報告の枠組みにおける関連当事者について要求される事項を十分理解していない。」などの理由によって、不備があるかまたは存在しないことがある[13]。

　さらに、非連結子会社や関連会社などを経由して、関連当事者との取引がなされうることは、以前から認識されていたことではあるが、日産自動車事

件でも再認識された。関連当事者取引の開示の趣旨からは、会社の計算にお
いてなされた取引は注記の対象とされなければならないと解されるのである
から[14]、監査人としては、関連当事者との取引が、名目的には非連結子会社
あるいは関連会社を迂回してなされるおそれがあることを念頭に置いて、監
査手続を実施しなければならないはずである。

4 | 取引条件及び取引条件の決定方針

　企業会計基準適用指針第13号「関連当事者の開示に関する会計基準の適用
指針」（2006年10月17日）の参考（開示例）では、「取引条件及び取引条件の
決定方針等」として、「（注1）独立第三者間取引と同様の一般的な取引条件
で行っている。」が例示されているが、これは、「取引条件及び取引条件の決
定方針」を記載していると評価することが、一応、可能なのではないかと思
われる。
　ところで、監査基準委員会報告書550は、「経営者が、財務諸表において、
関連当事者との取引が独立第三者間取引と同等の取引条件で実行された旨を
記載している場合[15]、監査人は、独立第三者間取引と同等の取引条件で実行
されたかどうかについて十分かつ適切な監査証拠を入手しなければならない。」
と定めている（23項）[16]。これは、「会社と関連当事者との取引条件については、
関連当事者との取引が会社の連結財務諸表にどの程度の影響を与えているか
を理解する上で有用な情報であるため、現行の証券取引法関係規則や国際的
な会計基準と同様、開示を求めることとしている。」（企業会計基準第11号35
項）とし、「取引条件が一般の取引と同様であることが明白な取引……を除き、
第三者との取引と同等な条件（以下「一般的な取引条件」という。）であっ
ても開示は省略できないこととしている。これは、一般的な取引条件に該当
するかどうかの判断が難しい場合もあり、恣意的な判断が介入する余地があ
ると考えられるためである。」とする会計基準の立ち位置（企業会計基準第
11号32項）と整合的である。そして、「競争的で自由な取引市場が存在しな

い場合に、関連当事者との取引が独立第三者間取引と同様の一般的な取引条件で行われた旨を記載するには、関連当事者以外の第三者との取引と比較して同等の取引条件であることを要すると考えられる。」という評価（企業会計基準第11号36項）と平仄のとれた規定である。

「独立第三者間取引と同様の一般的な取引条件で行っている。」という記載がある場合には、監査基準委員会報告書550の23項の規定が適用されることになると考えられる。もっとも、監査基準委員会報告書550では、「関連当事者との取引の価格と独立第三者間取引又は市場取引の価格との比較に関する監査証拠を容易に入手できることがあるが、取引の他の全ての部分が独立第三者間取引と同等であるという監査証拠を監査人が入手するのは実務的に困難なこともある。例えば、監査人は、関連当事者との取引が市場価格で実行されていることを確かめることができるが、他の取引条件（例えば、支払条件、偶発債務、特定の手数料）が、独立した第三者間で通常合意される条件と同等であるかどうかを確かめることは、実務上不可能なことがある。」と指摘されている（A41項）。そして、関連当事者との取引が独立第三者間取引と同等の取引条件で実行されたというアサーションに対する経営者の裏付け[17]を監査人が評価するには、「当該アサーションを裏付けているプロセスの適切性を検討する。」、「当該アサーションを裏付けている内部又は外部データの情報源を確かめるとともに、それらのデータの正確性、網羅性及び目的適合性を判断するための手続を実施する。」及び「当該アサーションの基礎となる重要な仮定の合理性を評価する。」という手続を実施することがあると述べられている（「監査基準委員会報告書550」A43項）[18]。

他方、企業会計基準適用指針第13号の参考（開示例）に示されている、「（注2）資金の借入については、借入利率は市場金利を勘案して利率を合理的に決定して……いる。」、「（注3）原材料の購入については、B社以外からも複数の見積りを入手し、市場の実勢価格を勘案して発注先及び価格を決定している。」、「（注4）建物の賃貸については、近隣の取引実勢に基づいて、2年に一度交渉の上、賃貸料金額を決定している。」、「（注6）技術料の支払については、C社より提示された料率を基礎として毎期交渉の上決定している。」

というような記載「のみ」を行っている事例が散見されるが、これらは厳密には、会社計算規則、財務諸表等規則または連結財務諸表規則の要求事項を満たしていないと解釈せざるを得ない。なぜなら、文言解釈としても、取引条件及び取引条件の決定方針（財務諸表等規則 8 条の10第 1 項 6 号、連結財務諸表規則15条の 4 の 2 第 1 項 6 号、会社計算規則112条 1 項 6 号）の記載が要求されているところ（取引条件または取引条件の決定方針ではない。）[19]、（注 2 ）、（注 3 ）の借入利率についての記載、（注 4 ）または（注 6 ）の記載は「取引条件」の記載ではなく、「取引条件の決定方針」の記載に過ぎないからである。また、実質的に考えてみても、すでにみたような関連当事者との取引に関する注記を要求している趣旨、とりわけ、会社法が要求している趣旨からすれば、ある取引が公正な条件で行われているかどうかを読者が判断できる程度の記載が必要であり、このような記載では十分な判断材料を読者に提供しないと考えられるからである。取引条件及び取引条件の決定方針の記載を要求するのは、――経営者がどのように考えているかの情報を提供させるためではなく――当該取引が公正な条件で行われているかどうかについて財務諸表・計算書類の読者に判断する材料を与えるためなのである。監査基準委員会報告書550は、関連当事者との取引の開示が理解できない場合として、「関連当事者との取引を理解するために必要な、取引の主な条件やその他の重要な事項が適切に開示されていない」場合を例示しているが（A46項(2)）、このような記載では「関連当事者との取引を理解するために必要な、取引の主な条件」（圏点―引用者）が開示されているとはいえないであろう[20]。

　また、そもそも、たとえば、（注 2 ）、（注 3 ）の借入利率についての記載または（注 4 ）などに含まれる「勘案」、「合理的に決定」または「近隣の取引実勢に基づいて」というアサーションは客観性または特定性を欠いており、経営者がこれを的確に裏付けることは不可能かそうでなくともきわめて困難であり（すでに述べたように取引条件が合理的かどうかを判断する材料を読者に与えようとする趣旨の注記であり、経営者が合理的であると考えただけでは十分ではない）、したがって、監査人が必要かつ十分な監査証拠を入手し、

経営者のアサーションを評価することも難しいのではないかと思われるところである[21]。かりに、（注2）、（注3）の借入利率についての記載、（注4）または（注6）のような記載は「独立第三者間取引と同等の取引条件で実行された旨」の記載ではなく[22]、監査基準委員会報告書550の23項の適用はないと解しても、そのような注記の記載の妥当性を判断する（「取引条件の決定方法」の記載にすぎないと解しても、監査人は判断しなければならないはずである。）にあたって[23]、監査人としては、23項を適用する場合よりもはるかに困難なタスクを処理することになるものと推測される。

〈注〉

1　金融庁「有価証券報告書の作成・提出に際しての留意すべき事項及び有価証券報告書レビューの実施について（平成31年度）」（2019年3月19日）〈https://www.fsa.go.jp/news/30/sonota/20190319.html〉では、平成31年3月期以降の事業年度に係る有価証券報告書のレビューのうち、重点テーマ審査の重点テーマには「関連当事者に関する開示」が含められていた。

2　もっとも、たとえば、上村教授は、「金商法の関連当事者取引の情報開示制度の実効性は企業結合法制にとって生命線といえるほどに重要なのではなかろうか。ここが機能すれば、通例的でない取引などは実行しにくい。」と指摘していた（上村達男「会社法と金融商品取引法―その現状と課題」〈http://www.moj.go.jp/content/000061659.pdf〉6頁）。

3　会計監査人設置会社以外の会社では、定量的な情報は注記せず、計算書類の附属明細書に含めることで足りる（会社計算規則112条1項ただし書き、117条4号）。この点につき、上村教授は、「会社計算規則による関連当事者との取引に関する注記（会社計算規則98条1項11号、112条）は機能しているのだろうか。関連当事者取引のルールは会計基準としての位置づけとなっているが、再び情報開示制度として位置づけることも考えられるかもしれない。会計監査人設置会社以外の会社にあっては重要情報（取引の内容、取引の種類別の取引金額、取引条件及び取引条件の決定方針、取引条件の変更による影響）の記載が不要とされるが、ここでも原則として金商法の制度を導入すべきメルクマールを再検討する必要があるように思われる。」と主張していた（上村・前掲注(2)）。

4　相澤哲＝和久友子「計算関係書類」、相澤哲編著『立案担当者による新会社法関係法務省令の解説（別冊商事法務300号）』（商事法務、2006）91頁

5　たとえば、公認会計士・監査審査会「監査事務所検査結果事例集」（2018年7月31日）〈https://www.fsa.go.jp/cpaaob/shinsakensa/kouhyou/20180731/2018_jireisyu.pdf〉では、「被監査会社は、主要株主及びその関連する会社との間で、資金の貸借、債務被保証、賃貸料及び経営指導料の授受といった取引を行っており、当該取引について、独立第三者間取引と同等の取引条件で実行された旨を注記している。」が、「監査チームは、関連当事者取引に係る実証手続として、開示内容につき被監査会社が作成した基礎資料との照合を行うのみであり、関連当事者との関係及び取引の網羅性並びに取引金額の正確性及び独立第三者間取引と同等の取引条件であるかどうかにつき監査手続を行っていない。」という事例が取り上げられている。そして、《留意点》として、「関連当事者取引の取引条件の開示に当たり、以下のような不備事例がみられる。

・無利息融資や債務保証料の支払いが行われていない場合に、当該取引条件が適切に記載されていない。
・独立第三者間取引と同等の取引条件で実行されている旨を記載しているが、取引条件を十分に検討していない。

　監査チームは、識別した関連当事者との関係及び関連当事者との取引が、適用される財務報告の枠組みに準拠して適切に処理され開示されているかについて慎重に評価することに留意する必要がある。」と指摘されている。

　また、「監査チームは、関連当事者取引を特別な検討を必要とするリスクとして識別しているにもかかわらず、当該貸付の事実とその目的の概要を把握するのみで、具体的な使途、返済時期や返済の意図を経営者とのディスカッション及び監査役等とのコミュニケーションなどにて確認していない。」という事例につき、《留意点》として、「関連当事者との取引は、関連当事者以外の第三者との取引よりも財務諸表の重要な虚偽表示リスクが高くなる場合がある。したがって、監査チームは、監査手続を実施する前提として、被監査会社の関連当事者及び関連当事者との関係を網羅的に理解するとともに、企業の通常の取引過程から外れた関連当事者との重要な取引を識別した場合には、特別な検討を必要とするリスクとして取り扱わなければならないことに留意する必要がある。また、企業の通常の取引過程から外れた関連当事者との重要な取引については、単に開示が行われているかだけでなく、事業上の合理性又はその欠如が、不正な財務報告を行うために行われた可能性を示唆するものかどうか、取引条件が経営者の説明と整合しているか等について慎重に検討する必要がある。」ことを挙げている。

6 　たとえば、公認会計士・監査審査会「監査事務所検査結果事例集」（2018年7月31日）では、「関連当事者との関係及び関連当事者との取引を網羅的に検討していない事例がみられる。」と指摘され、「関連当事者との取引の識別や重要な取引に対する承認等について、経営者が構築した内部統制がある場合には、当該内部統制を理解するとともに、適切と考えられるその他のリスク評価手続を実施する必要がある。」とされている。また、監査基準委員会報告書240で要求されている不正リスクへの考慮も含め、企業の通常の取引過程から外れた重要な取引または通例でないと判断される重要な取引が、不正な財務報告を行うためまたは資産の流用を隠蔽するために行われたことを示す兆候には「特別目的会社等を含む非連結の関連当事者との取引が、取締役会によって適切に検討され承認されていない」こと、「取引が、以前には識別されていなかった関連当事者、又は実体のない取引先や被監査会社からの支援なしには財務的資力がない取引先に関係している」ことが含まれるとされている。以上に加えて、「監査チームは、関連当事者に転貸された可能性のある貸付金の検討において、直接的な貸付先への確認手続や貸付先から担保提供された資産の評価の検討を実施している。」が、「監査チームは、当該貸付けの当初の目的が不明確であること等を踏まえた、資金の流れの全容把握、貸付取引の事業上の合理性の検討等、不正を念頭に置いた監査手続を実施していな」かったという事例につき、《留意点》として、「監査基準委員会報告書550第11項では、監査チーム内の討議において、「関連当事者との関係及び関連当事者との取引から生じる可能性がある不正又は誤謬により、財務諸表に重要な虚偽表示が行われる可能性について検討しなければならない。」とされており、関連当事者との取引に関する監査の実施に際し、不正による重要な虚偽表示リスクを考慮する必要がある。特に、いわゆるオーナー系企業においては、オーナー経営者等の影響力が強く働くことが多く、関連当事者との取引において、内部統制が機能しにくい場合がある。監査チームは、関連当事者との取引に係るリスク評価手続及びリスク対応手続の実施に当たっては、これらの特徴に留意して、十分かつ適切な監査証拠を入手する必要がある。」と指摘している。

7 　監査基準委員会報告書550では、その他の企業構成員とは、関連当事者との関係及び関連当事者との取引ならびにそれらに対する内部統制についての情報を有すると考えられる者（経営者を除く）をいい、取締役または監査役等、企業の通常の取引過程から外れた重要な取引の開始、処理または記録の担当者、及び当該担当者の管理者または監視者、内部監査人、法務部門担当者、倫理担当役員またはその同等者が含まれるとされている（A14項）。

8　A16項では、「企業が特定の種類の関連当事者との取引を管理するため、企業構成員に適切に伝達、運用されている倫理行動規範」、「経営者並びに取締役及び監査役等が関連当事者との取引に有する利害関係について、適切かつ適時に開示するための方針と手続」、「関連当事者との取引を識別、記録、集計及び開示するための企業内の責任者の任命」、「企業の通常の取引過程から外れた関連当事者との重要な取引についての経営者並びに取締役会及び監査役等との間の適時な開示及び協議（例えば、外部の職業的専門家に助言を求める等、取締役会及び監査役等が関連当事者との重要な取引の事業上の合理性について適切に対処したかどうかが含まれる。）」、「利益相反関係を生じさせる、又はその可能性がある関連当事者との取引を承認するための明確な指針（例えば、当該取引に係る取締役及び監査役を除いた者によって構成される、取締役会による承認）」、「定期的な内部監査」、「監査人又は顧問弁護士に助言を求める等、関連当事者の開示に係る問題を解決するために経営者が講じた措置」、「内部通報制度の方針と手続の存在」が内部統制システムの構成要素として例示されている。

9　内部統制システムの構築・運用責任について、東京地判平成21・2・4判時2033号3頁（出版社）、名古屋高判平成25・3・15判時2189号129頁（最決平成26・4・24（平成25年（オ）第928号、同（受）第1135号）により上告棄却・上告不受理。商品先物取引業者）なども参照。一般論としては、大会社である取締役会設置会社の取締役会は、取締役及び使用人の不正行為を防止するため、内部統制システムの大綱を決定しなければならず（会社法362条5項・4項6号、会社法施行規則100条1項）、業務執行を担当する代表取締役は、その大綱を踏まえ、内部統制システムを具体的に決定すべき義務を負う。もっとも、整備すべき内部統制システムの内容については、当該会社の規模、事業内容その他の事情によって左右されるものであり、会社経営の専門家である取締役に広い裁量が与えられており、代表取締役は、原則として、通常想定される不正行為を防止し得る程度の管理体制を整えれば足り、不正行為が通常容易に想定し難い方法によるものであった場合には、代表取締役において、不正行為の発生を予見すべきであったという特別な事情がない限り、当該代表取締役に、不正行為を防止するためのリスク管理体制を構築すべき義務に違反した過失があるということはできないと解されている（大阪地判平成12・9・20判時1721号3頁、東京高判平成20・5・21判タ1281号274頁、東京地判平成21・10・22判時2064号139頁（新聞社）、東京地判平成27・4・23金判1478号37頁（電力会社）、東京地判平成28・7・28金判1506号44頁（メーカー）など参照）。もっとも、これは、代表取締役に過失があるといえるかどうかの基準であり、監査人が被監

査事業体の内部統制システムに、どの程度、信頼を置くことができるかということに関する基準ではない。

10　最判平成21・7・9集民231号241頁、東京地判平成30・3・29資料版商事法務422号23頁など。

11　2018年5月18日に、金融庁が行ったA監査法人に対する業務改善命令〈https://www.fsa.go.jp/news/30/sonota/20180926.html〉では、「現行の監査の基準に準拠した監査手続を実施するための態勢を強化すること（……関連当事者に関する会計基準の適切な解釈など……を含む。）」が命じられた。この事案では、「関連当事者注記について会計基準の解釈を誤り、注記が漏れている事実を見落としている事例などの重要な不備が認められている。」と公認会計士・監査審査会の勧告〈https://www.fsa.go.jp/cpaaob/sonota/houdou/kankoku/avanthia.pdf〉では指摘されていた。

12　監査基準委員会報告書550では、「関連当事者との間での共謀がある場合や、企業が関連当事者による絶大な影響を受けている場合には、権限の付与や承認が有効でないことがある。したがって、権限の付与と承認だけでは、不正による重要な虚偽表示リスクがないかどうかを判断するには十分でないことがある。」（A39項）とされているが、──かりに報道されているところが真実であるとすれば──、日産においてゴーン氏が主導した関連当事者取引にはこれがあてはまる。

13　たとえば、日産自動車株式会社は、──著者が調べた限りでは──少なくとも、2010年3月期から2018年3月期までの間、有価証券報告書において、関連当事者との取引につき「該当事項なし」との開示を行っていた（会社法上の個別注記表では、子会社との取引が開示されていた。また、2019年3月期に係る有価証券報告書では、「役員及びその近親者が議決権の過半数を所有している会社（当該会社の子会社を含む。）」であるとして、Dextar World Trade Limited, L.L.C.との取引が注記された。）。

　ところが、同社の「過年度有価証券報告書の訂正に関するお知らせ」（2019年5月14日）では、「当社は、報酬に関する調査とは別に、当社のポリシー及び法令違反の可能性、ゴーン氏の利益のためになされた会社資産・経費の私的利用、並びに、当社とゴーン氏の関係者との間でなされた可能性がある利益相反取引について、調査を実施しました。」、「ゴーン氏による会社資金・経費の私的目的の流用がなされました。」（圏点─引用者）とされ、日産自動車株式会社ガバナンス改善特別委員会報告書（2019年3月27日）では、「ゴーン氏の姉に対し、長期にわたり日産から顧問料が支払われ」たこと、ゴーン氏と「株式

会社新生銀行とのデリバティブ取引を日産につけかえ」たことのほか、ゴーン氏による会社資金・経費の私的利用が認定されている。それにもかかわらず、2019年5月14日に関東財務局に提出した2006年3月期から2018年3月期までの各事業年度に係る有価証券報告書の訂正報告書及び2010年3月期から2018年3月期までの各事業年度に係る内部統制報告書の訂正報告書においては関連当事者情報に関する訂正は行われていない。なお、「財務報告に係る内部統制の評価及び監査に関する実施基準」（2011年3月30日）では、「内部統制の開示すべき重要な不備とは、内部統制の不備のうち、一定の金額を上回る虚偽記載、又は質的に重要な虚偽記載をもたらす可能性が高いものをいう。」とされ、「質的な重要性は、例えば、……関連当事者との取引や大株主の状況に関する記載事項などが財務報告の信頼性に与える影響の程度で判断する。」とされている（II、1、②ロ）。

　訂正が行われていないという事実は、日産のような一流企業といわれる企業においても、「経営者が、適用される財務報告の枠組みにおける関連当事者について要求される事項を十分理解していない」または「経営者が関連当事者との関係及び関連当事者との取引の識別、開示について重視していない」ことを示唆しているようにも思われるところである。

14　企業会計基準第11号も形式的・名目的に第三者を経由した取引で、実質上の相手先が関連当事者であることが明確な場合には、開示対象に含めるものとするとしている（8項）。

15　なお、監査基準委員会報告書550のA44項は、「財務報告の枠組みには、独立第三者間取引と同等の取引条件で実行されていない関連当事者との取引を開示することを要求しているものがある。この状況において、経営者が財務諸表で関連当事者との取引を開示しない場合には、取引が独立第三者間取引と同等の取引条件で実行されたという暗黙のアサーションが存在する場合がある。」とするが、日本の会社法または金融商品取引法は、独立第三者間取引と同等の取引条件で実行されていない関連当事者との取引であるかどうかにかかわらず開示を求めている。

16　これは、2011年1月7日に公表された監査基準委員会報告書第57号「関連当事者」（中間報告）で設けられた規定である。この経緯については、たとえば、住田清芽「監査基準委員会報告書57号「関連当事者」（中間報告）の解説」経理情報1274号（2011）30頁以下参照

17　関連当事者との取引が独立第三者間取引と同等の取引条件で実行されたというアサーションを経営者が裏付けるには、「関連当事者との取引の条件を、関

連当事者でない当事者との同一又は同様の取引の条件と比較すること」、「取引
の市場価格の判断及び市場での取引条件の確認のため、外部の専門家に業務を
依頼すること」または「取引条件を、一般市場におけるおおむね同様の取引に
係る周知の取引条件と比較すること」によることがあるとされている（「監査
基準委員会報告書550」A42項）。

18　2015年6月26日に、金融庁が、B監査法人に対して行った業務改善命令及び
1年間の業務の一部の停止命令〈https://www.fsa.go.jp/news/26/
sonota/20150626-10.html〉の事案においては、公認会計士・監査審査会の勧
告〈https://www.fsa.go.jp/cpaaob/sonota/houdou/saiwa.pdf〉が、「業
務執行社員は、前年同様の監査を実施すればよいとの認識のもと、被監査会社
の主張や被監査会社が作成した資料を批判的な検討なく受け入れる傾向がある。
このため、関連当事者取引における取引実態の理解を踏まえた検討を行ってい
ない」と認定していた。

19　また、企業会計基準第11号10項

20　もちろん、このような不記載（虚偽記載）と相当な因果関係を有する会社、
その株主・債権者または投資者の損害が認められず、その結果、有価証券報告
書の提出者及びその役員または会社の役員が損害賠償責任を負わないというこ
とは想定できるが、このことと、取引条件の不記載が虚偽記載にあたるかどう
かとは別問題である。

　なお、取引条件を記載しなくとも、株主・投資者等の投資判断に必ずしも重
要な影響を与えないと考えて（本当にそうなのかはわからないが）、取引条件
の不記載は重要な虚偽記載にあたらないと解することは、会社計算規則、財務
諸表等規則及び連結財務諸表規則が注記を求めていることを空文化する（そし
て、すでにみたように、少なくとも会社法上は、このような開示は投資判断の
材料を与えるためのみに求められているわけではない）解釈であって適当では
なかろう。たしかに、財務諸表作成会社の売上高や当期純損益などの額に照ら
して、金額的に重要性が高いといえなければ、「重要な事項につき」虚偽の記
載があるとは評価できないのではないかという見方もないわけでない。しかし、
「重要な事項」という文言に着目するならば、量的（金額的）な重要性と質的
な重要性の両方を含むと解するのが自然である。また、類型的に（質的に）重
要な記載事項はありうると思われ、「重要な事項」（圏点―引用者）と規定され
ていることに照らすならば、類型的に質的に「重要な事項」とされるものがあ
りえそうである（非財務情報虚偽記載に係る東京高判平成21・2・26民集65巻
6号2662頁参照）。そして、特定の事項の記載を省令・府令が要求しているのは、

そのような事項を「重要な事項」であるとみなしているからであると理解できる。

21　このような注記がなされている場合に、監査人がどのような監査手続を実施し、無限定適正意見を表明しているのか、門外漢である著者にとっては興味がそそられるところである。

22　伊藤功樹「関連当事者・後発事象・経営者確認書・比較情報」企業会計64巻9号（2012）99頁参照

23　なお、監査基準委員会報告書550では、「関連当事者に関する開示を、適用される財務報告の枠組みにおいて要求される事項に照らして評価する際に、当該開示が容易に理解できるように、企業の関連当事者との関係及び関連当事者との取引に関する事実と状況が適切に記載されているかを検討する。」とされている（A46項）。

10 監査調書

1 | 監査の基準と監査調書

　企業会計審議会「監査基準の改訂に関する意見書」（2002年1月25日）による廃止前（1998年6月16日改訂後）『監査実施準則』の八は、「監査人は、監査の実施とその管理を行うため及び次期以降の監査の合理的な実施を図るための資料として監査調書を作成しなければならない。監査調書は、また、監査人が職業的専門家としての正当な注意をもって監査を実施し、監査報告書を作成したことを立証するための資料となる。したがって、監査調書は、完全性、秩序性、明瞭性その他の諸要件を具備しなければならない。

　監査人は、監査終了後も相当の期間監査調書を整理保存し、依頼人の許可なくして、その全部又は一部を他人に示してはならない。」と定めていた。

　他方、現在の『監査基準』には、監査調書の作成及び保存を求める明文の規定はないが[1]、監査基準委員会報告書230「監査調書」（2011年12月22日、最終改正：2021年1月14日）では、「監査調書」とは、実施した監査手続、入手した関連する監査証拠及び監査人が到達した結論の記録をいうとされている（5項(1)）。そして、監査基準委員会報告書230の要求事項及び他の監査基準委員会報告書の文書化に関する特定の要求事項を満たす監査調書は、監査人の総括的な目的の達成に関する監査人の結論についての基礎となる証拠のみならず、「一般に公正妥当と認められる監査の基準及び適用される法令等に準拠して監査計画を策定し監査を実施したという証拠」を提供すると指

摘されている（2項(2)）。ここでは、経験豊富な監査人が、以前に当該監査に関与していなくとも、一般に公正妥当と認められる監査の基準及び適用される法令等に準拠して実施した監査手続の種類、時期及び範囲、監査手続を実施した結果及び入手した監査証拠ならびに監査の過程で生じた重要な事項とその結論及びその際になされた職業的専門家としての重要な判断を理解できるように、監査調書は作成されることが想定されている（7項）²。監査調書には、たとえば監査手続書、分析表、監査上検討した事項の説明、重要な事項の要約、確認状や経営者確認書、チェックリスト、重要な事項に関するやりとりを示した文書（電子メールを含む。）が含まれるとされている（A3項）。

2 | 法的手続における監査調書の重要性

　金融商品取引法では、まず、有価証券届出書のうちに重要な事項について虚偽の記載があり、または記載すべき重要な事項もしくは誤解を生じさせないために必要な重要な事実の記載が欠けているときは、「当該有価証券届出書に係る第193条の2第1項に規定する監査証明において、当該監査証明に係る書類について記載が虚偽であり又は欠けているものを虚偽でなく又は欠けていないものとして証明した公認会計士又は監査法人」（21条1項3号）は、その「証明をしたことについて故意又は過失がなかつたこと」を証明したときを除き（21条2項2号）、有価証券届出書の当該記載が虚偽であり、または欠けていることを知らないで、当該有価証券を募集または売出しに応じて取得した者及び募集もしくは売出しによらないで取得した者または処分した者に対し、記載が虚偽であり、または欠けていることにより生じた損害を賠償する責めに任ずるとされている（21条1項・22条）。

　また、22条の規定は、有価証券報告書のうちに重要な事項について虚偽の記載があり、または記載すべき重要な事項もしくは誤解を生じさせないために必要な重要な事実の記載が欠けている場合について準用されており（24条

の４）[3]、「当該有価証券届出書に係る第193条の２第１項に規定する監査証明において、当該監査証明に係る書類について記載が虚偽であり又は欠けているものを虚偽でなく又は欠けていないものとして証明した公認会計士又は監査法人」（21条１項３号）は、その「証明をしたことについて故意又は過失がなかつたこと」を証明したときを除き（21条２項２号）、当該記載が虚偽であり、または欠けていることを知らないで、当該有価証券報告書の提出者が発行者である有価証券を取得した者に対し、記載が虚偽であり、または欠けていることにより生じた損害を賠償する責めに任ずる。

　他方、会社法では会計監査人が「会計監査報告に記載し、又は記録すべき重要な事項についての虚偽の記載又は記録をしたとき」（429条２項４号）は、「当該行為をすることについて注意を怠らなかったことを証明したとき」を除き、会計監査人は、これによって第三者に生じた損害を賠償する責任を負うとされている（429条２項）。また、会計監査人は、その任務を怠ったときは、株式会社に対し、これによって生じた損害を賠償する責任を負うとされている（423条１項）。

　ここで、裁判において、監査証明に係る書類について証明することについて「故意又は過失がなかつたこと」または、会計監査報告に記載し、もしくは記録することについて「注意を怠らなかったこと」を公認会計士または監査法人（以下「公認会計士等」という。）が証明するための証拠、会計監査人がその任務を怠ったことを被監査会社が証明するための証拠、または、会計監査人が任務懈怠について故意または過失がなかったことを証明するための証拠の中核を成すと考えられるのは監査調書である[4]。

　実際、山一證券の監査に係る責任の存否が争われた事件について、伊藤醇氏は、「当時はまだ「監査実施準則」がありましたので、「監査要点」に基づいてどういう手続を実施したか、全ての調書を出して、１枚ずつ説明をつけて提出しました。その結果、10年かかりましたオンブズマン訴訟で証拠として取り上げられた監査調書は、47件です。監査計画書は各事業年度のものは全て証拠として採用されております。この頃は全て手書きの監査調書です。各年度ごとに、当期はどういうことに留意して監査しなければならないかを

具体的に書いて監査を実施しました。そのほか、ここに書きましたような各項目、特に、山一證券が信託銀行に特金を設定したときの調書である社内の稟議書は社長まで決裁していました。どういう理由で特金を設定するか、1000億円を超す特金を設定したときの稟議書のコピーが調書として残っておりました。これは非常に役に立ちました。銀行の確認書であるとか、証券業部会が決めた陳述書、こういうものが全て証拠として採用されました。」と述べ、「監査責任に関しては、監査調書が充実しておれば立証するのは難しくないということです。監査調書はまさに強力な武器です。」と結論付けている[5]。

　裁判所は、「一般に公正妥当と認められる監査に関する基準及び慣行」に従って、監査が実施されたかという判断基準によっているところ（本書「1　裁判例における監査基準」参照）、監査調書以外に監査がどのように実施されたのかを具体的に裏付けるものは想定しにくいように思われる。したがって、原告にとっても被告（公認会計士等）にとっても、監査調書は、それに代わるものがほとんどない、重要な証拠となるのが通常である。公刊されている裁判例における事実認定から推測すると、監査調書自体の信頼性が争われることはほぼ皆無のようであり、かつ、裁判所も監査調書の証拠力は高いものと位置づけているようである。これは、通常、監査調書の改ざん（後日の加筆や追加を含む。）は行われない[6]、行われることを実効的に防止する体制が存在する[7]という暗黙の前提によっているものと思われる。

3 ｜ 監査調書と守秘義務

　監査人の守秘義務については、すでに、本書「3　監査人の守秘義務」で、検討を加えたが、守秘義務の問題は、監査調書との関係で鮮鋭に表われるように思われる。監査調書には、被監査会社から得た資料や情報が含まれるばかりではなく、確認先や、場合によると被監査会社の子会社や関連会社から得た資料や情報が含まれるからである。

　日本公認会計士協会は、①守秘義務の解除が法令等によって許容されており[8]、かつ、依頼人または雇用主から了解が得られている場合のみならず、②守秘義務の解除が法令等によって要求されている場合、及び、③守秘義務の解除が法令等によって禁止されておらず[9]、かつ、職業上の義務または権利がある場合には、業務上知り得た情報を他の者に開示することが許される「正当な理由」があると解しているようである[10]。そして、②には、a.訴訟手続の過程で文書を作成し、または証拠を提出するとき、法令等に基づく、質問、調査または検査に応じるとき、b.法令等に基づき、法令違反等事実の申出を行うとき[11]が、③には、訴訟手続において会員の職業上の利益を擁護するときなどが含まれるとする。

　監査人である公認会計士等が訴訟において被告または被告人となる場合に、自らが損害賠償責任を負わないことまたは無罪であることを主張立証するために、監査調書を証拠として提出することは、「訴訟手続において会員の職業上の利益を擁護する」ためであると位置づけられることになるのであろう。（監査業務上取り扱つたことについて知り得た秘密ないし情報を含む）監査調書を証拠として提出できなければ、公認会計士等が訴訟において十分に防御できないような場合にまで、そのような監査調書の提出を禁止する趣旨を公認会計士法や『監査基準』も含んではいないと考えられるからである[12]。

4 ｜ 監査調書と文書提出命令

　民事訴訟法220条1項は、当事者が訴訟において引用した文書を自ら所持するときには、文書の所持者は、その提出を拒むことができないと定めるから、公認会計士等が自らの主張において監査調書を引用した場合には、その提出を拒むことができないことは明らかである。他方、それ以外の場合に、監査調書については、監査契約において特段の定めをすれば、格別、被監査会社（ましてや被監査会社の株主や債権者・投資者）は公認会計士等に対し、その引渡しまたは閲覧を求めることができないし、監査調書が被監査会社（ま

してや被監査会社の株主や債権者・投資者）の利益のために作成され、また
は被監査会社（ましてや被監査会社の株主や債権者・投資者）と公認会計士
等との間の法律関係について作成されたとはいえないので、民事訴訟法220
条2項または3項には当たらないと考えられる。

　そうであるとすれば、公認会計士等が監査調書を引用しないときに、訴訟
の相手方が申し立て、文書提出命令が出されるのは、監査調書が民事訴訟法
220条4号イからニのいずれにも該当しないときであると考えられる。ロ（公
務員の職務上の秘密に関する文書でその提出により公共の利益を害し、又は
公務の遂行に著しい支障を生ずるおそれがあるもの）またはホ（刑事事件に
係る訴訟に関する書類若しくは少年の保護事件の記録又はこれらの事件にお
いて押収されている文書）には該当しないことは明らかであり、ほとんどの
場合には、イ（文書の所持者又は文書の所持者と［民事訴訟法―引用者］第
196条各号に掲げる関係を有する者についての同条に規定する事項が記載さ
れている文書）にも該当しないであろうから、文書提出が命じられない根拠
として想定できるのは、ハ（［民事訴訟法―引用者］第197条第1項第2号に
規定する事実又は同項第3号に規定する事項で、黙秘の義務が免除されてい
ないものが記載されている文書）またはニ（専ら文書の所持者の利用に供す
るための文書）である。

(1)　自己利用文書性（4号ニ）

　最決平成11・11・12民集53巻8号1787頁は、「ある文書が、その作成目的、
記載内容、これを現在の所持者が所持するに至るまでの経緯、その他の事情
から判断して、専ら内部の者の利用に供する目的で作成され、外部の者に開
示することが予定されていない文書であって、開示されると個人のプライバ
シーが侵害されたり個人ないし団体の自由な意思形成が阻害されたりするな
ど、開示によって所持者の側に看過し難い不利益が生ずるおそれがあると認
められる場合には、特段の事情がない限り、当該文書は民訴法220条4号ハ
所定の「専ら文書の所持者の利用に供するための文書」に当たる。」（圏点―
引用者）との一般論を示し、「銀行の貸出稟議書は、銀行内部において、融

資案件についての意思形成を円滑、適切に行うために作成される文書であって、法令によってその作成が義務付けられたものでもなく、融資の是非の審査に当たって作成されるという文書の性質上、忌たんのない評価や意見も記載されることが予定されているものである。したがって、貸出稟議書は、専ら銀行内部の利用に供する目的で作成され、外部に開示することが予定されていない文書であって、開示されると銀行内部における自由な意見の表明に支障を来し銀行の自由な意思形成が阻害されるおそれがあるものとして、特段の事情がない限り、「専ら文書の所持者の利用に供するための文書」に当たると解すべきである。」と判示した。

　監査調書が「専ら内部の者の利用に供する目的で作成され」ていることは明白であるが、公認会計士・監査審査会による審査・検査や日本公認会計士協会による品質管理レビューの対象となる。しかし、対象となる監査調書は、公認会計士等が作成する監査調書の一部、それもほんの一部にすぎないこと、及び、公認会計士・監査審査会や日本公認会計士協会以外の者に対する開示は想定されていないことからすれば、「外部の者に開示することが予定されていない文書」といってよいのではないかと考えられる[13]。また、稟議書とは異なり、監査証明府令により作成が義務付けられているということはできるが[14]、監査証明府令は金融商品取引法の下での監査証明にのみ適用されること、法律レベルで作成が義務付けられているわけではないことなどに鑑みると、監査証明府令6条の規定のみを根拠に、監査調書は4号ハに該当しないといい切ってしまってよいのかという点は気になる。もっとも、裁判例は、220条4号ハに該当しないされる「特段の事情」を比較的広く認める傾向がある。たとえば、最決平成13・12・7民集55巻7号1411頁は、A（清算中の金融機関）から営業を譲り受けたYは「法律の規定に基づいてAの貸し付けた債権等の回収に当たっているものであって、本件文書（Aがかつて行った融資取引に係る稟議書―引用者）の提出を命じられることにより、Yにおいて、自由な意見の表明に支障を来しその自由な意思形成が阻害されるおそれがあるものとは考えられない。」として、最決平成18・2・17民集60巻2号496頁は、銀行の社内通達文書につき、「Yの内部の意思が形成される過程

で作成される文書ではなく、その開示により直ちにYの自由な意思形成が阻害される性質のものではない。さらに、本件各文書は、個人のプライバシーに関する情報やYの営業秘密に関する事項が記載されているものでもない。そうすると、本件各文書が開示されることにより個人のプライバシーが侵害されたりYの自由な意思形成が阻害されたりするなど、開示によってYに看過し難い不利益が生ずるおそれがあるということはできない。」として、それぞれ「特段の事情」を認め、文書提出を命じている。このような判例の流れからは、監査調書についても、「特段の事情」が認められる可能性は十分にあるが[15]、監査調書は、監査法人の「内部の意思が形成される過程で作成される文書」であるという点は見過ごせない。

(2) 「職業の秘密」性（4号ハ）

「第197条第1項第2号に規定する事実又は同項第3号に規定する事項」に該当するかという点につき、民事訴訟法197条1項2号には公認会計士は列挙されていないため（本書「3　監査人の守秘義務」参照）、監査調書についての文書提出命令が適法かどうかが争われた、唯一の公刊物掲載裁判例[16]の事案では、もっぱら、監査調書は民事訴訟法197条1項3号に規定する事項を含む文書に当たるのかが争われた。

民事訴訟法197条1項3号が「職業上の秘密を理由に証言の拒絶を認めたのは、証人が技術又は職業の秘密を公開することにより、その者又は第三者が有する技術の価値が損なわれて職業の維持遂行が危うくなることを防ぎ、技術又は職業を保護することを目的としたものである。」と解されている（本書「3　監査人の守秘義務」参照）。監査調書との関係では、「個人のプライバシーや社会的経済的信用に関する情報が豊富に含まれた監査調書が強制的に開示させられることにより、監査人が行う監査情報の秘匿管理に関する社会的信頼が損なわれ、今後の監査業務の遂行に対する被監査企業やその取引関係者等の協力が得られにくくなり、ひいては適正な監査業務の維持遂行が危うくなることにある。自己についての情報が裁判を通じて公表される危険があれば、おのずと監査人に対する情報の提供を躊躇することが生じるのは

容易に予想される。このような事態を未然に防ぎ、監査人の職業を保護しようとするのが民訴法197条1項3号の趣旨である。」[17]。これに対して、大阪高決平成12・1・17は、「Ｙらは基本事件で虚偽の監査報告を行ったとしてその責任を問われているのであり、原審裁判所は、右報告内容が虚偽か否かを解明するため必要であると判断して、本件文書提出命令を発しているのである。このような事件の性格に照らすと、本件文書提出命令を認めることによって、監査人の行う監査業務一般に支障が生じるとは考え難い。むしろ、Ｙらは自己が行った監査業務の内容に疑義が出されている以上、その内容について積極的に説明すべきであるから」[18]、「関係者に対するプライバシー侵害の程度も大きいとはいえない以上」[19]、「職業の秘密を楯に基礎資料の提出拒否を認めることは許されない。」と判示した[20]。

5 | 監査調書と犯罪捜査等

　裁判所は、必要があるときは、証拠物と思料するものを、検察官、検察事務官または司法警察職員は、犯罪の捜査をするについて必要があるときは、裁判官の発する令状により、その令状で特定された物を、それぞれ、差押えまたは記録命令付差押え（電磁的記録を保管する者その他電磁的記録を利用する権限を有する者に命じて必要な電磁的記録を記録媒体に記録させ、または印刷させた上、当該記録媒体を差し押さえること。）をすることができる（刑事訴訟法99条1項・99条の2・218条1項）。そして、押収を拒むことができる者も限定列挙されている（刑事訴訟法105条・222条1項）と解されるから[21]、列挙されていない公認会計士は押収を拒むことができない[22]。したがって、監査調書の押収は、守秘義務との関係での正当な理由に当たる（『倫理規則』6条8項②）。

　もっとも、『倫理規則』6条8項の②は「法令等に基づく、質問、調査又は検査」を例示するが、強制的なもの（強制処分）[23]と任意のもの（任意処分）とを分けて考える必要があるのではないかと思われ、後者の場合を「守秘義

務の解除が法令等によって要求されている場合」に分類することには疑義が
ある。裁判所、検察官、検察事務官または司法警察職員は、所有者、所持者
または保管者が任意に提出した物を領置することができるとされ（刑事訴訟
法101条、221条）、これも法令等に基づくが、任意のものである以上、法令
等の規定により要求されていない場合の規制当局等に対する報告（本書「3
　監査人の守秘義務」参照）とパラレルに考えることが首尾一貫する。した
がって、任意に監査調書を捜査機関に提出する場合には、守秘義務に違反す
ることにならないかどうかを慎重に検討する必要がある。

6 ｜ 監査調書と伝聞法則

　裁判所における裁判の場（公判廷）における［証人などによる］供述の代
わりに、（供述を記録した）書面を証拠とする場合、または、「公判廷外にお
ける他の者の供述」を内容とする供述[24]を証拠とする場合であって、当該「公
判廷外における他の者の供述」の内容の真実性が問題となる証拠を伝聞証拠
という。供述証拠は、知覚・記憶・表現・叙述の過程を経て裁判の場に持ち
出されるが、見間違い、記憶違い、言い間違いのリスクがあるのみならず、
証人などがうそをつくことすらあるため、訴訟の相手方などによる（反対）
尋問によってただすことによって、裁判において証拠として用いることがで
きる程度にそれらのリスクを低減させる必要があり得る。ところが、供述が
伝聞証拠という形で裁判所に持ち出され提示されると、相手方（刑事裁判で
あれば、被告人、弁護人、検察官）が（反対）尋問をすることはできない。
書面に対する反対尋問はあり得ないし、また聞きの場合には、もともとの供
述者（たとえば目撃者）の見間違い、記憶違い、言い間違いを（反対）尋問
によってただすことはできない。そこで、伝聞証拠を証拠とすると事実認定
に誤りを生じる可能性は類型的に高いと考えられることから、原則として、
伝聞証拠の証拠能力を否定し、これを証拠として用いることができないとい
う伝聞法則ないし伝聞証拠禁止の原則を刑事訴訟では採用している。すなわ

ち、「第321条乃至第328条に規定する場合を除いては、公判期日における供
述に代えて書面を証拠とし、又は公判期日外における他の者の供述を内容と
する供述を証拠とすることはできない。」（刑事訴訟法320条１項）とされて
いる。

　とはいえ、伝聞証拠をいかなる場合にも証拠として用いることができない
ものとすると、刑事裁判における真実の発見に困難を生じることが予想され
るため、刑事訴訟法321条から328条までの規定が、例外的に伝聞証拠を証拠
として用いることができる場合を定めている。そして、同法323条は、320条
から322条までに掲げる書面以外の書面は、①戸籍謄本、公正証書謄本その
他公務員（外国の公務員を含む。）がその職務上証明することができる事実
についてその公務員の作成した書面（１号）、②商業帳簿、航海日誌その他
業務の通常の過程において作成された書面（２号）、及び、③①②の外特に
信用すべき情況の下に作成された書面（３号）に限り、これを証拠とするこ
とができるとしている。監査調書は、このうち、「業務の通常の過程におい
て作成された書面」（２号）に当たると考えられる。すなわち、２号書面に
ついて証拠能力が認められている根拠は、「この種の書面は、一般に業務遂
行の基礎となるものとして、規則的機械的かつ連続的に作成されるものであ
るので、虚偽の介入するおそれが少なく正確に記載されているものと考えら
れ信用性の情況的保障があるとともに、作成者を喚問して供述させるよりも
書面を提出させた方が、むしろ正確性が高い」ことに求められているが[25]、
監査調書はこのような特性を有するものと考えられる。「業務の通常の過程
において作成された書面」とは、ある程度永続性をもつ業務の遂行過程でそ
の業務執行の基礎として継続的に作成される書面をいうため[26]、継続性が認
められるかどうかが問題となり得るが、医師の作成するカルテが２号書面に
当たることに異論はないようであり、また、監査調書は、同一の被監査会社
の監査を継続する限り、永久調書の部分を含んでいることからすれば、継続
的に作成される文書であるといって差し支えないであろう。なお、電子調書
の形をとっている場合には、コンピュータの記憶装置自体または記憶装置か
ら機械的に出力・印字された書面が２号書面に当たると解される[27]。

〈注〉

1　もっとも、監査証明府令6条は、「公認会計士又は監査法人は、監査等の終了後遅滞なく、当該監査等に係る記録又は資料を当該監査等に係る監査調書として整理し、これをその事務所に備えておかなければならない。」としている。

2　監査基準委員会研究報告第1号「監査ツール」（2012年6月19日、最終改正：2020年7月15日）参照。

3　22条の規定は、内部統制報告書についても24条の4の6で、四半期報告書についても24条の4の7第4項で、半期報告書についても24条の5第5項で、それぞれ準用されている。

4　監査調書のこのような位置づけを背景に、「ある大手監査法人では「ノーペーパー、ノーワーク」といわれている。この前も言いましたけれども、「とにかく紙にしろ。紙にしておかないと仕事とはいえない」ということで、紙（監査調書）をつくることが自己目的化している。すなわち形式的な網羅性ということで、……膨大な時間がアリバイとしての紙をつくることに費やされている。」、「「調書に記載することを考えて、選択しながら書きなさい」というような指導も一部ではなされていると聞いています。まずいことは書くなと。なぜならば、後になって裁判になったときに証拠になるかもしれないからというようなですね。」（監査法人のガバナンス・コードに関する有識者検討会（第2回）（平成28年9月12日）議事録〈https://www.fsa.go.jp/singi/governance_code/gijiroku/20160912.html〉［國廣　正発言]）、「経緯的に、監査項目を網羅的にチェックし、万全な監査調書を用意すること、それを遺漏なくやることが高品質な監査というようになっているのではないかと感じております。」（同［石原秀威発言]）という指摘もなされている。

5　伊藤　醇「不正な財務報告と財務諸表監査——山一監査責任を巡る10年を振り返って」R.I.B.A. ACADEMIC FORUM 24号（2016）55頁、56頁。また、伊藤　醇『命燃やして』（東洋出版、2010）112-113頁も参照。

6　たとえば、アメリカにおいては、PCAOBの監査基準第3号「文書化」が、公開企業の監査につき、監査調書の編集、削除が許されるのは、監査報告書発行日から45日以内に限定している（15項）。また、アメリカ公認会計士協会の監査基準（AU-C Section 230　Audit Documentation）の16項では60日以内とされており、ニューヨーク州では非公開企業も45日以内（8 CRR-NY 29.10 (a)(1)(iii)(b)）、カリフォルニア州では非公開企業は60日以内（16 CCR § 68.4(a)(19)）とされている。その期間が経過するまでに、監査調書は「だれにも触れられない状況で保管される」状態にされなければならない。なお、日本で

も、監査基準委員会報告書230では「監査ファイルの最終的な整理を完了する期限は、通常、監査報告書日から60日程度を超えないものとされている（品基報第 1 号 A49項参照）。」と指摘されているが（A21）、監査の基準の本体で要求されているわけではない。

　もっとも、監査調書に事実に反する記載がなされることがないわけではない。たとえば、ある監査法人に対して金融庁が発した業務改善命令（業務管理体制の改善）〈https://www.fsa.go.jp/news/r1/sonota/20191025.html#01〉では「監査報告書日後に実施した手続を監査報告書日前に実施したように監査調書に記載している事例」が認められたと指摘されていた。

7　すでに、少なからぬ監査法人で導入されている監査調書の電子化は、監査調書の履歴を明らかにし、基準日後の監査調書の内容の変更がないことを確保するという点で意義を有するといわれている。たとえば、八田進二教授は、「ITを導入するか、いまだにハンドライティングでやっているかによって、……監査調書の内容をトレースする状況が違ってきます。つまり、手書きですと、後で、……CPAOBから検査が来る前に少し書き足したり、あるいは修正することが可能ではないかなんていうことをまことしやかに考えている人もいるようです。ところが、これ、IT化になってちゃんと痕跡が残るようにやるならば、監査上の信頼性も高まるし、それから検査における信頼性も高まってくる。」（監査法人のガバナンス・コードに関する有識者検討会（第 2 回）（平成28年 9 月12日）議事録）と指摘している。もっとも、電子監査調書に手を加えると履歴が残るため紙の調書を改変するという可能性はある（平成26年（ワ）第25253号［和解により訴訟終結］）における原告提出書面）。

8　『倫理規則』 6 条 8 項も、国際会計士倫理基準審議会（IESBA）倫理規程に沿ったものであり、仕方がないのかもしれないが、「守秘義務の解除が法令等によって許容されて」いる場合とは明文の規定で認められている場合をいうのだとすれば、そのような規定は現実には設けられていないのではないか、少なくともそのような規定が設けられることはまれなのではないか（明文の規定を設けるとすれば、それは守秘義務の解除を要求する規定か、解除を禁止する規定のいずれかなのではないか）という点は気になる。

9　IESBA倫理規程に沿ったものであり、仕方がないのかもしれないが、「守秘義務の解除が法令等によって禁止されて」いない場合とされていても、わが国では守秘義務の解除を禁止する法令等の規定は存在しないのではないかという点は気になる。

10　『倫理規則』 6 条 8 項参照

11　金融商品取引法は、公認会計士または監査法人が、監査証明を行うに当たって、特定発行者における法令に違反する事実その他の財務計算に関する書類の適正性の確保に影響を及ぼすおそれがある事実（法令違反等事実）を発見し、当該事実の内容及び当該事実に係る法令違反の是正その他の適切な措置をとるべき旨を、遅滞なく、当該特定発行者に書面で通知したにもかかわらず、一定の期間経過日後なお、当該法令違反等事実が、当該特定発行者の財務計算に関する書類の適正性の確保に重大な影響を及ぼすおそれがあり、通知を受けた特定発行者が適切な措置をとらないと認める場合であって、かつ、当該特定発行者の財務計算に関する書類の適正性の確保に対する当該法令違反等事実の重大な影響を防止するために必要があると認めるときは、当該事項に関する意見を内閣総理大臣に申し出なければならないと定めている（193条の3）。

12　たとえば、ドイツの弁護士職業規則2条3項は、「弁護士が自らの事件において防御のためなど、正当な利益擁護のために必要な場合」（c号）には守秘義務違反に当たらないと規定している。

13　このレベルで、「外部の者に開示することが予定されていない文書」該当性を否定するのであれば、金融機関の貸出稟議書は金融庁による検査や日本銀行による考査の対象となる可能性があるから、やはり該当性が否定されることになりそうであるが（稲田博志〈判批〉金融・商事判例1311号（2009）46頁参照）、最高裁は、金融機関の貸出稟議書につき「外部の者に開示することが予定されていない文書」該当性を認めている。

14　最決平成11・11・12につき、文書の記載内容や作成経緯の判断については、法令上の作成義務があるかどうかも含むと思われると指摘されている（小野憲一〈判解〉『最高裁判所判例解説　民事篇　平成11年度下』（法曹会、2002）783頁、長屋文裕〈判解〉『最高裁判所判例解説　民事篇　平成17年度下』（法曹会、2008）849頁（注17））。

15　自己利用文書性について判断をしたものではないが、大阪地決平成11・7・23判時1715号42頁は、監査調書に含まれる「本件債務文書」については、一部の「債務者の氏名、会社名、住所、職業、電話番号及びファックス番号を開示しない態様で、右部分を開示することにより、秘密保護の要請と証拠として使用することの必要とを調和的に充足することができる。」として、文書提出命令を発し、抗告審である大阪高決平成12・1・17判時1715号39頁及び最決平成13・2・22判時1742号89頁もこの判断を是認した。

16　前掲大阪地決平成11・7・23、大阪高決平成12・1・17及び最決平成13・2・22。なお、この事件では、相手方は「朝日監査法人・三興監査法人が平成

　4年3月31日期から平成8年3月31日期までに行った、日本住宅金融株式会社に対する会計監査及び中間監査に際して作成した、財務諸表の監査証明に関する省令6条に基づく監査調書」の文書提出命令を求めたため、命令の目的となる文書の特定として不十分なのではないかという点が問題とされたが、最決平成13・2・22は、監査証明府令6条が、監査等に係る記録または資料を当該監査等に係る監査調書として整理し、これをその事務所に備え置くことを公認会計士等に対して求めていることに着目し、「特定の会計監査に関する監査調書との記載をもって提出を求める文書の表示及び趣旨の記載に欠けるところはない。」との判断を示した。

17　抗告審（大阪高決平成12・1・17）における河本一郎博士及び三浦州夫弁護士の主張（抗告人［監査法人］の訴訟代理人）。

18　この判決にいう基本事件については、和解で終結したと報じられた（日本経済新聞平成14年6月28日夕刊18面）。

19　監査調書に含まれる本件債務文書に記載のある特定の債務者については、「本件訴訟という限られた場面で、その内訳や詳細が明らかになったからといって、これによってもたらされる不利益は必ずしも大きいとは考えられない。また、これらの者以外との関係ではプライバシー保護の観点から提出の仕方に相応の配慮が施されており、しかも、明らかになるのも、Ａとの取引関係での債務額に限定されるから、本件提出命令による関係者のプライバシー侵害の程度は必ずしも大きいとはいえず、この程度の不利益は適正な裁判実現のために甘受されるべきものである。」とも判示した。

　もっとも、本件債務文書には、監査法人の判断等が記載されているわけではなく、客観的なデータであり、記載されている債務者のプライバシーの保護及びＡの利益への配慮は十分であると解されたという特殊性がある。なお、最決平成20・11・25民集62巻10号2507頁は、「民訴法220条4号ハにおいて引用される同法197条1項3号にいう「職業の秘密」とは、その事項が公開されると、当該職業に深刻な影響を与え以後その遂行が困難になるものをいうが（最高裁平成……12年3月10日第一小法廷決定・民集54巻3号1073頁参照）、顧客が開示義務を負う顧客情報については、金融機関は、訴訟手続上、顧客に対し守秘義務を負うことを理由としてその開示を拒絶することはできず、同情報は、金融機関がこれにつき職業の秘密として保護に値する独自の利益を有する場合は別として、職業の秘密として保護されるものではないというべきである。本件非公開財務情報は、Ａの財務情報であるから、Ｙがこれを秘匿する独自の利益を有するものとはいえない。そこで、本件非公開財務情報についてＡが本案訴

訟の受訴裁判所からその開示を求められた場合にこれを拒絶できるかをみると、Ａは民事再生手続開始決定を受けているところ、本件非公開財務情報は同決定以前のＡの信用状態を対象とする情報にすぎないから、これが開示されても同社の受ける不利益は通常は軽微なものと考えられること、相手方らはＡの再生債権者であって、民事再生手続の中で本件非公開財務情報に接することも可能であることなどに照らせば、本件非公開財務情報は、それが開示されても、Ａの業務に深刻な影響を与え以後その遂行が困難になるとはいえないから、職業の秘密には当たらないというべきである。したがって、Ａは、民訴法220条4号ハに基づいて本件非公開財務情報部分の提出を拒絶することはできない。また、本件非公開財務情報部分は、少なくともＹ等の金融機関に提出することを想定して作成されたものと解されるので、専ら内部の者の利用に供する目的で作成され、外部の者に開示することが予定されていない文書とはいえないから、Ａは民訴法220条4号ニに基づいて同部分の提出を拒絶することもできず、他に同社が同部分の提出を拒絶できるような事情もうかがわれない。そうすると、本件非公開財務情報は、Ｙの職業の秘密として保護されるべき情報に当たらないというべきであり、Ｙは、本件非公開財務情報部分の提出を拒絶することはできない。」（圏点―引用者）と判示している。

20　最決平成13・2・22は、具体的な理由を示すことなく、「本件監査調書のうちその提出を命じた部分が民訴法220条4号ロ（ママ）所定の文書に当たらないとした原審の判断は、正当として是認することができる。」として、この判断を是認した。

21　滝川幸辰ほか『刑事訴訟法』（日本評論社、1950）140頁、藤永幸治「105条」伊藤栄樹ほか（編集代表）『新版注釈刑事訴訟法2巻』（立花書房、1997）172頁、渡辺咲子「105条」河上和雄ほか（編）『大コンメンタール刑事訴訟法［第2版］第2巻』（青林書院、2010）328頁など。ただし、鴨　良弼『刑事証拠法』（日本評論新社、1962）122頁、沼尻芳孝「業務上の秘密と押収」熊谷　弘ほか（編）『捜査法大系 III』（日本評論社、1972）148頁は反対。

22　電子調書の場合には、裁判所や捜査機関は、記録命令付差押えによることができるほか、差し押さえるべき物が電子計算機であるときは、当該電子計算機に電気通信回線で接続している記録媒体であって、当該電子計算機で作成もしくは変更をした電磁的記録または当該電子計算機で変更もしくは消去をすることができることとされている電磁的記録を保管するために使用されていると認めるに足りる状況にあるものから、その電磁的記録を当該電子計算機または他の記録媒体に複写した上、当該電子計算機または当該他の記録媒体を差し押さ

えることもできる（刑事訴訟法99条2項・218条2項）。また、差し押さえるべき物が電磁的記録に係る記録媒体であるときは、差押状の執行をする者は、その差押えに代えて、差し押さえるべき記録媒体に記録された電磁的記録を他の記録媒体に複写し、印刷し、もしくは移転した上、当該他の記録媒体を差し押さえること、または、差押えを受ける者に差し押さえるべき記録媒体に記録された電磁的記録を他の記録媒体に複写させ、印刷させ、もしくは移転させた上、当該他の記録媒体を差し押さえることができる（刑事訴訟法110条の2・222条1項）。

23 金融商品取引法193条の2第6項や公認会計士法49条の3第1項・49条の3の2第1項が定める内閣総理大臣による報告・資料提出命令はこれに当たる。

24 目撃者がこのように言っているのを私は聞きましたと別の者が裁判の場で述べるような場合。

25 岡部信也＝中村博之「323条」河上和雄ほか（編）『大コンメンタール刑事訴訟法［第2版］』（青林書院、2012）683頁

26 小野清一郎ほか『刑事訴訟法［新版］下』（有斐閣、1986）909頁、松本時夫ほか『条解刑事訴訟法［第4版増補版］』（弘文堂、2016）882頁

27 松本ほか・前掲注(26)882頁、岡部＝中村・前掲注(25)683頁。なお、文脈は異なるが、最判平成14・1・22刑集56巻1号1頁は、旧破産法（大正11年4月25日法律第71号）374条3号にいう「商業帳簿」には、可視性、可読性が確保されている電磁的記録が含まれるとの解釈を示した。石井徹哉「法律面から見たデジタル証拠の扱われ方」COMPUTER & NETWORK LAN 23巻3号（2005）34頁も参照

11

継続企業の前提

1 | 2018年『監査基準』改訂

　2002年改訂により、企業が将来にわたって事業活動を継続するとの前提（継続企業の前提）を検討することが監査人に求められることが『監査基準』に規定され、2009年改訂を経て、2018年改訂後『監査基準』では、監査人は、継続企業の前提に関する事項を監査報告書に記載するに当たっては、別に区分を設けて、意見の表明とは明確に区別しなければならないとされた（第四、二、2(1)）[1]。また、無限定適正意見を表明する監査報告書には、「経営者には、……継続企業の前提に関する評価を行い必要な開示を行う責任があること」（第四、三、(3)）[2]、監査人の責任には「継続企業の前提に関する経営者の評価を検討すること」が含まれること（第四、三、(4)）[3]を、それぞれ、記載するものとされた[4]。

　そして、2019年2月27日改正後監査基準委員会報告書700「財務諸表に対する意見の形成と監査報告」では、監査報告書の「財務諸表に対する経営者並びに監査役及び監査役会の責任」という名称を付した区分では、経営者の責任として、「経営者は、継続企業を前提として財務諸表を作成することが適切であるかどうかを評価し、財務報告の枠組みに基づいて継続企業に関する事項を開示する必要がある場合は当該事項を開示する責任を有する旨」を記載しなければならないとされた（31項(2)）。また、「財務諸表監査における監査人の責任」区分には、

> ・経営者が継続企業を前提として財務諸表を作成することが適切である
> かどうか、また、入手した監査証拠に基づき、継続企業の前提に重要
> な疑義を生じさせるような事象又は状況に関して重要な不確実性が認
> められるかどうか結論付けること
> ・継続企業の前提に関する重要な不確実性が認められる場合は、監査報
> 告書において財務諸表の注記事項に注意を喚起すること、又は重要な
> 不確実性に関する財務諸表の注記事項が適切でない場合は、財務諸表
> に対して除外事項付意見を表明すること
> ・監査人の結論は、監査報告書日までに入手した監査証拠に基づいてい
> るが、将来の事象や状況により、企業は継続企業として存続できなく
> なる可能性があること

を記載しなければならないとされた（36項(2)④）。

　そもそも、継続企業の前提は企業会計の公準の１つであり、通常、継続企業の前提に基づいて、会社は計算関係書類、財務諸表・連結財務諸表などを作成するのであるから[5]、本来、被監査会社の経営者または監査人は、そのような責務（任務）を負っていたはずであり、このような記載事項が追加されることによって、それらの者の責務（任務）が追加されるわけではない。もっとも、このような記載が監査報告書になされることによって、継続企業の前提の評価に係る任務懈怠・善管注意義務違反があったとして、被監査会社の経営者や監査人の損害賠償責任を追及する余地があることに利害関係者が気づくということは事実上ありうることである。

　なお、「監査人は、継続企業を前提として財務諸表を作成することが適切であるが、継続企業の前提に関する重要な不確実性が認められる場合において、継続企業の前提に関する事項が財務諸表に適切に記載されていると判断して無限定適正意見を表明するときには、継続企業の前提に関する事項について監査報告書に記載しなければならない。」とされている（『監査基準』第四、六、１）。2018年『監査基準』改訂・2018年監査証明府令改正前には、

追記情報と位置づけられており[6]、一般論として、追記情報の不適切な記載または不記載がどのように法的には評価されるかが問題となりえた。また、2018年改訂により、そのような継続企業の前提に関する事項は別に区分を設けて、意見の表明とは明確に区別して記載することとされたことが、監査人の責任に何らかの影響を及ぼさないのかという問題も想定できる。

　まず、金融商品取引法の下では、監査人は、財務書類の記載が虚偽でありまたは欠けているものを、故意または過失により、虚偽でなくまたは欠けていないものとして証明した場合に投資者に対して損害賠償責任を負うものとされている（金融商品取引法21条1項2項、22条、24条の4、24条の4の7第4項、24条の5第5項）。『監査基準』では、「継続企業の前提に関する事項」は、無限定適正意見を表明するときに記載が求められるとされているのであるが、無限定適正意見を表明したことに問題がないときには、「財務書類の記載が虚偽でありまたは欠けている」ということは想定できない[7]。したがって、継続企業の前提に関する事項を記載すべきときに記載せず、または不適切な記載をしたこと自体は、——追記情報と位置づけられても、別の区分を設けて記載しても——投資者に対する金融商品取引法に基づく損害賠償責任の原因とはならないというのが形式論的解釈からは自然である[8]。

　他方、会社法の下では、会計監査人は、注意を怠らなかったことを証明したときを除き、会計監査報告に記載しまたは記録すべき重要な事項について虚偽の記載または記録をしたことにつき、それによって損害を被った第三者に対して損害賠償責任を負うこととされているが（会社法429条2項4号）、会社計算規則において、「継続企業の前提に関する注記に係る事項」は、「会計監査報告に記載しまたは記録すべき重要な事項」にあたる（会社計算規則126条1項4号）。そして、会社法の下では、計算関係書類の記載が虚偽でありまたは欠けていることではなく、会計監査報告の記載が虚偽かどうか（会社法の解釈としては「虚偽の記載又は記録」には不記載が含まれると解されている[9]。）に着目することとされているから、継続企業の前提に関する事項を記載すべきときに記載せず、または不適切な記載をしたことは会社法429条2項の責任の原因となりうる。かりに、429条2項に基づいて責任を負

わないと解することができるとしても、不記載または不適切な記載をした場合には任務懈怠があったと評価され、悪意または重大な過失によるときは、会社法429条１項に基づき、第三者に対して損害賠償責任を負うと考えられることになろう。

2 「継続企業の前提に関する重要な不確実性が認められる場合」

『監査基準』第四、六は、以下のように定めている。

1　監査人は、継続企業を前提として財務諸表を作成することが適切であるが、継続企業の前提に関する重要な不確実性が認められる場合において、継続企業の前提に関する事項が財務諸表に適切に記載されていると判断して無限定適正意見を表明するときには、継続企業の前提に関する事項について監査報告書に記載しなければならない。

2　監査人は、継続企業を前提として財務諸表を作成することが適切であるが、継続企業の前提に関する重要な不確実性が認められる場合において、継続企業の前提に関する事項が財務諸表に適切に記載されていないと判断したときには、当該不適切な記載についての除外事項を付した限定付適正意見を表明するか、又は、財務諸表が不適正である旨の意見を表明し、その理由を記載しなければならない。

3　監査人は、継続企業の前提に重要な疑義を生じさせるような事象又は状況に関して経営者が評価及び対応策を示さないときには、継続企業の前提に関する重要な不確実性が認められるか否かを確かめる十分かつ適切な監査証拠を入手できないことがあるため、重要な監査手続を実施できなかった場合に準じて意見の表明の適否を判断しなければならない。

4　（略）

また、監査基準委員会報告書570は、監査人は、その状況において継続企業を前提として財務諸表を作成することが適切であるが、重要な不確実性が認められると結論づける場合には、(1)継続企業の前提に重要な疑義を生じさせるような事象または状況、及び当該事象または状況に対する経営者の対応策について、財務諸表における注記[10]が適切であるかどうか、及び、(2)通常の事業活動において資産を回収し負債を返済することができない可能性があり、継続企業の前提に重要な疑義を生じさせるような事象または状況に関する重要な不確実性が認められることについて、財務諸表に明瞭に注記[11]されているかどうかについて判断しなければならない（18項）としている。

継続企業の前提に関する監査上の取扱い

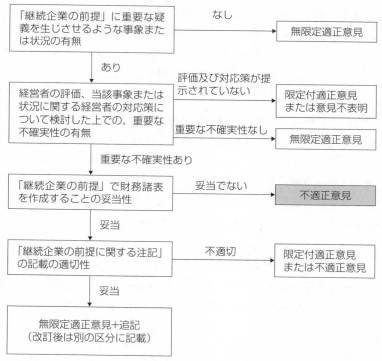

企業会計審議会第19回監査部会（2009年3月24日）資料３－４[12]の３頁の図を一部修正

そこで、「継続企業の前提に関する重要な不確実性が認められる場合」とはどのような場合なのかが問題となる。財務諸表等規則ガイドラインは、財務諸表等規則8条の27に規定する継続企業の前提に重要な疑義を生じさせるような事象又は状況とは、「監査基準にいう継続企業の前提に重要な疑義を生じさせるような事象又は状況をいうものとし、債務超過、売上高の著しい減少、継続的な営業損失の発生、継続的な営業キャッシュ・フローのマイナス、重要な債務の不履行、重要な債務の返済の困難性、新たな資金調達が困難な状況、取引先からの与信の拒絶、事業活動の継続に不可欠な重要な資産の毀損又は喪失若しくは権利の失効、重要な市場又は取引先の喪失、巨額の損害賠償の履行、法令等に基づく事業活動の制約等が含まれることに留意する。なお、これらの事象又は状況が複合して、継続企業の前提に重要な疑義を生じさせるような事象又は状況となる場合もあることに留意する。」（8の27−2）としている[13]。

そして、継続企業に重要な疑義を生じさせるような事象または状況は存在するが、それに対して経営者から提示された対応策が講じられることによって当該事象または状況が解消または著しく改善されることがほぼ確実である場合には重要な不確実性はないものとして、無限定適正意見を表明できる一方、経営者から提示された対応策がかりに実施されたとしても、企業の存続可能性（継続企業）に重要な疑義を生じさせるような事象または状況が解消または著しく改善されるかどうかが不明な場合には重要な不確実性が認められることになる。

なお、監査人は、継続企業の前提に重要な疑義を生じさせるような事象又は状況を識別した場合、追加的な監査手続（当該事象又は状況を解消する、又は改善する要因の検討を含む。）を実施することにより、継続企業の前提に関する重要な不確実性が認められるかどうか判断するための十分かつ適切な監査証拠を入手しなければならないが、これらの追加的な監査手続には、継続企業の前提に関する経営者の評価が未了の場合には、評価の実施を経営者に求めることを含めなければならない（「監査基準委員会報告書570」15項）。これを前提として、監査人が経営者に評価の実施または評価期間の延長を求

めたにもかかわらず（「監査基準委員会報告書570」23項）、「経営者がこれを行わないときに、監査人は、監査報告書において限定意見の表明又は意見不表明とすることが適切な場合がある。これは、経営者が進めている対応策又は改善するその他の要因の存在についての監査証拠等、継続企業を前提として財務諸表を作成することに関する十分かつ適切な監査証拠を入手することができないためである。」とされている（「監査基準委員会報告書570」A34項）[14]。

3 | 継続企業を前提として財務諸表を作成することが適切であるかどうかに関する基準の不存在

『監査基準』は、「監査人は、継続企業を前提として財務諸表を作成することが適切でない場合には、継続企業を前提とした財務諸表については不適正である旨の意見を表明し、その理由を記載しなければならない。」（第四、六、4）と定めている[15]。しかし、継続企業を前提として財務諸表を作成することが適切でない場合とはどのような場合であるのか（また、継続企業を前提として財務諸表を作成することが適切でない場合に財務諸表の作成はどのような基準に基づいて行うべきなのか）に関して、権威ある基準が我が国には存在しない[16, 17]。

もっとも、「監査基準の改訂について」（2002年1月25日）は、「事業の継続が困難であり継続企業の前提が成立していないことが一定の事実をもって明らかなときは不適正意見を表明することになる。」としていた（三　主な改訂点とその考え方、6　継続企業の前提について、(2) 監査上の判断の枠組み）。

まず、清算中の会社（＝解散の株主総会決議がなされた会社または破産手続の開始決定がなされた会社[18]）については、継続企業の前提が成立しないことが明白であると考えられる[19]。しかし、その段階に至らなくとも、継続企業の前提が成立しないと解すべき場合はありそうである。この点につき、我が国では、議論の蓄積が必ずしも十分にあるわけではないが、財務会計基準機構基準諮問会議事務局の整理によれば[20]、①会社更生法による更生手続を進めてきたところ、更生手続が取消しまたは不認可となったが、解散決議

を行っていないもの、②民事再生法による再生手続を進めてきたが、再生計画が取消しまたは不認可となったが、解散決議を行っていないもの、③民事再生法による再生手続の再生計画において、事業譲渡後の清算が示唆されているもの、④行政機関等による事業停止命令によって会社を継続できない状況となっているが、解散決議を行っていないもの、⑤他の会社等の完全子会社で、親会社の意思決定に基づき、決算日の前に事業の廃止がその取締役会で意思決定されているが解散決議を行っていないものについては、継続事業の前提が成立していないとして不適正意見が表明される可能性があると指摘されていた[21]。

監査基準委員会報告書570は、「一般目的の財務諸表は、経営者に当該企業の清算若しくは事業停止の意図があるか、又はそれ以外に現実的な代替案がない場合を除いて、継続企業の前提に基づき作成される。」とした上で（2項第2文）[22]、継続企業を前提として財務諸表を作成することが適切でない場合として、更生手続開始決定の取消し、更生計画の不認可など、再生手続開始決定の取消し、再生計画の不認可など、破産手続開始の申立て、会社法の規定による特別清算開始の申立て、法令の規定による整理手続によらない関係者の協議等による事業継続の中止に関する決定、規制当局による事業停止命令を例示している（A25項）。ここで注目に値するのは、例示に、法令の規定による整理手続によらない関係者の協議等による事業継続の中止に関する決定が含められている点である。取締役会設置会社の場合、このような重要な事項は取締役会決議を経ないで決定されることは想定されていないことからすれば、取締役会決議等によって清算または事業停止を決定する計画が承認された場合、または当該決議によって清算または事業停止を決定したが（必要な）株主総会の決議が得られていない場合などにおいては、会社更生手続または民事再生手続の開始決定を申し立てた場合は格別、実質的には企業の存続可能性がほとんどないと考えられるため、継続企業を前提として計算関係書類や財務諸表・連結財務諸表を作成することは適切ではないということになろう。

ところで、財務会計基準機構基準諮問会議事務局の整理では、①更生手続

開始決定の申立てから更生手続開始決定までの間または再生手続開始決定の申立てから再生手続開始決定までの間、②更生手続開始決定から更生計画認可までの間または再生手続開始決定から再生計画認可までの間は、継続企業の前提が成立するという見解が示されており、監査基準委員会報告書570も同様の見解を黙示的に採っている。これらの場合に継続企業を前提として、計算関係書類や財務諸表・連結財務諸表を作成することができると解しているのは[23]、再生手続開始決定または更生手続開始決定の申立ての時点では、経営者は事業を継続する意思を有していることに着目していることによるのではないかと推測される。

　しかし、再生手続については、裁判所に破産手続または特別清算手続が係属し、その手続によることが債権者の一般の利益に適合するときや再生計画案の作成もしくは可決の見込みまたは再生計画の認可の見込みがないことが明らかであるときなどには、開始決定の申立ては棄却されることになっている（民事再生法25条2号・3号）。また、更生手続についても、裁判所に破産手続、再生手続または特別清算手続が係属し、その手続によることが債権者の一般の利益に適合するとき、事業の継続を内容とする更生計画案の作成もしくは可決の見込みまたは事業の継続を内容とする更生計画の認可の見込みがないことが明らかであるときなどには、開始決定の申立ては棄却されることになっている（会社更生法41条1項2号・3号）。棄却事由が客観的に存在している場合には、手続開始決定の申立てをし、まだ、棄却決定がなされていないということのみをもって、継続企業の前提が成立しているものとして扱うことは、法律家の発想からすれば、適当とは思われないのであり、実質的な判断をすることが経営者ひいては監査人には求められると本来いうべきであろう[24]。同様に、いったん、開始決定がなされても、それは、再生計画案または事業の継続を内容とする更生計画案が可決される可能性が高いこと、可決された案が認可される可能性が高いことを含意しているものではないのみならず、開始決定後の状況によって、そのような案が可決される見込みがないなど、計画の認可が見込めなくなることがありうるが、そのような場合に、再生計画または更生計画の不認可決定までは、継続企業の前提が

成立しているものとして扱うことに説得力はない[25]。すなわち、手続開始決定の申立てが棄却され、手続開始決定が取り消され、または計画の不認可決定がなされる前であっても、「当該企業の清算もしくは事業停止……以外に現実的な代替案がない場合」にあたることはありうる。

実際、会計制度委員会研究報告第11号「継続企業の前提が成立していない会社等における資産及び負債の評価について」（2005年4月12日）は、「継続企業の前提に関する評価に実務上困難な面があるとしても、少なくともその評価時点において実際に会社が存続している点を考慮すれば、継続企業の前提が成立していないとして資産及び負債の評価替えが必要と判断される会社は、基本的に一定の法的手続に着目するなどして限定して解釈せざるを得ないように思われる。」とし、典型的には、「企業の継続を断念して解散決議がなされ、清算手続を通じて会社財産が処分され事実上消滅することとなる会社（解散会社）のほか、会社再建が当事者間の利害調整では達成困難となったこと等により裁判所から更生手続の開始決定を受けた会社（更生会社）のように、スポンサー等が新たに会社財産等を取得したことが実質的に認められる会社」は「資産及び負債を全面的に評価替えしなければならない」という考え方を示していた[26]。

4 | 継続企業を前提としていない財務諸表の作成

監査基準委員会報告書570では、継続企業を前提として財務諸表を作成することが適切でない場合においても、「監査人は、他の基準がその状況において受入可能な財務報告の枠組みであると判断したときには、当該財務諸表の監査を実施することができる場合がある。」とされ、「監査人は、財務諸表が作成されている他の基準について適切な開示がされていれば、当該財務諸表に対して無限定意見を表明できることがある」とされている（A26項）[27]。

たしかに、我が国においては、企業会計審議会も企業会計基準委員会[28]も継続企業を前提としていない企業会計の基準を開発・公表していない（ただ

し、監査基準委員会報告書570のA26項では清算基準が例示されている。)。

しかし、会社法431条にいう「一般に公正妥当と認められる企業会計の慣行」は当然のこと、財務諸表等規則１条１項などにいう「一般に公正妥当と認められる企業会計の基準」[29]も企業会計審議会や企業会計基準委員会が公表した企業会計の基準に限られるものではない。また、企業会計審議会または企業会計基準委員会がすべての事象や取引について企業会計の基準を開発・公表しているわけではない以上、少なくとも、そのような基準が存在しない場合に、会社（作成者）がその財政状態、経営成績及びキャッシュ・フローの状況（財産及び損益の状況）を適正に表示する会計処理方法を選択して、計算関係書類、財務諸表及び連結財務諸表を作成することは当然に想定されている。

たとえば、安藤英義教授は「企業会計原則の一般原則の一を、従来の解釈を変えて、イギリス型のツルー・アンド・フェアビューを言っているんだというふうにすれば、一般原則の２以下はノーマルな、あるいは貸借対照表原則、損益計算書原則、それは通常のゴーイング・コンサーン状態の基準を言っているんだと。それよりも超越するというか、その上位に立つのが真実性の原則なんだというふうにやれば、会計基準に限界があるという解釈は変えられるんじゃないかな。」と述べられている[30]。

さらに、財務諸表等規則１条１項や会社法431条は「従うものとする」と規定しており、合理的な理由がある場合には離脱を認めていると解する余地すらある[31]。

しかも、無限定適正意見とは「財務諸表が、一般に公正妥当と認められる企業会計の基準に準拠して、企業の財政状態、経営成績及びキャッシュ・フローの状況を全ての重要な点において適正に表示している」旨の意見とされており、「財務諸表が、全ての重要な点において、財務諸表の作成に当たって適用された会計の基準に準拠して作成されているかどうかについての意見」が準拠性に関する意見であるとされていることと対比すると[32]、適正性に関する意見の重点は、「企業の財政状態、経営成績及びキャッシュ・フローの状況を全ての重要な点において適正に表示している」点にあると解すること

ができる。

　このように考えると、継続企業を前提としていない企業会計の基準が企業会計審議会などによって開発・公表されていないという一事をもって、継続企業を前提とせずに作成された計算関係書類等について無限定意見が表明できないと解することは、少なくとも会社法の解釈としては適切といいがたい（会社法509条1項は、清算株式会社についても431条の適用を排除していない。）。

5 ｜ 2段階開示と監査人の任務

　継続企業の前提に重要な疑義を生じさせる事象又は状況その他提出会社の経営に重要な影響を及ぼす事象（重要事象等）が存在する場合には、有価証券報告書の「事業等のリスク」に当該重要事象等が存在する旨及びその具体的内容、ならびに、当該重要事象等についての分析・検討内容及び当該重要事象等を解消し、または改善するための対応策を記載することが求められ[33]、当該事象または状況を解消または改善するための対応をしても、なお、「継続企業の前提に関する重要な不確実性」が存在する場合には、さらに、当該重要事象または状況が存在する旨及びその内容、当該重要事象または状況を解消し、または改善するための対応策、当該重要事象な不確実性が認められる旨及びその理由、ならびに、当該重要事象な不確実性の影響を財務諸表に反映しているか否かの別を財務諸表に注記する（会社法上は、個別注記表に含める）ことが求められている[34]。そして、この場合には、上述のように、継続企業の前提に関する事項を監査報告書に記載することが監査人には求められている[35、36]。

　有価証券報告書の「事業等のリスク」及び「経営者による財政状態、経営成績及びキャッシュ・フローの状況の分析」は、監査人の監査意見の対象ではないが、監査基準委員会報告書720「その他の記載内容に関連する監査人の責任」（最終改正：2021年1月14日）の下では、財務諸表または監査人が監査の過程で得た知識と重要な相違があるその他の記載内容[37]の「存在は、

財務諸表に重要な虚偽表示があること又はその他の記載内容に重要な誤りがあることを示唆している可能性があり、そのいずれの場合においても財務諸表及びその監査報告書の信頼性を損なう可能性があるため」、「監査人に、その他の記載内容を通読し、財務諸表及び監査人が監査の過程で得た知識とその他の記載内容に重要な相違があるかどうかを検討すること」が要求される（3項）。したがって、監査人は、「事業等のリスク」及び「経営者による財政状態、経営成績及びキャッシュ・フローの状況の分析」を通読し、その過程において、それらと財務諸表または連結財務諸表、とりわけ、継続企業の前提に関する注記との間に重要な相違があるかどうか検討し、また、監査において入手した証拠と到達した結論の観点から、「事業等のリスク」及び「経営者による財政状態、経営成績及びキャッシュ・フローの状況の分析」と監査人が監査の過程で得た知識の間に重要な相違があるかどうか検討しなければならない（13項）。また、監査人は、通読する過程において、「財務諸表又は監査人が監査の過程で得た知識に関連しないその他の記載内容について、重要な誤りがあると思われる兆候に注意を払わなければならない」（14項）[38]。

「監査人は、重要な相違があると思われる場合（又は重要な誤りがあると思われるその他の記載内容に気付いた場合）、当該事項について経営者と協議し、必要に応じてその他の手続を実施しなければなら」ず（15項）、監査人は、その記載内容に重要な誤りがあると判断した場合には、経営者にその修正を要請し、経営者が修正に同意したときには修正が行われたことを確認し、経営者が修正することに同意しないときには監査役等にその事項を報告するとともに、修正を要請しなければならない（16項）。そして、監査報告書日以前に入手したその記載内容に重要な誤りがあると判断し、また監査役等への報告後もその記載内容が修正されていない場合には、監査人は監査報告書に及ぼす影響を検討し、監査報告書において重要な誤りに関して監査人がどのように対応する計画かを監査役等に対して報告し、また、現実的な対応として可能であれば、監査契約を解除することを含む適切な措置を講じなければならない（17項）。そして、監査人が「事業等のリスク」または「経営者による財政状態、経営成績及びキャッシュ・フローの状況の分析」に未

修正の重要な誤りがあると結論付けた場合、その未修正の重要な誤りの内容を監査報告書の「その他の記載内容」または他の適切な見出しを付した区分に記載しなければならない（21項(5)②）。

　一般論として、ここでいう「重要な誤り」に重要な事実の不記載が含まれるのかという問題はあるが[39]、少なくとも、「継続企業の前提に重要な疑義を生じさせる事象又は状況が存在する旨及びその具体的内容」の開示については、そのように解することが適切なのではないかと思われる。なぜなら、不記載は、そのような事象または状況が存在しないという言明にほかならないからである。そして、『監査基準』は、「監査人は、継続企業の前提に重要な疑義を生じさせるような事象又は状況が存在すると判断した場合には、当該事象又は状況に関して合理的な期間について経営者が行った評価及び対応策について検討した上で、なお継続企業の前提に関する重要な不確実性が認められるか否かを確かめなければならない。」（第三、三、8）とし、監査基準委員会報告書570は、「監査人は、継続企業の前提に重要な疑義を生じさせるような事象又は状況を識別した場合、追加的な監査手続（当該事象又は状況を解消する、又は改善する要因の検討を含む。）を実施することにより重要な不確実性が認められるかどうかを判断するための十分かつ適切な監査証拠を入手しなければならない。」（15項）と定めている。すなわち、監査人が監査の過程で「継続企業の前提に重要な疑義を生じさせるような事象又は状況を識別した場合」には、かりに、有価証券報告書の「事業等のリスク」または「経営者による財政状態、経営成績及びキャッシュ・フローの状況の分析」に重要な誤りがあれば、それを識別できることが当然に想定される。

　そして、2020年11月6日改訂後『監査基準』及び2021年改正後監査基準委員会報告書720の下では、監査人は、監査報告書日以前に入手したその他の記載内容がある場合には、①監査人が報告すべき事項はない旨または②監査人がその他の記載内容に未修正の重要な誤りがあると結論付けた場合には当該未修正の重要な誤りの内容、いずれかの記載をしなければならない（『監査基準』第四 報告基準、八 その他の記載内容、1、「監査基準委員会報告書720」21項(5)）。とはいえ、監査人は「その他の記載内容」に対して意見を

表明するものではなく（「監査基準の改訂に関する意見書」（2020年11月6日）「監査基準の改訂について」二 主な改訂点とその考え方、1「その他の記載内容」について、(1)監査報告書における「その他の記載内容」に係る記載の位置付け）、金融商品取引法上の損害賠償責任は不適切な監査証明に基づくものとされている以上、少なくとも、現時点では、「事業等のリスク」及び「経営者による財政状態、経営成績及びキャッシュ・フローの状況の分析」において「継続企業の前提に重要な疑義を生じさせる事象又は状況」の記載が適切になされていないことに起因して、監査人が金融商品取引法の規定に基づき損害賠償責任を負うことは想定されていないと解するのが自然である（詳細な分析は、本書「26　その他の記載内容」参照）。

〈注〉

1　金融商品取引法に基づく監査との関係では、平成30年内閣府令第54号による改正後監査証明府令4条1項1号ハ、会計監査人による監査との関係では令和元年法務省令第54号による改正後会社計算規則126条1項4号

2　金融商品取引法に基づく監査との関係では、平成30年内閣府令による改正後監査証明府令4条7項1号ハ

3　金融商品取引法に基づく監査との関係では、平成30年内閣府令による改正後監査証明府令4条8項7号

4　「監査人による継続企業の前提に関する検討は、経営者による継続企業の前提に関する評価を踏まえて行われるものである。」と位置づけられ、「継続企業の前提に関わる監査基準のあり方としては、監査人の責任はあくまでも二重責任の原則に裏付けられたものとしている。経営者は、財務諸表の作成に当たって継続企業の前提が成立しているかどうかを判断し、継続企業の前提に重要な疑義を抱かせる事象や状況について、適切な開示を行わなければなら」ず、「継続企業の前提に重要な疑義が認められる場合においても、監査人の責任は、企業の事業継続能力そのものを認定し、企業の存続を保証することにはなく、適切な開示が行われているか否かの判断、すなわち、会計処理や開示の適正性に関する意見表明の枠組みの中で対応することにある。」（「監査基準の改訂について」（2002年1月25日）三6(2)）と理解されていることを前提とするものである。

5　たとえば、ドイツ商法典252条1項2号（後掲注17参照）

6 改訂前『監査基準』第四、六、1、改正前監査証明府令4条7項

7 もっとも、監査証明府令4条1号ハも会社計算規則126条1項4号も、無限定適正意見を表明する場合にのみ、「継続企業の前提に関する注記に係る事項」の記載が求められるという建付けになっているわけではない。

8 立法論として、このような帰結が適当かどうかは別問題である。

9 大阪高判昭和61・5・20判時1206号125頁、東京地判平成19・11・28判タ1283号303頁。また、江頭憲治郎『株式会社法［第8版］』（有斐閣、2021）539頁注(9)、吉原和志「429条」岩原紳作（編）『コンメンタール会社法9』（商事法務、2014）410-411頁など参照

10 財務諸表等規則8条の27第1号及び第2号に基づく注記がこれにあたるものと考えられる。

11 財務諸表等規則8条の27第3号に基づく注記がこれにあたるが、同条4号に基づく注記については、監査基準委員会報告書700の17項では言及されていないものと考えられる。

12 〈https://www.fsa.go.jp/singi/singi_kigyou/siryou/kansa/20090324/09.pdf〉

13 その上で、財務諸表等規則ガイドラインは、財務諸表等規則8条の27に基づく注記において、「継続企業の前提に関する重要な不確実性が認められるか否かについては、例えば重要な疑義を生じさせるような事象又は状況が各企業の実態を反映したものであるか否か、同条第2号に規定する対応策を講じてもなお継続企業の前提に関する重要な不確実性が認められるか否かといった観点から、総合的かつ実質的に判断を行うものとし、8の27-2に規定する事象又は状況が存在するか否かといった画一的な判断を行うことのないよう留意する。」としている（8の27-3）。

14 たとえば、株式会社小僧寿しの2019年1月1日から2019年12月31日までの第52期事業年度の計算書類及びその附属明細書について、会計監査人は「継続企業の前提に関する注記に記載のとおり、会社は、継続して重要な当期純損失を計上し前事業年度末に債務超過となった。当事業年度には、第5回及び第6回新株予約権並びにA種種類株式の発行等を実施したが、債務超過は解消しておらず、抜本的な資本増強が必要な状況である。当該状況に対する対応策は、当該注記に記載されているが、現時点において、資本増強策が未確定である。従って、当監査法人は、経営者が進めている対応策についての監査証拠等、継続企業の前提として計算書類及びその附属明細書を作成することに関する十分かつ適切な監査証拠を入手することができなかった。」として意見を表明しな

いとした。
〈https://kozosushi.co.jp/wp-content/uploads/2020/03/15ac9d7ed0bc9
cff24ac740398f061f4.pdf〉

15 あくまで、私見にすぎないが、継続企業の前提が成立するかどうかまたは継
続企業を前提とする資産及び負債の評価を行うべきかについて、会計監査人と
監査役等とが意見を異にする場合こそ、計算書類の承認は株主総会の決議によ
るべきであるとしている趣旨が最も妥当する場合なのではないかと思われる。

16 もっとも、財務会計基準機構第35回基準諮問会議（2019年3月7日開催）で
財務諸表を継続企業の前提に基づき作成することが適切であるかどうかの判断
規準の作成を企業会計基準委員会（ASBJ）の新規テーマとして提言すること
とされたこと〈https://www.asb.or.jp/jp/project/standards_advisory/
y2019/2019-0307.html〉をうけて、第405回企業会計基準委員会（2019年3月
22日開催）では、それを新規テーマとして取り上げることとされた〈https://
www.asb.or.jp/jp/wp-content/uploads/20190322_405s.pdf〉。なお、事務
局は、監査基準委員会報告書「570のA25項の例示と同じ内容のガイダンスを
会計基準で定める」という方針を提案していた（『財務諸表を継続企業の前提
に基づき作成することが適切であるかどうかの判断基準の作成（事務局による
検討）』（第35回基準諮問会議資料(1)-2）〈https://www.asb.or.jp/jp/wp-
content/uploads/ 20190307_02.pdf〉34項）。しかし、第433回企業会計基準
委員会（2020年5月14日）において、「財務諸表を継続企業の前提に基づき作
成することが適切であるかどうかの判断規準の作成」の開発を行なう上では既
存の基準を参考とすることを前提としていたが、既存の会計基準を参考として
開発を継続することは難しい状況であるとして、開発中のテーマから除外する
ことが決定された。なお、このような決定の背景について、第433回企業会計
基準委員会　審議事項(4)〈https://www.asb.or.jp/jp/wp-content/uploads/
20200514_07.pdf〉では、「IFRSにおいて、「企業の清算若しくは事業停止の意
図」がある場合のうち「事業停止の意図」があるケースについては、必ずしも
企業の清算直前の状況のみを意味するわけではないとの見解が識別された。当
該見解では、いわゆる休眠会社の状態も含まれ得るとされている。」(14項)、「仮
にIFRSにおいて、会社を休眠状態にしていることが「事業停止の意図」があ
ることを意味するのであれば、継続企業の前提に基づくことが適切ではないと
判断された企業が、その後、再度、継続企業の前提に基づくことが適切と判断
されることも想定される。」(15項)とする一方で、「会社法のもとでは、企業
の清算および清算に結び付く事業停止に関して、企業の株主総会又は取締役会

の決議事項とされているものと考えられ、取締役個人が清算または事業停止の意図を有したとしても、株主総会、取締役会等の決議で否決される可能性がある。」(18項)、したがって、「取締役個人が清算または事業停止の意図を有することをもって、財務諸表を継続企業の前提に基づき作成することが適切か否かの判断を行うことは妥当ではないとも考えられる。」(19項)、「日本基準では、これまで「経営者」を用いたことがなく、上記のような状況を踏まえると、企業の清算若しくは事業停止の意図」をもつ主体を決めるには、相当の時間を要するものと考えられる。」(21項) などと指摘されている。

17　国際会計基準第1号は、財務諸表を作成するに際して、(少なくとも報告期間の期末日から12か月間)企業が継続企業として存続する能力があるかどうかを検討することを経営者に求めている。そして、①経営者に当該企業の清算もしくは営業停止の意図があるとき、または、②当該企業の清算もしくは営業停止以外に現実的な代替案がないときを除き、企業は財務諸表を継続企業の前提により作成しなければならないとされている(パラグラフ25)。アメリカ合衆国 で はFASB Accounting Standards Update No.2013-07, Liquidation Basis of Accountingにより、清算が差し迫っていると判断した企業は、当該清算が事業開始時の企業の定款等に明記されている清算計画に従って行われる場合を除き、清算ベースの会計を適用して財務諸表を作成しなければならないとされたが(FASB Accounting Standards Codification 205-30-25-1)、⑴清算計画がその計画の実施を判断する権限を有する者によって承認され、その計画の実行が、他の当事者(株主権を有する者など)により阻止されるか、もしくは企業が清算段階から復帰するか、いずれかの事象が発生する可能性が非常に低い場合、または、⑵清算計画が他の力によって強制されており(第三者申立破産など)、かつ、企業が清算段階から復帰する可能性が非常に低い場合には清算が差し迫っていると判断される(205-30-25-2)。

　また、ドイツでは、年度決算書に計上される資産及び負債の評価について、商法典252条1項2号が、「事実上のまたは法律上の状態に反しない限り、評価に際しては企業活動の継続を前提としなければならない」と定めている。どのような事実上または法律上の状態があれば、企業活動の継続を前提とすべきでないかについて判示した最近の裁判例としては、2017年1月26日連邦通常裁判所判決(BGHZ 213, 374)がある(この判決は、破産原因があっても、継続企業価値で評価できる場合について判示している[Rn.27])。

　なお、規範性のないものという位置づけであるが、我が国においても、日本公認会計士協会会計制度委員会研究報告第11号「継続企業の前提が成立してい

ない会社等における資産及び負債の評価について」（2005年4月12日）がある。

18 　法人税法22条4項の解釈に関するものであるが、大阪高判平成30・10・19判
タ1458号124頁は、「前期損益修正の処理を規定する企業会計原則や過年度遡及
会計基準を含む企業会計基準は、企業の経済的活動が半永久的に営まれ、倒産
しないとの仮定（継続企業の公準）が成り立つことを前提とする考え方に基づ
くものというべきである。……しかし、破産会社は、破産手続による清算の目
的の範囲内において、破産手続が終了するまで存続するに過ぎないから（破産
法35条）、破産会社については上記仮定が成り立たず、継続企業の公準が妥当
しないことが明らかである。そして、破産会社について継続企業の公準が妥当
しない以上、破産会社の会計処理について、企業会計基準を全面的に適用すべ
き合理的な理由はないといわなければならない。」と判示した。また、清算株
式会社（会社法476条）とは異なり、会社法435条1項から3項までの規定など
の適用が明文の規定（会社法509条1項2号）により排除されているわけでは
ないが、それらの規定は破産会社にも適用されないと解するのが相当であると
した。

19 　もっとも、これらの会社は、会計監査人または金融商品取引法上の監査人に
よる監査の対象ではない。

20 　「継続企業の前提が成立していない状況で適用する会計基準の開発（事務局
による検討）」〈https://www.asb.or.jp/jp/wp-content/uploads/20150713_
02.pdf〉

21 　なお、この整理では、①から④までは、金融商品取引法に基づく有価証券報
告書の提出義務がある会社または会社法上の大会社に該当する会社に限定して
いるが、これらに該当しない場合であっても、少なくとも、会計監査人設置会
社については同様に考えられる。

22 　継続企業の前提に重要な疑義を生じさせるような事象・状況として「経営者
による企業の清算又は事業停止の計画」が例示されている（A2項）。

23 　再生手続もしくは更生手続の開始が決定されておらず、または、再生計画も
しくは更生計画が認可されていないため重要な不確実性がある旨を強調事項区
分に記載することになるのであろう（監査基準委員会報告書706「独立監査人
の監査報告書における強調事項区分とその他の事項区分」A1項参照）。

24 　たしかに、『監査基準』第四、六、4に従って不適正意見を表明するかどう
かの判断との関係では（形式的にあてはめることができる）明確な規準が望ま
しいという考え方にも相当の説得力があり、監査の基準としては手続開始決定
の前後を用いることにも合理性がある。しかし、開始決定前であっても継続企

業の前提に基づいて財務諸表を作成することが不適切であると実質的に判断される場合には、継続企業を前提としない財務諸表を作成することが求められる（少なくとも許容される）とするのが、会計の基準としては穏当なのではないかと思われる。

25 なお、たとえば、シベールの2019年8月期第1四半期財務諸表に係る四半期レビュー報告書（2019年2月15日）は結論不表明としているが、その根拠は、「重要な後発事象に記載されているとおり、会社は、2019年1月17日開催の取締役会において、民事再生手続開始の申立てを行うことを決議し、山形地方裁判所に申立てを行い、同日受理され、2019年2月13日に同裁判所から民事再生手続開始決定を受けている。今後、再生計画案が山形地方裁判所に提出、受理された後、裁判所の認可を得た上で再生計画が遂行されることになるが、現時点では再生計画案は未確定である。このため、当監査法人は継続企業を前提として作成されている上記の四半期財務諸表に対する結論を表明するための手続が実施できなかった。」と記載されていた。

26 これを前提として、継続企業の前提が成立していないことが明らかな一定の事実に「例えば解散決議や更生手続の開始決定を追加する必要があると考えられる。」という見解を示していた。

27 ただし、「代替的な基準及びその採用の理由に対する財務諸表の利用者の注意を喚起するため、監査報告書に強調事項区分を設けることが適切又は必要であると考えることがある。」と指摘されている。

28 財務会計基準機構第17回基準諮問会議（2013年3月11日開催）において、日本公認会計士協会は、「継続企業の前提が成立していない状況で適用する会計基準の開発について」をテーマとして取り上げることを提案したが、第24回基準諮問会議（2015年7月13日開催）においては、会計基準を開発するニーズが高いとはいえず、広範な検討が必要と考えられるため、新規テーマとしてASBJに提言せず、提言に至らなかったテーマとすることとされた〈https://www.asb.or.jp/jp/project/standards_advisory/y2015/2015-0713.html〉。

29 たとえば、財務諸表等規則1条2項は「企業会計審議会により公表された企業会計の基準は、前項に規定する一般に公正妥当と認められる企業会計の基準に該当するものとする。」と、同条3項は「企業会計の基準についての調査研究及び作成を業として行う団体であつて次に掲げる要件の全てを満たすものが作成及び公表を行つた企業会計の基準のうち、公正かつ適正な手続の下に作成及び公表が行われたものと認められ、一般に公正妥当な企業会計の基準として認められることが見込まれるものとして金融庁長官が定めるものは、第一項に

規定する一般に公正妥当と認められる企業会計の基準に該当するものとする。」と定め、それらが「一般に公正妥当と認められる企業会計の基準」の部分集合であることを規定するにとどまっているのであって、それら以外に「一般に公正妥当と認められる企業会計の基準」がないと規定しているわけではない（詳細については、弥永真生『会計基準と法』（中央経済社、2013）923-924頁参照）。実際、たとえば、財務諸表等規則などの2009年改正前には、企業会計基準委員会が公表した会計基準は、財務諸表等規則等に係る事務ガイドライン（2009年12月11日廃止）によって、「一般に公正妥当と認められる企業会計の基準」として取り扱われていたにすぎない。また、法令の明文の規定が存在したわけではないが、企業会計審議会の意見書における委任を受けて作成・公表された日本公認会計士協会会計制度委員会の報告書が「一般に公正妥当と認められる企業会計の基準」（の１つ）にあたることを否定する見解もみられなかったのではないかと思われる。

30 企業会計審議会第二部会第１回（平成11年12月３日）議事録〈https://www.fsa.go.jp/p_mof/singikai/kaikei/gijiroku/c111203.htm〉。

31 離脱が認められるのかについては、本書「13 実質的判断」参照

32 『監査基準』第四、一、１

33 企業内容開示府令第三号様式記載上の注意(11),(12)、第二号様式記載上の注意(31) b。また、「経営者による財政状態、経営成績及びキャッシュフローの状況の分析」にも関連する記載がなされることがありうる（同 (32) a(f)）。

34 財務諸表等規則８条の27、連結財務諸表規則15条の22、会社計算規則98条１項１号・100条

35 『監査基準』第四、二、２(1)及び六、監査証明府令４条１項１号ハ、会社計算規則126条１項４号

36 なお、『監査基準』の2002年改訂後、2009年改訂までの間は、「債務超過等財務指標の悪化の傾向、重要な債務の不履行等財政破綻の可能性その他会社が将来にわたつて事業を継続するとの前提（……継続企業の前提……）に重要な疑義を抱かせる事象又は状況」が存在する場合には、当該事象または状況が存在する旨及びその内容、継続企業の前提に関する重要な疑義の存在、当該事象または状況を解消または大幅に改善するための経営者の対応及び経営計画、ならびに、当該重要な疑義の影響を財務諸表に反映しているか否かを財務諸表に注記することが求められていた（平成21年内閣府令第27号による改正前財務諸表等規則８条の27）。また、平成21年法務省令第22号による改正前会社計算規則100条も同様に定めていた。

37　監査基準委員会報告書720では、「その他の記載内容」とは「監査した財務諸表を含む開示書類のうち当該財務諸表と監査報告書とを除いた部分の記載内容をいう。その他の記載内容は、通常、財務諸表及びその監査報告書を除く、企業の年次報告書に含まれる財務情報及び非財務情報である」とされているが（11項(1)）、有価証券報告書が「監査した財務諸表を含む開示書類」であることに異論はないであろう。

38　「監査基準の改訂について」（2018年7月5日）では、「監査人は、継続企業の前提に重要な疑義を生じさせるような事象又は状況が存在する場合には、経営者による開示について検討することとなる。」とされている（二 主な改訂点とその考え方、2 報告基準に関わるその他の改訂事項について、(2)継続企業の前提に関する事項）。なお、「監査人の責任は、その他の記載内容に関する保証業務を構成するものではなく、また、監査人にその他の記載内容について保証を得て意見又は結論を表明する義務を課すものでもない。」と位置づけられている（8項）。

39　金融庁「コメントの概要及びコメントに対する考え方」（2020年11月11日）〈https://www.fsa.go.jp/news/r2/sonota/20201111/03.pdf〉のNo.9では、「「重要な誤り」とは「その他の記載内容」が不正確であり、利用者に適切に理解されず誤解を招くような重要な誤りをいいます（これには情報が欠けている場合も含まれます）」という解釈が示されている。なお、監査基準委員会報告書720については、本書「26　その他の記載内容」参照

12 監査上の主要な検討事項

1 | 会社法からみた「監査上の主要な検討事項」

　企業会計審議会「監査基準の改訂に関する意見書」（2018年7月5日）の最も大きな柱は、関連する財務諸表における開示がある場合には当該開示への参照を付した上で、監査人が財務諸表の監査において特に重要であると判断した事項（監査上の主要な検討事項）の内容、監査人が監査上の主要な検討事項であると決定した理由及び監査における監査人の対応を監査報告書に記載することを要求することである[1]。

　会計監査人設置会社においては、会計監査人が監査役等に会計に関する監査の方法とその結果である監査意見を含む会計監査報告の内容を通知し、これを受けて監査役等が会計監査人の監査の方法と結果の相当性を判断し、会計監査人の監査の方法または結果が相当でないと認めたときは、監査役等の監査報告にその旨及びその理由を含めることとされているが（会社計算規則127条2号、128条2項2号、129条1項2号）、その監査報告の内容は取締役及び会計監査人に通知される（会社計算規則132条1項）。

　会計監査報告には、監査の方法は具体的には記載されず、「「当監査法人は、我が国において一般に公正妥当と認められる監査の基準に準拠して監査を行った。」、「監査人は、我が国において一般に公正妥当と認められる監査の基準に従って、監査の過程を通じて、職業的専門家としての判断を行い、職業的懐疑心を保持して以下を実施する。

・不正又は誤謬による重要な虚偽表示リスクを識別し、評価する。また、重要な虚偽表示リスクに対応した監査手続を立案し、実施する。監査手続の選択及び適用は監査人の判断による。さらに、意見表明の基礎となる十分かつ適切な監査証拠を入手する。

・計算書類等の監査の目的は、内部統制の有効性について意見表明するためのものではないが、監査人は、リスク評価の実施に際して、状況に応じた適切な監査手続を立案するために、監査に関連する内部統制を検討する。

・経営者が採用した会計方針及びその適用方法の適切性、並びに経営者によって行われた会計上の見積りの合理性及び関連する注記事項の妥当性を評価する。

・経営者が継続企業を前提として計算書類等を作成することが適切であるかどうか、また、入手した監査証拠に基づき、継続企業の前提に重要な疑義を生じさせるような事象又は状況に関して重要な不確実性が認められるかどうか結論付ける。……

・計算書類等の表示及び注記事項が、我が国において一般に公正妥当と認められる企業会計の基準に準拠しているかどうかとともに、関連する注記事項を含めた計算書類等の表示、構成及び内容、並びに計算書類等が基礎となる取引や会計事象を適正に表示しているかどうかを評価する。」」というように記載されるのが現在の実務であること[2]に照らすと、会計監査人から会計監査報告外でその監査の方法及び結果について監査役等は説明等を受け、また、それについて質問を行うことが当然の前提となる[3]。会社法は、「監査役は、その職務を行うため必要があるときは、会計監査人に対し、その監査に関する報告を求めることができる。」と規定しており（397条2項・3項・4項・5項）、監査に関する報告[4]には監査の方法及び結果についての報告が含まれることはいうまでもない[5]。

　すでに、本書（「2　会計監査人監査と監査の基準」注17）で紹介したように、（平成17年法律第87号による廃止前）商法特例法の下での会計監査人監査との関係では、会計監査人の監査の方法が、上述したように抽象的に記載されることに対して、商法の研究者は批判的であった。大会社の監査報告

書に関する規則（昭和57年法務省令第26号）2条2項は、「監査の方法の概要は、監査の信頼性を正確に判断することができるように記載しなければならない。」と定め、これを平成18年改正前商法施行規則128条2項は踏襲していたが、「監査の方法及びその内容」として、「一般に公正妥当と認められる監査に関する基準及び慣行に従つて実施された」とのみ記載するのでは不十分であるという見方が、かつては通説的であった[6]。したがって、監査上の主要な検討事項について、監査における監査人の対応が監査報告書に記載されることとなるのは、——後述するように、現時点では、会社法の下での会計監査報告には記載を要しないと位置づけられているが——会社法の観点からは喜ばしいことであるということができる。

2 | 監査役等と監査人とのコミュニケーション[7]

　監査上の主要な検討事項は、「当年度の財務諸表の監査の過程で監査役等と協議した事項のうち、職業的専門家として当該監査において特に重要であると判断した事項」であると定義されており[8]、「監査基準の改訂に関する意見書」では、監査上の主要な検討事項の記載により、監査人と監査役等（監査役、監査役会、監査等委員会または監査委員会）との間の「コミュニケーションや、監査人と経営者の間の議論を更に充実させることを通じ、コーポレート・ガバナンスの強化や、監査の過程で識別した様々なリスクに関する認識が共有されることによる効果的な監査の実施につながること」等の効果が期待されると指摘されている[9]。

　『監査基準』は、金融商品取引法の関係では、一般に公正妥当と認められる監査に関する基準に該当するところ（監査証明府令3条3項1号）、「監査人は、監査の各段階において、監査役、監査役会、監査等委員会又は監査委員会（以下「監査役等」という。）と協議する等適切な連携を図らなければならない。」と定めている（第三、一、7）。そして、『監査における不正リスク対応基準』は、監査証明を受けようとする者が監査証明府令3条4項に

列挙された者である場合に適用されるが（監査証明府令3条3項柱書き）、『監査における不正リスク対応基準』は、「監査人は、監査の各段階において、不正リスクの内容や程度に応じ、適切に監査役等と協議する等、監査役等との連携を図らなければならない。監査人は、不正による重要な虚偽の表示の疑義があると判断した場合には、速やかに監査役等に報告するとともに、監査を完了するために必要となる監査手続の種類、時期及び範囲についても協議しなければならない。」とし（第二、17）、「監査人は、監査実施の過程において経営者の関与が疑われる不正を発見した場合には、監査役等に報告し、協議の上、経営者に問題点の是正等適切な措置を求めるとともに、当該不正が財務諸表に与える影響を評価しなければならない。」としている（第二、18）。この結果、監査上の主要な検討事項に対して監査役等がより多くの注意を払うようになり、その結果、財務報告の品質の向上が図られることも期待できるかもしれない。とりわけ、監査上の主要な検討事項の記載は、監査役等の会計監査にとどまらず業務監査との関係で重要な内容を含んでいることがありうること、監査上の主要な検討事項の記載があると、監査役等は監査人からコミュニケーションされた事項に適切に対応しないとそれが株主等に知られてしまうことなどから、監査役等（及び経営者）の行動に影響を与えることも期待できる。

　以上に加えて、監査人による監査役等とのコミュニケーションに関する実務上の指針である監査基準委員会報告書260では、コミュニケーションを行うことが要求される事項として、財務諸表監査に関連する監査人の責任、計画した監査の範囲とその実施時期、監査上の重要な発見事項、監査人の独立性及び品質管理のシステムの整備・運用状況を挙げている。会社法や金融商品取引法では明示的に要求されているわけではないが、監査役等及び監査人の職務が適切に遂行されるために重要と思われるのは、コミュニケーションの対象には、監査人により識別された特別な検討を必要とするリスクが含まれる点（13項）、「監査人は、会計実務が、適用される財務報告の枠組みの下で受入可能であるが、企業の特定の状況においては最適なものではないと考える場合は、その理由を監査役等に説明しなければならない。」とされてい

る点（14項(1)）、ならびに、監査期間中に困難な状況に直面した場合は、その状況（14項(2)）、監査の過程で発見され、経営者と協議したかまたは経営者に伝達した重要な事項（14項(3)）、監査人が要請した経営者確認書の草案（14項(4)）、監査報告書の様式及び内容に影響を及ぼす状況（14項(5)）。「監査報告書について、監査契約締結時に想定された様式及び内容と異なる場合、又は実施された監査に関する追加的な情報を含む場合に、その状況を監査役等に報告することを想定している」とされ（A22項）、監査報告書に追加的な情報を含めることが要求されるまたは必要と判断するため、監査役等とのコミュニケーションが必要とされる場合として、監査報告書において除外事項付意見を表明する場合、継続企業の前提に関する重要な不確実性を報告する場合、監査上の主要な検討事項を報告する場合、及び監査基準委員会報告書706の11項に従って、またはその他の監査基準委員会報告書の要求により、「強調事項」区分または「その他の事項」区分を含めることを監査人が必要と判断する場合が例示され、このような状況においては、「監査報告書において当該事項をどのように取り扱う予定かに関する協議の資料として、監査報告書の草案を監査役等に提供することが有用と監査人が判断する場合がある」とされている（A23項））及び監査の過程で発見され、監査人が、職業的専門家としての判断において財務報告プロセスに対する監査役等による監視にとって重要と判断したその他の事項（14項(6)）をコミュニケーションの対象に含めることが要求されている点である。

　以上に加えて、監査法人のガバナンス・コードに関する有識者検討会「監査法人の組織的な運営に関する原則《監査法人のガバナンス・コード》」（2017年3月31日）の指針4-4は、「監査法人は、被監査会社のCEO・CFO等の経営陣幹部及び監査役等との間で監査上のリスク等について率直かつ深度ある意見交換を尽くすとともに、監査の現場における被監査会社との間での十分な意見交換や議論に留意すべきである。」（圏点─引用者）としている[10]。

　このように、金融商品取引法及び会社法[11]の下で、また、監査法人のガバナンス・コードにおいて、監査役等と監査人とのコミュニケーションが求められているが、監査上の主要な検討事項の記載により、その実効性が高まる

ことが期待されている。

3 ｜ 監査上の主要な検討事項と守秘義務

「監査基準の改訂に関する意見書」は、「監査人が追加的な情報開示を促した場合において経営者が情報を開示しないときに、監査人が正当な注意を払って職業的専門家としての判断において当該情報を「監査上の主要な検討事項」に含めることは、監査基準に照らして守秘義務が解除される正当な理由に該当する。」と指摘している[12]。公認会計士法27条は、「公認会計士は、正当な理由がなく、その業務上取り扱つたことについて知り得た秘密を他に漏らし、又は盗用してはならない。」と定めているが、監査の基準に基づくときには正当な理由があると解されており[13]、これと整合的である。もっとも、監査報告書の名宛人は、通常、被監査会社の取締役会であり[14]、かつ、取締役会は被監査会社の機関であることに鑑みると、少なくとも形式論としては、監査報告書に記載したのみでは「他に」漏らしたことにはならないということになりそうである。また、そもそも、守秘義務の対象となる「秘密」は客観的に保護に値するものでなければならないと解すると、会社計算規則116条により注記すべき「貸借対照表等、損益計算書等及び株主資本等変動計算書等により会社（連結注記表にあっては、企業集団）の財産又は損益の状態を正確に判断するために必要な事項」、財務諸表等規則8条の5により注記すべき「利害関係人が会社の財政状態、経営成績及びキャッシュ・フローの状況に関する適正な判断を行うために必要と認められる事項」、または、連結財務諸表規則15条により注記すべき「連結財務諸表提出会社の利害関係人が企業集団の財政状態、経営成績及びキャッシュ・フローの状況に関する適正な判断を行うために必要と認められる事項」などに当たる限り、守秘義務の対象となる「秘密」には当たらないということになる。

4 | 会計監査報告と監査上の主要な検討事項

　「監査基準の改訂に関する意見書」及びそれに至る監査部会における議論からは、会社法上の会計監査との関係では、監査上の主要な検討事項の記載を要求することは想定されていないが[15]、会計監査報告に監査上の主要な検討事項を記載することは妨げられないし、会計監査報告に監査上の主要な検討事項が記載されていなくとも、株主総会において、取締役または監査役等に対して、会計監査人からコミュニケーションされた事項（しかも、株主総会の時点では、金融商品取引法上の監査報告書に記載される監査上の主要な検討事項についての情報も監査役等は有しているであろう。）について、株主が説明を求めることは可能である。

　すなわち、取締役、会計参与、監査役及び執行役は、株主総会において、株主から特定の事項について説明を求められた場合には、原則として、当該事項について必要な説明をしなければならないとされているが（会社法314条）、会社法の規定に基づく会計監査人監査と金融商品取引法に基づく監査とが一体的に行われていることからすれば、両者の間で監査上の主要な検討事項は異ならないと推測される。また、会計監査人監査においても監査上の主要な検討事項は存在するはずであり、それは監査役等の監査における会計監査人の監査の方法の相当性の評価において当然に考慮に入れられているはずである。そして、計算書類・連結計算書類の承認または報告は定時株主総会の目的である事項であり、会計監査報告及び監査役等の監査報告が定時株主総会の目的である事項に関するものであることに疑問をさしはさむ余地はない。しかも、金融商品取引法監査の監査報告書に記載されている監査上の主要な検討事項を定時株主総会で「説明することにより株主の共同の利益を著しく害する」（314条ただし書き）ということは想定できない。また、金融商品取引法監査の監査報告書に記載されている監査上の主要な検討事項の説明は、「説明をするために必要な調査が著しく容易である」といわざるをえないし（会社法施行規則71条1号ロ）、「株主が説明を求めた事項について説明をするこ

182

とにより株式会社その他の者（当該株主を除く。）の権利を侵害することとなる場合」（会社法施行規則71条2号）にも通常は当たらないであろう。当たるとしたら、そもそも、金融商品取引法監査の監査報告書にも記載できないはずだからである。

　もっとも、会社法施行規則71条4号は「前三号に掲げる場合のほか、株主が説明を求めた事項について説明をしないことにつき正当な理由がある場合」には説明を要しないとしており、いわゆるフェア・ディスクロージャー・ルール（FDルール）の存在[16]も正当な理由に当たるという見解を示している実務家も存在する[17]。しかし、金融商品取引法27条の36は、上場会社等が取引関係者に対して、意図的に重要情報の伝達を行った場合には当該伝達と同時に（第1項）、意図的でない伝達を行った場合には速やかに（第2項）、それぞれ、重要情報を公表しなければならないとしているにすぎず、重要情報の伝達を禁止しているわけではなく、この規定を根拠として、株主の重要な権利を裏側から定める会社法の重要な規定を空文化することは本末転倒といわざるをえない。しかも、株主総会での説明義務の履行は投資者に対する「広報」に係る業務としての情報の提供ではなく、株主という株式会社の構成員による情報請求に応じるものである。

　たしかに、金融庁は、「株主総会において、広報に係る業務として情報が提供される際に、当該情報が(a)未公表の確定的な情報であって、(b)公表されれば有価証券の価額に重要な影響を及ぼす蓋然性がある情報である場合には、FDルールの対象になるものと考えられます。」（圏点―引用者）という見解を示しているが[18]、株主総会における説明義務の履行＝「公表に係る業務として」の情報の提供であるとまでは述べておらず、解釈にゆだねていると評価すべきであろう[19]。そして、かりに、取締役、執行役または監査役等による株主総会においてした、監査上の主要な検討事項についての言及がFDルールにいう重要情報の伝達に当たると解される場合には、意図して行う場合は同時に、そうでない場合には速やかにその内容を公表すれば十分というべきである。

　他方、会計監査人は、①定時株主総会において会計監査人の出席を求める

決議があったとき、または、②計算関係書類が法令または定款に適合するかどうかについて会計監査人が監査役等と意見を異にするときにのみ、定時株主総会に出席する権利（①の場合は義務も）を有する。そして、いずれの場合についても、意見を述べなければならない、または意見を述べることができるとされており（会社法398条）、取締役・執行役・監査役等と異なり、説明義務としては規定されていない。したがって、形式的な文言解釈としては、監査上の主要な検討事項についての意見を述べることで足りるという解釈も可能かもしれないが、定時株主総会において、会議の目的である事項を審議し、決議するために必要な情報を──とりわけ、会計監査人と監査役等との意見の不一致が存在し、株主による最終的判断が求められる場合には──株主が得ることができるようにするという会社法398条の立法趣旨からは、株主から求められた範囲内では、善良な管理者としての注意義務を尽くして、説明をすることが求められると解することが適切である[20]。

　会計監査人が株主総会において、監査上の主要な検討事項について説明をすることは、会社法398条の規定に基づくものであるから、「正当な理由」があるといえるし、そもそも、株主総会は株式会社の機関であるから「他に」漏らしたことには当たらず、当該会社の秘密との関係では公認会計士法27条の守秘義務違反には当たらないといえそうである（本書「3　監査人の守秘義務」参照）。

5 ｜ 監査上の主要な検討事項と監査人等の民事責任

(1)　監査人の会社に対する賠償責任

　金融商品取引法上の監査人または会社法上の会計監査人は、会社との間の監査契約に基づいてなすべきことをしなければ、民法上の債務不履行責任を負うことになるが、そこでは、監査契約に基づいてなすべきことが何なのかが問題となる。しかし、いずれの場合にも、法定監査である以上、『監査基準』

などの一般に公正妥当と認められる監査に関する基準及び慣行[21]の下で要求される監査計画及び監査の実施が最低限を画することになり、当該監査契約において、それを軽減することはできないと考えられる（他方、当該監査契約において、公認会計士・監査法人がなすべきことを追加することは、監査人の独立性と抵触しない限りにおいては有効であるといえよう。）。

　会社法423条にいう任務懈怠責任は、なすべきことをしなかったことを理由とする損害賠償責任であるが、会計監査人の任務の中核は会計監査報告を作成することである。理論的には、会社法上の任務を懈怠したことを理由とするものであるから、こちらも、『監査基準』などの一般に公正妥当と認められる監査に関する基準及び慣行に照らして、任務懈怠の有無が判断されることになる。

　ところで、監査上の主要な検討事項を監査報告書（金融商品取引法）または会計監査報告（会社法）に記載することが、たとえば、『監査基準』により要求されることになっても、監査上の主要な検討事項の記載により監査人の任務に変更は生じないと考えられる。監査上の主要な検討事項は監査人の職業専門家としての判断において、当該年度の財務諸表監査で特に重要な事項をいうのであるが、これは、監査上の主要な検討事項の記載が要求されようがされまいが、監査人は当該年度の財務諸表監査で何が特に重要な事項であるかを把握し、監査上、適切に対応することが求められているからである（リスク・アプローチという観点からもこのようにいうことができる。）。また、監査上の主要な検討事項は、ガバナンスに責任を有する者にコミュニケーションした事項の中から選択されるのであるから、監査上の主要な検討事項を記載するためにのみ追加的な監査手続が実施されるということはないと考えられるからである。

　もちろん、監査上の主要な検討事項の記載が要求されることによっては監査人の任務に変更が生じないといっても、監査上の主要な検討事項への監査上の対応の記載が、一般に公正妥当と認められる監査の基準に照らして、監査人の監査手続が不十分であることを会社が発見する端緒となり、監査人の任務懈怠責任が追及されやすくなる[22]というような事実上の効果が生ずるこ

とはありうる。

　そして、監査上の主要な検討事項の記載との関連でいえば、監査人に任務懈怠がないにもかかわらず、会社に対して不法行為責任を負うことも考えにくい。

(2)　監査人の第三者に対する賠償責任

　金融商品取引法上、投資家に対する責任は、財務書類の記載が虚偽でありまたは欠けているものを、故意または過失により、虚偽でなくまたは欠けていないものとして証明したことを理由とする責任である。ところが、監査上の主要な検討事項として記載し、または記載しなかった事項がどのようなものであっても、また、ある事項を監査上の主要な検討事項であると判断した理由及び当該事項に対する監査上の対応についてどのような記載がされたとしても、それらは、財務書類の適正性または有用性についての意見の表明ではないのであるから、監査上の主要な検討事項の記載によって、財務書類の記載が虚偽でありまたは欠けているものを、故意または過失により、虚偽でなくまたは欠けていないものとして証明することにはならない。したがって、監査上の主要な検討事項の記載が不適切であることにより、監査人が金融商品取引法21条1項・2項、22条、24条の4、24条の4の7第4項及び24条の5第5項に基づく損害賠償責任を負うことになるという帰結は想定しにくい。

　また、会社法429条2項に基づく責任は、故意または過失により、会計監査報告に記載しまたは記録すべき重要な事項について虚偽の記載または記録をしたことを理由とする責任であり、——かりに、会社法上も、会計監査報告に監査上の主要な検討事項の記載が求められることになったとしても（そうでなければ、監査上の主要な検討事項は「会計監査報告に記載しまたは記録すべき重要な事項」には当たらないであろう。）——会計監査人が不適切な事項を監査上の主要な検討事項として選定したことまたは監査上の主要な検討事項として選定した事項に対する監査上の対応として記載された内容が不適切であったこと自体は、虚偽の記載または記録であるということはできない。監査上の主要な検討事項に対する監査上の対応として行わなかったこ

とを行ったかのように記載したとか、監査役等にコミュニケーションしなかった事項を監査上の主要な検討事項として記載したことが、「会計監査報告に記載しまたは記録すべき重要な事項について虚偽の記載または記録をした」ことに当たるというべきである。もっとも、この場合であっても、会社の計算書類または連結計算書類に虚偽記載があるにもかかわらず、不適切に無限定適正意見や除外事項を付した限定付適正意見を表明したというのでなければ、第三者（株主・債権者・投資家など）が被った損害と、会計監査報告における監査上の主要な検討事項に関する虚偽記載との間には相当な因果関係はなく、損害賠償請求は認められないということになろう。

　他方、会社法429条１項に基づく責任との関係では、監査上の主要な検討事項の選定が不適切であること、または監査上の主要な検討事項として選定した事項に対する監査上の対応が不適切であること自体が責任原因となりうると考えられる。しかし、429条１項の責任を追及するためには、原告は会計監査人の悪意または重大な過失を立証しなければならない。また、当該会計監査人による監査上の主要な検討事項の選定が不適切であり、または監査上の主要な検討事項として選定した事項に対する監査上の対応が不適切であったとしても、会社の計算書類または連結計算書類に虚偽記載があるにもかかわらず、不適切に無限定適正意見や除外事項を付した限定付適正意見を表明したというのでなければ、多くの場合、不適切な監査上の主要な検討事項の選定または監査上の対応と第三者が被った損害との間には相当な因果関係はなく、損害賠償請求は認められないということになろう。

　もっとも、第三者（株主・債権者・投資家など）が監査上の主要な検討事項の記載があることによって、会計監査報告における会計監査人の意見（無限定適正意見など）を適切に解釈することができるというのであれば、不適切な監査上の主要な検討事項の選定と第三者が被った損害との間に相当な因果関係がありうることになりそうである。ただし、監査上の主要な検討事項の記載をふまえて、監査報告書利用者は監査人の意見を解釈するのだとすれば、金融商品取引法上も会社法上も、監査上の主要な検討事項の記載は、監査人にとっての責任範囲限定条項としての意味を、事実上有する可能性があ

る（利用者としては、監査上の主要な検討事項の記載を考慮に入れずに、手放しで無限定適正意見に依拠してはならない。）という見方もできる。さらに進んで、利用者としては、監査報告書から、監査人が監査上の主要な検討事項を的確に選定していない、あるいは適切に監査上の対応を行っていないことが読み取れるのであれば、監査人の監査の失敗と財務書類利用者の損害との間の因果関係が弱まる、少なくとも監査人の責任は過失相殺によって減額されるという立論の余地すらある。

(3)　監査役等の民事責任に対する影響

会計監査人設置会社の監査役等の監査報告には、会計監査人の監査の方法または結果を相当でないと認めたときに、その旨及びその理由が記載される（会社計算規則127条−129条）。したがって、少なくとも、会社法上、会計監査報告に監査上の主要な検討事項が記載されるということになると、監査役等としては、それを考慮に入れて、会計監査人の監査の方法及び結果の相当性を判断しなければならないことになる。もっとも、監査上の主要な検討事項は監査役等にコミュニケーションした事項の中から選定されるのであるから、少なくとも建前論としては、会計監査については、これまでよりも監査役等の民事責任のリスクが高まるというわけではなさそうである。

他方、会計監査人からコミュニケーションを受けた事項が人の目にふれるようになるわけであるから、業務監査との関係では、コミュニケーションを受けた事項に適切に対応したかどうかが問われるようになり、それが、実質的には民事責任のリスクを高めることになることはありえよう。

〈注〉────────────────────────────

1　『監査基準』第四　報告基準、七　監査上の主要な検討事項、2。これをうけて、平成30年内閣府令第54号による改正後監査証明府令4条5項が、これらを監査報告書の記載事項として定めている。

2　監査・保証実務委員会実務指針第85号「監査報告書の文例」文例11及び文例12参照

3　たとえば、ドイツでは、長文式の監査報告書が監査役会に提出され（ドイツ商法典321条。ドイツ商法典の日本語訳として、たとえば、法務資料第465号『ドイツ商法典（第1編〜第4編）』〈http://www.moj.go.jp/content/001206509.pdf〉参照）、EU法定監査規則（Regulation（EU）No 537/2014 of the European Parliament and of the Council of 16 April 2014 on specific requirements regarding statutory audit of public-interest entities and repealing Commission Decision 2005/909/EC, OJ L 158, 27.5.2014, p. 77）11条が、社会的影響度の高い事業体の監査委員会に対する追加的報告書の提出を要求しているのと対照的である。

4　「関する」も「係る」も、ある言葉とある言葉をつなぐために用いられる表現で、前の語が後の語の内容を特定したり、意味を説明したり、あるいは、目的語の関係にあることを示すが、法制執務上、「関する」は「係る」に比べ、より緩やかな範囲での結びつきを表す場合に使用される。したがって、監査役等の報告請求権はかなり広範に及ぶと考えられる。

5　監査の実施の過程における中間的報告を求めることや、監査役等が何らかの端緒により懸念を抱いた点についての監査の報告を求めることも、もちろん可能である。

6　味村　治＝加藤一昶『改正商法及び監査特例法等の解説』（法曹会、1977）267頁、加藤一昶ほか『改正商法と計算規則の解説』（商事法務研究会、1975）136頁、稲葉威雄『改正会社法』（金融財政事情研究会、1982）336頁、大隅健一郎＝今井　宏『会社法論［第3版］中巻』（有斐閣、1991）359頁など。

7　会社法の下では、「会計監査人は、その職務を行うに際して取締役の職務の執行に関し不正の行為又は法令若しくは定款に違反する重大な事実があることを発見したときは、遅滞なく、これを監査役に報告しなければならない。」とされ（397条1項・3項・4項・5項）、例外的な場合であるにせよ、ここでは、会計監査人と監査役等のコミュニケーションが要求されている。また、会計監査人は、特定監査役に対する会計監査報告の内容の通知に際して、会計監査人の職務の遂行に関する事項として、①独立性に関する事項その他監査に関する法令及び規程の遵守に関する事項、②監査、監査に準ずる業務及びこれらに関する業務の契約の受任及び継続の方針に関する事項、③会計監査人の職務の遂行が適正に行われることを確保するための体制に関するその他の事項を通知しなければならないものとされている（会社計算規則131条）。そして、監査役等は、会計監査人の職務遂行の体制について、その監査報告にその内容を記載しなければならない（会社計算規則127条2号、128条2項2号、129条1項2号、

128条の2第1項2号)。

　また、平成30年改訂前『監査基準』、『監査における不正リスク対応基準』及び監査基準委員会報告書260ならびに会社法及び金融商品取引法の下での規律などを背景として、日本監査役協会と日本公認会計士協会とは、「監査役等と監査人との連携に関する共同研究報告」を公表している。また、日本監査役協会会計委員会「会計監査人との連携に関する実務指針」も策定されている。

8　『監査基準』第四 報告基準、二 監査報告書の記載区分、2(2)。また、平成30年改正後監査証明府令4条5項

9　監査報告書に記載すべき「監査人の責任」には「監査役等と適切な連携を図ること、監査上の主要な検討事項を決定して監査報告書に記載すること」(圏点―引用者)が含められた(『監査基準』第四 報告基準、三 無限定適正意見の記載事項、(4))。これをうけて、平成30年改正後監査証明府令4条8項8号及び9号が監査報告書の記載事項として定めている。

10　監査上の主要な検討事項に対して監査役等がより多くの注意を払うようになり、その結果、財務報告の品質の向上が図られることも期待できるかもしれない。とりわけ、監査上の主要な検討事項の記載は、監査役等の会計監査にとどまらず業務監査との関係で重要な内容を含んでいることがありうること、監査上の主要な検討事項の記載があると、監査役等は監査人からコミュニケーションされた事項に適切に対応しないとそれが株主等に知られることなどから、監査役等(及び経営者)の行動に影響を与えることも期待できる。

11　会社法施行規則107条2項は、監査役は、その職務を適切に遂行するため、当該株式会社の取締役、会計参与及び使用人、当該株式会社の子会社の取締役、会計参与、執行役、業務を執行する社員、会社法598条1項の職務を行うべき者その他これらの者に相当する者及び使用人その他監査役が適切に職務を遂行するに当たり意思疎通を図るべき者との意思疎通を図り、情報の収集及び監査の環境の整備に努めなければならないと定めている(同107条2項も同旨)。同110条2項も、会計監査人は、その職務を適切に遂行するため、当該株式会社の取締役、会計参与及び使用人、当該株式会社の子会社の取締役、会計参与、執行役、業務を執行する社員、会社法598条1項の職務を行うべき者その他これらの者に相当する者及び使用人その他会計監査人が適切に職務を遂行するに当たり意思疎通を図るべき者との意思疎通を図り、情報の収集及び監査の環境の整備に努めなければならないと定めている。意思疎通を図るべき者として、前者では会計監査人は列挙されておらず、後者では監査役が列挙されていない。これは、会計監査人と監査役等とは、当然に相互に意思疎通を図り、情

報の収集及び監査の環境の整備に努めなければならないからである。

12 二 主な改訂点とその考え方、1「監査上の主要な検討事項」について、(5)「監査上の主要な検討事項」と企業による開示との関係

13 『倫理規則』6条8項参照

14 「監査・保証実務委員会実務指針第85号」8項参照。より詳細には、本書「23 会計監査人と株主総会」参照

15 「適用当初においては、記載内容についての監査人と企業の調整に一定の時間を要すると想定されることから、現行実務のスケジュールを前提とすれば、会社法上の監査報告書に記載するには課題があるとの指摘があったことをふまえ、当面、金融商品取引法上の監査報告書においてのみ記載を求めることとしております。」(『コメントの概要及びコメントに対する考え方』〈https://www.fsa.go.jp/news/30/sonota/20180706/2.pdf〉コメント78から83に対する「コメントに対する考え方」)。また、企業会計審議会第39回監査部会議事録〈https://www.fsa.go.jp/singi/singi_kigyou/gijiroku/kansa/20171117.html〉[小畑委員][林委員][初川委員]、同第42回監査部会議事録〈https://www.fsa.go.jp/singi/singi_kigyou/gijiroku/kansa/20180424.html〉[水口委員]など参照

たしかに、監査論の研究者からは、会社法の下での会計監査報告への記載を求めないことにより、「株主総会において株主としてKAMを利用して計算書類を審議する権利が侵害されている」という批判が加えられている（たとえば、松本祥尚「「監査上の主要な検討事項」の開示対象者」会計・監査ジャーナル31巻1号（2019）21頁参照）。しかし、会社法の観点からは、株主総会における説明義務が存在し、それによって株主は情報を入手できるから（企業会計審議会第39回監査部会議事録［松本委員］も参照）、［有価証券報告書等外での情報提供が法令上は予定されていない］金融商品取引法のように一律に要求する必要性は必ずしも高くないという反論（言い訳？）が可能である。また、無限定適正意見が表明され、かつ、会計監査人の監査の方法または結果について監査役等の不相当意見が表明されていない場合には、取締役会設置会社以外の会社であるという（現実にはまず存在しない）ケースを除き、取締役会により計算書類は確定されるのであるから、株主総会での審議・承認はなく、質疑応答（説明）の問題に帰着するということもできる。

なお、立法論としては、連結計算書類にかかる会計監査報告と同様、定時株主総会の招集通知に際して提供することは要求せず、定時株主総会において報告すれば足りるとすることが考えられるが、いわば会計監査報告の差替えとい

うことになるという不自然さは免れない。もっとも、将来、定時株主総会の招
集通知の完全な電子化が認められるか、会社法と金融商品取引法との開示・監
査の一体化が実現すれば、このような状況は緩和または解消されることが期待
される。

16 　FD ルールについては、本書「17　監査人の交代と引継ぎ」も参照

17 　吉川　純「フェア・ディスクロージャー・ルールに関する実務対応」資料版
商事法務410号（2018）81頁、根本敏光ほか「フェア・ディスクロージャー・
ルールへの実務対応の動向」商事法務2185号（2018）14頁。これらの論稿は、
株主総会での回答が FD ルールの対象となることから、株主総会での回答が
FD ルールに違反することがあると解しているようであるが、本文で述べるよ
うに、FD ルールは、伝達を行ったときは重要情報を公表することを求めてい
るのであるから、論理の飛躍がある。

18 　「コメントの概要及びコメントに対する金融庁の考え方」〈https://www.
fsa.go.jp/news/29/syouken/20180206-1.pdf〉

19 　吉川・前掲注⒄80頁も参照

20 　大隅＝今井・前掲注⑹341頁、龍田節「商特17条」上柳克郎＝鴻　常夫＝竹
内昭夫（編集代表）『新版注釈会社法⑹』（有斐閣、1987）621頁、山田純子「398
条」岩原紳作（編）『コンメンタール会社法９』（商事法務、2014）38頁

21 　ただし、『監査における不正リスク対応基準』については、監査証明府令３
条４項が「監査証明を受けようとする者が次のいずれか［同項各号—引用者］
に該当する者であるときに限り、適用されるものとする。」と定めていること
から、同項各号に列挙された者以外の者の金融商品取引法監査においては、監
査人がなすべき監査手続等の最低限を画するものではないと解すべきことにな
り、会社法の下での会計監査人監査においてはなおさら、そのように考えられ
ることになろう。

22 　平成30年改訂後『監査基準』及び平成30年内閣府令第54号による改正後監査
証明府令４条５項４号では、監査における監査人の監査上の主要な検討事項に
対する対応の記載が求められている。そして、監査基準委員会報告書701「独
立監査人の監査報告書における監査上の主要な検討事項の報告」（2019年２月
27日、改正：2021年１月14日）では、監査人の対応の記載内容について、監査
人は、12項⑷に基づき、監査上の対応について、監査上の主要な検討事項に最
も適合している、または評価した重要な虚偽表示リスクに焦点を当てた監査人
の対応または監査アプローチの内容、実施した手続の簡潔な概要、監査人によ
る手続の結果に関連する記述及び当該事項に関する主要な見解のいずれか、ま

たは組み合わせて記載するものとしている（A46項）。

　なお、国際監査基準701は、監査上の主要な事項（KAM）とされた事項への対応を説明するために適切である場合には、当該事項について行われた監査手続及び監査の結果を記載することができるとしているが、協会は、国際監査基準701の公開草案に対して、KAMに当たると判断した個々の事項に関する監査手続やその実施結果を監査報告書に記載することは適当ではないとしていた。この理由としては、①監査手続やその実施結果を記載しなくても、当該事項が重要であると考えた理由は説明できること、②当該事項に対して個別の意見を提供しているとの印象を与えること、③特に困難な判断を伴う事項に対して実施された監査手続を簡潔に要約することは難しく、結果的に、実施された手続の内容について誤解を与える可能性が高いこと、及び、④監査の結果が記載されない監査上の主要な事項に関しては、何か問題があったものと誤解される可能性があることを挙げていた（日本公認会計士協会「『財務諸表に対する監査報告：提案する新規及び改訂版の国際監査基準』に対するコメント」（2013年11月21日）6頁）。

13

実質的判断

1 | 適正表示の枠組み

　『監査基準』では、「監査人は、適正性に関する意見を表明する場合には、経営者の作成した財務諸表が、一般に公正妥当と認められる企業会計の基準に準拠して、企業の財政状態、経営成績及びキャッシュ・フローの状況をすべての重要な点において適正に表示しているかどうかについての意見を表明しなければならない。」とされており（第四 報告基準、一 基本原則、1）、「適正表示」の意義が問題となる。

　監査基準委員会報告書において、「適正表示の枠組み」は、その財務報告の枠組みにおいて要求されている事項の遵守が要求され、かつ、①財務諸表の適正表示を達成するため、財務報告の枠組みにおいて具体的に要求されている以上の開示を行うことが必要な場合があることが、財務報告の枠組みにおいて明示的または黙示的に認められている、または、②財務諸表の適正表示を達成するため、財務報告の枠組みにおいて要求されている事項からの離脱が必要な場合があることが、財務報告の枠組みにおいて明示的に認められている（ただし、このような離脱は、非常にまれな状況においてのみ必要となることが想定されている）、のいずれかを満たす財務報告の枠組みに対して使用される[1]。

　また、監査基準委員会報告書700は、「適正表示の枠組みでは、適用される財務報告の枠組みにおいて要求される事項に準拠して財務諸表を作成したと

しても、財務報告の枠組みにおいて具体的に要求されている以上の注記や、財務報告の枠組みからの離脱が必要な場合があることから、作成された財務諸表が適正に表示されているとは認められない場合がある。その場合には、監査人は、原因となっている事項について経営者と協議し、適用される財務報告の枠組みにより求められる事項、及びその事項がどのように解消されたかに応じて、監査基準委員会報告書705に基づき監査報告書において除外事項付意見を表明する必要があるかどうかを判断しなければならない。」とし（16項）、「適正表示の枠組みにより求められる事項に準拠して財務諸表を作成したとしても、作成された財務諸表が適正に表示されているとは認められない場合……、経営者は、財務報告の枠組みにおいて具体的に要求されている以上の追加的な注記を行うか、又は極めてまれな状況において、財務報告の枠組みにおいて要求されている事項から離脱することにより、財務諸表において適正な表示を行うことが可能な場合がある。」（A16項）としている。

2 | 『監査基準』と監査人の実質的判断

『監査基準』は、「監査人は、財務諸表が一般に公正妥当と認められる企業会計の基準に準拠して適正に表示されているかどうかの判断に当たっては、経営者が採用した会計方針が、企業会計の基準に準拠して継続的に適用されているかどうかのみならず、その選択及び適用方法が会計事象や取引を適切に反映するものであるかどうか並びに財務諸表の表示方法が適切であるかどうかについても評価しなければならない。」としている（第四 報告基準、一 基本原則、2）[2]。

これについて、企業会計審議会「監査基準の改訂について」（平成14年1月25日）[3]では、「監査人が財務諸表の適正性を判断するに当たり、実質的に判断する必要があることを示した。監査人は、経営者が採用した会計方針が会計基準のいずれかに準拠し、それが単に継続的に適用されているかどうかのみならず、その会計方針の選択や適用方法が会計事象や取引の実態を適切

に反映するものであるかどうかを判断し、その上で財務諸表における表示が利用者に理解されるために適切であるかどうかについても評価しなければならない。」（三　主な改訂点とその考え方、9　監査意見及び監査報告書、(1) 適正性の判断、②）と説明していた。すなわち、現在の『監査基準』は、「会計方針の選択や適用方法が会計事象や取引の実態を適切に反映するものであるかどうか」を判断することを監査人に求めている。

　また、「監査基準の改訂について」は、①「会計方針の選択や適用方法が会計事象や取引の実態を適切に反映するものであるかの判断においては、会計処理や財務諸表の表示方法に関する法令又は明文化された会計基準やその解釈に関わる指針等に基づいて判断する」、②「会計事象や取引について適用すべき会計基準等が明確でない場合には、経営者が採用した会計方針が当該会計事象や取引の実態を適切に反映するものであるかどうかについて、監査人が自己の判断で評価しなければならない」、③「会計基準等において詳細な定めのない場合も、会計基準等の趣旨を踏まえ、……監査人が自己の判断で評価する」、④「新しい会計事象や取引、例えば、複雑な金融取引や情報技術を利用した電子的な取引についても、経営者が選択し、適用した会計方針がその事象や取引の実態を適切に反映するものであるかどうかを監査人は自己の判断で評価しなければならない」ともしていた（三、9、(1)③）。

3 | 「経理自由の原則」と監査人の実質的判断

　かつては、選択・適用が認められている複数の会計処理の原則及び手続（会計方針）の中から、経営者は自由に会計方針を選択し、また、——継続性の原則の制約の下で——会計方針を変更することができる（経理自由の原則）と考えられていたのではないかと思われる[4]。

　しかし、平成17年会社法制定後は、たとえば、会社計算規則5条6項3号が「事業年度の末日においてその時の時価又は適正な価格を付すことが適当な資産」（圏点—引用者）と定めていることに表われているように[5]、会社は、

当該会社の状況・環境、取引や事象に即した合理的な会計方針、すなわち、会計事象や取引の実態を適切に反映する会計方針を選択しなければならないことが前提とされていると考えられる。少なくとも、現在では、選択・適用が認められている会計方針であれば、全く任意に選択できることを「経理自由の原則」は意味しているわけではない。

　この結果、かつては、（平成17年改正前）商法の下で選択・適用が認められている複数の会計処理の原則及び手続のいずれかによって会計処理が行われており、それに基づいて作成されていれば「貸借対照表及損益計算書ガ法令及定款ニ従ヒ会社ノ財産及損益ノ状況ヲ正シク示シタルモノ」（商法特例法21条の28第2項2号、平成17年改正前商法281条ノ3第2項3号）であると解する見解が多数説であったのではないかとも推測されるのに対し[6]、現在の会社法の下では、会計事象や取引の実態を適切に反映する会計方針を適用せずに計算関係書類が作成されている場合には、その計算関係書類は「監査の対象となった計算関係書類が一般に公正妥当と認められる企業会計の慣行に準拠して、当該計算関係書類に係る期間の財産及び損益の状況を全ての重要な点において適正に表示している」（会社計算規則126条1項2号イ）といえないのみならず、「法令又は定款に適合」（会社法398条1項参照）していないと解するのが穏当である[7]。

　なお、監査基準委員会報告書700は、「監査人は、財務諸表が、すべての重要な点において、適用される財務報告の枠組みに準拠して作成されているかどうか……の評価においては、経営者の判断に偏向が存在する兆候等、企業の会計実務の質的側面も勘案しなければならない。」とし（10項）、とくに「経営者が採用した会計方針が、適用される財務報告の枠組みに準拠しており、かつ適切であるかどうか。」（11項(2)）を評価しなければならないとしている。

　以上に加えて、監査基準委員会報告書260は、監査人は「会計方針、会計上の見積り及び財務諸表の表示及び注記事項を含む、企業の会計実務の質的側面のうち重要なものについての監査人の見解」について監査役等とコミュニケーションを行わなければならないとし、そのコミュニケーションの際には、「監査人は、会計実務が、適用される財務報告の枠組みの下で受入可能

であるが、企業の特定の状況においては最適なものではないと考える場合は、その理由を監査役等に説明しなければならない。」としている（14項(1)）[8]。また、「企業の会計実務の重要な質的側面について監査役等と率直にコミュニケーションを行う際には、重要な会計実務が受入可能かどうかに関する監査人の見解が含まれることがある。」とされている（A18項）。そして、監査基準委員会報告書260の「付録2　会計実務の質的側面」では、「会計実務の質的側面」に関連する「会計方針」について、「会計実務の質的側面に関するコミュニケーション」に含まれる事項の例として、「情報提供に要する費用と財務諸表利用者が得られる便益とを勘案した上での、個々の企業の状況に応じた会計方針の適切性」や「議論がある又は新たな領域における重要な会計方針（又は、確立された指針等がない、業界特有の会計方針）の影響」が挙げられている。

4 | 監査人の実質的判断のための判断規準

　『監査基準』は、「財務諸表が一般に公正妥当と認められる企業会計の基準に準拠して適正に表示しているかの判断に当たって」監査人の実質的な判断を要求しているため、「会計処理や財務諸表の表示方法に関する法令又は明文化された会計基準やその解釈に関わる指針等」が、監査人の判断の規準として想定されている。

　「会計処理や財務諸表の表示方法に関する法令」には、会社法第2編第5章（計算等）及び第3編第5章（計算等）、会社計算規則、財務諸表等規則、連結財務諸表規則などのほか、銀行法などのいわゆる業法中の会計処理や財務諸表の表示方法に関する規定などがあたる。「明文化された会計基準やその解釈に関わる指針等」には、企業会計審議会が公表した企業会計の基準のほか、企業会計基準委員会が公表している企業会計基準、会計基準適用指針及び実務対応報告のみならず、日本公認会計士協会の会計制度委員会の委員会報告書も含まれる。

　指定国際会計基準や修正国際基準は「適用される財務報告の枠組み」には含まれるが（「監査基準委員会報告書200」A5項、「監査基準委員会報告書210」A8項参照）、「一般に公正妥当と認められる企業会計の基準」にはあたらない（連結財務諸表規則１条の２、１条の３、93条及び94条。また、監査・保証実務委員会実務指針第85号「監査報告書の文例」文例３・文例４など参照）ため、——かりに、「一般に公正妥当と認められる企業会計の基準」が企業会計基準等からの離脱を認めていないと解したとしても——国際財務報告基準／国際会計基準からの離脱が求められる場合[9]には、監査基準委員会報告書700の16項及びA16項が適用されると説明することができる。

5 ｜ 取引や事象の実態を表わすことにならない会計方針への対応

　財務諸表（計算書類）は、会社の財政状態及び経営成績（金融商品取引法の下では、さらにキャッシュ・フローの状況）を適正に表示するものであることが、適用される財務報告の枠組み（たとえば、会社法や金融商品取引法）により求められていると解するのであれば、監査人は、取引や事象の実態を表わすことにならない会計方針に基づいて作成された財務諸表には虚偽表示があると判断すべきことになる。そして、複数の代替的会計処理方法のうち取引や事象の実態を表わす会計方針を適用する場合を想定し、虚偽表示の影響額を把握し、その虚偽表示の重要性に応じて、無限定適正意見、除外事項を付した限定付適正意見または不適正意見を表明することが原則となるのが論理的な帰結である。

　「適正表示の枠組み」では、個別の会計基準が要求している会計処理方法または許容している代替的会計処理方法のいずれによっても、取引や事象の実態を表わすことにならない場合には、財務諸表の適正表示を達成するため、財務報告の枠組みにおいて具体的に要求されている以上の開示を行うことが求められるが、会社法の下では、会社計算規則98条１項19号が、個別注記表に「その他の注記」を含めることを要求しており、その他の注記は、会社計

算規則100条から115条の２までに掲げるもののほか、「貸借対照表等、損益計算書等及び株主資本等変動計算書等により会社（連結注記表にあっては、企業集団）の財産又は損益の状態を正確に判断するために必要な事項とする。」とされている（会社計算規則116条）。また、金融商品取引法との関係では、財務諸表等規則８条の５が「この規則において特に定める注記のほか、利害関係人が会社の財政状態、経営成績及びキャッシュ・フローの状況に関する適正な判断を行うために必要と認められる事項があるときは、当該事項を注記しなければならない。」と定めている（連結財務諸表規則15条、中間財務諸表等規則６条、中間連結財務諸表規則13条、四半期財務諸表等規則22条及び四半期連結財務諸表規則14条も同趣旨）。

そして、「監査人は、追加開示の必要性の評価に当たっては、財務諸表が財務報告の枠組みにおける表示に関する規定に準拠しているかどうかの評価に加え、財務諸表により提供される情報、すなわち、事業体の財政状態や経営成績又はキャッシュ・フローの状況を、利用者が財務諸表から適切に理解できるか否かという観点に立って俯瞰的な評価を行うこと（「監査基準の改訂について（平成26年２月18日）」の「二 主な改訂点とその考え方 １ 監査の目的の改訂」における「一歩離れて行う評価」）が要請される」と解されている（「監査基準委員会研究報告第３号」Q6（解説）の２．(1)）。

したがって、このような場合には、監査人としては、財務諸表の適正表示を達成するために必要な追加的開示がなされているかどうかを判断し、なされていないときには除外事項付意見を表明することを検討しなければならない。

6 │ 真実性の原則と個別の会計基準等からの離脱

『企業会計原則』の一般原則の一（真実性の原則）にいう真実性は『企業会計原則』の他の諸原則を遵守することにより実現されるというのが会計学における通説的な理解であるといわれており[10]、これは、現在にあてはめると、個別の「一般に公正妥当と認められる企業会計の基準」を遵守することによ

り、真実性の原則を遵守したことになるということになるのであろう[11]。

　しかし、たとえば、番場嘉一郎教授は、修正企業会計原則に「書かれている事項でも企業の個別的状況に適合しない場合には、他の公正な・合理的な会計処理方法を採用しなければならない」と[12]、田中　弘教授も「企業会計原則に準拠することが真実性の保証となるわけでもなく、また真実性を確保するためには必ずしも企業会計原則に従う必要はない、と考えるべきである」[13]と主張されていた。さらに、安藤英義教授は「企業会計原則の一般原則の一を、従来の解釈を変えて、イギリス型のツルー・アンド・フェアビューを言っているんだというふうにすれば、一般原則の2以下はノーマルな、あるいは貸借対照表原則、損益計算書原則、それは通常のゴーイング・コンサーン状態の基準を言っているんだと。それよりも超越するというか、その上位に立つのが真実性の原則なんだというふうにやれば、会計基準に限界があるという解釈は変えられるんじゃないかな。」と述べられている[14]。

　かりに、『企業会計原則』の「真実性の原則」をこのようなものとして位置づけることができるのであれば、――少なくとも、企業会計審議会または企業会計基準委員会の公表した企業会計の基準によってオーバーライドされていない限り、『企業会計原則』が「一般に公正妥当と認められる企業会計の基準」にあたらないという見解はないのではないかと思われ、かつ、『企業会計原則』の「真実性の原則」がオーバーライドされたという理解も存在しないと観察されるところ――むしろ、「真実性の原則」によって個別の会計基準からの離脱が日本においても求められていると理解できることになろう。

　このような立場からは、追加的開示により、利用者が適切に判断できるというのでなければ、監査人は、取引や事象の実態を表わすことにならない会計方針に基づいて作成された財務諸表に対しては、適正に表示しているとは認められないとして、除外事項付意見の表明を検討すべきことになる。

7 ｜ 会計基準等から離脱した場合の監査上の取扱い

　かりに、真実性の原則を単に個別の会計基準に準拠することを求めるものであると解すると、ごくまれであるにせよ、個別の会計基準が要求している会計処理方法または許容している代替的会計処理方法のいずれによっても、取引や事象の実態を表わすことにならず、かつ、追加的開示をしたのみでは、利用者が財務諸表から被監査事業体の財政状態や経営成績またはキャッシュ・フローの状況を、適切に理解できないということがありうる。そこで、金融商品取引法の下（指定国際会計基準または修正国際基準により連結財務諸表を作成する場合を除く[15]）または会社法の下で、被監査事業体が会計基準等から離脱した場合、監査人はどのような意見を表明すべきかという問題が生ずる。すなわち、監査人は、監査基準が実質的判断を求めていることを根拠に、経営者が選択した、一般に公正妥当と認められる企業会計の基準（または慣行）が許容または要求する会計処理の原則及び手続とは異なる会計処理が適切であり、それを基礎として作成された財務諸表は被監査事業体の財政状態及び経営成績（ならびにキャッシュフローの状況）を適正に表示していると結論付けることができるのかという難問がある。

　監査基準委員会報告書200では、「我が国において一般に公正妥当と認められる企業会計の基準は、会計基準からの離脱は認めていないが、金融商品取引法では、財務諸表規則等において追加情報の記載が求められており、適正表示の達成を意図していると考えられる。」（A7項）という理解を示している[16]。

　しかし、「我が国において一般に公正妥当と認められる企業会計の基準は、会計基準からの離脱は認めていない」という理解の当否はともかく、我が国において適用される財務報告の枠組みは、［法律学の研究者及び裁判例の理解によれば］、会計基準からの離脱を認めている。すなわち、監査基準委員会報告書200では、適用される財務報告の枠組みには、たとえば、「会計上の問題に関する法律上及び職業倫理上の外部要因（法令、判例、及び職業倫理

上の義務を含む。）」が含まれることがあるとされているところ（A5項）、以下でみるように、むしろ、会社法（または平成17年改正前商法）の解釈としては、企業会計審議会または企業会計基準委員会が公表した企業会計の基準からの離脱は認められるという解釈が確立している（異論はないといってよい）。また、金融商品取引法との関係でも、企業会計審議会または企業会計基準委員会が公表した企業会計の基準から――きわめて例外的であるかもしれないが――離脱できる場合があると解釈することがむしろ自然である。

(1) 会社法（または平成17年改正前商法）

裁判例[17]及び会社法・商法の学説は、一貫して、平成17年改正前商法32条2項にいう「公正ナル会計慣行」は複数存在しうるという抽象論を支持してきたし、これは、会社法431条にいう「一般に公正妥当と認められる企業会計の慣行」にもあてはまる。もっとも、『商法と企業会計の調整に関する研究会報告書』（1998年6月16日）では、公開会社（この報告書では、有価証券報告書提出会社という意味で用いられていると推測される）については、企業会計審議会の公表する企業会計の基準が「唯一の」「公正ナル会計慣行」でありうることが一般的であることが示唆されている一方で、中小会社については複数存在しうることを（少なくとも暗黙の）前提としている。とはいえ、有価証券報告書提出会社についても、最判平成20・7・18や最判平成21・12・7がいうように、「過渡的に」、複数の「公正ナル慣行」が併存すると解される場合がありうるのかもしれないし、ある取引または事象について明文化された基準が存在しない場合にはなおさらである。

しかも、会社計算規則5条6項は、「事業年度の末日においてその時の時価又は適正な価格を付すことが適当な資産」（3号）などには「事業年度の末日においてその時の時価又は適正な価格を付すことができる。」と定め、同6条2項は、「事業年度の末日においてその時の時価又は適正な価格を付すことが適当な負債」（3号）などには「事業年度の末日においてその時の時価又は適正な価格を付すことができる。」と定めている。この規定は離脱を認める規定であると理解することが十分に可能である。

平成17年改正前商法及び平成18年改正前商法施行規則の下では、商法会計との関係では商法及び商法施行規則に少なからぬ強行規定が設けられていたから、その限りにおいて、離脱は認められないことは明らかであった。また、現在の会社法の下でも、資本金、資本準備金及び利益準備金に関する会社法及び会社計算規則の定めは強行規定であり、離脱は認められないと解される。しかし、このような例外を除けば、「一般に公正妥当と認められる企業会計の慣行」にゆだねられ、しかも、合理的な理由があれば、それからの離脱が認められることに異論を唱える論者はみあたらないし、裁判例も、例外なく、一般論として、この解釈を支持している。

　すなわち、平成17年改正前商法32条2項にいう「斟酌すべし」とは、「公正なる会計慣行」が存在する場合、特段の事情がない限り、それに従わなければならないという意味であると解されていたし[18]、会社法431条の「従うものとする」も同様に解されている[19]。すなわち、会社法が「一般に公正妥当と認められる企業会計の慣行」[20]からの離脱を認めているというのが会社法の研究者の間では定説である。

(2)　金融商品取引法

　金融庁長官が告示で指定した企業会計基準委員会の企業会計基準のみについて、たとえば、財務諸表等規則1条3項は、「一般に公正妥当と認められる企業会計の基準」に該当するものと規定しているにすぎないが、協会の監査委員会報告（監査・保証実務委員会報告）や業種別監査委員会報告のうち会計処理の原則及び手続を定めたもの（企業会計基準適用指針第24号「会計方針の開示、会計上の変更及び誤謬の訂正に関する会計基準の適用指針」5項5号参照）ならびに企業会計基準委員会の企業会計基準適用指針や実務対応報告が規定する会計処理の原則及び手続も、有価証券報告書提出会社にとって「一般に公正妥当と認められる企業会計の基準」にあたると理解されている。すなわち、たとえば、財務諸表等規則1条2項・3項は「一般に公正妥当と認められる企業会計の基準」を限定列挙しているわけではない。しかも、たとえば、財務諸表等規則1条1項は「従うものとする」と定めており、

会社法431条の解釈（「従うものとする」）とパラレルに解釈できるのであれば、離脱が認められると解すべきことになろう[21]。

(3) 実質的な考察

たしかに、日本の会社法及び金融商品取引法ならびに企業会計審議会または企業会計基準委員会が公表した企業会計の基準には離脱を要求する、または認める明文の規定はないが、離脱を禁止する規定もない。離脱を要求する規定がない以上、離脱しなくても、法令または定款に違反する（虚偽記載がある）とは法的には評価されないが、(1)及び(2)でみたところからは、企業会計審議会または企業会計基準委員会が公表した企業会計の基準は会社法または金融商品取引法の下でいかなる場合にも従わなければならないとされているものではない。すなわち、会計基準には強行法規と同レベルの拘束力が認められているわけではないから、そもそも、離脱を認める規定を設ける必要はなく、したがって、そのような規定が設けられていないのだというのが法律学的な思考過程としては自然である。

このように考えてみると、離脱を認める必要があるといえるかを実質的に考察することが穏当である。①新しい会計事象に含まれる重大な事実の無視、②これまで存在した取引・事象を前提とした一般に公正妥当と認められる企業会計の基準を新たな会計取引・事象にあてはめることにより生ずる新たな会計事象の本質の看過、③一般に公正妥当と認められる企業会計の基準間における矛盾など、一般に公正妥当と認められる企業会計の基準に内在する不完全性[22]に照らして、一般に公正妥当と認められる企業会計の基準準拠性＝適正性と理解することには問題があるからこそ、適正表示の枠組みと準拠性の枠組みとを区別し、また、（平成17年改正前商法の下での）適法性と適正性とは必ずしも一致しないと論じられていたのだとすれば、詳細または明確な規定がすでに存在していても、その規定への準拠がかえって財務諸表利用者の誤解を引き起こす場合、または、一般に公正妥当と認められる企業会計の基準の規定間に矛盾がある場合には、（個別の）会計基準からの離脱が必要であるとすら考えられる。

以上に加えて、真実性の原則に前述したような実質的な意義を与える（魂を入れる）こともせず、（個別の）会計基準からの離脱も認めないとすると、会社法が想定している「一般に公正妥当と認められる企業会計の慣行」（圏点—引用者）が形成される余地をなくしてしまい、また、「一般に公正妥当と認められる企業会計の基準」が健全な実務慣行に基礎を置くことを排除してしまうおそれがある。すなわち、監査人による会計処理方法の適否等の判断が積み重ねられることによって、ある会計処理方法が「一般に認められる会計実務慣行」ひいては一般に公正妥当と認められる企業会計の基準として成熟していくことになる[23]というルート（会計士監査の創造的機能）がなくなるが、それが日本の財務報告の枠組みの理解として穏当であるといえるのかどうかは慎重に勘考する必要がありそうである。

8 ｜ 監査人の責任

　上述したように、法的な解釈としては、明文化された個別の「一般に公正妥当と認められる企業会計の基準」が要求し、または許容している会計処理方法によったのでは、取引や事象の実態を表わすことにならない場合には、財務諸表作成者は当該会計基準から離脱できることにつき異論はみられないし、かりに法令が特定の会計処理方法を指示していても離脱できる場合があるとする有力な見解[24]すら存在する。もっとも、——「真実性の原則」に実質的な意義を認めないことを前提とするのであれば——明文化された個別の「一般に公正妥当と認められる企業会計の基準」または法令の規定からの離脱が要求されるという見解は存在しないようである。すなわち、離脱は許容されているが、要求されていないから（この点で、IAS第1号、EU会計指令4条4項、連合王国の2006年会社法396条5項・404条5項などとは異なる）、離脱しなくとも、法令または定款に適合しない（会社法398条）ことにはならないが、追加的開示により、利用者が適切に判断できるというのでなければ、当該財務諸表等は適正に表示されていると評価できないことになろ

う。

　必要な追加的開示がなされず、または、ごくまれな場合であるが、離脱しないことにより、財務諸表等が企業等の財政状態、経営成績及びキャッシュ・フローの状況を適正に表示していないにもかかわらず、そのような財務諸表等について、監査人が無限定適正意見を表明した場合には、一般論としては、会社法423条及び429条2項ならびに金融商品取引法21条1項3号、22条、24条の4、24条の4の7第4項及び24条の5第5項に基づいて損害賠償責任を会社または第三者・投資者に対して負うことになりうる。もっとも、裁判所は追加的開示が必要であったかどうか、離脱をしないことによって企業等の財政状態等が適正に表示されないことになるのかどうかにつき、——謙抑的に——専門家である公認会計士の判断を尊重する可能性がきわめて高いものと予想される[25]。

〈注〉

1　監査基準委員会報告書200「財務諸表監査における総括的な目的」第12項(13)、監査基準委員会報告書700「財務諸表に対する意見の形成と監査報告」第6項(2)、監査基準委員会研究報告第3号「監査基準委員会報告書800及び805に係るQ&A」(2014年4月4日。改正：2020年4月9日)Q6も参照

2　なお、監査人の実質的判断は被監査企業による会計方針の選択・変更があったときのみに行えば十分であるというわけではなく、適用する重要な会計方針に影響を及ぼす状況または環境に重要な変化があったときには、変化後の状況及び環境に照らして、それにもかかわらず、従来、継続適用されていた会計方針が、取引や事象の実態を適切に反映することになるかどうか、すなわち、会計方針を継続適用することの可否（会計方針の変更の要否）について判断することが必要である。したがって、監査人は、適用されている重要な会計方針について、毎期、実質的判断に基づく検討を行わなければならないと考えられる。

3　まず、大蔵省公認会計士審査会会計士監査に関するワーキンググループ「会計士監査の在り方についての主要な論点」（1999年7月2日）では、「公認会計士は、会計基準に準拠していることを監査するだけではなく、仮に形式的には会計基準に違反していないようにみえても、経済実態を反映していない場合は、……より実態を踏まえた監査意見を述べるべきであるとの意見が多かった。更に、このことを、監査基準等において明示すべきであるとの意見があった。」

とされていた（二　主要な論点とその考え方、1．開示及び監査の内容の充実、考え方(3)）。これをふまえて、企業会計審議会「監査基準等の一層の充実に関する論点整理」（2000年6月9日）では、「会計基準への準拠に関して、監査人は実質的な判断を行うべきであり、経済実態に応じた会計処理の適切な選択により財務諸表の適正性が確保されているかについても判断すべきであることを明確にする必要がある。これに加え、新たな会計事象や取引について適用すべき会計基準が明確でない場合には、企業が行った会計処理が経済実態を適正に反映しているものであるかどうかについても、監査人は判断すべきであることを明確にする必要があると考えられる」とされた（二　総論、2　監査の目的、(3)）。

4　たとえば、若杉　明『企業会計の論理〈改訂増補版〉』（国元書房、1985）75頁以下参照

5　会社法431条は「株式会社の会計は一般に公正妥当と認められる企業会計の慣行に従うものとする。」と定めているが、ここでいう「一般に公正妥当と認められる」とは企業の財政状態及び経営状況を明らかにするという商業帳簿作成の目的に照らして、一般に妥当かつ合理的と認められるものを（宇都宮地判平成23・12・21判時2140号88頁（東京高判平成26・9・19（平成24年（ネ）第1349号）により控訴棄却・最決平成27・10・13（平成27年（受）第187号）により上告不受理）、大阪地判平成24・9・28判時 2169号104頁（大阪高判平成25・12・26（平成24年（ネ）第3286号）により控訴棄却［ただし、取締役であったY1らに過失がないことが根拠］・最決平成27・3・27（平成26年（受）第684号）により上告不受理））、「従うものとする」とは合理的な理由がない限り従わなければならないことを、それぞれ意味すると解されているところ、企業の財政状態及び経営状況を明らかにするという目的により適した会計処理の方法があることが正当な理由の典型であると考えられているから、――当該会計処理を行うことにより過分のコストが生ずるような場合は格別――会計事象や取引の実態を適切に反映する会計方針によらなければならないと解される。

6　もっとも、「商法と企業会計の調整に関する研究会報告書」（1998年6月16日）は、「証券取引法上の開示において時価評価が強制された公開会社については、商法に時価評価を行う会社の範囲についての明文規定を置かない場合にも、公正な会計慣行が斟酌されることにより商法上も時価評価を行うこととなると解することが適当である。」、「企業会計上税効果会計が採用され、繰延税金資産及び繰延税金負債の資産性・負債性が明らかにされた場合には、……金融商品の時価評価を行う会社の範囲と同様、公開会社については商法上も税効果会計の適用が強制されると解することが適当と考えられる。」としており、「公

正ナル会計慣行」を斟酌することによって、（平成17年改正前）商法の下で選択・適用が認められる会計処理の原則及び手続が限定される場合があることが想定されていた。また、一般論としては、平成17年廃止前商法特例法21条の28第2項2号・平成17年改正前商法281条ノ3第2項3号の「法令及定款ニ従ヒ会社ノ財産及損益ノ状況ヲ正シク示シタル」こと（適法性）と監査証明府令4条1項1号ハの「一般に公正妥当と認められる企業会計の基準に準拠して、当該財務諸表等に係る事業年度（連結財務諸表の場合には、連結会計年度……）の財政状態、経営成績……をすべての重要な点において適正に表示している」こと（適正性）とは実質的には同意義であると解するのが少なくとも多数説であったことについては、本書「23　会計監査人と株主総会」参照

7　もっとも、河本一郎博士は、高田正淳教授が「適正の中には最低限の法律要件に従っているということのほかに、利害関係者を誤解させないような措置がとられているかどうかが含まれています」と述べたのに対し、「それならば、適法の範囲と変わらない、と私は思いますよ」（武田隆二ほか「シンポジウム　制度会計重要問題の総合検討〈5〉　真実性・有用性・適正性・適法性」企業会計29巻6号（1977）55頁）と述べられており、適法というためには利害関係者を誤解させないような措置（追加的開示などであろう）がとられなければならない場合があるとされていた。

8　一般に公正妥当と認められる企業会計の基準が許容する会計処理方法によったのでは、企業の実態を適切に表わすことができていないことがあることが想定されている。

9　国際財務報告基準中のある定めに従うことが、概念フレームワークに示されている財務諸表の目的に反するほどの誤解を招くと経営者が判断するきわめてまれなケースにおいては、関連する規制上の枠組みがそのような離脱を要求しているか、または、そのような離脱を禁止していないときには、当該国際財務報告基準の定めから離脱しなければならないとされている（国際会計基準第1号19項・20項）。IFRSの理解について、たとえば、大日方　隆ほか「IFRS対応を考える　第2回　離脱規定とアドプション関連事項」企業会計61巻5号（2009）74頁［川村義則］参照

10　田中　弘「真実性の原則の役割」愛知学院大学論叢商学研究26巻3号（1981）50頁、黒澤　清「真実性の原則を中心として」黒澤　清（編著）『新企業会計原則解説』（税務経理協会、1975）27頁、若杉　明「企業会計原則研究（三）」會計109巻3号（1976）140頁、飯野利夫『財務会計論（三訂版）』（同文舘出版、1993）2-16頁など。

11 裁判例にも、このような理解を前提としたものが散見される。たとえば、宇都宮地判平成23・12・21判時2140号88頁は、「「真実性の原則」自体は、会計上一定の計上額を導くことができる具体的な会計処理方法を定めるものではないから、同原則を用いて基準となるべき計上額を算出することはできず、虚偽記載の該当性の判断基準とはなり得ないというべきである。」とし、東京地判平成17・9・21判タ1205号221頁も、「真実性の原則とは、決算書類について絶対的な真実を要求するものではなく、継続性の原則等他の会計原則に従って得られた結果を真実（相対的真実）と認めるものであるから、被告会社が行った会計方法の変更が継続性の原則に違反するものではない以上、本件処理が、真実性の原則に反するということもできない。」と判示している。

　また、最判平成20・7・18刑集62巻7号2101頁は、「長銀の本件決算処理は「公正ナル会計慣行」に反する違法なものとはいえない」としたが、古田佑紀裁判官は、補足意見として、「平成10年3月期における長銀の本件決算処理が、当時の会計処理の基準からして直ちに違法とすることはできないとする法廷意見に与する」としつつ、「業績の深刻な悪化が続いている関連ノンバンクについて、積極的支援先であることを理由として税法基準の考え方により貸付金を評価すれば、実態とのかい離が大きくなることは明らかであると考えられ、長銀の本件決算は、その抱える不良債権の実態と大きくかい離していたものと推認される。このような決算処理は、当時において、それが、直ちに違法とはいえず、また、バブル期以降の様々な問題が集約して現れたものであったとしても、企業の財務状態をできる限り客観的に表すべき企業会計の原則や企業の財務状態の透明性を確保することを目的とする証券取引法における企業会計の開示制度の観点から見れば、大きな問題があったものであることは明らかと思われる。」とされ、我が国の場合、具体的な会計基準を離れて、ある会計処理方法に基づいた情報が会社の財政状態または経営成績の実態を必ずしも十分に表現していないというだけでは、「公正ナル慣行」違反とはされないということがうかがえる。これは、刑事事件との関係では、罪刑法定主義の要請に従ったものということができるが、抽象的な「真実性の原則」は裁判規範としては十分な具体性を有していないという評価がなされてきたのかもしれない。

12 番場嘉一郎「包括規定と企業会計原則修正案」税経セミナー18巻14号（1973）172頁

13 田中・前掲注(10)60頁

14 企業会計審議会第二部会第1回（平成11年12月3日）議事録〈https://www.fsa.go.jp/p_mof/singikai/kaikei/gijiroku/c111203.htm〉

15　連結財務諸表規則93条及び94条

16　企業会計審議会第二部会第7回会議（平成12年5月12日）〈https://www.fsa.go.jp/p_mof/singikai/kaikei/gijiroku/c120512.htm〉において、多賀谷課長補佐は、「安藤委員からも真実性の原則という会計原則の大枠というのも存在しているという御指摘もありましたので、やはりオーバーライディングというと少し、何でも逸脱していいというような感触が出過ぎるのではないかということで、実質原則ということにしております。」と説明しており、離脱が全く認められないという立場がとられているわけではなさそうである。もっとも、「会計基準を超越することはない。会計基準といっても、もちろん、企業会計審議会が出したものだけではない」、「オーバー・ライドするということが、どこまで行ってしまうかわからないという危険性の方が……。つまり、必要な部分があるのかもしれないけれども、行き過ぎるリスクの方が、危険性の方が高いんじゃないか、というご意見が審議会では多かったというように記憶しております。」とも述べている（脇田良一ほか「「監査基準の改訂に関する意見書」について」企業会計54巻4号（2002）74頁［多賀谷　充］）。

　他方、企業会計審議会第二部会第19回会議（平成13年6月8日）〈https://www.fsa.go.jp/singi/singi_kigyou/gijiroku/dai2/f-20010608.html〉において、内藤委員が「デリバティブ取引のような多数のリスクを背負った上で何か投資をしているようなケースについて、そういう企業会計原則の規定を離れて、このリスクについてはこういうふうにやりますと、開示しますというような取り扱い方につながるようなことまで今回の実質的判断は要請はしていないわけですよね。してないんだったら、そこまでは言っていませんという趣旨を明確にした方がいいんではないでしょうか。」と発言したのに対し、山浦委員は「現在の日本の会計に関わる法的な枠組み、それから、それの解釈論的な意味も含めまして、例えば法律、それから明確に基準化された会計基準等から離脱した方が企業の取引の実態、経営の実態といったものをよく示すというケースもあるのではないかと、確かにそういう場合があり得ます。……離脱……はなかなか我が国の制度では容認しづらいという解釈を起草委員会の会議の方でも最終的にはそういう判断になりました。……できる限り実施的な判断に近づけるということで、こういった前文の条件づけをしていったわけです。」と回答し、この回答を林委員は「国際的な監査基準との調和において、どうも極めて例外的、ここの部分については、ある意味ではグレーゾーンで処理してしまうというような響きも山浦委員のお話でとれたんです」と位置づけていることから、離脱が認められるかどうかについては玉虫色の解釈が図られたとみるの

が穏当であるように思われる。

　　もっとも、この会議において、若杉会長は、「個々の基準ごとに、あるいは監査基準にこの規定（離脱容認規定─引用者）を入れるというのは必ずも妥当ではないような感じがいたしまして、むしろ、概念フレームワークをつくって、そういうところにこの規定を設けておくのが妥当ではないかと思います。ただ、現在の日本では、概念フレームワークがありませんので、例えば、仮に企業会計原則をそういうものにつくり直す場合にそういうところに入れたらいいんではないかと私は考えています。」と述べ、林委員は「日本の会計原則で「離脱容認規定」を導入するのは難しいのでしょうが、国際的な調和を考えるならば、少なくとも今後の検討課題とするよう明記しておく必要がある」と指摘した。

　　なお、監査基準委員会報告書第24号（中間報告）「監査報告」（2003年３月25日）は、「適用する企業会計の基準が明確である場合又は企業会計の基準において詳細な定めがある場合、当該企業会計の基準に準拠しない基準を会計方針として選択し適用することはできないことに留意する。」（13項）と定めていたが、監査基準委員会報告書第60号「財務諸表に対する意見の形成と監査報告」（2011年７月１日）には、これに対応する規定は設けられなかった。

17　最判平成20・7・18、最判平成21・12・7刑集 63巻11号2165頁、宇都宮地判平成23・12・21判時2140号88頁、大阪高判平成26・2・27判時2243号82頁など。

18　大阪地判平成24・9・28判時2169号104頁、鈴木竹雄＝竹内昭夫『会社法［第３版］』（有斐閣、1994）330頁参照

19　斎藤静樹ほか「新会社法と企業会計上の諸問題」『新「会社法」詳解』（中央経済社、2005）121頁［神田秀樹］、江頭憲治郎『株式会社法［第８版］』（有斐閣、2021）662頁、相澤哲＝岩崎友彦「株式会社の計算等」商事法務1746号（2005）26頁。また、尾崎安央「431条」江頭憲治郎＝弥永真生（編）『会社法コンメンタール10』（商事法務、2011）62-63頁も「従うものとする」は「通例である」という意味であり、より合理的な会計処理方法等があるときは従来の基準からの「離脱」の余地がありうることを含意するとしている。

20　会社計算規則３条は、「一般に公正妥当と認められる企業会計の基準」は「一般に公正妥当と認められる企業会計の慣行」に含まれることを前提とした規定ぶりであり、後者からの離脱が認められるということは、前者からの離脱が認められているということである。

21　弥永真生『会計基準と法』（中央経済社、2013）925-926頁。また、119-144頁も参照。さらに、佐藤信彦「会計基準の権威」會計165巻２号（2004）179頁

以下も参照

22 山浦久司「現代米国財務諸表監査の動向」千葉商大論叢17巻1号（1979）70-71頁、田中　弘『イギリスの会計制度』（中央経済社、1993）153頁

23 日下部與市『財務公開制度と監査』（中央経済社、1976）9頁参照。日下部教授は、「会計原則は会計実務をふまえて生成発展するものであって、決して固定的なものではないし、ある権威団体によって決定された事項だけが会計原則ではなく、そのほかにも会計原則といいうるもの、あるいは適正な処理といいうるものがあるであろう。こうした場合、直接に個々の会計処理または表示について何が一般に認められた原則であり、当該処理または表示がその原則に合致しているか否かを判定するのは、その会社の監査を担当した公認会計士をおいてほかにないのである。」と述べていた（同129頁）。また、同「一般に公正妥当と認められる会計基準とは何か」企業会計20巻3号（1968）42頁以下。

24 尾崎・前掲注(19)45頁（少なくとも、十分な説明がなされる明文の法規定からの離脱であれば、合理的説明ができる限りで、その離脱は会社の財務状況等に関する「真実の概観」を提供するとの観点からむしろ奨励されるべきことである。そのような十分な説明のつく新たな会計処理等であれば、それは本条（会社法431条—引用者）の適用により、法令等の違反行為にあたらないと解すべきである。）

25 このことは、――裁判所はルールに従っているかどうかを判断することについては優れているが――監査人による実質的判断をエンフォースすることについては必ずしも最適任者ではなく、会計監査についての知見を十分に有している日本公認会計士協会または公認会計士・監査審査会が適切に役割を果たすべきであることを示唆しているようにも思われる。

14
意見不表明

1 | 金融商品取引法と意見不表明

　監査証明府令４条１項１号は監査報告書の記載事項について規定している
が、意見不表明の場合については規定を設けていない。もっとも、同３条２
項は、「監査報告書、中間監査報告書又は四半期レビュー報告書は、一般に
公正妥当と認められる監査に関する基準及び慣行に従つて実施された監査、
中間監査又は四半期レビューの結果に基いて作成されなければならない。」
と定め、同条３項は、『監査基準』（同項１号）などの企業会計審議会により
公表された監査に関する基準は、２項に「規定する一般に公正妥当と認めら
れる監査に関する基準に該当するものとする。」と規定している。

　ところで、『監査基準』は、「監査人は、重要な監査手続を実施できなかっ
たことにより、自己の意見を形成するに足る基礎を得られないときは、意見
を表明してはならない。」とし（第四　報告基準、一　基本原則、４）、また、
「監査人は、重要な監査手続を実施できなかったことにより、財務諸表全体
に対する意見表明のための基礎を得ることができなかったときには、意見を
表明してはならない。この場合には、意見の根拠の区分に、財務諸表に対す
る意見を表明しない旨及びその理由を記載しなければならない。」と定めて
いる（第四　報告基準、五　監査範囲の制約、２）[1]。すなわち、『監査基準』
の規定からは、意見不表明が監査の「意見」にあたるのかどうかは明らかで
はない。

　もっとも、「監査基準の改訂に関する意見書」（2002年1月25日）では、「平成3年の監査基準の改訂後、日本公認会計士協会から、逐次、監査に係る具体的な指針が公表され、相当の整備が行われている。このような状況を踏まえると、各準則の位置付けが曖昧なものとなることから、各準則を廃止し、監査基準とこれを具体化した日本公認会計士協会の指針により、我が国における一般に公正妥当と認められる監査の基準の体系とすることが適切と判断した。」とされているところ（二、2）、監査基準委員会報告書705「独立監査人の監査報告書における除外事項付意見」の2項は、「本報告書における除外事項付意見には、限定意見、否定的意見、及び意見不表明の三つの類型がある。」と定めており、意見不表明も監査の「意見」であると位置づけている。

　したがって、金融商品取引法に基づく監査においては、意見不表明は監査の「意見」であると解されることになる。

2 | 会社法と意見不表明

(1)　意見不表明は任務懈怠とならないのか

　会計監査人は、株式会社の計算書類及びその附属明細書、臨時計算書類並びに連結計算書類を監査し、この場合において、会計監査人は、法務省令で定めるところにより、会計監査報告を作成しなければならないものとされている（会社法396条1項）。

　ところで、会社計算規則は、計算関係書類が当該株式会社の財産及び損益の状況を全ての重要な点において適正に表示しているかどうかについての「意見があるときは」その意見（当該意見が無限定適正意見、除外事項を付した限定付適正意見または不適正意見である場合には、それぞれ126条1項2号イからハまでに定める事項）、「意見がないときは」その旨及びその理由などを内容とする会計監査報告を作成しなければならないものとしている（126

条1項2号・3号）。会社計算規則126条1項2号の規定ぶりからは、意見不表明は計算関係書類が当該株式会社の財産及び損益の状況を全ての重要な点において適正に表示しているかどうかについての「意見」ではないと理解するのが自然である。もし、意見不表明が「意見」であると整理されるのであれば、同号で無限定適正意見、除外事項を付した限定付適正意見及び不適正意見と並んで、意見不表明が挙げられているはずだからである[2]。

　他方、会社計算規則122条1項及び123条2項では、会計監査人設置会社ではない会社の監査役の監査報告及び監査役会の監査報告の記載事項として、同126条1項3号に対応する記載事項（「計算関係書類が当該株式会社の財産及び損益の状況を全ての重要な点において適正に表示しているかどうかについての意見」がないときはその旨及びその理由）が挙げられていないことからすると、会計監査人が意見不表明を内容とする会計監査報告を行うときは会社計算規則126条1項「前号（第2号―引用者）の意見がないとき」にあたると整理されているもの[3]と考えるのが最も無理がないように思われる。

　このように、会社計算規則126条1項3号にいう「意見がないとき」が意見不表明の場合を含むと解することができるのであれば、一般に公正妥当と認められる監査に関する基準及び慣行に従って、意見不表明を内容とする会計監査報告を作成することによっても、原則として、会計監査人は会社法上の任務を果たしたと評価されることになる[4]。

(2)　株主総会への出席及び意見陳述

　計算関係書類が法令または定款に適合するかどうかについて、会計監査人が監査役（監査役会設置会社の場合は監査役会または監査役、監査等委員会設置会社の場合は監査等委員会または監査等委員、指名委員会等設置会社の場合は監査委員会またはその委員）と「意見を異にするときは、会計監査人（会計監査人が監査法人である場合にあっては、その職務を行うべき社員……）は、定時株主総会に出席して意見を述べることができる。」（会社法398条1項）とされている。ここで、会計監査人が意見不表明を内容とする会計監査報告を作成したが、監査役等が会計監査人の監査の結果は相当でな

いとの意見をその監査報告の内容としたとき（意見の付記を含む。）（会社計算規則127条2号、128条2項2号、128条の2第1項2号、129条1項2号）は、計算関係「書類が法令又は定款に適合するかどうかについて……意見を異にするとき」にあたるといえるのかという問題がある。すなわち、意見不表明は計算関係書類が「法令又は定款に適合するかどうか」についての「意見」にはあたらないとすると、計算関係書類が法令または定款に適合するかどうかについて、会計監査人が監査役等と「意見を異にする」とはいえないのではないかということである。

　たしかに、すでに述べたように、会社計算規則126条1項2号は、意見不表明は計算関係書類が当該株式会社の財産及び損益の状況を全ての重要な点において適正に表示しているかどうかについての「意見」ではないと位置づけているとみることが自然である。また、平成17年法律第87号による廃止前商法特例法17条1項を実質的に変更する意図はなかったという会社法の立法経緯からは、計算関係書類が「法令又は定款に適合するかどうか」は計算関係書類が「当該株式会社の財産及び損益の状況を全ての重要な点において適正に表示しているかどうか」と同義であると解することが無理がないように思われる[5]。さらに、会社計算規則127条2号などは、会計監査人の監査の「結果」と定めており、会計監査人の監査「意見」とは定めていないことから、監査の結果には意見不表明が含まれるが、監査「意見」には意見不表明は含まれないという解釈も十分に成り立つ。

　しかし、会社法398条1項は、会計監査人の詳細な意見を株主総会における計算書類の承認の審議に反映させる必要があること[6]に鑑みたものであり、この観点からは、会計監査報告の内容が意見不表明である場合において、監査役等が無限定適正意見、除外事項を付した限定付適正意見または不適正意見が相当であるとするのであれば、株主総会（及び株主）に判断材料を与えるという観点から、会計監査人の定時総会出席及びその総会における意見陳述を認めることが、立法趣旨にかなうと考えられる。また、「監査基準委員会報告書705」8項は、「監査人は、意見表明の基礎となる十分かつ適切な監査証拠を入手できず、かつ、未発見の虚偽表示がもしあるとすれば、それが

財務諸表に及ぼす可能性のある影響が、重要かつ広範であると判断する場合には、意見を表明してはならない。」と定めているのであって、意見不表明は「意見表明の基礎となる十分かつ適切な監査証拠を入手でき」なかったことを単に意味するのではなく、「未発見の虚偽表示がもしあるとすれば、それが財務諸表に及ぼす可能性のある影響が、重要かつ広範である」との判断を内包している。そして、「未発見の虚偽表示がもしあるとすれば、それが財務諸表に及ぼす可能性のある影響が、重要かつ広範である」という判断は意見の一種にほかならず（「監査基準委員会報告書705」2項は、意見不表明も除外事項付意見の類型の1つであると位置づけている）、「計算関係書類が当該株式会社の財産及び損益の状況を全ての重要な点において適正に表示している」という意見などとは両立しないのであるから、計算関係書類が法令または定款に適合するかどうかについての意見であると位置づけることも十分に可能であると考えられる。

　なお、会計監査人は、株主総会において、会計監査人の辞任について意見を述べることができ（会社法345条5項1項）、また、会計監査人を辞任した者は、辞任後最初に招集される株主総会に出席して、辞任した旨及びその理由を述べることができるとされている（会社法345条5項2項）。たしかに、この規定は、会計監査人の地位の独立性の強化（辞任を迫られないようにする）という機能も有するが[7]、辞任の背後にある会計監査人と取締役・執行役との意見対立を株主に知らせるという機能を有する[8]。しかも、監査人は、未発見の虚偽表示がもしあるとすれば、それが財務諸表に及ぼす可能性のある影響は重要かつ広範であり、その状況を伝達するためには監査意見の限定では不十分であると判断する場合には、現実的な対応として可能であれば、監査契約を解除し、他方、監査報告書を発行する前に監査契約を解除することが現実的に不可能な場合には、財務諸表に対して意見を表明しないこととしなければならないのだとすれば（「監査基準委員会報告書705」12項(2)）、監査契約の解除（辞任）をすることが現実的な対応として不可能な場合に意見不表明を内容とする会計監査報告が作成されることになるわけである。そうであれば、会計監査人の出席と意見陳述が株主総会にとって有する意義は

辞任の場合と意見不表明の場合とは差がなく、意見不表明の場合にも、株主総会に出席して、意見不表明とした理由を述べることができるとした方が「立法論としては」適切であるという見方もないわけではないかもしれない。もっとも、株主総会における陳述のほかには、辞任の理由を株主に知らせる手段が会社法上は用意されていないのに対し[9]、意見不表明とした理由は会計監査報告に記載されるのであるから、株主総会への出席及び株主総会での理由陳述を認める必要はないという評価も可能である。

　ただし、辞任の場合との首尾一貫性という観点からではなく、端的に、監査に関する情報の提供という観点から、意見不表明の場合にも、定時株主総会に出席して、意見不表明とした理由を述べることができるとすることが「立法論として」適切であるという考え方はありうる。すなわち、会計監査についての情報提供の充実に関する懇談会「会計監査に関する情報提供の充実について――通常とは異なる監査意見等に係る対応を中心として――」（2019年1月22日）[10]では、「監査報告書の記載のみでは十分な情報が得られない場合があるが、株主総会の場を含め、監査人からの追加的な説明を受ける機会がない」という問題意識の下、「会社法第398条第1項の趣旨や、会計監査に関する説明・情報提供の充実の要請を踏まえ、会社法上の株主総会での意見陳述の機会を積極的に活用すべきである。」と提言しているが、現在の会社法の下では、株主総会の決議により出席が求められた場合は格別（会社法398条2項）、計算関係書類が「法令又は定款に適合するかどうかについて会計監査人が監査役と意見を異にするとき」（会社法398条1項）でなければ、会計監査人は株主総会に出席し、意見を述べることはできないと考えるのが自然でありうる。「会計監査に関する情報提供の充実について」の提言に誠実に対応しようというのであれば、会計監査人の株主総会における意見陳述の機会を「立法論として」拡大することも検討されてよいはずである。意見不表明や不適正意見を内容とする会計監査報告がまれなのだとすれば、そのような場合に、会計監査人の定時株主総会出席及び意見陳述を認めても、――総会出席及び意見陳述を前提とすると、それだけ監査報酬が増加するという可能性はあるものの――会社にとっての負担が過剰となるとは評価しにく

いし、株主も会計監査人の総会出席及び意見陳述が認められることによって重要な不利益を被るとは考えにくい。

3 | 監査契約と意見不表明

(1) 債務不履行の成否

会計監査人監査（会社法）においても、金融商品取引法の下での公認会計士または監査法人による監査においても、被監査会社と監査人との関係は監査契約により規律される（もっとも、当然のことながら、会計監査人について、会社法が定めている任務を監査契約により限定することはできない。）。そこで、意見不表明が監査契約の債務不履行にあたらないのかどうかが問題となりうる。

なお、かつては、監査契約は請負またはそれに準じた契約の性質を有するのか準委任契約の性質を有するのか、その法的性質をめぐって議論があったが[11]、現在の会社法は、株式会社と役員及び会計監査人との関係は、委任に関する規定に従うと定めている（330条）[12]。

ところで、たとえば、法規・制度委員会研究報告第1号「監査及びレビュー等の契約書の作成例」（2020年3月17日）に含められている「監査及び四半期レビュー契約書　様式2（監査法人用（会社法監査・金融商品取引法監査、指定社員制度利用））」では、「本業務の目的及び範囲」として「(1)　監査受嘱者は、独立の立場から、次に掲げる委嘱者の財務書類等に対する意見を表明することを目的として、監査を実施する。」とされているが、意見不表明も「財務書類等に対する意見を表明すること」にあたると解するのであれば、意見不表明が直ちに監査契約の債務不履行にあたるわけではない。また、監査約款2条1項2文は、「受嘱者は、我が国において一般に公正妥当と認められる監査の基準に準拠して監査を行う。」と規定しているところ、すでにみたように、監査基準委員会報告書705は我が国における一般に公正

妥当と認められる監査の基準に該当すると解されており、しかも、『監査基準』を別とすれば、監査基準委員会報告書705以外に意見不表明についての我が国における一般に公正妥当と認められる監査の基準はみあたらない。したがって、監査基準委員会報告書705に従って意見不表明を内容とする監査報告書を作成することによって、公認会計士または監査法人は監査契約上の債務を履行したことになると考える余地はある[13]。

とはいえ、意見不表明を内容とする監査報告書を作成し、提出することで公認会計士または監査法人が監査契約上の債務を履行したと解することは監査契約の合理的解釈とはいえないのではないかという見方にも相当の説得力はありそうである。監査基準委員会報告書705は、監査人は、未発見の虚偽表示がもしあるとすれば、それが財務諸表に及ぼす可能性のある影響は重要かつ広範であり、その状況を伝達するためには監査意見の限定では不十分であると判断する場合であって、監査報告書を発行する前に監査契約を解除することが現実的に不可能な場合には、財務諸表に対して意見を表明しない（12項(2)②）と定めているのであるから、監査人が意見不表明を内容とする監査報告書を作成するのは、「監査報告書を発行する前に監査契約を解除することが現実的に不可能な場合」という「例外的な場合」に限られるべきことになる。すなわち、監査の基準において意見不表明は可能な限り避けるべきであると位置づけられており[14]、これは意見不表明を内容とする監査報告書の提出では監査契約における債務の本旨に従った履行ではないというのが監査契約の当事者の合理的意思であることを前提としているとも解釈できる。

実質的に考えてみても、被監査会社が（監査人を名宛人とした）監査基準委員会報告書705まで目を通して、意見不表明も監査意見であり、意見不表明を内容とする監査報告書を作成すれば監査人が任務を果たしたと評価されるとの認識で監査契約を締結するとは考えにくい。すなわち、無限定適正意見、除外事項を付した限定付適正意見または不適正意見のいずれかを内容とする監査報告書を作成し、提出することが監査人の監査契約上の債務であるというのが被監査会社の合理的意思に合致する可能性が十分にある。たとえば、法規・制度委員会研究報告第1号に含められている「監査及び四半期レ

ビュー契約書」の様式では、意見不表明を内容とする監査報告書が作成される可能性について明示的に言及していない。

　なお、監査基準委員会報告書705のA9項は、「監査人が特定の手続を実施できない場合においても、代替手続の実施により十分かつ適切な監査証拠を入手できる場合には、監査範囲の制約とはならない。」と定めているので、このような場合に意見不表明を内容とする監査報告書を作成することは、監査人による監査契約上の債務不履行にあたることになろう。

(2)　監査意見を形成するための十分かつ適切な監査証拠を入手できない場合には解除できるのか

1）問題の所在

　監査基準委員会報告書705は、監査人は、未発見の虚偽表示がもしあるとすれば、それが財務諸表に及ぼす可能性のある影響は重要かつ広範であり、その状況を伝達するためには監査意見の限定では不十分であると判断する場合には、現実的な対応として可能であれば、監査契約を解除しなければならないと定めている（12項(2)①）[15]。そこで、監査契約の解除が「現実的な対応として可能」である場合とはどのような場合なのかが問題となる[16]。

2）監査契約の解除と終了

　監査約款は、「委嘱者の責めに基づき本契約が履行不能になった場合」（14条1項1号）や「委嘱者の役職員が受嘱者の業務遂行に誠実に対応しない場合等、受嘱者の委嘱者に対する信頼関係が著しく損なわれた場合」（14条1項4号）には、「受嘱者は委嘱者に対し、何らの催告をすることなく本契約を直ちに解除することができる。」（14条1項柱書）と定めている[17]。

　他方、「受嘱者の責めに基づき本契約が履行不能となったときは、委嘱者は本契約を解除することができる。この場合において、委嘱者は、本契約の報酬のうち本契約の解除までの受嘱者の業務遂行に応じた割合による報酬（以下「割合報酬」という。）を支払うものとする。なお、委嘱者による別途の損害賠償請求は妨げられない。」とされ（14条2項）、「委嘱者及び受嘱者の

責めに帰すことができない事由等により本契約が履行不能となったときは、本契約は終了するもの」[18]とされている（14条3項）。

また、民法の一般原則に従って、金融商品取引法監査との関連では監査人は被監査会社との合意により、監査契約を解除することができるし、会計監査人の辞任について会社法は制約を課していない[19]。

3）監査意見を形成するための十分かつ適切な監査証拠を入手できない場合

監査基準委員会報告書705のA8項では、①「企業の管理の及ばない状況」、②「監査人の作業の種類又は実施時期に関する状況」または③「経営者による監査範囲の制約」を「原因として、十分かつ適切な監査証拠を入手できない場合がある。（監査範囲の制約）」とされている。

まず、①には、「企業の会計記録が滅失している」ことや、「重要な構成単位の会計記録が行政当局により長期にわたり差し押さえられている」ことが含まれるとされているが（「監査基準委員会報告書705」A10項）、これらの事象が監査契約締結後に発生したのであれば、「委嘱者及び受嘱者の責めに帰すことができない事由等により本契約が履行不能となったとき」（監査約款14条3項）にあたると考えることも可能であり、そうだとすれば、当該監査契約が監査約款14条3項に相当する条項を含んでいれば、当該監査契約は終了することになり、意見不表明を内容とする監査報告書は作成されないことになる。もっとも、このような解釈は、意見不表明を内容とする監査報告書の作成では監査契約の履行といえない（「本契約の履行」とは無限定適正意見、除外事項を付した限定付適正意見または不適正意見のいずれかを内容とする監査報告書を作成し、提出することである。）という理解を論理的前提とする。

また、②「監査人の作業の種類又は実施時期に関する状況」には、a.「持分法の適用が要求される関連会社の財務情報に関して、持分法が適切に適用されているかどうかを評価するための十分かつ適切な監査証拠を入手できない」こと、b.「監査人の選任の時期により、棚卸資産の実地棚卸に立ち会うことができない」こと、c.「監査人は、実証手続の実施のみでは十分かつ適

切な監査証拠を入手できないと判断しているが、これに関連する企業の内部統制が有効でない」ことなどが含まれるとされている（「監査基準委員会報告書705」A11項）。

　ところが、監査人は、監査契約の締結や更新に際し、適切な監査業務を実施することができるかを判断しなければならないとされており（『監査に関する品質管理基準』第六）、監査人は、意見表明が可能であることを確認した上で、監査契約の締結や更新を行うものとされているから、これらの場合において、とりわけ、b.との関連では、「監査意見を形成するための十分かつ適切な監査証拠を入手できない」として意見不表明を内容とする監査報告書を作成することは、監査契約上の債務不履行にあたることが少なくないのではないかとも考えられる。

　他方、③「経営者による監査範囲の制約」[20]には、「監査人による実地棚卸の立会を経営者が拒否している」こと、「特定の勘定残高に関する外部確認についての監査人の要求を経営者が拒否している」ことなどが含まれるとされている（「監査基準委員会報告書705」A12項）。この場合は、「委嘱者の責めに基づき本契約が履行不能になった場合」[21]（監査約款14条1項1号）や「委嘱者の役職員が受嘱者の業務遂行に誠実に対応しない場合等、受嘱者の委嘱者に対する信頼関係が著しく損なわれた場合」（同14条1項4号）にあたり、当該監査契約が監査約款14条1項に相当する条項を含んでいれば、当該監査契約を監査人は解除することができることになり、そうであれば、現実的な対応として可能であれば、監査契約を解除しなければならないのだから（「監査基準委員会報告書705」12項(2)①）、原則として、意見不表明を内容とする監査報告書は作成されないことになるはずである。もっとも、監査基準委員会報告書705のA13項は、「監査契約の解除が現実的に可能かどうかは、経営者により監査範囲が制約された時点で、監査業務がどの程度完了しているのかによって決まることがある。監査人は、監査のほとんどが完了しているような場合には、監査契約を解除せずに、実施可能な範囲で監査を完了し、監査報告書の「意見不表明の根拠」区分において監査範囲の制約について説明した上で、意見不表明とすることもある。」としている。ただし、法的には

解除権を有していても、「監査契約の解除が現実的に可能」でないというのはどのような場合なのかは必ずしも明らかではないように思われる。たとえば、「監査のほとんどが完了している」と、「監査報告書を発行する前に監査契約を解除することが現実的に不可能」ということになるといえるわけでもなさそうだからである。

　もちろん、被監査会社が監査契約を解除せずに、意見不表明を内容とする監査報告書を作成し、提出することを監査人に要望し、監査人がそれに同意して、そのような監査報告書を作成し、提出することはあろう。

　なお、会計監査についての情報提供の充実に関する懇談会「会計監査に関する情報提供の充実について」では、「上場企業の意見不表明の事例について、監査報告書の「意見の根拠」の記載を分類すると、①継続企業の前提に重要な疑義が生じているが、その評価のための資料が企業から監査人に提供されていない、②継続企業の前提に重要な疑義が生じており、今後の事業遂行に必要な資金調達の目途など具体的な事業計画が監査人に提供されていない、③不適切な会計処理等が発生したが、関連する社内調査が終了しておらず、当該調査の結果が企業から監査人に提供されていない、④監査意見に必要な監査手続が終了していない、といったものが挙げられる。」と分析されているが、①及び②の場合は「経営者による監査範囲の制約」にあたると思われる一方で、③及び④は監査報告書の作成・提出日を遅らせることによって対応できる事由であり、被監査会社と監査期間の必要な延長について合意ができない場合はともかく、監査意見を形成するための十分かつ適切な監査証拠を入手できるまでは監査報告書を作成・提出すべきではなく、意見不表明を内容とする監査報告書の作成・提出では監査契約上の債務の不完全な履行であると評価されることもありえそうである。

〈注〉
　1　『監査基準』は、「監査人は、他の監査人が実施した監査の重要な事項について、その監査の結果を利用できないと判断したときに、更に当該事項について、重要な監査手続を追加して実施できなかった場合には、重要な監査手続を実施

できなかった場合に準じて意見の表明の適否を判断しなければならない。」（第四　報告基準、五　監査範囲の制約、3）、「監査人は、継続企業の前提に重要な疑義を生じさせるような事象又は状況に関して経営者が評価及び対応策を示さないときには、継続企業の前提に関する重要な不確実性が認められるか否かを確かめる十分かつ適切な監査証拠を入手できないことがあるため、重要な監査手続を実施できなかった場合に準じて意見の表明の適否を判断しなければならない。」（第四　報告基準、六　継続企業の前提、3）と規定している。

2　なお、平成17年法律第87号による廃止前商法特例法13条2項2号は、会計監査人の監査報告書には平成17年改正前商法281条ノ3第2項12号に掲げる事項などを記載することが求められ、商法281条ノ3第2項12号は「監査ノ為必要ナル調査ヲ為スコト能ハザリシトキハ其ノ旨及理由」と規定していた。

3　相澤　哲＝和久友子「計算書類の監査・提供・公告、計算の計数に関する事項」相澤　哲編著『立案担当者による新会社法関係法務省令の解説（別冊商事法務300号）』（商事法務、2006）99頁

4　会計監査報告の不作成・不提供とは区別される。また、監査契約上の債務不履行（後述の「3監査契約と意見不表明(1)債務不履行の成否」）を別個に観念する余地もありそうである。

5　平成17年法律第87号による廃止前商法特例法の下では、会計監査人の監査報告書には平成17年改正前「商法第281条ノ3第2項第1号から第7号まで、第9号及び第12号に掲げる事項（同項第6号及び第9号に掲げる事項については、会計に関する部分に限る。）」（13条2項2号）などを記載することが求められ、商法281条ノ3第2項は「貸借対照表及損益計算書ガ法令及定款ニ従ヒ会社ノ財産及損益ノ状況ヲ正シク示シタルモノナルトキハ其ノ旨」（3号）、「貸借対照表又ハ損益計算書ガ法令又ハ定款ニ違反シ会社ノ財産及損益ノ状況ヲ正シク示サザルモノナルトキハ其ノ旨及事由」（4号）、「営業報告書ガ法令及定款ニ従ヒ会社ノ状況ヲ正シク示シタルモノナルヤ否ヤ」（6号）及び「利益ノ処分又ハ損失ノ処理ニ関スル議案ガ法令及定款ニ適合スルヤ否ヤ」（7号）などを列挙していたから、計算関係書類が法令又は定款に適合するかどうかについて、会計監査人が監査役会または監査役（委員会等設置会社では監査委員会または監査委員。株式会社の監査等に関する商法の特例に関する法律施行令2条）と意見を異にするという要件の規定は自然であった（味村　治＝加藤一昶『改正商法及び監査特例法等の解説』（法曹会、1977）273頁）。他方、会社法の下では、会計監査人は計算関係書類が当該株式会社の財産及び損益の状況を全ての重要な点において適正に表示しているかどうかについて意見を述べることとされ、

計算関係書類が「法令又は定款に適合するかどうか」について意見を述べるものではなくなった。しかし、会計監査報告（会計監査人の監査報告書）の記載事項がこのように変更されたにもかかわらず、会社法398条1項は平成17年法律第87号による廃止前商法特例法17条1項が「法令又は定款に適合するかどうか」について意見を異にすることを要件としていたことを踏襲している。

6　味村＝加藤・前掲注(5)273頁、第71回国会衆議院法務委員会議録34号（昭和48年6月19日）5頁［川島政府委員］

7　元木　伸『商法等の一部を改正する法律の解説』（法曹会、1990）657頁、稲葉威雄『改正会社法』（金融財政事情研究会、1982）554頁参照

8　相澤　哲編著『立案担当者による新・会社法の解説（別冊商事法務295号）』（商事法務、2006）116頁

9　金融商品取引法の下で、臨時報告書に記載することを求めることができる（本書「16　監査契約の解除」247頁参照）。

10　〈https://www.fsa.go.jp/singi/jyouhouteikyou/siryou/20190122/01.pdf〉

11　味村＝加藤・前掲注(5)253頁、大隅健一郎＝今井　宏『会社法論［第3版］中巻』（有斐閣、1992）325頁、龍田　節「商特3条」上柳克郎＝鴻　常夫＝竹内昭夫（編集）『新版注釈会社法(6)』（有斐閣、1987）527頁

12　第94回国会衆議院法務委員会議録9号（昭和56年4月28日）10頁［中島（一）政府委員］参照

13　龍田　節「会計監査人の選任と責任」会計ジャーナル6巻6号（1970）145頁参照。他方、たとえば、監査及び四半期レビュー契約書の様式2では「5.監査報告書等の提出時期」が合意されていることから、合意された提出時期に監査報告書を提出しないことは債務不履行にあたることになりえよう。

14　この背景には、監査対象財務諸表（計算書類）及び監査報告書の利用者（読者）にとって、意見不表明を内容とする監査報告書の有用性は乏しく、場合によっては、ミスリーディングであるという発想があるのかもしれない。

15　監査基準委員会報告書705によると、監査人は、第12項(2)①に従い監査契約を解除する場合には、監査契約を解除する前に、監査の過程で識別した除外事項付意見の原因となる虚偽表示に関する事項を、監査役等に報告しなければならない（13項）。

16　すでに、監査契約の解除については、本書「16　監査契約の解除」で取り上げたが、本章では、監査意見を形成するための十分かつ適切な監査証拠を入手できない場合には解除できるのかに絞って考察する。

17 「本項に基づき本契約が解除された場合、委嘱者は、監査着手前においては、既に支払った報酬の返還を要求せず、監査着手後においては、契約書本文に定められた支払の時期にかかわらず、受嘱者が請求した報酬の全額を直ちに支払うものとする。」としている。これは、「債権者の責めに帰すべき事由によって債務を履行することができなくなったときは、債務者は、反対給付を受ける権利を失わない。」と定める民法536条2項1文と整合的である。

18 監査約款では、「この場合において、委嘱者は、割合報酬を支払うものとする。第12条に定める独立性を損なう事実が生じたことにより本契約を解除することになった場合も同様とする。」と定めている。これは、受任者は、委任者の責めに帰することができない事由によって委任事務の履行をすることができなくなったときには、既にした履行の割合に応じて報酬を請求することができるとされていること（民法656条・648条3項1号）に対応したものであるが、監査報告書が提出されない限り、被監査会社にとっては何らの意義も有さない（監査業務は不可分）のだとすると、既にした履行の割合がゼロと評価される可能性が全くないわけではなさそうである。そこで、「本契約の報酬のうち本契約の解除までの受嘱者の業務遂行に応じた割合による報酬（以下「割合報酬」という。）」の支払を定めているのであろう。

19 本書「16 監査契約の解除」参照

20 監査基準委員会報告書705は、「監査人は、監査契約を締結した後に、経営者による監査範囲の制約に気付き、財務諸表に対する限定意見の表明又は意見不表明につながる可能性が高いと判断する場合、経営者に当該制約を取り除くように要請しなければならない。」（圏点―引用者）（10項）とし、経営者が、当該制約を取り除くことを拒否した場合、監査人は、監査役もしくは監査役会、監査等委員会または監査委員会に当該事項を報告するとともに、十分かつ適切な監査証拠を入手するための代替手続を実施できるかどうかを判断しなければならないとしている（11項）。

21 意見不表明を内容とする監査報告書の作成では監査契約の履行とはいえないという理解を論理的前提とする。

15 強調事項

1 『監査基準』と省府令の要求事項

(1) 『監査基準』

　『監査基準』は、監査人は、(1)継続企業の前提に関する事項、(2)当年度の財務諸表の監査の過程で監査役等と協議した事項のうち、職業的専門家として当該監査において特に重要であると判断した事項、(3)財務諸表の記載について強調する必要がある事項及び説明を付す必要がある事項を「監査報告書に記載するに当たっては、別に区分を設けて、意見の表明とは明確に区別しなければならない。」としている（第四 報告基準、二 監査報告書の記載区分、2）。そして、追記情報について、以下のように定めている（第四 報告基準、八 追記情報）。

　監査人は、次に掲げる強調すること又はその他説明することが適当と判断した事項は、監査報告書にそれらを区分した上で、情報として追記するものとする。
(1)　会計方針の変更
(2)　重要な偶発事象
(3)　重要な後発事象

柱書の表現は、法制執務上の用語法とは異なるかもしれないが、「次に掲げる強調すること……が適当と判断した事項は、……情報として追記するものとする。」と規定されていると読み取ることができ、──判断「した」と規定されているものの──(1)から(3)までに列挙された事項は強調することが適当と判断「される」事項に該当し、そして、(1)から(3)までに列挙された事項ではないが「説明することが適当と判断した事項」[1]は、それらが存在すれば常に情報として追記するものとされているとも理解できる。

(2) 監査証明府令

監査報告書には「追記情報」（4条1項1号ホ）を記載することが求められており、「追記情報」は「会計方針の変更、重要な偶発事象、重要な後発事象その他の事項であつて、監査を実施した公認会計士若しくは監査法人が強調し、又は説明することが適当と判断した事項についてそれぞれ区分して記載するものとする。」とされている（同条6項）。「その他の事項」という表現からは、会計方針の変更、重要な偶発事象及び重要な後発事象は、「監査を実施した公認会計士若しくは監査法人が強調し、又は説明することが適当と判断した事項」の例（部分集合）と位置づけられていると解され、そうであれば、会計方針の変更、重要な偶発事象及び重要な後発事象はそれらが存在すれば常に情報として注記するものとされていると理解するのが日本語の読み方としては自然であると考えられる（ただし、後述2）。

もっとも、会社計算規則126条と同様、「会計方針の変更、重要な偶発事象、重要な後発事象その他の事項」のうち、「監査を実施した公認会計士又は監査法人が強調し、又は説明することが適当と判断した事項」を意味するという読み方もまったくありえないというわけではなさそうである。

なお、2020年11月6日改訂前『監査基準』では、「正当な理由による会計方針の変更」が挙げられていた（2020年11月6日改訂により「会計方針の変更」とされた）のに対し、監査証明府令では「会計方針の変更」とされている[2]。これは、『監査基準』の改訂の過程で、「正当な理由による」ものに限定しないという考え方が示された[3]ことによる。すなわち、企業会計審議会

総会・第24回監査部会合同会合において、友杉部会長は「七「追記情報」の
ところですけれども、この追記情報の例示として記載されている4つの項目
のうち、⑴の「正当な理由による会計方針の変更」については、会計方針の
変更は確かに追記情報になるわけですが、これまでのように必ずしも正当な
理由による場合だけには限られないということから、「正当な理由による」
という部分を削除しております。」と説明していた[4、5]。

⑶ 会社計算規則

　追記情報を会計監査人の会計監査報告の内容とすることが求められており
（126条1項5号）、「追記情報」とは、会計方針の変更、重要な偶発事象及び
重要な後発事象「その他の事項のうち、会計監査人の判断に関して説明を付
す必要がある事項又は計算関係書類の内容のうち強調する必要がある事項と
する。」とされている（同条2項）。これは、会社計算規則制定時の監査証明
府令4条5項[6]に倣ったものであるが、「会計方針の変更、重要な偶発事象
及び重要な後発事象……のうち」（圏点—引用者）と規定していることからす
ると、『監査基準』とは異なり、会計方針の変更、重要な偶発事象及び重要な後
発事象であっても、「会計監査人の判断に関して説明を付す必要がある事項又
は計算関係書類の内容のうち強調する必要がある事項」に限り、会計監査報
告に含めることが求められていると解するのが自然であるようにも思われる。

2 ｜ 列挙事項はすべて強調事項なのか

　1⑴でみたように、『監査基準』は、その規定ぶりからは、会計方針の変更、
重要な偶発事象[7]及び重要な後発事象をすべて、「強調すること……が適当
と判断した事項」と位置づけていると考えられる[8]。

⑴ 会計方針の変更

　正当な理由による会計方針の変更の場合には、企業会計基準第24号「会計

方針の開示、会計上の変更及び誤謬の訂正に関する会計基準」（改正：2020年3月31日）10項及び11項、財務諸表等規則8条の3及び8条の3の2、連結財務諸表規則14条の2及び14条の3などにより、会計方針の変更に関する注記が求められている。しかし、正当な理由によらない会計方針の変更の場合の注記は要求されていない。

　他方、会社計算規則102条の2は、一般に公正妥当と認められる会計方針を他の一般に公正妥当と認められる会計方針に変更した場合に会計方針の変更に関する注記を求めている[9]。しかし、一般に公正妥当と認められない会計方針を他の一般に公正妥当と認められる会計方針に変更した場合には会計方針の変更に関する注記を求めていない。

　とはいえ、会社が会計方針の変更をした場合には、──客観的には、正当な理由によらないと評価すべき場合であっても──会社は正当な理由によるとして、財務諸表等規則などが要求する注記をすると予想され（自ら、正当な理由によらない変更である、だから、注記は不要であり、注記しないとはいわないであろう。）、監査人が追記情報として、情報を補完するということは想定しにくく、強調事項であると位置づけることができよう。

　もっとも、正当な理由によらない会計方針の変更は除外事項として記載されることになる。そして、監査証明府令及び会社計算規則の文言ならびに平成22年監査証明府令改正及び平成23年会社計算規則改正の経緯からすると、正当な理由によらない会計方針の変更も追記情報の対象となると解さざるを得ないから、除外事項として記載すると同時に、強調事項として追記情報としても記載されるというのが論理的帰結となるはずである（もっとも、このように考えても、追記情報としては、当該変更がなぜ正当な理由によらないものでないと考えられるかを記載することは求められないと解され、なぜ正当な理由に基づくものではないと考えられるのかは除外事項として摘示されるものと考えられるから、監査人の監査報告書に二重に同じ記載がなされるというわけではない。）。

　ところが、監査基準委員会報告書706は、以下のように定めている（7項）。

　監査人は、財務諸表に表示又は開示されている事項について、利用者が財務諸表を理解する基礎として重要であるため、当該事項を強調して利用者の注意を喚起する必要があると判断し、かつ以下のいずれにも該当する場合、監査報告書に「強調事項」区分を設けなければならない。
　……
(1)　監査基準委員会報告書705「独立監査人の監査報告書における除外事項付意見」に従い強調事項に関連して除外事項付意見を表明する必要がないと判断している。
(2)　……

　すなわち、除外事項として摘示されるものは強調事項として記載すべきではないと定めており、これは、一般論としては、追記情報の位置づけに照らし、当然のことであるともいえる[10]。しかし、これは、監査証明府令または会社計算規則が「正当な理由に基づく会計方針の変更」ではなく、「会計方針の変更」と規定したことと整合しないのではないかという疑問が生ずる。少なくとも監査報告書に記載すべき事項については、監査証明府令または会社計算規則は「一般に公正妥当と認められる監査に関する基準及び慣行」より上位の規範であり[11]、そうであれば、監査証明府令または会社計算規則の要求事項は『監査基準』など監査証明府令3条3項に例示された監査の基準や監査基準委員会報告書よりも優先的に適用されるはずである。

　これを前提としつつ、除外事項として摘示されるものは「現実には」強調事項として記載しないという実務がなぜ法令に違反していないのかといえば、会社法との関係では、1(3)でみたように、「会計監査人の判断に関して説明を付す必要がある事項又は計算関係書類の内容のうち強調する必要がある事項」にあたらなければ、会計方針の変更を追加情報として記載することを要しないところ、除外事項として摘示した場合には、もはや「会計監査人の判断に関して説明を付す必要」や「強調する必要」がないからであるという説明になるのではないかと思われる。

他方、１⑵で示したように監査証明府令を解釈すると、除外事項として摘示されれば、当該変更を強調事項として記載しなくともよい、あるいは記載すべきではないという結論に当然になるというわけではないように思われる。もっとも、監査証明府令４条６項にいう「会計方針の変更、重要な偶発事象、重要な後発事象その他の事項であつて、監査を実施した公認会計士若しくは監査法人が強調し、又は説明することが適当と判断した事項」とは、会社計算規則と同様、「会計方針の変更、重要な偶発事象、重要な後発事象その他の事項のうち、監査を実施した公認会計士又は監査法人が強調し、又は説明することが適当と判断した事項」を意味すると解することができれば[12]、会社法上の会計監査報告についてと同様に説明することは可能である。

　とはいえ、立法論としては、「除外事項として摘示したものは除く」という規定を会社計算規則及び監査証明府令の追記情報（強調事項）に係る規定に追加することが適切であるように思われる。

⑵　重要な後発事象

　会社計算規則114条１項は、「個別注記表における重要な後発事象に関する注記は、当該株式会社の事業年度の末日後、当該株式会社の翌事業年度以降の財産又は損益に重要な影響を及ぼす事象が発生した場合における当該事象とする。」と、同条２項は、「連結注記表における重要な後発事象に関する注記は、当該株式会社の事業年度の末日後、連結会社並びに持分法が適用される非連結子会社及び関連会社の翌事業年度以降の財産又は損益に重要な影響を及ぼす事象が発生した場合における当該事象とする。ただし、当該株式会社の事業年度の末日と異なる日をその事業年度の末日とする子会社及び関連会社については、当該子会社及び関連会社の事業年度の末日後に発生した場合における当該事象とする。」と定めている。また、財務諸表等規則８条の４は、「貸借対照表日後、財務諸表提出会社の翌事業年度以降の財政状態、経営成績及びキャッシュ・フローの状況に重要な影響を及ぼす事象（以下「重要な後発事象」という。）が発生したときは、当該事象を注記しなければならない。」と、連結財務諸表規則14条の９は、「連結決算日後、連結会社並

びに持分法が適用される非連結子会社及び関連会社の翌連結会計年度以降の財政状態、経営成績及びキャッシュ・フローの状況に重要な影響を及ぼす事象（以下「重要な後発事象」という。）が発生したときは、当該事象を注記しなければならない。ただし、その事業年度の末日が連結決算日と異なる子会社及び関連会社については、当該子会社及び関連会社の貸借対照表日後に発生した当該事象を注記しなければならない。」と、それぞれ定めている。

したがって、後発事象は、個別財務諸表（単体の計算書類）との関係では事業年度の末日後に発生した事象であることはたしかであるが、いつまでに発生した事象が後発事象にあたるのかが問題となる。

まず、企業会計上は、企業会計審議会も企業会計基準委員会も、後発事象に係る会計基準を特に開発していない[13]ことからすれば、1982年4月20日修正により新設された『企業会計原則注解』（注1-3）が「財務諸表には、損益計算書及び貸借対照表を作成する日までに発生した重要な後発事象を注記しなければならない。」と規定していることに照らし、「作成する日」が終期ということになりそうである。論理的には、「作成する日」は、会社法の文脈では、計算書類または連結計算書類が取締役または執行役から会計監査人または監査役（監査等委員会設置会社では監査等委員会、指名委員会設置会社では監査委員会）に提供された日またはそれより前の日のはずであり、金融商品取引法の文脈では、財務諸表または連結財務諸表が会社から監査人に提供された日またはそれより前の日のはずである[14]。計算書類等が提供されなければ、的確な監査を実施することはできないと考えられるからである。

他方、1982年4月20日改訂後『監査実施準則』の五では、監査報告書に記載されるべき補足的説明事項（後発事象）は、「貸借対照表日後監査報告書の作成の日までに発生し、かつ、監査の対象となった財務諸表に記載されていないもの」と定義され、これをうけて、昭和57年大蔵省令第49号による改正後監査証明省令4条の4でも補足的説明事項の「記載は、監査の対象となった財務諸表又は財務書類に係る貸借対照表日後監査報告書の作成の日までに発生した重要な後発事象についてなされるものとする。ただし、当該財務諸表又は財務書類に記載されているものを除く」と規定された。

同様に、商法または商法特例法の文脈においても、株式会社の貸借対照表、損益計算書、営業報告書及び附属明細書に関する規則（昭和38年法務省令第31号）45条は、「営業報告書には、次の事項その他会社の状況に関する重要な事項を記載しなければならない。」と定め、同条9号は「決算期後に生じた会社の状況に関する重要な事実」を挙げていたが（平成18年法務省令第12号による改正前商法施行規則［以下、平成18年改正前商法施行規則］103条1項11号も同旨）、大会社の監査報告書に関する規則（昭和57年法務省令第26号）3条は、「会計監査人の監査報告書には、決算期後に生じた事実で会社の財産又は損益の状態に重要な影響を及ぼすものにつき、営業報告書に記載があるときはその旨、取締役から報告があったときはその事実を記載しなければならない。」（平成18年改正前商法施行規則129条も同旨）と、同4条2項は「営業報告書の会計に関する部分のうちに、決算期後に生じた事実に関する事項その他の監査のために必要な調査をすることができなかった事項があるときは、その事項を示さなければならない。」（平成18年改正前商法施行規則130条2項も同旨）と、同6条は「監査役の監査報告書には、営業報告書に記載されていない決算期後に生じた会社の状況に関する重要な事実について取締役から報告があったときは、その事実を記載しなければならない。ただし、会計監査人の監査報告書に記載があるものについては、この限りでない。」（監査役会の監査報告書につき平成18年改正前商法施行規則132条［監査委員会の監査報告書につき準用。同137条］も同旨）と、それぞれ定めていた。

　このように、企業会計上の（注記すべき）後発事象と監査報告書に記載すべき後発事象とでは終期が異なるものとされたことは注目に値する[15]。

　監査・保証実務委員会報告第76号「後発事象に関する監査上の取扱い」（最終改正：2009年7月8日）は、「計算書類が会計監査人に提出されるまでに発生した修正後発事象は、その影響を反映させるため計算書類を修正する。計算書類が会計監査人に提出された後、会計監査人の監査報告書日までに発生した修正後発事象についても、その影響を反映させるため計算書類を修正する。」としている（4．修正後発事象に関する取扱い、(2) 財務諸表におけ

る修正後発事象の取扱い、① 個別財務諸表、ａ．会社法監査）。計算書類が会計監査人に提出された日が計算書類を「作成する日」であると解すれば、第1文は当然のことであるが、第2文は上述した『企業会計原則注解』（注1－3）とは整合しないように思われる。また、「決算日後会計監査人の監査報告書日までの間に重要な開示後発事象が発生した場合には、計算書類において、重要な後発事象に関する注記として記載する。」とされている（5．開示後発事象に関する取扱い、(2) 計算書類又は財務諸表における開示後発事象の取扱い、① 個別財務諸表、ａ．会社法監査）。

　もちろん、会社法上、計算書類を「作成する日」をできる限り後ろにもってきて、修正後発事象を計算書類に反映させ、開示後発事象を注記することは望ましく、かつ、禁止されているわけではないと考えられる。しかし、（計算書類を「作成する日」よりも後の）会計監査人の監査報告書の作成日まで後倒しすることを要求していると読むことは必ずしも自然ではない。

　会社計算規則の制定にあたって、立案担当者は「後発事象についての法的な取扱いは、旧商法施行規則とは、その取扱いが変更されることとなるため、注意を要する。……計算規則では、……重要な後発事象は、すべて計算書類に反映されるか、または注記表において注記されるべきものとされる……。したがって、注記表に注記されていない重要な後発事象について取締役等から報告があった場合には、これを注記させるなど適切な修正をさせるべきであり、そのような注記がされない場合には、追記情報として明らかににするのではなく、除外事項として明らかにすべきこととなる。」と指摘していたが[16]、一般に公正妥当と認められる企業会計の慣行によれば、取締役等がたとえば注記表に注記すべき「重要な後発事象」とは（会計監査人の会計監査報告の作成日より前の）「計算書類を作成する日」までに発生した事象をいうのだとすれば[17]、除外事項として記載することはできない[18]と解するのが論理的帰結であり、その結果、会計監査人の会計監査報告に記載される「重要な後発事象」には、やはり、「計算書類を作成する日」の後、会計監査人の会計監査報告書の作成日までの間に発生した後発事象についての情報を提供するものが含まれる点で、計算書類の内容を補完する事項を明らかにする

という機能が残ることになる。すなわち、「追記情報として明らかにされるべき事項は、計算規則154条2項［当時。現在は126条2項─引用者］各号に掲げる事項を含め、計算書類に重要な影響を与えるものについて、すでに貸借対照表等においてその影響が反映されているか、または注記表において明らかにされているもののうち、会計監査人が会計監査報告でも明らかにすることが適当であると判断した事項であるという整理になる」[19]とは必ずしもいえないことになる。

　他方、金融商品取引法との関係では、会社法と異なり、監査人に対して財務諸表・連結財務諸表を提供する時期についての規律[20]もなければ、監査役等による監査や取締役会における承認決議も要求されていないため、監査人の監査報告書の作成日までは財務諸表や連結財務諸表の修正・注記の追加等を自由に行うことは可能であり、「最終的な」財務諸表や連結財務諸表を監査人に提供する時期の決定は、会社と監査人に制約なしに委ねられていると考えることができる。したがって、「暫定的な」財務諸表や連結財務諸表が監査人に提供されており、それらについて監査人は──いわば暫定的に──監査手続を実施しており、監査人の監査報告書の作成日に「最終的な」財務諸表や連結財務諸表が監査人に提供されている、その日が財務諸表や連結財務諸表を「作成する日」であるものとして扱うことは十分にありうることであると考えられる。

3 ｜ 強調事項の不十分な記載と監査人の民事責任

(1)　会社法上の責任及び債務不履行責任

　会計監査人の善管注意義務違反により、会計監査報告における強調事項の記載が適切になされなかった場合には、会計監査人は、その任務を怠ったとして、（被監査）会社に対し、これによって生じた損害を賠償する責任を負う（会社法423条1項）。もっとも、記載すべき強調事項が記載されず、また

は、適切に記載されなかったことと相当な因果関係が認められる損害が（被監査）会社に生ずることは通常は想定できないのではないかと思われる。これは、監査契約上の債務不履行責任（民法564条）との関係でも同様である。

　他方、会社法429条2項4号によれば、会計監査人は、「会計監査報告に記載し、又は記録すべき重要な事項についての虚偽の記載又は記録」をしたときは、それをすることについて注意を怠らなかったことを証明したときを除き、これによって第三者に生じた損害を賠償する責任を負う。そして、ここでいう「会計監査報告に記載し、又は記録すべき重要な事項」には強調事項が含まれることに疑いはなく（会社計算規則126条2項）、かつ、「虚偽の記載又は記録」には重要な事項の不記載または不記録が含まれると解される。たしかに、強調事項は、計算関係書類における記載を前提に強調することを適当と会計監査人が判断した事項であり、計算関係書類に（適正に）記載されている以上、会計監査報告における強調事項の不記載または不十分な記載に「よって」第三者に損害が生じたといえるのかという問題がある。しかし、かりに、貸借対照表・損益計算書・株主資本等変動計算書の数値に反映させるべきことを反映させず、注記では十分な情報を提供した（たとえば、修正後発事象であるにかかわらず、開示後発事象として扱ったとか、リース資産・リース負債をオンバランスしなかったが、十分な注記がなされていた）という場合に、個別注記表をきちんと読んでいれば、十分な情報は得られ、適切な判断をすることができたはずであるから、貸借対照表・損益計算書・株主資本等変動計算書の数値に反映させるべきことを反映させなかったことと相当な因果関係を有する第三者の損害はないとはいわないのだとすれば、ある第三者が計算関係書類をきちんと読んでおけば、その第三者に損害は生じなかったはずであるから、強調事項の不記載等と第三者の損害との間に相当な因果関係は認められないとはいえないのではないかとも思われる。

(2)　金融商品取引法上の責任

　有価証券届出書のうちに重要な事項について虚偽の記載があり、または記載すべき重要な事項もしくは誤解を生じさせないために必要な重要な事実の

記載が欠けているときは、当該有価証券届出書に係る193条の2第1項に規定する監査証明において、当該監査証明に係る書類について記載が虚偽でありまたは欠けているものを虚偽でなくまたは欠けていないものとして証明した公認会計士または監査法人は、その証明をしたことについて故意または過失がなかったことを証明しない限り、当該有価証券を募集もしくは売出しに応じて取得した者または募集もしくは売出しによらないで取得した者もしくは処分した者に対し、当該有価証券を取得し、または処分した者がその取得または処分の申込みの際記載が虚偽であり、または欠けていることを知っていたときを除き、記載が虚偽でありまたは欠けていることにより生じた損害を賠償する責任を負う（21条1項3号・2項2号、22条）。22条の規定は、有価証券報告書、四半期報告書及び半期報告書の虚偽記載についても準用されている（24条の4、24条の4の7第4項、24条の5第5項）。ここでは、「監査証明に係る書類について記載が虚偽であり又は欠けているものを虚偽でなく又は欠けていないものとして証明した」とされているので、意見とは区別される強調事項の不記載または不十分な記載に基づく損害賠償責任は想定されていないものと理解することができる。

〈注〉

1 この規定ぶりに対しては、「監査基準の改訂案に対するコメント」〈https://www.fsa.go.jp/singi/singi_kigyou/siryou/soukai/20100326/3-1.pdf〉のNo.11が「報告基準七で掲げられている記載対象のうち、少なくとも(4)の記載［監査した財務諸表を含む開示書類における当該財務諸表の表示とその他の記載内容との重要な相違―引用者］は、説明事項としての性質を持つと解されます。一方で、「その他」という語句が上記の位置である場合には、例示列挙されている記載対象の全てが強調事項としての性質を持つものであるかのように捉えられる恐れがあります。」、「監査人は、報告基準七で例示列挙されている記載対象以外にも、必要と判断した場合には、強調事項又は説明事項の記載を行うことが考えられます。一方で、「その他」という語句が上記の位置である場合には、報告基準で例示されている事項以外の事項で監査人が必要と認めて記載することができるのは、説明事項に限られるかのように捉えられる恐れがあります。」という懸念を表明し、「冒頭部分については現行通り、「次に掲げる事

項その他説明又は強調することが適当と判断した事項」と」するのが「適当と考えます。」としていたが、変更されることなく最終化された。

2　平成22年9月30日内閣府令第45号による改正により、「正当な理由による」が削除された。

3　これは、「監査基準の改訂案に対するコメント」のNo.11が、「追記情報に、「正当な理由による会計方針の変更」が掲げられているが、これを例示のうちから削除すべきと考える。」とされていたことに対応したものと推測される。すなわち、そのコメントでは、「平成14年の監査基準改訂の前文三9(3)追記情報②には、従来は除外事項とされていた正当な理由による会計方針の変更は、不適切な理由による変更と同様に取り扱うことは誤解を招くことから、除外事項の対象とせずに、追記する情報の例示とした旨記載があり、当時に「正当な理由による会計方針の変更」を掲げた背景がうかがえる。しかしながら、現在、会計上の変更及び誤謬の訂正に関する会計基準が公表され、かつ、比較情報の開示の方向性が示されるところであり、もはや平成14年当時とは会計や監査を取り巻く環境が大きく異なる。当該会計基準における会計上の取扱いとして、①会計方針の変更、②表示方法の変更、③会計上の見積りの変更、④過去の誤謬とが列挙されており、追記情報の例示として「正当な理由による会計方針の変更」だけを掲げることはバランスを欠いた印象を受ける。」という理由が示されていた。ここから推測すると、単に「会計方針の変更」とされたのは、企業会計基準第24号「会計上の変更及び誤謬の訂正に関する会計基準」をふまえたものといえそうである。

4　企業会計審議会総会・第24回監査部会合同会合議事録（2010年3月26日）〈https://www.fsa.go.jp/singi/singi_kigyou/gijiroku/soukai/f-20100326_s-giji.html〉。また、企業会計審議会『監査基準の改訂について』（2010年3月26日）でも、単に、「会計方針の変更」としていた（二 主な改訂点とその考え方、2報告基準の改訂について、(2)追記情報）。

5　2020年11月6日改訂前『監査基準』では、「監査した財務諸表を含む開示書類における当該財務諸表の表示とその他の記載内容との重要な相違」が挙げられていたが、――その理由は不明であるが――監査証明府令や会社計算規則では明示的には列挙されていなかった。「その他の記載内容」については本書 「26 その他の記載内容」参照

6　その後、平成22年内閣府令第45号による改正後監査証明府令との整合性を図るため、平成23年法務省令第6号による改正により、「正当な理由による」が削除された。

7　重要な偶発事象は、すべて、個別注記表または金融商品取引法の下で財務諸表・連結財務諸表に対する注記として記載されるものと解されるため、会計監査報告または金融商品取引上の監査報告書における強調事項にあたることに疑いはなかろう。もっとも、財務諸表等規則58条にいう偶発事象の一部は会社法上は負債の部に反映され、その結果、注記の対象とならない可能性がある。会社計算規則103条5号は、「保証債務、手形遡求債務、重要な係争事件に係る損害賠償義務その他これらに準ずる債務（負債の部に計上したものを除く。）があるときは、当該債務の内容及び金額」を注記することを要求しているから、負債の部に計上した場合には注記を要しないためである。

8　しかも、企業会計審議会「監査基準の改訂について」（2010年3月26日）は、「我が国の監査基準においても、会計方針の変更、重要な偶発事象、重要な後発事象、監査した財務諸表を含む開示書類における当該財務諸表の表示とその他の記載内容との重要な相違などの、財務諸表における記載を前提に強調することが適当と判断した事項と監査人がその他説明することを適当と判断した事項について、それぞれを区分して記載することを求めることとした。」としており（二　主な改訂点とその考え方、2　報告基準の改訂について、(2)追記情報）、列挙されている4項目は「財務諸表における記載を前提に強調することが適当と判断した事項」にあたるという立場をとっていた。

9　少なくとも、文言上は、正当な理由による変更の場合に限定していない。なお、大阪地判平成15・10・15金判1178号19頁は、継続性の原則に違反した場合には「公正ナル会計慣行」に違反したものとされる場合もあり得ると解するのが相当であるとしつつ、「「公正ナル会計慣行」に違反しない従来の会計処理の原則及び手続を「公正ナル会計慣行」に違反しない別の会計処理の原則及び手続に変更することそれ自体は、仮に、それが企業会計原則上の継続性の原則に違反する場合であっても、直ちに「公正ナル会計慣行」に違反するものと解すべきではなく、当該変更が利益操作や粉飾決算を意図しているとか、会社の財産及び損益の状況の公正な判断を妨げるおそれがある場合に限り、「公正ナル会計慣行」に違反するものと解するのが相当である。」と判示した。これを、たとえば、東京地判平成17・9・21判タ1205号221頁はほぼそのまま踏襲している。弥永真生『会計処理の適切性をめぐる裁判例を見つめ直す』（日本公認会計士協会出版局、2018）14頁以下参照

10　「監査基準の改訂に関する意見書」（2002年1月25日）では、「財務諸表の表示に関して適正であると判断し、なおもその判断に関して説明を付す必要がある事項や財務諸表の記載について強調する必要がある事項を監査報告書で情報

として追記する場合には、意見の表明と明確に区分し、監査人からの情報として追記するものとした。」（圏点―引用者）とされていた（三　主な改訂点とその考え方、9　監査意見及び監査報告書、(3)追記情報、①）。

11　金融商品取引法193条の2第5項は「第1項及び第2項の監査証明は、内閣府令で定める基準及び手続によつて、これを行わなければならない。」と定めており、かつ、「一般に公正妥当と認められる監査に関する基準及び慣行」は監査証明府令によって認知されているのであるから、内閣府令である監査証明府令の定めが優先することになる。また、会社法においては、「会計監査人は、法務省令で定めるところにより、会計監査報告を作成しなければならない。」（396条1項）とされ、そもそも、「一般に公正妥当と認められる監査に関する基準及び慣行」は会計監査人による監査の規範として明示的に認知されているわけではない。

12　すなわち、「監査を実施した公認会計士又は監査法人が強調し、又は説明することが適当と判断した」は「その他の事項」のみを修飾するのではなく、「会計方針の変更、重要な偶発事象、重要な後発事象その他の事項」を修飾すると解するわけである。

13　2010年8月26日に、基準諮問会議から企業会計基準委員会に対して、「後発事象の考え方を整理した上で、国際会計基準等と同様に、後発事象の定義、会計処理、開示等を規定する会計基準等を策定することが適切であると考えられる。」とする提言がされ、第209回企業会計基準委員会（2010年9月16日）より審議を開始した（「後発事象に関する会計基準の策定について」〈https://www.asb.or.jp/jp/wp-content/uploads/20100916_06.pdf〉参照）。しかし、「関係者からは、会社法と金融商品取引法から財務情報の提供が要求されている現状において、双方の財務情報に対して実務上適用可能な会計基準を開発することは困難ではないかという意見が多数を占めた。特に、関係者からは、一定の後発事象について、金融商品取引法における財務諸表を修正した場合、会社法における計算書類との一元性が確保されなくなることから生じうる実務上の混乱を強く懸念する意見が示されていた」ため（第19回基準諮問会議資料(1)-7「後発事象に関する会計基準の検討状況」〈https://www.asb.or.jp/jp/wp-content/uploads/20131120_09.pdf〉）、第220回企業会計基準委員会（2011年3月3日）を最後に、委員会審議は行われていない。企業会計基準委員会「現在開発中の会計基準に関する今後の計画」（2021年3月30日）には含められておらず、企業会計基準委員会「中期運営方針」（2019年10月30日）でも言及されていない。なお、公開草案の案では「経営者が財務諸表の作成を完

了し公表を可能にすることについて一定の判断を行った日」（後発事象基準日）を終期とすることとされ（週刊T&A Master 395号（2011）40頁）、第220回企業会計基準委員会で検討された「後発事象に関する会計基準の検討」〈https://www.asb.or.jp/jp/wp-content/uploads/20110303_05.pdf〉では、金融商品取引法の財務諸表との関係では「有価証券報告書の公表に関する、各企業において公表承認がなされた日（取締役会や社内決裁等）」を、会社法の計算書類との関係では（案2）として「取締役会等の認められた権限を持つ者が、計算書類に対して責任を負ったと決定した日（例えば、監査人に対する経営者確認書の日付）」を、それぞれ、後発事象基準日とすることが提案されていた。もっとも、会社法の計算書類との関係では「株主総会招集通知に関する取締役会の承認の日」を後発事象基準日とする（案1）も示されていた。

14　もっとも、「会計監査の最終段階で、会計監査人の意見との調整の過程で取締役会がさきの決算案を修正して最終的に承認するケースも、改正商法上、理論的にはありうる。」という指摘があり（中島省吾「重要な会計方針・後発事象の開示」企業会計34巻6号（1982）85頁）、そのようなケースにおいては、会計監査人の会計監査報告の作成日＝取締役会の承認決議日が「作成する日」ないし「作成の日」となるという解釈の余地が十分にある。とはいえ、会社法は、一定の期日に、完成した計算書類・連結計算書類を会計監査人及び監査役等に提供することを暗黙の前提としており（後掲注(20)参照）、その後の修正等を禁止していないというにすぎない。

15　中島・前掲注(14)83頁、辰巳正三「監査の立場からみた引当金と後発事象」企業会計35巻1号（1983）57頁など参照

16　相澤　哲＝和久友子「計算書類の監査・提供・公告、計算の係数に関する事項」商事法務1766号（2006）66頁

17　もしかすると、監査・保証実務委員会報告第76号は、会計監査人の監査報告書の作成日までの重要な開示後発事象を注記の対象とし、また、会計監査人の監査報告書の作成日までの修正後発事象により計算書類等は修正されなければならないというのが、現在では、会社法上の「一般に公正妥当と認められる企業会計の慣行」となっている、また、金融商品取引法上の「一般に公正妥当と認められる企業会計の基準」となっているという理解を前提としているのかもしれない。たとえば、東京高判平成17・6・21刑集62巻7号2643頁は、銀行等監査特別委員会報告第4号「銀行等金融機関の資産の自己査定並びに貸倒償却及び貸倒引当金の監査に関する実務指針」は、監査法人等が監査するにあたっての方針であるから、「それ自体は法規範性を有するものではないし、これらが、

それ自体として直ちに……『公正なる会計慣行』そのものであるということはでき」ないとしたが、宇都宮地判平成23・12・21判時2140号88頁〔東京高判平成26・9・19〔平成24年（ネ）第1349号〕により控訴棄却、最決平成27・10・13〔平成27年（受）第187号〕により上告不受理〕は、監査委員会報告第70号「「その他有価証券」の評価差額に対する税効果会計の適用における監査上の取扱い」は、「66号報告（監査委員会報告第66号「繰延税金資産の回収可能性の判断に関する監査上の取扱い」―引用者）同様、財務諸表や計算書類等に対する監査を実施する際の判断指針を示すものにとどまり、監査の対象となる財務諸表等の作成者である金融機関にとっては、直ちに遵守すべき基準となる性質のものではないというべきである」としつつ、監査委員会報告第70号に「基づく監査が繰り返し実施されることにより、その内容が財務諸表等の作成者である金融機関にとっても、「公正なる会計慣行」となる余地はある」と判示した。弥永真生『会計基準と法』（中央経済社、2013）100頁以下も参照

18 　監査・保証実務委員会報告第76号は、「計算書類に注記すべき重要な後発事象について適切な注記がなされていない場合には、監査報告書において、監査意見に係る除外事項として記載する。」、「監査人が特に追記情報として記載する必要があると判断した重要な後発事象が、計算書類に注記されていない場合には、注記を求めなければならない。当該注記が行われていない場合又は当該注記が不十分な場合には、監査報告書において、監査意見に係る除外事項として記載するか、意見を表明しない。」とするが（5.開示後発事象に関する取扱い、(4)監査報告書における開示後発事象の取扱い、① 個別財務諸表監査、a.会社法監査、(a)及び(c)）、これは不適切ということになろう。

19 　相澤＝和久・前掲注(16)66頁

20 　会社法上も、提供すべき期日を正面から規律しているわけではなく、会社計算規則130条1項が、会計監査人は、各事業年度に係る計算書類及びその附属明細書についての会計監査報告（1号）を、当該計算書類の全部を受領した日から4週間を経過した日、当該計算書類の附属明細書を受領した日から1週間を経過した日、または、特定取締役、特定監査役及び会計監査人の間で合意により定めた日があるときは、その日のうちいずれか遅い日までに、特定監査役及び特定取締役に対し、当該会計監査報告の内容を通知しなければならないと定め、「計算書類の全部」を取締役または執行役が会計監査人に提供すべき期限を、いわば、裏側から定めている。そして、会計監査人が「計算書類の全部を受領した」と評価できるのは、最終版の「計算書類の全部を受領した」場合のはずである。

16 監査契約の解除

1 | 監査人の異動と金融商品取引法

　公認会計士・監査審査会『令和2年版モニタリングレポート』（2020年7月）[1]によると、会計監査人の異動（監査法人の合併に伴う異動を除く）があった上場国内会社の数は、令和2年6月期は142社と、平成28年6月期以降の中で最も多かった（令和元年度には192社の異動があったが、うち、監査法人の合併に伴う異動が54社であり、それを除くと138社であった）。適時開示によると、令和2年6月期には異動理由として任期満了を挙げた会社はなくなり[2]、監査報酬を挙げたものが40社、継続監査期間を挙げたものが40社、監査人の辞任を挙げたものが14社などとなっていた[3]。他方、令和元事務年度に公認会計士・監査審査会が大手監査法人（前任監査人）に対する検査及び報告徴収で把握した会計監査人の異動理由では、「監査報酬」（48件／77件）が最も多く、継続監査期間が33件、会計監査人からの辞任等が8件、親会社等の監査人の統一が6件などとなっており、準大手監査法人及び中小規模監査事務所に対する検査及び報告徴収で把握した24件の会計監査人の異動理由（前任監査人）は会計監査人からの辞任等14件、監査報酬7件などが多いものであった[4]。なお、令和2年6月期において、会計監査人の期中異動は9件あり、理由は、被監査会社の不適切会計等による監査法人からの解約・辞任の申し出4件のほか、監査法人の人的資源等を勘案した監査法人からの辞任の申し出、会計処理等に対する意見相違による合意解除などであった[5]。

　ところで、金融商品取引法は、監査契約の解除について、直接的な規制を加えてはいないものの、監査人の異動について臨時報告書などにおける開示を求めてきた[6]。すなわち、企業内容開示府令の平成20年改正により、監査公認会計士等（提出会社の財務計算に関する書類について、金融商品取引法193条の2第1項の規定により監査証明を行う公認会計士もしくは監査法人（財務書類監査公認会計士等））の異動（財務書類監査公認会計士等であった者が財務書類監査公認会計士等でなくなることまたは財務書類監査公認会計士等でなかった者が財務書類監査公認会計士等になること）が当該提出会社の業務執行を決定する機関により決定された場合または監査公認会計士等の異動があった場合（当該異動が当該提出会社の業務執行を決定する機関により決定されたことについて臨時報告書を既に提出した場合を除く。）には、「異動監査公認会計士等が作成した監査報告書等（提出会社が直近3年間に提出した財務計算に関する書類に係る監査報告書、中間監査報告書、四半期レビュー報告書、内部統制報告書に係る内部統制監査報告書）において、除外事項を付した限定付適正意見／結論、不適正意見／否定的結論、意見または結論の表明をしない旨及びその理由の記載がある場合には、その旨及びその内容」、当該「異動の決定または異動に至った理由及び経緯」、これに対する当該「理由及び経緯に対する監査証明府令第4条第1項各号に定める事項［監査報告書の記載事項―引用者][7]……に係る異動監査公認会計士等の意見」などが記載された臨時報告書を提出しなければならないこととされた。また、退任監査人が「意見を表明しない場合には、その旨及びその理由（当該提出会社が当該異動監査公認会計士等に対し、当該意見の表明を求めるために講じた措置の内容を含む。）」を記載することも要求されている（企業内容開示府令19条2項9号の4）。さらに、異動について臨時報告書を提出した年度の有価証券報告書等には、当該臨時報告書に記載した事項（上記の事項については概要）を記載するほか、有価証券報告書等には直近2連結会計年度において監査公認会計士等の異動があった場合には、その旨を記載するものとされている[8]。

　このような改正は、「監査人の交代については、監査人の独立性や地位が

脅かされる形での交代を防止する等の観点から、交代が生じた際の情報開示について、その充実・強化を図っていくことが適当である」という価値判断に基づくものであり[9]、提出会社に「異動監査公認会計士等から提出を受けた意見書等に記載されている内容をそのまま臨時報告書に記載すること」を求めることにより、「異動監査公認会計士等の意見に対して、文言や表現等に関して提出会社から不当な圧力が加えられたような場合には、そのようなやりとりも踏まえて、異動監査公認会計士等の意見が形成されることが想定され、提出会社による不当な圧力には一定の抑止が働く」ことが期待された[10]。

しかも、充実懇報告書での提言を背景として、令和元年内閣府令第13号による企業内容開示府令の改正により、監査公認会計士等の異動に至った理由及び経緯に対する監査役（監査役会設置会社の場合は監査役会、監査等委員会設置会社の場合は監査等委員会、指名委員会等設置会社の場合は監査委員会）の意見も臨時報告書に記載しなければならないこととされた（改正後19条2項9号の4(5)(ii)。令和元年6月21日施行）。

また、企業内容等開示ガイドラインが改正され（令和元年6月21日から適用）、「B基本ガイドライン」に24の5－23－2が追加され、以下のように定められた。

　監査公認会計士等の異動に至った理由及び経緯には、実質的な異動理由（異動が任期満了時である場合は、当該監査公認会計士等が監査を継続しない理由）及び経緯（期中に退任する場合には、期中であるにもかかわらず退任することとなった経緯）について詳細に記載することに留意する。
(1)　実質的な異動理由としては、例えば次に掲げる事項（複数可）について詳細に記載することに留意する。
　①　連結グループでの監査公認会計士等の統一
　②　海外展開のため国際的なネットワークを有する監査公認会計士等へ異動

> ③　監査公認会計士等の対応の適時性や人員への不満
>
> ④　監査報酬
>
> ⑤　継続監査期間
>
> ⑥　監査期間中に直面した困難な状況
>
> ⑦　会計・監査上の見解相違
>
> ⑧　会計不祥事の発生
>
> ⑨　企業環境の変化等による監査リスクの高まり
>
> ⑩　その他異動理由として重要と考えられるもの
>
> (2)　経緯としては、当該監査公認会計士等とのやり取りについて詳細に記載することに留意する。

　これらに加え、東京証券取引所有価証券上場規程では、上場会社の業務執行を決定する機関が有価証券報告書または四半期報告書に記載される財務諸表等または四半期財務諸表等の監査証明等を行う公認会計士等の異動を決定した場合またはそのような公認会計士等の異動が発生した場合には、当該上場国内会社はその内容[11]を直ちに開示しなければならないとされている（402条1項aj、2項t）。そして、充実懇報告書をうけて、2019年1月に、東京証券取引所は、会社情報適時開示ガイドブックを改訂し、まず、異動を行うこととした実質的な理由やその経緯を開示資料に具体的に記載すべきこととした。また、任期満了により退任する公認会計士等を再任しない理由の記載が求められている。特に、期中に解任する場合または短期間で退任を決定する場合には、期中または短期間であるにもかかわらず、なぜ解任または退任を決定することになったのかがわかるように記載することが、また、会計処理等に関する見解の相違が存在するといった事情がある場合には、その具体的な内容を含めることが、それぞれ、求められることとなった[12]。

2 | 会計監査人の解任と会社法

　会社法339条１項は、「会計監査人は、いつでも、株主総会の決議によって解任することができる。」と定めている[13]。しかし、同条２項は、「解任された者は、その解任について正当な理由がある場合を除き、株式会社に対し、解任によって生じた損害の賠償を請求することができる。」と定め、会計監査人の経済的利益は保護しようとしている。すなわち、解任に正当な理由がある場合を除き、解任された場合であっても、約定した監査報酬全額の支払いを求めることができるのが、法的には、通常なのではないかと思われる。したがって、正当な理由がない場合には、二重に監査報酬を支払うことを覚悟しない限り、被監査会社としては、安直に会計監査人を解任することはしないのではないかと期待される。

　また、監査役設置会社においては、株主総会に提出する会計監査人の解任ならびに会計監査人を再任しないことに関する議案の内容は、監査役が決定し、監査役が２人以上ある場合には、監査役の過半数をもって決定する。また、監査役会設置会社では監査役会が、監査等委員会設置会社では監査等委員会が、指名委員会等設置会社では監査委員会が、それぞれ（定款に別段の定めがなければ、当該会議の出席者の過半数で）決定する（会社法344条、399条の２第３項２号、404条２項２号）。

　さらに、会計監査人は、株主総会において、会計監査人の解任、不再任または辞任について意見を述べることができ[14]、会計監査人を解任され[15]または辞任した者は、解任後または辞任後最初に招集される株主総会に出席して[16]、辞任した旨及びその理由または解任についての意見を述べることができる（会社法345条１項・２項・５項）。解任について意見を述べることができるとされているのは、監査役（会）、監査等委員会または監査委員会が、取締役や執行役の考えを忖度して、取締役等の意に沿わない会計監査人を解任し、または再任しないことを内容とする議案を決定するおそれに対応するものであって、直接、株主総会に訴えかける機会を会計監査人に与え、株主

総会における慎重な審理を実現し、監査役等をけん制して、会計監査人の独立性を確保しようとするものである[17]。辞任の場合が含められているのは、実質的には解任であるが、会社から辞任を迫られるということが想定できるためである[18]。また、辞任した会計監査人または解任された会計監査人（株主総会の決議によって解任されたものを除く。）があるときは、当該会計監査人の氏名または名称、監査役、監査役会、監査等委員会または監査委員会による解任の理由（会社法340条3項）があるときは、その理由、会計監査人の選任、解任もしくは不再任または辞任についての会計監査人の意見（会社法345条5項・1項）があるときは、その意見の内容、及び、会計監査人を辞任しまたは解任された者の辞任の理由または解任に対する意見（会社法345条5項・2項）があるときは、その理由または意見は、当該事業年度前の事業年度に係る事業報告の内容としたものを除き、事業報告に含めるべき事項とされている（会社法施行規則126条9号）[19]。さらに、会計監査人の解任または不再任に関する議案を会社が提出する場合に、会社法345条5項・1項の会計監査人の意見があるときは、その内容の概要を株主総会参考書類に記載しなければならない（会社法施行規則81条3号）。

　ただし、会計監査人の解任、不再任または辞任についての意見陳述については、当然に守秘義務解除が認められるわけではなく、限定的なものにとどまるという見解が示されている[20]。これは、会計監査人の解任、不再任または辞任についての意見陳述は会計監査人の独立性を担保するという観点から会計監査人の身分を保障するために認められているという位置づけ、正当な理由のない解任においては会計監査人は損害賠償を受けることができることに着目したものと推測される。もっとも、株主総会は、株式会社の機関であり、株主総会での陳述は「他に」漏らしたとは評価できないと解するのが文言解釈としては穏当であるとも考えられる。

3 | 監査人はいつでも監査契約を解除できるのか

　金融商品取引法の下での監査契約の法的性質は解釈に委ねられているが、準委任契約であるという理解が通説であり、会社法の下では、「株式会社と……会計監査人との関係は、委任に関する規定に従う。」（330条）と規定されている。

　民法651条1項は、委任は、各当事者がいつでもその解除をすることができると定めている。これは、委任契約が当事者間の人的信頼関係を基礎とする契約であり、信頼関係がなくなった当事者間において委任を継続させることは無意味であるとの考えによるものである。ただし、当事者が契約により、同条項が定める解約権を制限し、または放棄することは有効であると解されている[21]。もっとも、東京高判昭和30・4・22下民集6巻4号773頁は、当該「特約は単に民法651条の規定する自由なる解約権の制限ないし放棄を定めた趣旨に過ぎないものであつて、……いわゆる重大なる背信的義務違反を理由とする解除をまで否定する趣旨ではないと解するのを相当とし、そして委任契約はその性質上その存続中に、当事者の一方に信頼を裏切つて委任関係の継続を著しく困難ならしめるような不信行為のあつた場合には、相手方は将来に向つてこれを解除することができ」るとしており、解除権を制限または放棄する特約が有効であっても、相手方の債務不履行を理由とする解除が認められなくなるわけではない[22]。この一般論は、金融商品取引法監査に係る監査契約に妥当すると考えられる。

　他方、平成17年廃止前商法特例法・会社法の下での会計監査人監査に係る監査契約には、特約がない限り、民法651条が適用されると解されてきた[23]。そして、会社はいつでも正当な理由なしに会計監査人を解任できるとする会社法339条1項は強行法規であると考えられることから、会計監査人の側からの監査契約の解除を制限する特約も無効なのではないかという問題がある。平成17年改正前商法の解釈として、大阪地判昭和63・11・30判時1316号139頁は、「株式会社における会社と取締役との間の関係は委任に関す

る規定に従い（商法254条3項）、委任は各当事者において何時でもこれを解除することができる（民法651条1項）関係にあるから、取締役は何時でも自由に辞任することができると解すべきであり、会社側は何時でも株主総会の決議をもって取締役を解任することができること（商法257条1項本文）、取締役が会社に対して重い責任を負わされ（同法266条1項）、一定の行為をなすことを制約されていること（同法264条、265条1項）等に照らし何時でも取締役を辞任することができる自由に反する特約は効力を有しないと解するのが相当である。」と判示し、東京地判昭和55・7・29判時990号239頁も、「株式会社にあっては、会社の側も何時でも株主総会の決議をもって取締役を解任することができること（商法257条1項本文）、取締役が会社のために不利な時期に取締役を辞任したときはその損害を賠償する必要があること（民法651条2項）と対比しても、取締役は、その事由の如何にかかわらず、何時でも会社を辞任し得る。」としていた。

　会計監査人の辞任を制約する特約の有効性について検討した文献は見当たらなかったが、取締役の辞任を制約する特約については、かつては無効であると解するのが多数説であったようであるものの[24]、近年では、「特約によって放棄されるのは結局取締役の個人的な利益にすぎず、株式会社制度の維持に直接関わるものでないから、辞任の自由に関する規定を強行法規とすることには……疑念がある。」[25]、辞任の自由を制限する取締役と会社との間の特約はすべての現在の株主、また、将来株主となる者を拘束するということになるという意味における「第三者効」を有するものではなく、「取締役がその内容を十分に承知して自発的に辞任を制限する合意をした以上、そのような合意を無効とすべき理由は見い出しがたい。」[26]などの理由に基づき有効説が多数となっている[27, 28]。会計監査人の場合は、任期は1年であることからすれば、なおさら、正当な理由のない辞任を制限する特約は有効であると解することが整合的であるということになりそうである。会計監査人が事業年度開始後相当の期間が経過した後または事業年度末後、会計監査報告提出前に辞任する場合には、会計監査人または一時会計監査人の選任が困難でありうるし、場合によっては、定時株主総会の開催を遅らせる必要が生じ、ま

た、後任監査人による監査に支障をきたすことを考えるとなおさらである。

4 | 被監査会社に不利な時期であっても損害賠償なしに 監査契約を解除できる事由

　会計監査人が辞任する場合については会社法339条2項のような規定はないが、会社法の下での会計監査人の辞任の場合であっても金融商品取引法監査の監査契約の解除の場合であっても、特約がなければ、「相手方に不利な時期に委任の解除をしたときは、その当事者の一方は、相手方の損害を賠償しなければならない。ただし、やむを得ない事由があったときは、この限りでない。」とする民法651条2項が適用される。また、これとは別に、民法541条は、「当事者の一方がその債務を履行しない場合において、相手方が相当の期間を定めてその履行の催告をし、その期間内に履行がないときは、相手方は、契約の解除をすることができる」と定めている。

　もちろん、監査契約[29]によって、監査人・会計監査人が損害賠償をすることなく契約を解除できる事由を、民法651条2項または541条が定めるよりも広く定めることは、公序良俗に反しない限り、許される。

　実際、監査約款14条1項では、以下のように定められている[30]。

　次の各号に該当する場合、受嘱者は委嘱者に対し、何らの催告をすることなく本契約を直ちに解除することができる。本項に基づき本契約が解除された場合、委嘱者は、監査着手前においては既に支払った報酬の返還を要求せず、監査着手後においては、契約書本文に定められた支払の時期にかかわらず、受嘱者が請求した報酬の全額を直ちに支払うものとする。

　一　委嘱者の責めに基づき本契約が履行不能になった場合

　二　委嘱者が、法令、定款その他の遵守すべき規則又は規程を遵守しない場合

　三　委嘱者が、その資産の保有等に関する適切な内部統制の整備又は

> 法的若しくは物理的な措置をとらない場合
>
> 四　委嘱者の役職員が受嘱者の業務遂行に誠実に対応しない場合等、受嘱者の委嘱者に対する信頼関係が著しく損なわれた場合
>
> 五　受嘱者が、金融商品取引法に基づき委嘱者の法令違反等事実に関する意見を金融庁長官に申し出た場合
>
> 六　委嘱者の破産手続開始の申立て、再生手続開始の申立て又は更生手続開始の申立てがあった場合

　履行不能となった以上、監査契約を存続させることに意味はないから、第1号所定の事由は当然であるし[31]、一方、当事者の破産手続開始の申立て、再生手続開始の申立てまたは更生手続開始の申立てがあった場合に契約を解除できるという第5号も、監査契約以外の契約一般においてもみられる条項である[32]。他方、第2号及び第3号所定事由は監査契約の特質に着目して、契約上定めている事由であるというべきであろう。もっとも、少なくとも、第4号所定の事由は、民法651条2項にいう「やむを得ない事由」にあたるものと考えられる。「人的」信頼関係を前提としているというべきかはともかく、監査契約は監査人・被監査会社間の信頼関係なしには成り立たない（だからこそ、守秘義務が課されているということができる。）。財務諸表の監査が試査によって行われていること、監査は被監査会社からの帳簿・資料等の提供その他の協力に基づいて行われ、また、経営者確認書の徴求が必須とされていること（監査基準委員会報告書580「経営者確認書」19項(2)）などを勘案すれば、監査人としては被監査会社（の経営者）の誠実性に信頼を置くことができなければ、適切に監査を行うことができないということができよう[33]。第4号を理由として、監査法人が監査契約の解約申入れをした事案は少なくないようであり、たとえば、モジュレのプレスリリース「公認会計士等の異動に関するお知らせ」（2016年7月22日）[34]では、「アスカ監査法人より、上記に関して会計監査上、極めて重要な事実が意図的に開示されていなかったことが判明したことにより、監査約款4条（委嘱者の責任）1項五ア「記録、文書及びその他の事項等、財務諸表等及び内部統制報告書の作

成に関連すると委嘱者が認識している全ての情報を入手する機会」が提供されず、監査約款14条（委嘱者の責任）１項四に記載されている「委嘱者の役職員が受嘱者の業務遂行に誠実に対応しない場合等、受嘱者の委嘱者に対する信頼関係が著しく損なわれた場合」に該当することから、監査及び四半期レビュー契約を解除する旨の通知を受領した」とされている[35]。

　また、監査報酬の未払いは、被監査会社による債務不履行（履行遅滞）であり、民法541条により、監査人は監査契約を解除（会計監査人を辞任）できると考えられる[36]。しかも、日本公認会計士協会「独立性に関する指針」（最終改正：2019年９月17日）は、「依頼人からの報酬が長期にわたって未払いである場合で、特に次年度の保証報告書が提出される段階になっても未払いの割合が大きいとき、独立性を阻害する自己利益を生じさせる。通常、次年度の保証報告書の提出までに支払いが完了していなければならない。保証報告書の提出後も支払われていない場合、阻害要因の有無及び重要性の程度を評価し、必要に応じてセーフガードを適用して、阻害要因を除去するか、又はその重要性の程度を許容可能な水準にまで軽減しなければならない。セーフガードには、例えば、監査業務チームの構成員ではなかった別の会員から助言を受け、又は実施した業務の検証を受けること等が挙げられる。会計事務所等は、未収報酬が依頼人への貸付けと同等とみなすべきか判断しなければならず、また、期限を経過している金額の重要性を考慮し、業務を再契約すること又は業務を継続することが適切かどうかについても判断しなければならない。」と定めている（153項）[37]。セーフガードを適用して監査契約を継続するという選択肢が監査人には与えられているが、法的にはそのようにしなければならない義務はなく、監査人は監査契約を解除することができる（被監査会社の債務不履行に基づくものであるから、監査契約の解除によって、被監査会社に生ずるかもしれない損害の賠償責任も発生しない。）。

　さらに、監査契約が『監査基準』その他の「一般に公正妥当と認められる監査に関する基準及び慣行」による監査を行うことを内容としている場合には、「一般に公正妥当と認められる監査に関する基準及び慣行」により、監査人に監査契約を解除することが求められる場合には、監査人は、被監査会

社に対して損害賠償をすることなく、いつでも、解除することができると解するのが穏当であろう。たとえば、監査基準委員会報告書240「財務諸表監査における不正」の37項は、「監査人は、不正又は不正の疑いにより虚偽表示が行われ、監査契約の継続が問題となるような例外的な状況に直面した場合には」、「監査契約の解除が可能な場合、監査契約の解除の当否を考慮すること」を「実施しなければならない。」としている[38]。そして、監査契約の継続が問題とされるような例外的状況には、「不正が財務諸表にとって重要でない場合でも、その状況において監査人が必要と考える不正に関する適切な行動を企業がとらないこと」、「不正による重要な虚偽表示リスクに関する監査人の検討と監査を実施した結果が、重要かつ広範な不正による特別な検討を必要とするリスクを示していること」、及び、「監査人が経営者又は監査役等の能力又は誠実性に関して重大な懸念を抱いていること」が含まれるとされている（A52項）[39]。

　そこで、「監査契約の解除が可能な場合」とはどのような場合であるかが問題となるが、既に述べたように、法的には、監査契約の解除の制限または放棄を特約したというような例外的な場合を除き、常に、監査契約の解除は可能である。また、そのような特約があっても、被監査会社に「いわゆる重大なる背信的義務違反」がある場合には、それを理由とする解除が可能である。もちろん、被監査会社に債務不履行があるといえるのであれば、解除できることはいうまでもない。したがって、監査基準委員会報告書240は、「監査契約の解除が可能な場合」に限って、監査契約の解除の当否を考慮することを要求しているものの、事実上、「監査契約の解除が可能な場合」に限定していることの意味はほとんどなく、A52項に該当する場合などには、監査契約の解除の当否を検討するのが適当であるように思われる。

〈注〉
1　〈https://www.fsa.go.jp/cpaaob/shinsakensa/kouhyou/20200714/2020_monitoring_report.pdf〉
2　東京証券取引所有価証券上場規程402条に基づき、上場国内会社により開示

された平成26年6月期から平成30年6月期までの監査人の異動理由は「任期満了」とするものが最も多かった（公認会計士・監査審査会・前掲注(1)92頁）。

3　公認会計士・監査審査会・前掲注(1)92頁

4　公認会計士・監査審査会・前掲注(1)93-94頁

5　公認会計士・監査審査会・前掲注(1)93頁

6　金融庁の会計監査の在り方に関する懇談会「会計監査の信頼性確保のために」（2016年3月8日）〈https://www.fsa.go.jp/news/27/singi/20160308-1/01.pdf〉では、「監査人の交代の理由・経緯、例えば会計処理に関して企業と監査人との意見の不一致等があったかどうか、は株主や投資家にとって極めて重要な情報である。」とされ、「臨時報告書による開示については、企業による説明の内容が表層的・定型的となっており、株主等の十分な参考になっておらず、監査法人等からも具体的な意見が出しにくいケースがある。」との問題意識の下、「日本公認会計士協会において、監査法人等が交代の理由等に関して適時意見を述べる開示制度を設けるなど、開示の主体やその内容などについて、改めて検討がなされるべきである。」との提言がなされていた。

7　ただし、金融庁「コメントの概要とそれに対する金融庁の考え方」『「企業内容等の開示に関する内閣府令の一部を改正する内閣府令（案）」（監査報酬の開示・監査人交代時の開示に係る部分）に対するパブリックコメントの結果等について』別紙(1)（2008年3月28日）〈https://www.fsa.go.jp/news/19/syouken/20080328-5/01.pdf〉番号21及び22では、「提出会社が記載する理由及び経緯において、監査報告書の記載事項に関するものがない場合においても、異動監査公認会計士等が監査報告書の記載事項に関する意見を有している場合は想定されるところであり、このような場合に異動公認会計士等が意見を述べることが妨げられるものではありません。」とされていた。

8　たとえば、企業内容開示府令第二号様式記載上の注意(56)d(d)、第三号様式記載上の注意(37)。なお、臨時報告書における監査人の意見の開示の実例とその分析として、酒井絢美「監査人交代時における退任監査人による意見表明の意義——臨時報告書上の記載事例を通じて——」同志社商学68巻5・6号（2017）59-78頁参照

9　金融庁「金融審議会公認会計士制度部会報告——公認会計士・監査法人制度の充実・強化について——」（2006年12月22日）3(3)③

10　金融庁・前掲注(6)番号20。なお、守秘義務との関係では、「公認会計士法上、正当な理由がある場合には守秘義務に関する例外事項が定められており、法律によって開示が求められる場合には正当な理由に該当するものと考えられてお

ります。従って、本制度において要請される合理的な範囲内において、公認会計士等が意見を述べ、提出会社が当該意見を臨時報告書に記載して開示した場合について、当該公認会計士等が公認会計士法上の守秘義務違反に問われる場面は、通常の場合は想定しがたいものと考えられます。」との解釈が示されている（番号26）。

11　決定した理由または発生した経緯、事実の概要、事実に関する今後の見通し、その他東京証券取引所が投資判断上重要と認める事項（有価証券上場規程施行規則402条の2第1項）

12　東京証券取引所上場部（編）『東京証券取引所会社情報適時開示ガイドブック（2020年11月版）』（東京証券取引所、2020）178頁。これを背景としているのであろうが、監査人交代の理由が具体的に開示される傾向がみられる。すなわち、ガイドブック改訂後、2019年4月末までに監査人交代を開示した36件をみると、「会社の事業規模」を理由とするものが22件、「監査報酬の増加・勘案」を理由とするものが18件、「継続監査期間の長期化」を理由とするものが17件などとなった（重複あり）。また、公認会計士・監査審査会・前掲注(1)92頁

13　金融商品取引法の下での監査契約については、被監査会社と監査人との間の合意により解除できることは自明である。会社法の下でも、会計監査人監査に係る監査契約の合意解除は可能であるが、法的には、会計監査人の辞任と位置づけることになるのであろう。

14　会計監査人は再任されるという期待権を有するわけではないから、自己の不再任について意見を述べることは考えられないという有力な見解もあったが（竹内昭夫『改正会社法解説［新版］』（有斐閣、1983）244頁）、株主総会の別段の決議がない限り、再任されるという仕組みからすれば、不再任が会計監査人の独立性に与える影響は解任の場合とさほど変わらないという観点から、自己の不再任についても意見を述べることができるという見解が多数説である（田村諄之輔「商特6条の3」今井宏ほか『注釈株式会社法　下』（有斐閣、1984）369頁、片木晴彦「商特6条の3」上柳克郎＝鴻　常夫＝竹内昭夫（編集代表）『新版注釈会社法(6)』（有斐閣、1987）555頁、江頭憲治郎『株式会社法［第8版］』（有斐閣、2021）646頁）

15　ここでの解任は、職務上の義務に違反し、もしくは職務を怠ったこと、会計監査人としてふさわしくない非行があったこと、または、心身の故障のため、職務の執行に支障があり、もしくはこれに堪えないことを理由とする、監査役（会）、監査等委員会または監査委員会による解任（会社法340条1項）である。340条1項各号の解任理由が存在しないにもかかわらずなされた解任の効果に

ついては、法的安定性を確保するという観点から有効であり、会計監査人は損害賠償請求できるにすぎないという見解も有力であるが（江頭・前掲注⑭647頁、前田　庸『会社法入門［第13版］』（有斐閣、2018）556-557頁。また、鴻　常夫ほか『改正会社法セミナー⑶』（有斐閣、1984）406頁〔竹内昭夫〕）、解任は無効であり、本来、監査をなすべき者の監査を受けていない以上、当該会社の計算書類の確定には瑕疵があるという見解が多数説のようである（稲葉威雄『改正会社法』（金融財政事情研究会、1982）387頁、鴻ほか・前掲411頁〔鴻〕、岸田雅雄「会計監査人」民商法雑誌85巻6号（1982）967-968頁、片木・前掲注⑭552頁、奥島孝康「340条」酒巻俊雄＝龍田　節（編集代表）『逐条解説会社法⑷』（中央経済社、2008）334頁、山田純子「340条」岩原紳作（編）『会社法コンメンタール7』（商事法務、2013）544頁など）。340条1項各号の要件が満たされない限り、監査役等には解任の権限がない以上、解任は無効であるといわざるを得ないと思われる（原則として、株主総会が解任することとされているのは、会計監査人の利益を保護するためだけではない。）。もっとも、新たに選任された会計監査人または一時会計監査人の監査を適法に受けていれば、計算書類の確定に瑕疵があるという必要はないという見解もある（大隅健一郎＝今井　宏『会社法論［第3版］中巻』（有斐閣、1992）337頁「会計監査人の解任の無効は残りの会計監査人または一時会計監査人のなす監査の効力に影響を及ぼさず、その監査に基づく計算書類の確定にも影響を与えない」参照）。解任が無効であるとすると、解任された会計監査人が会計監査を実施しないことが債務不履行に当たるのかという問題が理論的には生ずるが、解任した場合には会社が監査の実施に協力しないであろうから、被監査会社に受領遅滞があると解することもできようし、また、被監査会社の責に帰すべき事由により監査契約の履行が不可能になったとして、会計監査人の側から監査契約を解除すること（後述）もできると解される。

16　この機会を与えるために、取締役は、解任され、または辞任した者に対し、解任後または辞任後最初に招集される株主総会を招集する旨及び会社法298条1項1号に掲げる事項を通知しなければならないものとされている（同法345条3項・5項）。

17　稲葉・前掲注⑮392頁、元木　伸『改正商法逐条改正［改訂増補版］』（商事法務研究会、1983）280頁参照

18　相澤　哲（編著）『立法担当官による新・会社法の解説（別冊商事法務295号）』（商事法務、2006）116頁

19　もっとも、残念ながら、著者は、会計監査人の解任、不再任または辞任につ

いての意見を会計監査人が株主総会で述べたという事案も、辞任しまたは解任された会計監査人が直後の株主総会で辞任の理由または解任に対する意見を述べた事案も、寡聞にして知らない。かりに、そのような事案がないとすると、会社法が定める意見陳述権は、監査役等（かつては取締役）に対するけん制を主たる機能としてきたと評価できそうである。

20 竹内・前掲注(14)245頁、片木・前掲注(14)555頁

21 明石三郎「651条」『新版注釈民法(16)』（有斐閣、1989）281-282頁、岡 孝「民法651条」広中俊雄＝星野英一（編）『民法典の百年III』（有斐閣、1998）450頁

22 明石・前掲注(21)282頁、岡・前掲注(21)456-457頁

23 味村 治＝加藤一昶『改正商法及び監査特例法等の解説』（法曹会、1977）259頁、近藤光男「330条」岩原紳作編『会社法コンメンタール7』（商事法務、2013）427頁

24 浜田一男「257条」大森忠夫＝矢沢 惇（編集代表）『注釈会社法(4)』（有斐閣、1968）300頁

25 藤田友敬〈判批〉ジュリスト982号（1991）108頁

26 神田秀樹「株式会社法の強行法規性」竹内昭夫（編）『特別講義商法I』（有斐閣、1995）10-11頁

27 藤田・前掲注(25)、神田・前掲注(26)のほか、森 淳二朗〈判批〉商事法務1002号（1984）37頁、中東正文〈判批〉名古屋大学法政論集135号（1991）515-516頁、近藤・前掲注(23)427-428頁

28 なお、辞任の意思を表明した取締役に職務を強制しても意味がないことから、辞任の効力は否定せず、辞任に関し合理的な額の違約金を定めたものとして効力が認められるものと考えることが可能であるという見方も示されている（江頭・前掲注(14)398頁参照）。

29 法規・制度委員会研究報告第1号では、「委嘱者又は受嘱者の責めに基づき、監査及び四半期レビューが実施不能となった場合の契約の解除その他の解除事由、天災・事変などの場合における契約の終了、解除・終了の場合の報酬の取扱いや期限の利益の喪失等について、両者の合意が得られた事項を記載する。なお、実際上、契約を終了させる場合には、まずは当事者間で協議し、合意解約により契約を終了させることができないか検討することが一般的と考えられる。また、一方当事者の意思表示により契約を解除する場合でも、実務上は、直ちに契約を終了させる緊急の必要性があるといった場合を除き、まずは催告をした上で、一定の期間内に是正がされない場合に改めて解除する対応をとる

ケースが多いと考えられる。」との見解が示されている（「Ⅲ　監査及び四半期
レビュー契約書の作成例」「２．契約書の記載内容」⑭①）。

30　なお、法規委員会研究報告第９号「法令違反等事実発見への対応に関する
Ｑ＆Ａ」（2008年11月５日）では、「当局への申出を行った場合には、通常、監
査契約の解除又は更新を行わない事由の一つに該当するものと考えられます。」
と指摘されていた（Q9に対するＡ）。

　　また、法規・制度委員会研究報告第１号では、「金融商品取引法監査の場合
には」、「解除事由として、受嘱者が、金融商品取引法第193条の３第２項に基
づき委嘱者の法令違反等事実に関する意見を金融庁長官に申し出た場合を加え
ることも考えられる」ことにも留意するとされており（「Ⅲ　監査及び四半期
レビュー契約書の作成例」「２．契約書の記載内容」⑭④ａ）、監査約款には、
「受嘱者が、金融商品取引法に基づき委嘱者の法令違反等事実に関する意見を
金融庁長官に申し出た場合」が含められている（14条１項５号）。

31　たとえば、東芝の臨時報告書（2016年５月23日提出）においては、監査約款
の条項への言及はないものの、「新日本有限責任監査法人…は、第三者委員会
の調査等を踏まえ、当社が組織的な隠ぺい工作を行い、その結果、同監査法人
が監査を十分に行なうことができなくなっていたと認識しており、その当時の
主な経営陣が退任したことを考慮しても、会計監査人を継続することはできな
いと考えた」とされており、第１号に基づくものと考えられていたのかもしれ
ない。

32　破産手続開始の申立て、再生手続開始の申立てまたは更生手続開始の申立て
によって、会計監査人の終任または金融商品取引法の下での監査契約の終了が、
法令の規定により当然に生ずるわけではないから、第５号のような規定は意義
を有する。なお、破産手続開始決定により、以後、計算書類は作成されなくな
るから、明文の規定はないものの、会計監査人の終任が生ずるものと考えられ
る（会社につき破産手続開始の決定がされても直ちには会社と取締役または監
査役との委任関係は終了するものではないとした最判平成21・４・17判時2044
号74頁と対照）。他方、再生手続開始決定を会計監査人の終任事由と定める法
令の明文の規定はなく、実質的に考えても、再生会社は計算関係書類の作成等
の義務を負い続けることからすれば、再生手続開始決定によっては会計監査人
が当然に終任することにはならないし、金融商品取引法の下でも再生手続開始
決定を根拠として有価証券報告書の提出義務が免除されるわけではない（金融
商品取引法施行令４条４項と対照）。また、更生手続開始決定を会計監査人の
終任事由とする法令の明文の規定は存在しないし、金融庁長官の承認を得て、

当該更生手続開始の決定があった日の属する事業年度に係る有価証券報告書の提出義務のみが免除されることになっているにすぎず（金融商品取引法施行令4条4項）、更生手続開始決定を理由としては、その翌事業年度以後の有価証券報告書の提出義務が免除されるわけではないので、金融商品取引法の下での監査人による監査が不要になるわけではない。金融庁「証券取引法施行令の一部を改正する政令案及び企業内容等の開示に関する内閣府令等の一部を改正する内閣府令案に対するパブリックコメントの結果について」〈https://www.fsa.go.jp/news/newsj/14/syouken/f-20030328-3.html〉「コメントの概要とコメントに対する金融庁の考え方」、「有価証券報告書の提出免除要件の拡大」参照

33　また、被監査会社としても、監査人に対する信頼が失われれば、企業の機密事項等を含む資料や帳簿その他に対するアクセスを認めるわけにはいかないであろう。

34　〈http://www.modulat.com/d_ir/pdf/ir/rls20160722a.pdf〉

35　公認会計士・監査審査会・前掲注(1)70頁、日本公認会計士協会「監査人交代の理由等に関するアンケート調査結果」（2017年6月30日）〈https://jicpa.or.jp/news/information/files/5-99-0-4g-20170718.pdf〉、「監査人交代に関する調査(4)」経営財務3357号（2018）1頁以下など参照

36　かつて、監査報酬の未払いを理由の1つとして、監査法人が解約を申し入れた事案があった〈http://inspire-inc.jp/ir/fy2013/data/201305071-01-ir.pdf〉。

37　被監査会社からの外観的独立性という観点からは、報酬支払いがいわば人質にとられているような状態があることは問題として深刻である。事後的に、何らかの問題が発見されたときに、被監査会社（の経営者）にとって好ましい監査意見を表明しないと監査報酬を受け取れない状況にあって、妥協したのではないかと疑われるようなことがあってはならないであろう（瓜田に履を納れず、李下に冠を正さず）。

38　なお、監査人が監査契約を解除する場合には、①「監査契約の解除及びその理由に関して、適切な階層の経営者及び監査役等と協議すること」、及び、②「職業的専門家としての基準及び適用される法令等に基づき、企業又は規制当局等に、監査契約の解除及びその理由を報告する必要性について検討すること」を「実施すること」としている。そして、「監査契約の解除は様々な状況で起こるため、これらを限定的に列挙するのは不可能である。監査人の判断に影響する要因には、経営者の不正への関与（経営者の陳述の信頼性に影響する。）やその企業に継続的に関与することへの影響が含まれる。」と指摘している（A53

項)。

39　また、監査基準委員会報告書720「その他の記載内容に関連する監査人の責任」は、監査人は、その他の記載内容に重要な誤りがあると判断した場合には、経営者にその他の記載内容の修正を要請し、経営者が修正に同意したときには修正が行われたことを確認し、経営者が修正することに同意しないときには監査役等にその事項を報告するとともに、修正を要請しなければならないとする（16項）。そして、監査報告書日以前に入手したその他の記載内容に重要な誤りがあると判断し、また監査役等への報告後もその他の記載内容が修正されていない場合には、監査人は監査報告書に及ぼす影響を検討し、監査報告書において重要な誤りに関して監査人がどのように対応する計画かを監査役等に対して報告し、また、現実的な対応として可能であれば、監査契約を解除することを含む適切な措置を講じなければならない（17項）。

17

監査人の交代と引継ぎ

1 | 前任監査人の義務

(1) 引継ぎに応じる（受動的）義務

　『監査における不正リスク対応基準』の「第三　不正リスクに対応した監査事務所の品質管理」は、「9　監査事務所間の引継」として、「監査事務所は、後任の監査事務所への引継に関する方針及び手続において、後任の監査事務所に対して、不正リスクへの対応状況を含め、監査上の重要な事項を伝達するとともに、後任の監査事務所から要請のあったそれらに関連する調書の閲覧に応じるように定めなければならない。」と定めている。

　また、『監査に関する品質管理基準』では、「監査事務所は、後任の監査事務所への引継に関する方針及び手続を定め、それらが遵守されていることを確かめなければならない。」とされ、「財務諸表における重要な虚偽の表示に係る情報又は状況を把握していた場合には、後任の監査事務所に、それらを伝達しなければならない。」とされている（第十、1）。

　さらに、監査基準委員会報告書900「監査人の交代」（2011年12月22日、最終改正：2019年6月12日）は、「監査人予定者及び監査人は、前任監査人に対して監査業務の引継を求めなければならない。」とし（8項）、かつ、「前任監査人は、第7項で示す通知書［会社からの前任監査人及び監査人予定者に対して監査人予定者の指定に関する通知―引用者］を受け取った場合は、

適時に、……監査人予定者及び監査人が監査契約の締結の可否の判断及び監査を実施する上で有用な情報を誠実かつ明確に提供しなければならない。」と定めている（13項）。監査基準委員会報告書900以外には、個々の監査契約との関係での引継ぎを求める法令または監査の基準の規定は見当たらず、前任監査人の義務は、監査人予定者または後任監査人から求められたときに応じるという受動的なものであるということができる。14項は、前任監査人の側から、「不正リスクへの対応状況、監査基準委員会報告書で監査役等とのコミュニケーションが求められている事項等、前任監査人が監査の過程で識別した重要な事項を、監査人予定者及び監査人に伝達しなければならない。」としているようにもみえるが、被監査会社からの「監査人予定者の指定に関する通知」に重要な位置づけを与えている監査基準委員会報告書900の枠組みおよび13項の規定を14項は前提としていると理解することが基準書の構造上自然であることからは、監査人予定者または後任監査人からの求めがあって初めて伝達すれば十分であるというべきである（このように解することによって、監査人予定者または後任監査人が適切な監査を行えないという事態が生ずるわけではない。）。

(2) 私法上の義務ではない

　監査人予定者または後任監査人と前任監査人との間には——あえて特段の契約を締結すれば格別——何らの契約関係もないから、前任監査人が監査人予定者または後任監査人に引継ぎを行う義務は、監査人予定者または後任監査人に対する私法上の義務ではなく、職業上の義務ないし日本公認会計士協会の『倫理規則』に基づく義務[1]にとどまると解するのが穏当である[2]。したがって、引継ぎを適切に行わなかったことは、内閣総理大臣による命令の対象となり[3]、また、「前各号に掲げるもののほか，会員及び準会員が会則又は規則に違反したとき」（日本公認会計士協会会則67条1項9号）に当たるものとして、日本公認会計士協会による懲戒処分（同2項）の対象となるとしても、監査人予定者または後任監査人に対する損害賠償責任を生じさせるものではないのが原則である。もっとも、故意に虚偽を監査人予定者また

266

は後任監査人に伝達した場合には、不法行為（民法709条、715条）に基づく損害賠償責任を当該監査人予定者または後任監査人に対して負うということはありうる。

監査業務の引継ぎを行うことが前任監査人の私法上の義務ではないとすると、後任監査人としては、前任監査人に引継ぎを強制することはできず、当然のことながら、前任監査人の監査調書の閲覧を訴訟手続及び/または仮処分の申立てによって実現することはできないものと考えられる。そもそも、たとえば、会社の帳簿資料の閲覧謄写等の請求ができる者と要件について会社法が定めていることに照らせば、そのような法令上の規定なくして、他人の帳簿資料（前任監査人の監査調書もこれに当たる。）を閲覧謄写等する権利は私法上はないと解するのが自然である[4]。実質的に考えてみても、監査基準委員会報告書900も監査人予定者が前任監査人から監査業務の十分な引継ぎを受けられない場合を想定しており（11項）、また、監査人予定者としては、前任監査人から監査業務の十分な引継ぎを受けられないのであれば、監査を引き受けなければよいだけのことであるから、監査人予定者または後任監査人の利益のために引継ぎが求められているとみることには無理があり、そうであれば、監査人予定者または後任監査人が前任監査人に監査業務の引継ぎを強制することができるとすべき理由も乏しい。

2 │ 後任監査人への引継ぎと守秘義務

公認会計士法27条1文は、「公認会計士は、正当な理由がなく、その業務上取り扱ったことについて知り得た秘密を他に漏らし、又は盗用してはならない。」と、日本公認会計士協会の『倫理規則』の6条1項は、「会員は、正当な理由なく、業務上知り得た情報を他の者に漏洩し、又は自己若しくは第三者の利益のために利用してはならない。」と、それぞれ、定めている。また、『監査基準』は、「監査人は、業務上知り得た秘密を正当な理由なく他に漏らし、又は窃用してはならない。」（第二、8）と、監査基準委員会報告書900

も「前任監査人、監査人予定者及び監査人は、業務上知り得た情報を他の者に漏洩し、又は自己若しくは第三者の利益のために利用してはならない。」と定めている（18項）[5]。

　ところで、上述のように、監査基準委員会報告書900が後任監査人への引継ぎを定めており、日本公認会計士協会の『倫理規則』上、守秘義務が解除される正当な理由が認められる場合として、「守秘義務の解除が法令等によって禁止されておらず、かつ、職業上の義務又は権利がある場合」として、「監査の基準に基づくとき」（6条8項3号ニ）が挙げられている。また、監査基準委員会報告書900の18項に従って、実務上は、あらかじめ監査契約書または監査約款に引継ぎを行う旨が定められるから、その場合には、「守秘義務の解除が法令等によって許容されており、かつ依頼人……から了解が得られている場合」（6条8項1号）に該当するともいえる。したがって、被監査会社からの了解を得て、監査業務の引継ぎを行う場合には、守秘義務が解除される正当な理由が認められることになる。

　もっとも、監査基準委員会報告書900は、「前任監査人は、監査人予定者及び監査人と協議することについて会社から同意を得られない場合、その事実を監査人予定者及び監査人に開示しなければならない。」（16項）としており、同意が得られないときには引継ぎができない、または制約されるという立場をとっているようである。そうであれば、改めて被監査会社の同意を得るのでなければ、守秘義務が解除される正当な理由が認められるとは限らないというのが日本公認会計士協会の解釈なのかもしれない。実際、監査約款においては、「本契約の解除又は終了の場合、受嘱者は、監査人予定者の指定に関する通知書を入手したときは、必要と認められた事項について十分な引継を行う。」（圏点—引用者）（14条5項）とされており、「監査人予定者の指定に関する通知書」に「監査契約書（又は監査約款）により、監査業務の引継に必要とされる情報に関して、［前任監査人名］○○監査法人の守秘義務は解除されております。」と記載させることによって、同意があることをその時点で確認させている。

3 | （適切な）引継ぎを行わなかった前任監査人の民事責任

　前任監査人は、適切な引継ぎを行わなかったとしても、被監査会社に対してはともかく、第三者（被監査会社の株主・債権者、投資者など）に対して、損害賠償責任を負うことは例外的であると考えられる（後任監査人に対する責任については上述）[6]。

　たしかに、すでに見たように、監査約款では、「本契約の解除又は終了の場合、受嘱者は、監査人予定者の指定に関する通知書を入手したときは、必要と認められた事項について十分な引継を行う。」（14条5項）とされている。しかし、後任監査人が適切な監査を行えば、後任監査人が、記載が虚偽でありまたは欠けている財務諸表等を虚偽でなくまたは欠けていないものとして証明する、または、会計監査報告に記載し、または記録すべき重要な事項についての虚偽の記載または記録するということは通常生じないし、後任監査人が適切な監査を行うことを前任監査人としては合理的に期待してよい。したがって、記載が虚偽でありまたは欠けている財務諸表等を虚偽でなくまたは欠けていないものとして後任監査人が証明したこと、または、後任監査人の監査報告書に虚偽の記載等があることによって第三者が被った損害と前任監査人の不十分な引継ぎとの間に相当な因果関係があると評価できるのは例外的であるというべきであろう。監査基準委員会報告書900も「監査人予定者及び監査人は、監査人の交代に際して、前任監査人から入手した情報を利用した場合においても、監査契約の締結の可否の判断及び監査意見の表明について責任を負うものである。監査人の期中交代に際して、前任監査人の監査手続の実施結果を利用した場合も、監査人は、前任監査人の監査手続の実施結果の利用の可否並びにその程度、及び監査意見の表明について責任を負っている。」と定めている（3項）[7]。

　他方、被監査会社との関係においては、前任監査人が十分な引継ぎをしなかったことによって、後任監査人の監査時間等が増加し、その結果、監査報酬が増加したような場合には、当該部分が相当な因果関係を有する損害に当

たるとして、前任監査人の賠償責任が生ずることがありうる。もっとも、被監査会社が当該前任監査人に対して、引継ぎを行うために要した費用を支払っていたということが前提である。通常、監査報酬を締結する時点では、当該事業年度末での監査人の交代は想定されていないと推測され、そうであれば、引継ぎに要する費用（そのための人件費など）が監査報酬算定の基礎には含まれているということは想定されない。監査報酬算定の基礎に含まれていないということは、――前任監査人が後任監査人に適切に引き継ぐことが、一般に公正妥当と認められる監査に関する基準である「監査における不正リスク対応基準」または「監査に関する品質管理基準」で要求されているとしても（監査証明府令３条２項、３項５号）[8]――その時点では、後任監査人に対する引継ぎは監査人と被監査会社との間の監査契約の内容ではないというのが当事者（監査人と被監査会社）の合理的意思であることを意味している。

4 | 引継ぎに要する費用・報酬

　監査約款の14条５項２文は、「委嘱者は、受嘱者が引継を行うために要した費用を負担する。」と定めている。また、監査基準委員会報告書900の「付録１　監査人予定者の指定に関する通知書の文例」によると、会社は、当該通知書において、「なお、□□監査法人との引継に関して○○監査法人に発生する報酬は、弊社が負担することについて了解しております。」と記載することとされている。

　しかし、監査人の交代が、監査報酬の未払いを原因とする場合や会社が監査人を解任した場合はもちろんのこと、監査報酬の額について合意ができなかったことによる場合などには、被監査会社が監査業務の引継ぎに要した費用・報酬を前任監査人にきちんと払う意欲（場合によっては能力）があるかどうかに疑義が生ずることもあろう。

　このような場合であっても、被監査会社はさすがに後任監査人にはきちん

と支払いをするであろう（そうでなければ、後任監査人となってくれる公認会計士または監査法人は見つからないであろう）から、前任監査人は、監査人予定者または後任監査人に「も」費用または報酬を請求できるとすることが、制度論としては適当なのではないかと思われる。すなわち、後任監査人は前任監査人に支払った費用・報酬を監査報酬に加算して被監査会社に請求すればよいからである（被監査会社は上述のように費用・報酬を負担することに同意または了解をしているのであるから、それが加算されることについて不当であるということはいえない。）。また、かりに、前任監査人が監査業務の引継ぎについて、ただ働きをさせられるということになるとすると（単に将来の監査報酬を得る機会を失うにとどまらないわけであるから）、より一層、監査人は監査契約を継続するために、被監査会社からの圧力に負けてしまい、その精神的独立性が失われる可能性が高まるおそれもあり、適当ではない。

　いずれにせよ、被監査会社との関係では、被監査会社が前任監査人に対して引継ぎに係る費用（報酬）を支払ったときまたは支払う義務を引き受けたときに、前任監査人は善良な管理者としての注意をもって、後任監査人に対して適切に引継ぎを行う義務を負担すると考えるのが穏当であろう。

5 │ 「会計監査に関する情報提供の充実について」

　2019年1月22日に、会計監査についての情報提供の充実に関する懇談会「会計監査に関する情報提供の充実について——通常とは異なる監査意見等に係る対応を中心として——」が公表された[9]。そこでは、「十分かつ適切な説明・情報提供を行うことが必要となる場面として、監査人が交代し、現任監査人（すなわち後任監査人）と監査役等・前任監査人との間に見解の相違がある場合などが考えられる。」と指摘されている[10]。そのうえで、「仮に、交代後に新たな事実が判明するなどの場合に、経営者・監査役等が前任監査人の見解に依拠して、現任監査人と異なる見解をとることがあり得る。その場合、

監査役等は、前任監査人と現任監査人の双方の見解を聴取するなどして、会計監査の相当性を判断するとともに、財務諸表利用者に説明を行うことが求められる。その上で、前任監査人の見解に依拠した監査役等と現任監査人との間の見解の調整がつかない場合、財務諸表利用者に対し、双方の見解に関する情報が十分に提供される必要がある。」とし、「この場合、前任監査人や現任監査人が自ら必要な説明を行うことが求められる場面も想定される。」とする（11-12頁）。もっとも、前任監査人が「自ら説明を行う」法的義務を負うという解釈が妥当することは、現行法制の下では考えにくいと思われ[11]、「会計監査に関する情報提供の充実について」は、「前任監査人は、既に監査人としての立場にないため、監査報告書や株主総会での意見陳述といった対応をとることができない点に留意する必要がある。」と的確に指摘している。そして、これをふまえて、「例えば、監査役等が前任監査人から意見を聴取した上で説明を行うなどの対応が考えられるが、事案によっては、経営者、監査役等及び現任監査人に加え、前任監査人を含めた説明の機会を設けるなど、適切な手段を検討することが求められる。」としている（12頁）。

　「監査役等が前任監査人から意見を聴取した上で説明を行うなどの対応」は、公認会計士法、会社法または金融商品取引法との関係での問題を惹起する可能性は低いと思われるが[12]、「前任監査人を含めた説明の機会を設ける」という手段を講ずるに当たっては、さまざまな課題がある。

　第1に、公認会計士法上の守秘義務との関係での問題がありうる。たしかに、守秘義務の解除が法令等によって許容されており、かつ、依頼人から了解が得られている場合（『倫理規則』6条8項）には、「正当な理由」があると解することができる。そして、被監査会社の代表取締役（代表執行役）または取締役会の承認があれば、被監査会社の秘密との関係では問題はないということが一応はできそうである[13]。とはいえ、連結子会社その他の第三者の秘密に係る守秘義務については依頼人（被監査会社）の了解があったことだけでは解除されない。そうだとすると、法令によって要求または許容される場合でないと「正当な理由」があるとはいえないことがありうる[14]。

　第2に、上場会社等[15]については、金融商品取引法上のフェア・ディスク

ロージャー・ルールとの関係が整理される必要がある[16]。金融商品取引法27条の36は、上場会社等が取引関係者に対して、意図的に重要情報の伝達を行った場合には当該伝達と同時に（1項）、意図的でない伝達を行った場合には速やかに（2項）、それぞれ、重要情報を公表しなければならないとしている。ここで、「重要情報」とは「当該上場会社等の運営，業務又は財産に関する公表されていない重要な情報であつて，投資者の投資判断に重要な影響を及ぼすもの」であると定義されている。このような包括的・抽象的な定義の下では、「経営者、監査役等及び現任監査人に加え、前任監査人を含めた説明」において提供される情報が「重要情報」に該当することは十分にありうる[17]。

　また、「取引関係者」には、当該上場会社等の投資者に対する広報に係る業務に関して重要情報の伝達を受け、当該重要情報に基づく投資判断に基づいて当該上場会社等の上場有価証券等に係る売買等を行う蓋然性の高い者として内閣府令で定める者が含まれるとされ、これをうけて、金融商品取引法第二章の六の規定による重要情報の公表に関する内閣府令7条は、当該上場会社等が発行する上場有価証券等の保有者（株主等）、適格機関投資家、有価証券に対する投資を行うことを主たる目的とする法人その他の団体、上場会社等の運営、業務または財産に関する情報についての特定の投資者等のみを対象とした説明会への参加者を定めている。そして、「投資者に対する広報に係る業務」とは、株主や投資者に対して投資判断に必要な情報を提供する業務（いわゆるIR業務）をいうと解され、たとえば、決算説明会において財務担当者等が決算内容の説明をする場合は、フェア・ディスクロージャー・ルールに服することになる。しかも、金融庁は、「株主総会において、広報に係る業務として情報が提供される際に、当該情報が(a)未公表の確定的な情報であって、(b)公表されれば有価証券の価額に重要な影響を及ぼす蓋然性がある情報である場合には、FDルールの対象になるものと考えられます。」という見解を示している[18]。そもそも、株主総会での説明を投資者に対する「広報」に係る業務としての情報の提供であるとみることには会社法の観点からは違和感があるが、かりに、株主総会における説明ですら、フェア・ディス

クロージャー・ルールの対象になるとすると、株主総会ではない会合における情報提供はなおさら対象となろう[19]。

　第3に、前任監査人はもちろんのこと、現任監査人も、このような説明との関係で、どのような責任を負うリスクがあるのか。金融商品取引法の下では、監査人は有価証券報告書等に含まれる監査証明について民事責任を負うリスクがあるが（金融商品取引法24条の4、22条、21条1項3号［監査証明に係る書類について記載が虚偽であり又は欠けているものを虚偽でなく又は欠けていないものとして証明した]）、それ以外の局面では、民法上の不法行為責任（709条、715条）を負うかどうかが問題となりうる。会社法との関係では、現任監査人は、不法行為責任のみならず、会社法429条1項の責任を負うかどうかが問題となるが[20]、株主総会における説明であればともかく、それ以外の機会における説明は、会社法上の会計監査人の職務には含まれないから、会社法429条の責任の原因とはならないと解するのが穏当であろう。ましてや、前任監査人はもはや会計監査人ではない以上、退任後の説明を理由として会社法429条に基づく損害賠償責任を第三者に対して負うことは説明できない[21]。

〈注〉

　1　『倫理規則』16条4項は、依頼人の「承諾後、現任会員は、協議を行うに当たって、職業的専門家としての基準及び法令等を遵守しなければならない。また、誠実かつ明確に情報を提供しなければならない。」と規定している。

　2　最判平成30・12・21民集72巻6号1368頁は、弁護士法23条の2第2項（弁護士会は、……公務所又は公私の団体に照会して必要な事項の報告を求めることができる。）に基づく照会をした弁護士会が、その相手方に対し、当該照会に対する報告をする義務があることの確認を求める訴えは、確認の利益を欠くものとして不適法であるとの判断を示した。「弁護士法23条の2第2項に基づく照会（以下「23条照会」という。）の制度は、弁護士の職務の公共性に鑑み、公務所のみならず広く公私の団体に対して広範な事項の報告を求めることができるものとして設けられたことなどからすれば、弁護士会に23条照会の相手方に対して報告を求める私法上の権利を付与したものとはいえず、23条照会に対する報告を拒絶する行為は、23条照会をした弁護士会の法律上保護される利益

を侵害するものとして当該弁護士会に対する不法行為を構成することはない（最高裁平成……28年10月18日第三小法廷判決・民集70巻7号1725頁）。これに加え、23条照会に対する報告の拒絶について制裁の定めがないこと等にも照らすと、23条照会の相手方に報告義務があることを確認する判決が確定しても、弁護士会は、専ら当該相手方による任意の履行を期待するほかはないといえる。」（圏点―引用者）という根拠に基づく。法令の規定が存在する場合ですら、私法上の権利が付与されていると解されないことがあることからすれば、監査業務の引継ぎを私法上の義務と解することはバランスを欠くことになろう。

3　また、事務所レベルの業務管理体制が不十分であるとして、内閣総理大臣（金融庁長官）から、公認会計士法34条の21第2項3号に基づく業務改善命令を受けることはありうる（2012年7月6日に、ある上場会社の前任監査人に対してなされた業務改善命令［「監査人の交代に際して、監査チームは、後任監査人に概括的な説明を行ったのみで、被監査会社とのやり取り等について詳細な説明を行っていなかったため、監査で把握された問題点が的確に後任監査人に引き継がれていなかったが、法人本部も引継ぎについて適切なフォローを行わなかった。」とし、「監査人交代の際の引継ぎについて、監査で把握された問題点が十分に引き継がれるよう、監督態勢を強化すること」を命じた。］参照）。

4　監査基準委員会報告書900でも、「前任監査人は、監査調書の閲覧方法（複写の範囲を含む。）について、監査人予定者及び監査人と協議しなければならない。」（圏点―引用者）（15項）とされ、前任監査人としては、複写は認めないことはできそうである。

5　本書「3　監査人の守秘義務」参照。そして、前任監査人にとって、「監査人予定者」及び「監査人」は「他の者」である。

6　『監査に関する品質管理基準』及び品質管理基準委員会報告書第1号「監査事務所における品質管理」（2006年3月30日、最終改正：2019年2月27日）に基づいて、監査事務所は、監査事務所間の引継ぎが適切に行われることを合理的に確保するため、前任の監査事務所となる場合及び後任の監査事務所となる場合の双方についての方針及び手続を整備し運用する義務を負っている（59項から60-2項まで）。そして、前任及び後任の監査事務所の監査責任者は、監査基準委員会報告書220「監査業務における品質管理」（2011年12月22日、最終改正：2019年2月27日）において、監査基準委員会報告書900に基づいて、監査事務所が定める監査業務の引継ぎに関する方針及び手続に準拠して、監査業務の十分な引継ぎを行うことが求められている（25項及び25-2項）。しかし、『監査に関する品質管理基準』、品質管理基準委員会報告書第1号及び監査基準委

員会報告書220は、個々の監査契約の内容を定めるものではないから、前任監査人の被監査会社または第三者に対する責任の根拠となるものではないと解される。

7　また、監査基準委員会報告書900では、「監査人予定者は、前任監査人から監査業務の十分な引継を受けられない場合には、第三者への問合せ、又は会社の経営者や監査役等の背景調査を行う等、他の方法により阻害要因に関する情報を収集し（倫理規則第16条第5項参照）、監査契約の締結に伴うリスクを低い水準に抑えることができるか否かについて、より慎重に検討しなければならない。」（11項）ともされている。

8　『監査における不正リスク対応基準』の規定は、通常は、監査人が被監査会社との関係でどのような義務を負うかを規律するものと考えられるが、「監査事務所間の引継」は「第三　不正リスクに対応した監査事務所の品質管理」の1項目であり、実質的には、品質管理の基準と位置づけられること、本文で述べたように、引継ぎは監査報酬算定の基礎とされていないことに照らすと、この局面においては、職業上の義務にすぎないということになろう。

9　〈https://www.fsa.go.jp/singi/jyouhouteikyou/siryou/20190122/01.pdf〉

10　なお、「会計監査に関する情報提供の充実について」では、「監査人の交代に関して臨時報告書により開示を行うのは企業であるが、……仮に、企業による開示内容が一方的で、監査上の懸念事項、監査品質に影響する事象やその背景事情について、財務諸表利用者に十分な情報を伝えていないと考えられる状況においては、監査人が自ら、交代の理由・経緯に関し、必要な説明・情報提供を行うべきである。」とし、「監査人が主体的に交代理由を説明・情報提供するための環境整備を一層進めていく必要がある。」と提言しているが（15頁）、「監査人が自ら、交代の理由・経緯に関し、必要な説明・情報提供を行う」という仕組みは、現在の会社法及び金融商品取引法の枠組みから踏み出したものであり、立法論的な解決を図るのが王道であるといえそうである。たとえば、金融商品取引法の下では、すべての投資者に等しい機会を与えるという観点から、監査人が内閣総理大臣に一定の文書を提出し、それをEDINETで公開するという手法が考えられないわけではない。他方、会社法との関連では、会計監査人は、株主総会に出席して、選任・解任・不再任・辞任について意見を述べなければならず、会計監査人を辞任した者や解任された者は、辞任または解任の直後の株主総会に出席し、辞任した理由や解任についての意見を述べなければならないとすることが立法論として考えられる。ただし、経営者・監査役等と

監査人との間で意見の不一致があった場合はともかく、それ以外の場合に、そのような開示や意見表明を求めることがコスト・ベネフィットのバランス上、説得力を有するかという問題がありそうである。たとえば、アメリカ合衆国においても監査人の交代につき臨時報告書（Form-8 K）の提出が義務づけられているが、交代理由の記載は求められておらず、意見の不一致や信頼できる内部統制の有無などの記載が求められるにとどまっている（Item 4.01 of Form 8-K（17 CFR 249.308）；Item 304(a)(1) of Regulation S-K（17 CFR 229.304(a)(1)）。また、多賀谷　充「監査人の異動に係る開示制度の現状と課題」会計プロフェッション 7 号（2012）129頁参照

11　立法論あるいは制度論として、金融商品取引法または証券取引所の上場規程などで要求するということはもちろん考えられる。

12　たとえば、説明を行う前に、監査役等はフェア・ディスクロージャー・ルールとの関係での問題が生じないように対策を講じることができるように思われる。

13　また、株主総会において説明するのであれば、株主総会は被監査会社の機関であるから、「他に」漏らしたことにはならないと説明することもできる。

14　なお、「会計監査に関する情報提供の充実について」では、「財務諸表利用者に対して監査人が必要な説明・情報提供を行うこと、特に、無限定適正意見以外の場合に、監査人の職業的専門家としての判断の根幹部分である当該意見に至った根拠を説明する上で必要な事項を述べることは、「正当な理由」に該当する。」という解釈が示されている（10頁）。これは、異なる文脈においての指摘であるが、依頼人の了解にも、法令または監査基準の定めにも必ずしも基礎を置かずに、監査の意義に照らして「正当な理由」が認められる場合があるとの解釈を示したものとして、画期的なものと評価することができよう。

15　上場会社等とは、社債券、優先出資法上の優先出資証券、株券・新株予約権証券、投資証券・新投資口予約権証券・投資法人債券・外国投資証券であって金融商品取引所に上場されているものもしくは店頭売買有価証券に該当するもの、または、これらと同様の性質を有する、外国の者の発行する証券もしくは証書（指定外国金融商品取引所に上場されているものを除く。）の発行者である（金融商品取引法施行令14条の15、14条の16）。ただし、REIT・インフラファンド以外の投資証券等の発行者は、フェア・ディスクロージャー・ルールの適用範囲から除かれている（金融商品取引法第二章の六の規定による重要情報の公表に関する内閣府令 2 条）。

16　もっとも、「会計監査に関する情報提供の充実について」では、証券取引所

のルールの下で、「監査人の説明の内容によっては、投資判断に重要な影響を及ぼすものとして適時開示が必要となることも考えられる。」(東京証券取引所「有価証券上場規程」402条(1)(ar)及び(2)(x)参照)と指摘されている。

17　「前任監査人を含めた説明の機会」を設けることに意義があるとすれば、それは、前任監査人があらかじめ用意した想定問答の答えのみを話すのではなく、経営者、監査役等または現任監査人の説明をふまえた、参加者からの質問に答える場合なのではないかと推測される。そのような場合には、結果的に、「重要情報」の提供が行われることがありうるのではないか。

18　「コメントの概要及びコメントに対する金融庁の考え方」(2018年2月6日)〈https://www.fsa.go.jp/news/29/syouken/20180206-1.pdf〉

19　異なる文脈においてであり、必ずしも、フェア・ディスクロージャー・ルールを意識しているわけではないのではないかとも思われるが、「会計監査に関する情報提供の充実について」では、「監査人が監査報告書以外に追加的な説明を行う場合においても、財務諸表利用者に等しく情報が伝達されるよう、留意する必要があり、口頭で説明した内容については、書面化して公表するなどの対応を検討すべきである。」、「株主総会等において監査人による追加的な説明が行われた場合には、企業側においても、その内容を公表するなどの対応をとることが考えられる。」と指摘されている（9-10頁）。

　　なお、会社法の下では、情報を得る機会を株主に等しく与える必要があると考えられるため、かりに、株主総会の場以外で、「前任監査人を含めた説明の機会を設ける」のであれば、アクセスの機会をすべての株主に保障しているといえるのか、保障しないとすると、それは会社法的に許容されるのかなど慎重な検討が必要となると思われる。たしかに、金融商品取引法上の監査人としての（典型的には四半期レビューに関する）説明であり、会社法上の会計監査人としての言動ではないのだから、会社法の要請は及ばないと形式的に整理することが全くできないというわけでもない。しかし、会計監査人と金融商品取引法上の監査人とは通常は同一人であること（東京証券取引所「有価証券上場規程」438条1項は、「上場内国株券の発行者は、当該発行者の会計監査人を、有価証券報告書又は四半期報告書に記載される財務諸表等又は四半期財務諸表等の監査証明等を行う公認会計士等として選任するものとする。」と規定している。）からすれば、実質的にみて、このような説明に説得力があるといえるかは疑わしい。

20　会社法429条2項の責任は、「会計監査報告に記載し、又は記録すべき重要な事項についての虚偽の記載又は記録」をしたことに対する責任である。

21　当然のことであるが、（元）被監査会社に対する任務懈怠による損害賠償責任（会社法423条）も観念できないであろう。

18
期中の交代—欠格事由等に該当した場合を中心に

1 | 会計監査人の欠格事由と金融商品取引法上の監査人の欠格事由

　①公認会計士法の規定により、計算書類について監査をすることができない者、②株式会社の子会社もしくはその取締役、会計参与、監査役もしくは執行役から公認会計士もしくは監査法人の業務以外の業務により継続的な報酬を受けている者またはその配偶者、及び、③監査法人でその社員の半数以上が②であるものは、会計監査人となることができないとされているから（会社法337条3項）、これらに該当することとなることは、会計監査人の終任事由である。そして、たとえば、既存の監査契約に係るものを含め[1]監査業務の停止を命ぜられ、会計監査人としての業務を行うことができないことは、①に該当することとなり、当該公認会計士または監査法人は業務停止期間の始期において、当然に、会計監査人としての地位を喪失することになる[2,3]。

　他方、金融商品取引法の下では、金融商品取引所に上場されている有価証券の発行会社その他の者で政令で定めるものが金融商品取引法の規定により提出する貸借対照表、損益計算書その他の財務計算に関する書類で内閣府令で定めるものには、一定の場合を除き、「その者と特別の利害関係のない公認会計士又は監査法人の監査証明を受けなければならない。」とされている（193条の2第1項）。したがって、監査法人が公認会計士法34条の11もしくは34条の11の2のいずれかに該当することもしくは解散を命じられること、または、公認会計士が公認会計士法24条から24条の3までのいずれかに該当する

　こともしくは登録を取り消されることは、金融商品取引法上の監査人の終任事由に当たると解されるが、既存の監査契約に係るものを含め監査業務の停止を命ぜられることは、監査契約上の終任事由に当たる余地はあるものの[4]、金融商品取引法上の監査人の終任事由に当然に当たるわけではない[5]。

　なお、上場会社については、たとえば、東京証券取引所の有価証券上場規程は、上場内国株券の発行者は会計監査人を置くものとするとし（437条1項3号）、かつ、「上場内国株券の発行者は、当該発行者の会計監査人を、有価証券報告書又は四半期報告書に記載される財務諸表等又は四半期財務諸表等の監査証明等を行う公認会計士等として選任するものとする。」（438条1項）としているため、会計監査人として選任された者が金融商品取引法上の監査証明も行うこととなる[6]。ここでいう会計監査人には一時会計監査人も含まれることが前提とされている[7]。したがって、上場会社は、会社法上、会計監査人の欠格事由に該当することになると、金融商品取引法上の監査人としての監査契約も（合意）解除することになるのが実務であると推測される。

　以上に加えて、東京証券取引所の有価証券上場規程441条の3は、「上場内国株券の発行者は、上場会社監査事務所（日本公認会計士協会の上場会社監査事務所登録制度に基づき準登録事務所名簿に登録されている監査事務所を含む。）の監査を受けるものとする。」と定めているから、現任の監査人につき上場監査事務所名簿または準登録事務所名簿の登録が取り消された場合には、上場会社である被監査会社は新たな監査人を探す必要がある。もっとも、「上場会社の会計監査人である監査事務所が、登録を抹消された場合は、遅滞なく他の上場会社監査事務所又は準登録事務所である監査事務所に会計監査人を変更していただくことが必要となります。実務的には、原則として、会計監査人が上場会社監査事務所としての登録が抹消された日以後、最初に終了する事業年度に係る定時株主総会において他の上場会社監査事務所又は準登録事務所である監査事務所を会計監査人として選任する手続きを行っていただくことを想定しています。」（圏点─引用者）[8]とされ、直ちに、他の監査事務所を（会計）監査人として選定することは求められていない[9]。

2 | 一時会計監査人

　会計監査人は株主総会において選任される（会社法329条1項）。しかし、定時株主総会と定時株主総会との間にも、会計監査人が辞任し（会社法330条、民法651条）、解任され（会社法339条1項、340条1項）、もしくは欠格事由（会社法338条3項）に該当し、または死亡し、もしくは解散した（会社法330条、民法653条1号、公認会計士法34条の22第2項、会社法645条）ことによって、会計監査人が欠け、または定款で定めた会計監査人の員数が欠けることになりうる。このような場合に、遅滞なく（臨時株主総会の決議によって）会計監査人が選任されないときは、監査役（監査役会設置会社では監査役会、監査等委員会設置会社では監査等委員会、指名委員会等設置会社では監査委員会）は、一時会計監査人の職務を行うべき者を選任しなければならないものとされている（会社法346条4項・6項・7項・8項）[10]。

　ここで、「遅滞なく会計監査人が選任されないとき」とはどのような場合をいうのかが問題となるが、「「遅滞なく」とは相対的な価値概念であるから、会計監査人を選任しないでそのまま放置することによって監査の業務が支障を来」たすような場合を意味するといわれており[11]、たとえば、臨時株主総会が近く開かれる場合や定時株主総会の直前であって会計監査報告が特定取締役等に通知済みの場合[12]には、遅滞なく会計監査人が選任される場合に当たり、当該会社の監査役・監査役会・監査等委員会または監査委員会は、一時会計監査人を選任する義務を負わないものと解されている。

　ところで、会社法上の会計監査人は常設の機関（あるいは機関類似のもの）なので、会計監査人が欠けたときは、遅滞なく、会計監査人または一時会計監査人を選任しなければならないとされていると理解できる[13]。なお、このように会計監査人が常設のものとされているのは、期中監査の充実のためであると説明されている[14]。

　他方で、期中監査のみを数か月行うだけでは、まったく意味がなく、計算書類およびその附属明細書、臨時計算書類または連結計算書類の監査との関

連で期中監査は意味を有する。すなわち、期中監査のみを数か月行うために一時会計監査人を選任することは、一時会計監査人を選任しなければならないと会社法が定めている趣旨に反することになることもまたたしかである[15]。

3 ｜ 一時会計監査人と監査の基準

(1)　日本公認会計士協会が示した留意事項

　一時会計監査人を明示的に対象とする監査の基準は見当たらないが、2006年に、協会は、増田宏一副会長の名で「一時会計監査人の就任に当たって（留意事項）」（6月16日）[16]を会員に示した。

　そこでは、監査契約の締結に当たって留意すべき事項として、独立性の確認、監査の品質管理基準で求められている前任監査人からの適切な引継ぎ、経営者等とのディスカッション等により企業及び企業環境の理解、及び、会社のガバナンス及び内部統制の整備・運用状況の評価等が、意見表明に当たって留意すべき事項として、一時会計監査人が単独で監査意見表明を行う場合には通常の監査業務になることから、監査計画から監査意見形成まで必要な業務を行うこと、及び、監査契約の締結時期が事業年度を相当期間経過している等により、重要な監査手続が実施できなかった場合は、監査範囲の限定を行うか検討することを、一時会計監査人が後日選任された会計監査人と共同で監査意見を表明する場合には共同監査として監査業務を行うことが挙げられていた。その上で、任期が短期間となる一時会計監査人が留意すべき事項として、これらの留意事項への適切な対応のほか、監査の品質管理基準で求められている後任監査人への適切な引継ぎ等を指摘していた。

　また、監査・保証実務委員会研究報告第25号「不適切な会計処理が発覚した場合の監査人の留意事項について」（2012年3月22日）[17]では、「会計監査人が辞任した場合又は解任された場合、監査役会により定時株主総会開催ま

でに一時会計監査人が選任され、前任監査人から後任監査人に引継ぎが行われた上で後任監査人による監査が実施されることがあるが、後任監査人は訂正報告書に含まれる訂正後の財務諸表全体の監査を行うための十分な監査期間を確保できるかどうかにつき、監査の受嘱に当たって十分に検討することが必要であると考えられる。」（注は省略—引用者）とされている[18]。

(2) 監査の基準と期中の交代

　監査基準委員会報告書900「監査人の交代」[19]及び監査基準委員会報告書300「監査計画」（2011年12月22日、最終改正：2019年6月12日）[20]などは監査人の交代一般について妥当するが、監査の基準の定めのうち、期中の交代に特に関連しそうなものとして、まず、品質管理基準委員会報告書第1号がある。すなわち、監査事務所は、関与先との契約の新規の締結または更新に関する方針及び手続を定めなければならないとされているが、「この方針及び手続は、以下の全てを満たす場合にのみ、関与先との契約の新規の締結又は更新を行うことを合理的に確保できるように定めなければならない。」とされ、関与先との契約の新規の締結を行うときに満たすべきことの1つとして、「監査事務所が、時間及び人的資源を含め、業務を実施するための適性及び能力を有していること」が挙げられている（25項）。そして、A15項では、「監査事務所が契約を新規に締結し、その業務を実施するための適性、能力及び人的資源を有しているかどうかの検討には、その業務で特別に要求される事項、既存の社員等や専門職員の構成や特質及び以下の事項の検討も含まれる。」とされ、列挙されている事項には、「監査事務所は、監査報告書の発行予定日までに業務を完了することができるか。」が含まれている。

　また、監査基準委員会報告書210「監査業務の契約条件の合意」（2011年12月22日、最終改正：2021年1月14日）では、「監査契約書の様式及び内容は、企業によって異なる場合がある。監査契約書における……経営者の責任に関する記述については、本報告書の第4項(2)に示されている。監査契約書には、第8項により要求される事項に加えて、例えば、」「予定されている日程どおりに監査人が監査を完了できるよう、財務諸表の草案及びその作成に関連す

る全ての情報（総勘定元帳や補助元帳以外から入手した情報を含む。）並びにその他の記載内容の草案を監査人が適時に利用できるようにすることについての経営者の合意」を「記載することがある」とされている（A24項）[21]。

　また、期中の交代の場合には、棚卸資産の期首在庫に対する立会手続ができないことにより、期首残高の妥当性の検証ができないことが想定される。そして、期首在庫の妥当性の検証ができないことが売上原価の妥当性が検証できないことにつながる可能性がある。初年度監査における期首残高に関する実務上の指針を提供する監査基準委員会報告書510「初年度監査の期首残高」（2011年12月22日、最終改正：2021年1月14日）は、「監査人は、期首残高に関する十分かつ適切な監査証拠を入手できず、その影響が重要である場合には、監査基準委員会報告書705「独立監査人の監査報告書における除外事項付意見」に従って、監査範囲の制約に関する限定意見を表明するか又は意見を表明してはならない。」としている（9項）[22]。もっとも、「前年度の財務諸表が前任監査人によって監査されている場合、監査人は、前任監査人の監査調書を閲覧することによって、期首残高に関する十分かつ適切な監査証拠を入手できることがある。特に実査、立会、確認等に関連する監査調書の閲覧は有用であることが多い。当該閲覧により十分かつ適切な監査証拠を入手できるかどうかは、前任監査人の専門的能力と独立性に影響を受ける。」とされており（A2項）、これは一時会計監査人の実務にとって重要な意味を有していると考えられる。また、「棚卸資産の場合、期末の棚卸資産残高に対する当年度の監査手続によっても期首の実地棚卸数量についての監査証拠をほとんど入手できない。」と指摘しつつ、「追加的監査手続が必要となることがあり」、当年度の実地棚卸に立ち会い、その結果から期首の棚卸数量に遡って調整すること、期首の棚卸資産残高の評価に対する監査手続を実施する、及び、売上総利益と期間帰属に対する監査手続を実施することの「うち一つ又は複数の監査手続を実施することによって十分かつ適切な監査証拠を入手できることがある。」とする（A4項）[23]。

(3) 期中の交代—欠格事由に該当する場合以外

　欠格事由に該当することまたは公認会計士の死亡、公認会計士の登録抹消もしくは監査法人の解散によって、会計監査人の終任が生ずる場合には問題とならないが、それ以外の場合には、当該会社の監査につき、何らかの問題があることが十分に想定される[24]。

　この問題に対しては、品質管理基準委員会報告書第１号が一定程度対処しているが、主として、監査基準委員会報告書900が規範を与えている。すなわち、「監査人予定者は、法令等に従って、監査人の交代に関する手続が会社により適切に行われているかどうか検討しなければならない。」とされ（10項）、「監査人予定者は、監査人の交代に際して、基本原則の遵守の阻害要因の重要性の程度を許容可能な水準まで軽減できないと判断した場合は、当該業務の契約を締結してはならない（倫理規則第16条第２項参照）。」（12項）とされている。

　ここでいう基本原則は、『倫理規則』の３条から７条までが定めている誠実性の原則、公正性の原則、職業的専門家としての能力及び正当な注意の原則、守秘義務の原則、及び、職業的専門家としての行動の原則をいい、倫理規則２条は、「会員は、専門業務を実施するに際し、次条（第３条—引用者）から第７条までに定める基本原則（以下「基本原則」という。）を遵守しなければならない。」と定めている。倫理規則の違反は、監査人の会社または第三者に対する民事責任の根拠とは必ずしもならないが、協会の懲戒処分[25]や内閣総理大臣による懲戒処分[26]の原因となることはあるし、監査基準委員会報告書900の（少なくとも）要求事項違反は、会計監査人または金融商品取引法上の監査人の任務懈怠と評価されうる。

　そして、監査基準委員会報告書900の６項は、「監査人予定者及び監査人は、監査人の交代に際して、倫理規則に定める基本原則を遵守するため概念的枠組みアプローチを適用し……、基本原則の遵守の阻害要因を識別しなければならない。」[27]と定めている。また、同A6項は、「前任監査人が監査契約を継続しない理由に、基本原則の遵守が困難となる状況等職務上の事由が存

在する場合がある。このような場合、監査人予定者が関連する事実を十分に知る前に当該業務の契約を締結するならば、職業的専門家としての能力及び正当な注意の原則の遵守を阻害する要因を生じさせる可能性がある。」と指摘し、「監査人交代の理由が、事実を十分に反映したものになっておらず、前任監査人と会社との間に監査業務の契約の締結の可否に関する判断に影響を与える可能性のある意見の相違があることを示唆することがある。このような場合、監査人予定者は、当該業務の契約を締結することが適当か否かの判断をするに際し、前任監査人と直接意見を交換し、事実又は状況を確認した上で慎重に判断する。」としている。

4 | 一時会計監査人による意見不表明または限定付適正意見の表明

とりわけ、一時会計監査人として選任された時期が事業年度末に近い、または、事業年度末より後である場合には、監査人は、重要な監査手続を実施できないことが想定され、それにより、財務諸表全体に対する意見表明のための基礎を得ることができなかったときには、意見を表明してはならないこと（意見不表明）[28]、または、重要な監査手続を実施できず、それにより、無限定適正意見を表明することができないが、その影響が財務諸表全体に対する意見表明ができないほどではないと判断し、除外事項を付した限定付適正意見を表明しなければならないこと（除外事項を付した限定付適正意見）[29]が想定される。

たしかに、監査を受嘱した時点では、重要な監査手続を実施できない、それにより、財務諸表全体に対する意見表明のための基礎を得ることができると考えていたのであれば、意見不表明を内容とする会計監査報告の作成・提出が任務懈怠または（監査契約上の）債務不履行に当たるということにならないであろう[30]。

しかし、監査を受嘱する時点で、重要な監査手続を実施することができないことが合理的に予見できたにもかかわらず、監査契約を締結し、一時会計

監査人となった場合には、意見不表明が債務不履行または任務懈怠に当たると評価される余地は十分にある。かりに、会社の代表取締役や代表執行役（または監査役、監査等委員会もしくは監査委員会）が、監査契約締結時に、意見不表明でもよいという意思を有していたとしても、計算関係書類の信頼性を確保するという会計監査人監査を会社法が要求する趣旨に照らせば、会社法は意見不表明を内容とする監査意見の表明を当初から前提とする一時会計監査人の選任を想定していないと解すべきである以上、そのような理由で、会計監査人の債務の内容が限定されることはないと考えられるからである。

　──すでに、3(2)でみた品質管理基準委員会報告書第1号の規定に照らしても──とりわけ、十分な監査時間・監査期間が確保できなかったことを原因として、重要な監査手続を実施できなかった、意見表明のための基礎を得ることができなかったということは意見不表明または除外事項を付した限定付適正意見を内容とする会計監査報告となることの正当な理由とはいえないであろう。

　すなわち、会計監査人は、各事業年度に係る計算書類及びその附属明細書についての会計監査報告については、①当該計算書類の全部を受領した日から4週間を経過した日、②当該計算書類の附属明細書を受領した日から1週間を経過した日、③特定取締役、特定監査役及び会計監査人の間で合意により定めた日があるときは、その日のうち、いずれか遅い日までに、特定監査役及び特定取締役に対し、その会計監査報告の内容を通知しなければならないとされている（会社計算規則130条1項）。ところが、①及び②の日は、会計監査人が、十分に期中監査を行うことができることを前提として定められた最短の日程であると考えることができる。

　したがって、類型的にみて、期中監査が十分に行えない時期に選任され、また、当該会社の監査を初めて行うため、継続して監査を行っている場合よりも多くの監査手続を実施する必要があり、かつ、前任監査人からの引継ぎに時間を要すると考えられる一時会計監査人については、①の日または②の日のいずれか遅い日を会計監査報告の内容の通知日とすることは適切ではないことが少なくないと考えられる。そのため、一時会計監査人としては、監

査契約の受嘱（会計監査人への就任）に当たっては、十分かつ適切な証拠を入手し、計算関係書類に係る意見表明の基礎を得るために要する合理的な期間が確保できるように、③特定取締役、特定監査役及び会計監査人の間で会計監査報告の内容の通知期限を合意しなければならないことがしばしばありうると想像される[31]。そのような日を会計監査報告の内容の通知期限として合意せずに、そのような日よりも前の日に、重要な監査手続を実施できない、それにより、財務諸表全体に対する意見表明のための基礎を得ることができないとして、意見不表明または除外事項を付した限定付適正意見を内容とする会計監査報告の内容を通知したのでは会計監査人としての任務を遂行したとは評価できないことになるからである[32]。

　なお、意見表明の基礎を得るために必要な監査期間を確保した場合の会計監査報告の内容の通知日または金融商品取引法上の監査報告書の提出日を前提とすると、定時株主総会の招集時期が当該会社の通例的な時期よりも遅くならざるをえない場合や有価証券報告書の提出が本来の提出期限後になる可能性があるが、それを理由として、意見不表明または除外事項を付した限定付適正意見（範囲限定）を内容とする会計監査報告や（金融商品取引法上の）監査報告書を提出すればよいということには私法上はならないと考えられる[33]。

〈注〉

1　つまり、契約の新規の締結に関する業務の停止ではなく、たとえば、法定監査業務の停止が命ぜられた場合（2002年10月15日付けの瑞穂監査法人に対する1年間の業務停止命令、2006年5月10日付けの中央青山監査法人に対する2か月の業務停止命令）である。

2　平成17年廃止前商法特例法の同趣旨の規定につき、「会計監査人として選任された時には欠格事由がなくても、その後に欠格事由が生じた場合には会計監査人の資格を失うことになる」と説明されており（味村　治＝加藤一昶『改正商法及び監査特例法等の解説』（法曹会、1977）257頁）、また、「監査法人として業務停止の処分を受ければ、その時から会計監査人の地位を失う」と解されていた（龍田　節「商特4条」上柳克郎＝鴻　常夫＝竹内昭夫（編集代表）『新

版注釈会社法(6)』（有斐閣、1987）537頁）。加藤一昶＝黒木　学『改正商法と計算規則の解説』（商事法務研究会、1975）126頁、大隅健一郎＝今井　宏『会社法論［第3版］中巻』（有斐閣、1992）333頁参照

3　もっとも、昭和49年に商法特例法が制定された際には、「業務の停止の処分を受け、その停止の期間を経過しない者」は会計監査人となることができないとする規定の趣旨については、公認会計士法29条（公認会計士の懲戒処分）の規定による懲戒処分として、業務の停止処分を受け、その停止期間が経過していない者は会計監査人になることができないとするものであるとのみ説明されていた（田邊　明ほか『商法改正三法の逐条解説（別冊商事法務24号）』（商事法務研究会、1974）50頁）。そして、昭和49年商法特例法の制定に当たって、「業務の停止の処分を受け、その停止の期間を経過しない者」は会計監査人となることができないものとする（当時の4条2項2号）規定を設ける立法趣旨の説明に当たって、監査法人の懲戒処分を規定した公認会計士法34条の21第1項の規定は引用されなかった。また、衆議院法務委員会において当時の3号の規定について、社員の一人が業務停止処分を受けた場合には欠格事由に該当するものとする修正（第71回国会衆議院法務委員会議録第39号（昭和48年7月3日）9頁）がなされたという国会における審議の過程が認められる。これらの経緯に鑑みれば、平成17年廃止前商法特例法4条2項3号に相当する規定（当時の4条2項2号）を設けるに当たってはそもそも監査法人自体の業務停止という状況は念頭に置かれず、あくまで公認会計士の業務停止のみが想定されていたことがうかがえる。

　　もっとも、平成17年会社法の制定に至る過程では、監査法人に対する業務停止命令が会計監査人としての欠格事由に当たることについての問題意識が表明されていた（弥永真生「監査法人の業務停止と会計監査人としての欠格事由」商事法務1773号（2006）11～12頁（注15）（注16）（注18）（注28）で紹介した法制審議会（会社法現代化関係）部会における議論参照）。

4　監査契約において、監査人が業務停止処分を受けたことが（当事者の意思表示を待たずに契約を終了させる）終了事由として規定されている場合には、別段の手続をとることなく、当該監査契約は終了することになるが、たとえば、監査約款14条2項は「受嘱者の責めに基づき本契約が履行不能となったときは、委嘱者は本契約を解除することができる。」とのみ定める。

　　なお、そのような当然終了事由の規定が設けられていない場合には、会社または監査人のいずれかが契約解除の手続を行うか、両者が契約解除を合意しなければ、当該監査契約は、存続するものと考えられる。

　会社法上の会計監査人としての職務に関する会社法監査に係る監査契約の文脈においては、会計監査人である公認会計士または監査法人が業務停止命令の結果として法定監査業務の提供を行うことができなくなるのであれば、それは、当該公認会計士または監査法人の責めに帰すべき事由による債務不履行・履行不能に当たり、会社は債務不履行・履行不能を理由として当該監査契約を解除することができる（民法541条、542条2項1号）。また、業務停止期間の始期前においても、監査役全員、監査等委員全員または監査委員会の委員全員の同意により、監査役、監査等委員会または監査委員会は、会計監査人である公認会計士または監査法人が業務停止命令を受けたことが「会計監査人としてふさわしくない非行があったとき」（会社法340条1項2号）に該当することを理由として当該公認会計士または監査法人を会計監査人から解任（会社の側から監査契約を一方的に解除すること）できると解される（太田　洋「監査法人への業務停止命令に伴う実務上の諸問題」商事法務1768号（2006）37頁）。

　なお、会社法340条と同趣旨の規定であった平成17年廃止前商法特例法6条の2の解釈として、「他の会社の監査業務に従事している際に職務上の非行（たとえば、［平成17年廃止前商法特例法6条の2—引用者］1号に該当する行為）があった場合」は、平成17年廃止前商法特例法6条の2第2号にいう「会計監査人たるにふさわしくない非行があったとき」に当然該当するものと解されていた。そして、「職務上の義務に違反し、又は職務を怠ったとき」（平成17年廃止前商法特例法6条の2第1号）には、たとえば、「公認会計士法30条、31条に掲げられた事由があるとき（必ずしも懲戒処分がなされる必要はない）」が含まれると解されていた（稲葉威雄『改正会社法』（金融財政事情研究会、1982）385-386頁参照）。

　これに対して、金融商品取引法上の監査人については、会社法337条及び同340条のような規定がないので、監査契約の規定ぶり及びその解釈によることになる。

5　太田・前掲注(4)35頁

6　ただし、複数の会計監査人が選任されている場合に、そのすべてを金融商品取引法上の監査人として選任することまで要求されているのかどうかは、規定の文言からは読み取れない。

7　「「マザーズの信頼性向上及び活性化に向けた上場制度の整備等について」に寄せられたパブリック・コメントの結果について」（2011年）〈https://www.jpx.co.jp/files/tse/rules-participants/public-comment/data/101221-jojo_5.pdf〉項番5に対する回答では「一時会計監査人の選任を行う場合にも、

上場会社監査事務所又は準登録事務所である監査事務所の中から選任いただく必要がありますのでご注意ください。」とされている。

8 「「マザーズの信頼性向上及び活性化に向けた上場制度の整備等について」に寄せられたパブリック・コメントの結果について」項番5に対する回答

9 たとえば、2016年9月21日に、赤坂・海生公認会計士共同事務所が日本公認会計士協会の上場会社監査事務所の準登録事務所名簿から取り消されたが、同法人は、東証2部上場のクレアHD、JASDAQ上場の小僧寿し及びSJIなどの（会計）監査人を務めていた（T&A Master 661号（2016年10月3日号）参照）。このうち、小僧寿し〈http://www.nikkei.com/markets/ir/irftp/data/tdnr/tdnetg3/20160921/a3po8t/ 140120160921498429.pdf〉やクレアHD〈http://crea-hd.co.jp/pdf/2016/ir_2016092101.pdf〉は、当該事業年度に係る監査報告書の提出まで、同監査法人との監査契約を継続し、任期満了時に新たな会計監査人を選任したが、SJI（現在はCAICA）〈https://www.caica.jp/wp-content/uploads/ 2016/09/20160921_1_kaiji.pdf〉は、同監査法人との監査契約を合意解除し、一時会計監査人を選任した〈https://www.caica.jp/wp-content/uploads/ 2016/10/20161013_1_kaiji.pdf〉。

10 2019年11月以降、一時会計監査人が選任された例としては、第一商品〈https://ssl4.eir-parts.net/doc/8746/tdnet/ 1813556/00.pdf〉、大盛工業〈http://ohmori.co.jp/images/20200330.pdf〉、アルファクス・フード・システム〈https://www.afs.co.jp/category/ir/PDF/ 200204_n10218.pdf〉、ジェイホールディングス〈http://jholdings.co.jp/data/713/20200117-002.pdf〉、オウケイウェイヴ〈https://faq.okwave.co.jp/faq/show/ 3153?category_id＝265&site_domain＝ir〉、梅の花〈https://www.umenohana.co.jp/system/wp-content/uploads/2020/01/20191111.pdf〉などがある。

11 元木　伸『改正商法逐条解説〔改訂増補版〕』（商事法務研究会、1983）300頁

12 稲葉・前掲注(4)389頁、元木・前掲注(11)299～300頁、片木晴彦「商特6条の4」上柳克郎＝鴻　常夫＝竹内昭夫（編集代表）『新版注釈会社法(6)』（有斐閣、1987）556頁

13 他方、金融商品取引法上の監査人は常設の機関（あるいは機関類似のもの）ではないので、年度監査の時期、中間監査の時期または四半期レビューの時期と業務停止処分期間とが重ならなければ、業務停止期間中は監査人を選任せず、業務停止処分期間が満了した公認会計士または監査法人に財務諸表・連結財務諸表、中間財務諸表・中間連結財務諸表の監査または四半期連結財務諸表（四

半期財務諸表)の四半期レビューをしてもらうことも可能である。

14　稲葉・前掲注(4)388頁、岸田雅雄「会計監査人」民商法雑誌85巻 6 号（1982）
　　969頁

15　太田・前掲注(4)40頁。立法論として、この問題を解決するためには、たとえ
　　ば、一時会計監査人の任期も選任後 1 年以内に終了する事業年度のうち「最初
　　のもの」に関する定時株主総会の終結の時までとし、会社法338条 2 項に相当
　　する規定の適用はないものというように法定することが考えられるが、会計監
　　査人の選任は、できる限り、（臨時株主総会を開催してでも）株主総会の決議
　　によらせるべきであると考えるのであれば、このような定め方は適当とはいえ
　　ないであろう。

16　〈https://jicpa.or.jp/specialized_field/post_345.html〉

17　〈https://jicpa.or.jp/specialized_field/files/2-8-25-2-20120322.pdf〉

18　Ⅳ 不適切な会計処理が発覚した場合の対応スケジュールの概要、3．不適
　　切な会計処理が発覚した場合のスケジュールの変更(2)不適切な会計処理が発覚
　　した場合の検討事項

19　本書「17　監査人の交代と引継ぎ」で検討を加えた点も参照

20　監査人は、初年度監査の開始前に、(1)監査契約の締結の可否に関して、監査
　　基準委員会報告書220で要求される事項（監基報220第11項及び第12項参照）及
　　び(2)監査人の交代が行われる場合には、職業倫理に関する規定及び監査基準委
　　員会報告書900「監査人の交代」で要求される前任監査人からの引継を実施し
　　なければならないとされているが（12項）、一時会計監査人（その他の新任監
　　査人）はこの要求事項に従わなければならない。そして、「初年度監査におい
　　ては、監査人は、通常、継続監査とは異なり、監査計画の策定時に考慮できる
　　企業における過去の経験がないため、計画活動をより広く実施することがある。」
　　とされ、「初年度監査において、監査人が、監査の基本的な方針の策定及び詳
　　細な監査計画の作成に当たって追加で考慮する事項には、以下が含まれること
　　がある。
　　・前任監査人との引継（例えば、前任監査人の監査調書の閲覧）
　　・監査人としての選任に関して経営者と協議した主要な問題（例えば、会計基
　　　準、監査基準及び報告に関する基準の適用）、監査役等へのこれらの問題に
　　　関する伝達並びにこれらの問題が監査の基本的な方針及び詳細な監査計画に
　　　与える影響
　　・期首残高に関して十分かつ適切な監査証拠を入手するために必要な監査手続
　　　（監査基準委員会報告書510「初年度監査の期首残高」参照）

・初年度監査において監査事務所が定める品質管理のシステムで要求されるその他の手続（例えば、監査事務所が定める品質管理のシステムによっては、所定の担当者に、重要な監査手続の開始前に監査の基本的な方針を検討させたり、監査報告書の発行前に報告書の査閲に関与させたりすることがある。）」とされている（A21項）。一時会計監査人が行う職務は、初年度監査にほかならないから、これは、一時会計監査人を含む新任監査人にとっての適用指針である。

21　なお、監査約款の4条2項は、「委嘱者は、予定されている日程どおりに受嘱者が監査を完了できるよう、財務諸表等、内部統制報告書及び全ての関連する情報を受嘱者が適時に利用できるようにしなければならない。」と定めている。

22　A6項では、「監査人が期首残高に関する十分かつ適切な監査証拠を入手できず、その影響が重要である場合には、監査意見は以下のいずれかとなる。

(1)　個々の状況に応じて、監査範囲の制約に関する限定意見を表明するか又は意見を表明しない。

(2)　法令等により禁止されていない場合に限り、経営成績及びキャッシュ・フローの状況（関連する場合）については監査範囲の制約に関する限定意見を表明する又は意見を表明しない一方で、財政状態については無限定意見を表明する。」と整理されている（(2)については、「監査基準委員会報告書705」A15項も参照）。

したがって、期首残高に関する十分かつ適切な監査証拠を入手できなかったとしても、その影響が重要でない場合には財務諸表全体につき無限定適正意見を表明できることがあることになる。

23　監査基準委員会報告書510は、「流動資産及び流動負債については、期首残高に関する監査証拠を当年度の監査手続により入手できることがある。例えば、期首に残高のある売掛金又は買掛金が当年度中に回収又は支払われることによって、売掛金又は買掛金の期首残高の実在性、権利と義務、網羅性及び評価に関する監査証拠を入手できることがある。」とし（A4項）、「有形固定資産、投資等の固定資産、長期債務等の固定負債に関しては、期首残高の基礎となる会計記録やその他の情報を検討することによって、監査証拠を入手できることがある。例えば、長期債務や投資といった特定の勘定の場合には、第三者に対する確認によって、期首残高に関する監査証拠を入手できることがある。」としつつ、「他の勘定科目の場合、追加的監査手続を実施することが必要となることもある。」としている（A5項）。

24　本書「17　監査人の交代と引継ぎ」及び本書「16　監査契約の解除」参照

25 会則50条1項は、会員及び準会員が監査業務その他の業務につき公認会計士又は会計士補の信用を傷つけるような行為をしたとき（2号）、会員及び準会員が会則及び規則に違反したとき（6号）などに該当したときは、「会長は、その会員及び準会員を懲戒することができる。」と定めている。

26 公認会計士法31条1項は、「公認会計士がこの法律若しくはこの法律に基づく命令に違反した場合又は第34条の2の規定による指示に従わない場合には、内閣総理大臣は、第29条各号に掲げる懲戒の処分をすることができる。」と定めているが、日本公認会計士協会の倫理規則に反して監査業務を行ったことが「公認会計士は、公認会計士の信用を傷つけ、又は公認会計士全体の不名誉となるような行為をしてはならない。」とする同法26条に違反すると評価される場合はあるのではないかと思われる（事案は異なるが、「公認会計士の懲戒処分について」〈https://www.fsa.go.jp/news/30/sonota/20181002.html〉参照）。

27 『倫理規則』16条1項は、「会計事務所等所属の会員は、依頼人から現任会員との交代を依頼される場合、……基本原則を遵守するために概念的枠組みアプローチを適用しなければならない。」と、同条2項は、「阻害要因の重要性の程度を許容可能な水準にまで軽減できない場合、会計事務所等所属の会員は、当該業務の契約を締結してはならない。」と、それぞれ定めている。

28 『監査基準』第四 報告基準、五 監査範囲の制約、2

29 『監査基準』第四 報告基準、五 監査範囲の制約、1

30 本書「14 意見不表明」参照

31 なお、法規・制度委員会研究報告第1号では、監査契約書には「監査報告書等の提出時期について、契約当事者双方の協議により決定された期日を記載する。会社法監査の場合には、監査報告書の提出時期について、会計監査人、特定取締役、特定監査役との間で合意により定めた日を期限とする場合もある（会社計算規則第130条第1項参照）ので、その旨を記載することも考えられる。」とされている（Ⅲ 監査及び四半期レビュー契約書の作成例、2．契約書の記載内容、(5)③）。

32 これに対して、たとえば、2020年前半に生じた新型コロナウイルス感染症の流行を原因として、監査の実施が遅延したような場合には、当初、合意した会計監査報告の内容の通知日までに重要な監査手続を実施できず、意見表明のための基礎を得ることができなかったことを理由として意見不表明または除外事項を付した限定付適正意見を、当初、合意した会計監査報告の内容の通知日に特定監査役及び特定取締役に通知することも、通常、債務者（＝監査人）の責

に帰すべき事由に当たらないとして、任務懈怠または監査契約の債務不履行とは評価されないであろう。

33 会社法には、——他の先進諸国にはみられないことであるが——定時株主総会の開催時期を制限する規定はない。また、会社の定款に定時株主総会の招集時期（及び、定時株主総会における議決権行使の基準日）が定められていても、異なる時期に定時株主総会を招集することに会社法上の制約はない。法務省は、「定時株主総会の開催時期に関する定款の定めがある場合でも、通常、天災その他の事由によりその時期に定時株主総会を開催することができない状況が生じたときまで、その時期に定時株主総会を開催することを要求する趣旨ではないと考えられます。したがって、今般の新型コロナウイルス感染症に関連し、定款で定めた時期に定時株主総会を開催することができない状況が生じた場合には、その状況が解消された後合理的な期間内に定時株主総会を開催すれば足りるものと考えられます。なお、会社法は、株式会社の定時株主総会は、毎事業年度の終了後一定の時期に招集しなければならないと規定していますが（会社法第296条第1項）、事業年度の終了後3か月以内に定時株主総会を開催することを求めているわけではありません。」、「会社法上、基準日株主が行使することができる権利は、当該基準日から3か月以内に行使するものに限られます（会社法第124条第2項）。したがって、定款で定時株主総会の議決権行使のための基準日が定められている場合において、新型コロナウイルス感染症に関連し、当該基準日から3か月以内に定時株主総会を開催できない状況が生じたときは、会社は、新たに議決権行使のための基準日を定め、当該基準日の2週間前までに当該基準日及び基準日株主が行使することができる権利の内容を公告する必要があります（会社法第124条第3項本文）。」と指摘している（「定時株主総会の開催について」（2020年2月28日）〈http://www.moj.go.jp/MINJI/minji07_00021.html〉）。そもそも、会社法においては、計算書類の承認または報告を行う株主総会を——開催時期にかかわらず——定時株主総会というと解釈できる（会社法437条から439条まで参照）。

　他方、有価証券報告書は決算日後3か月以内に提出することが求められているが、「やむを得ない理由」により当該期間内に提出できないと認められる場合には提出期限の延長を申請し、承認を受けることができる（金融商品取引法24条）。ここでいう「やむを得ない理由」には、たとえば、電力の供給が断たれた場合その他の理由により、会社のシステムを稼働できないとき、過去提出分の有価証券報告書等に重要な虚偽記載が発見されたが、その訂正が提出期限までに未了のとき、監査法人の監査により財務諸表等に誤謬または不正による

重要な虚偽表示の疑義等が識別され、追加の監査手続が必要なときなど、提出期限までに財務諸表等の作成が完了しない場合や監査報告書を受領できない場合が含まれる（企業内容等開示ガイドライン24-13）。なお、新型コロナウイルス感染症との関係では、金融庁は、企業内容開示府令を改正して（令和2年内閣府令第37号）、令和2年4月20日から9月29日までの期間に提出期限が到来する有価証券報告書等に関し、一律に令和2年9月30日まで提出期限を延長した。

19 グループ監査

1 | 他の監査人の監査の結果の利用

　『監査基準』は、「監査人は、他の監査人によって行われた監査の結果を利用する場合には、当該他の監査人によって監査された財務諸表等の重要性、及び他の監査人の品質管理の状況等に基づく信頼性の程度を勘案して、他の監査人の実施した監査の結果を利用する程度及び方法を決定しなければならない。」と規定している（第三　実施基準、　四　他の監査人等の利用、1）。「他の監査人等の利用」というタイトルが付されているが、他の監査人の「監査の結果の利用」について定めている。また、「監査人は、他の監査人が実施した監査の重要な事項について、その監査の結果を利用できないと判断したときに、更に当該事項について、重要な監査手続を追加して実施できなかった場合には、重要な監査手続を実施できなかった場合に準じて意見の表明の適否を判断しなければならない。」としており（第四　報告基準、五　監査範囲の制約、3）、他の監査人の監査の結果の利用が想定されている[1]。

　他方、監査基準委員会報告書600「グループ監査」（2011年12月22日、最終改正：2021年1月14日）は、グループ財務諸表の監査に「構成単位の監査人を関与させる場合に特に考慮すべき事項を中心に、グループ監査に関する実務上の指針を提供するもの」と位置づけられている（1項）。

2 | グループ監査人は構成単位の監査人の監査結果にどの程度依拠できるのか

(1) 構成単位の監査人の利用への言及の禁止

　監査基準委員会報告書600は、「グループ監査責任者は、職業的専門家としての基準及び適用される法令等を遵守し、グループ財務諸表の監査業務を指示、監督及び実施して、適切な監査報告書を発行することに対する責任を有している（監基報220第14項参照）。したがって、グループ監査責任者は、グループ財務諸表に対する監査報告書において、構成単位の監査人の利用に関して言及してはならない。」（10項）としている。

　なお、企業会計審議会第三部会「監査基準及び監査報告準則の改訂について（中間報告）」（1991年5月31日）による改訂前『監査報告準則』では、「監査を実施するに当って、重要な部分について他の監査人の監査の結果又は監査報告書に依拠した場合には、その旨」を監査報告書に記載すべきものとされていたが（二（四））[2]、同改訂により削除された[3]。「監査基準の改訂について」（2002年1月25日）も、「企業活動の国際化・多角化及び連結対象会社の増加による監査範囲の拡大に伴い、他の監査人の監査の結果を利用する範囲も拡大することから、主たる監査人と他の監査人との責任のあり方についての議論があるが、改訂基準では従来の考え方を変更していない。すなわち、他の監査人の監査の結果を利用する場合も、監査に関わる責任は主たる監査人が負うものであり、報告基準においても他の監査人の監査の結果を利用した場合に特別の記載を求めることはしていない。」としていた（三　主な改訂点とその考え方、8　実施基準に関わるその他の改訂事項、(6)他の監査人の監査結果の利用）。

(2) 構成単位の監査人は（履行）補助者のようなものなのか

1）構成単位の監査人は監査補助者と同視できるのか
　法規・制度委員会研究報告第1号では、「まず、グループ監査チームが、

構成単位の監査人への作業の実施の依頼の有無、作業の内容、グループ監査チームと構成単位の監査人とのコミュニケーションの内容や方法等を決定する。その際、グループ監査チームは、構成単位の財務情報に関する作業の円滑な実施のために、グループ（親会社等）との間で、必要な協力の要請や、日程、報酬の負担方法等も含めた実務的な協議を行うものと考えられる。それを踏まえ、グループ（親会社等）の側では、構成単位（子会社等）との間で、決算指示書の送付とともに、構成単位の監査人による作業の実施、それに対する協力、日程や報酬の負担方法等も含めた実務的な協議を行うことが想定される。一方、グループ監査チームの側では、構成単位の監査人に対し作業の実施の要請（指示書の送付）を行い、必要に応じた協議を行う。そして、グループ（親会社等）からの指示・連絡を受けた構成単位（子会社等）と、グループ監査チームからの指示・連絡を受けた構成単位の監査人との間で、作業の実施に係る実務的な協議を行うことになる。」と指摘されている[4]。

　ここでは、グループ監査人は構成単位の監査人を選任するわけではないが、「グループ監査チームからの指示・連絡を受けた構成単位の監査人」とされていることからは、一定の範囲で、構成単位の監査人による監査を監督しているとみる余地もありそうである。

2）監査補助者の故意・過失と監査人の責任
　会社法の研究者の間でも、監査人が使用する（履行）補助者に過失があった場合には、その過失も監査人の過失として監査人が責任を負うと考えられてきた[5]。これは、補助者は、監査責任者の業務を補い、とくに監査実施の諸過程、監査手続の適用において、監査人の監督と指導に従って業務を遂行するものであり、補助者の業務は監査責任者の業務の一部となることによる。

　すなわち、民法学における通説的な見解によると、民法415条にいう債務者の責に帰すべき事由には、信義則上、債権者の故意・過失と同視しうる事由が含まれ、その主要なものは履行補助者の過失であると考えられてきた[6]。履行補助者は債務者（ここでは監査人）の意思に基づいて、債務（ここでは監査契約に基づく債務）の履行のために使用される者であって、債務者の手

足としてその債務の履行に使用される者（狭義の履行補助者）と債務者に代わって履行を引き受ける者（履行代行者）とを含む[7]。これを監査にあてはめると、監査補助者は、通常、狭義の履行補助者にあたると考えられるから、監査人は補助者の故意・過失による債務不履行について、会社に対し責任を負うのが原則ということになる[8]。もっとも、例外的に監査補助者が履行代行者にあたる場合に、監査人がどの範囲で責任を負うかは問題である。民法415条の解釈としては、明文上の規定がないかぎりは、狭義の履行補助者の場合と同様の責任を認める見解[9]と債務者はその選任・監督についてのみ責任を負うとする見解[10]とがあった。

　ところが、民法学のこのような通説的見解に対しては批判が加えられ、履行補助者の行為による債務者の責任を「他人の行為による不法行為責任」（民法715条）の対比において捉え、履行補助者が被用者的補助者（民法715条の被用者に相当）である場合に限らず、独立的補助者（民法716条の請負人に相当）である場合にも、履行補助者の故意・過失により債務不履行が生じた場合には、その履行補助者の責任監督上の過失の有無を問わず、債務者は損害賠償責任を負うと論じた[11]。

　さらに近年では、債務者は契約上の債務を一方的に変更できないという視点から、債務者自身が他人の行為を自らの履行行為として用いたことに、債務者が履行補助者の故意・過失による行為から生じた損害を賠償する責任を負うことの根拠を求める見解[12]が広く受け入れられるようになっている[13]。このような理解を前提とする限り、監査人は、監査補助者の故意または過失による債務不履行について、会社に対し責任を負うことになる[14]。

　他方、第三者との関係では、監査補助者が監査業務につき、故意または過失によりした行為につき、監査人は使用者責任（民法715条）を負うことになる。民法715条に基づく責任が成立するためには、行為者と責任を負う者との間の使用関係、すなわち、使用者と被用者との間の実質的指揮監督関係がなければならないが、監査人と監査補助者との間には、通常、十分な実質的指揮監督関係が存在するからである。なお、監査人が監査補助者の選任・監督につき相当の注意をしたときは民法715条１項ただし書により免責され

るが、監査実施のプロセスからみて、監督につき要求される注意の程度は相当高く、免責が認められることはまずないといえよう。

3）構成単位の監査人の故意・過失とグループ監査人の民事責任

　かつて、1976年7月13日改訂後『監査実施準則』の総論六は、他の監査人の監査結果を利用するかどうか、また、これを利用する場合におけるその程度及び方法については、主たる「監査人自らの判断により、これを決定しなげればならない」と定めていたが、このことから、他の監査人の監査した部分を含めて、主たる監査人が全面的に責任を負うと理解されていた[15]。すなわち、他の監査人の監査結果等を利用した、または利用せざるを得なかったからといって、その部分について、主たる監査人が払うべき正当な注意や責任が軽減または限定されるわけではないと解されていた[16]。すなわち、他の監査人の監査結果等に重大な過失または故意による不正・誤謬があるにもかかわらず、主たる監査人がこれを発見しえなかった場合には、主たる監査人は「正当注意義務との関連で責任を問われることになり、その責を免れることはできない」といわれていた[17]。

　民法学におけるかつての通説的見解による場合には、グループ監査において構成単位の監査人は履行補助者類似のものであると解しても[18]、履行代行者と位置づけられれば、その監督について過失があったときだけ、グループ監査人は責任を負うと解する可能性があった。しかし、現在、広く受け入れられている見解を前提とする限り、グループ監査において、構成単位の監査人を監査補助者類似のものであると位置づけるのであれば、その監督について過失があった場合に限らず、構成単位の監査人の故意・過失によりグループ監査につき債務不履行が生じた場合には、グループ監査人は会社に対して損害賠償責任を負うという帰結になろう。

　他方、グループ監査において構成単位の監査人は監査補助者（履行補助者）類似のものではなく、グループ監査人は、構成単位の監査人の監査結果を監査証拠の1つとして利用しているにすぎないと割り切ることができるというのであれば、――構成単位の監査人による監査に故意・過失があったとして

も、それはグループ監査人の任務懈怠・善管注意義務違反と同視されるわけではなく——監査基準委員会報告書600の要求事項に従って[19]構成単位の監査人の監査結果を利用すれば、グループ監査人には任務懈怠・善管注意義務違反はなく、会社または第三者（投資者を含む。）に対して、会社法、金融商品取引または民法に基づく損害賠償責任を負わないと解することができよう。

たとえば、1976年改訂後『監査実施準則』の総論六、監査委員会報告第25号「他の監査人の監査結果又は監査報告書の利用について」（1977年4月11日）または監査基準委員会報告書第8号（中間報告）「他の監査人の監査結果の利用」（1996年7月25日、改正：2002年1月28日）の文脈においては、監査責任を他の監査人との間で分担することはなく、他の監査人の監査結果等を利用した部分に関する責任を当然に免れるということにはならないとしつつ、責任を負うか否かは他の監査人の監査結果等の利用について相当の注意を払ったかどうかによるといわれていた[20]。また、「職業的専門家としての正当な注意」を払ったと評価されるためには、日本公認会計士協会その他の権威ある団体が公表した手続を選択適用することが最善策であり、「その選択適用、発見された事項についての判断が、ほかの監査人が行うであろう選択なり判断なりと違いがなければ、……監査人は行政上、民事上、刑事上の責任の追求（ママ）を免れるのではないだろうか」とも指摘されていた[21]。

3 | 構成単位の監査人の義務と責任

(1) 構成単位の監査人のグループ監査人に対する義務

グループ監査人は構成単位の監査人に対して報告を求める法律上の権利を当然に有しているわけではない。すなわち、会社法396条2項は、会計監査人は、いつでも、「取締役及び会計参与並びに支配人その他の使用人に対し、

会計に関する報告を求めることができる。」と定め、同条3項は「会計監査人は、その職務を行うため必要があるときは、会計監査人設置会社の子会社に対して会計に関する報告を求め」ることができると定めているにとどまり、子会社の監査人に対して、その監査に関する報告を求める権限は定められていない。

　たしかに、法規・制度委員会研究報告第1号が指摘するように、監査人が、被監査事業体の親会社等が作成するグループ財務諸表の構成単位の監査人に該当することがある。この場合、監査人は、グループ監査チームから依頼を受けて、構成単位（＝被監査事業体）の財務情報に関する作業を実施し、構成単位の監査人は、作業の結果や、その他グループ監査チームが依頼した構成単位の情報をグループ監査チームに伝達し、グループ監査チームによる監査調書の閲覧の要請に応じる等の対応を行うことになる（「監査基準委員会報告書600」29項・39項 から41項・49項・A53項・A56項・A57項・A59項等）[22]。しかし、監査基準委員会報告書600は構成単位の監査人に当該構成単位の監査における義務を課すものではない。

(2)　**構成単位の監査人の守秘義務**

　『倫理規則』の6条1項は、「会員は、正当な理由なく、業務上知り得た情報を他の者に漏洩し、又は自己若しくは第三者の利益のために利用してはならない。」と定めている。親会社監査人（グループ監査人）ではない子会社監査人（構成単位監査人）にとって、親会社監査人が「他の者」にあたることに疑いの余地はない。そして、6条8項が列挙する「会員の守秘義務が解除される正当な理由があるとき」のうち、2号及び3号が列挙する場合には親会社監査人に対する情報提供は含まれない。たとえば、子会社監査人による監査の実施にあたっては、親会社監査人に対する情報の提供が「監査の基準」によって要求されている（3号ニ）わけではない[23]。また、上述したように、構成単位の監査人はグループ監査人に対して情報を提供する義務を法令上負っているわけではない。

　そこで、法規・制度委員会研究報告第1号は、たとえば、

○．親会社の監査人との間のコミュニケーション

(1)　委嘱者は、委嘱者の親会社（以下「親会社」という。）の監査人と受嘱者との間のコミュニケーションに関し、以下に掲げる事項を了解する。

①　受嘱者が、親会社の監査人の依頼により、親会社の連結財務諸表（及び内部統制報告書）の監査（以下「親会社監査」という。）のために、委嘱者の財務情報（財務報告に係る内部統制を含む。）に関する作業を実施すること。

②　受嘱者が、親会社監査のために、親会社の監査人との間でコミュニケーション（依頼された作業の結果その他の親会社の監査人からの依頼に対する報告を行うこと、及び親会社監査に関連する受嘱者の監査調書の親会社の監査人による閲覧を含む。）を行うこと。

というような条項を、監査契約書の「監査の（本業務の）目的及び範囲」の後や、「特約」の前など適宜の箇所に記載することが考えられるとしている[24]。

　また、受嘱者が、構成単位の監査人に該当し、グループ監査チーム（親会社等の監査人）に委嘱者の情報を報告する場合は、上記の条項を契約書に記載していれば、このような報告について委嘱者が了解したことが明らかになるとしつつ、前もって、守秘義務が解除される正当な理由（監査約款9条（様式1から8）または同10条（様式9から11）、四半期レビュー約款9条参照）として、たとえば、

第○条（守秘義務）

　　受嘱者は、業務上知り得た委嘱者及びその関係者の情報（以下「秘密情報」という。）を正当な理由なく他に漏らし、又は盗用してはならない。ただし、……（中略）

2．委嘱者は、前項の正当な理由に、次の場合を含むことを了解する。

> （中略）
>
> 　六　委嘱者の親会社等の連結財務諸表及び内部統制報告書の監査のた
> 　　めに、受嘱者が、委嘱者の親会社等の監査人から、報告又は監査調
> 　　書の査閲等の要請を受けた場合

というような文例で合意しておくことも考えられるとしている[25]。

　すなわち、『倫理規則』6条8項1号（守秘義務の解除が法令等によって
許容されており、かつ依頼人又は雇用主から了解が得られている場合）に依
拠して、守秘義務の解除を確保するわけである。

(3)　構成単位の監査人の民事責任

　構成単位が子会社である場合を想定した場合に、親会社の監査人ではない
子会社の監査人による当該子会社の監査につき失敗があった場合、当該子会
社監査人が親会社、親会社の株主・債権者または親会社の監査人（＝グルー
プ監査人）に対して損害賠償責任を負うことがあるか。

　まず、子会社の当該（会社法上の）会計監査人は、親会社の会計監査人で
ない以上、会社法423条または429条に基づいて、親会社または親会社の株主・
会社債権者に対する損害賠償責任を負うことはない。また、当該子会社監査
人は、金融商品取引法24条の4、22条、21条1項3号などによって、当該親
会社の株式を取得し、または売却した者に対して損害賠償責任を負うことも
ない。「監査証明において、当該監査証明に係る書類について記載が虚偽で
あり又は欠けているものを虚偽でなく又は欠けていないものとして証明した」
公認会計士または監査法人（24条の4、22条、21条1項3号）にはあたらな
いからである。さらに、当該子会社監査人と当該親会社との間に監査契約が
存在しない以上、当該子会社監査人は債務不履行に基づく損害賠償責任を当
該親会社に対して負うこともないと考えられる。

　以上に加えて、子会社監査人は親会社またはその株主・債権者もしくは親
会社の株式を取得しもしくは売却した者の利益を保護する義務を負っている
わけではなく、また、親会社監査人が適切に監査を実施し、意見を表明すれ

ば、子会社監査人の監査上の失敗があっても、親会社またはその株主・債権者もしくは親会社の株式を取得しもしくは売却した者は損害を被らないと一般的にいうことができるから、当該子会社監査人の監査上の失敗と親会社またはその株主・債権者もしくは親会社の株式を取得しもしくは売却した者の損害との間には相当な因果関係は認められないことになるはずであるから、当該子会社監査人はそれらの者に対して不法行為責任を負うこともないのが原則である。もっとも、子会社監査人が故意に監査証明に係る書類について記載が虚偽でありまたは欠けているものを虚偽でなくまたは欠けていないものとして証明した場合にも同様に考えられるのかという問題はありうる。しかし、建前論としては、相当の因果関係が認められるのかがなお問われることになる。なお、理論的には当該子会社監査人が親会社監査人の不法行為を幇助し、または教唆したと評価できる場合には、当該子会社監査人はそれらの者に対して不法行為責任を負うことになるが、親会社監査人は子会社監査人とは独立に「監査証明において、当該監査証明に係る書類について記載が虚偽であり又は欠けているものを虚偽でなく又は欠けていないものとして証明」することができるから、現実には想定しにくいであろう。

　他方、子会社監査人に監査上の失敗があり、そのため、親会社監査人も監査上の失敗を犯したという例外的な場合に、当該親会社監査人が当該子会社監査人に対して損害賠償を請求できるかという問題はある。まず、親会社監査人と子会社監査人との間に（準委任）契約があるというのでなければ、子会社監査人は親会社監査人に対して債務不履行に基づく損害賠償責任を負わないと考えられる。

　もちろん、親会社監査人と子会社監査人との間に契約がなくとも、子会社監査人が故意に、監査証明に係る書類について記載が虚偽でありまたは欠けているものを虚偽でなくまたは欠けていないものとして証明した場合には、親会社監査人に対して不法行為に基づく損害賠償責任を負うということは想定できる。もっとも、上述したように、親会社監査人が適切に監査を実施すれば、子会社監査人が監査証明において、当該監査証明に係る書類について記載が虚偽でありまたは欠けているものを虚偽でなくまたは欠けていないも

のとして証明しても、親会社監査人は適切に意見表明できるはずである。かりに、そうでなくとも、親会社監査人は「悪意又は重大な過失」はなかった、「注意を怠らなかつた」または「証明をしたことについて故意又は過失がなかつた」（会社法429条1項、2項ただし書、金融商品取引法24条の4、22条、21条2項2号）として、当該親会社またはその株主・債権者もしくは親会社の株式を取得しもしくは売却した者に対して損害賠償責任を負わず、その結果、損害を被らないはずである。

〈注〉

1　もっとも、「監査基準の改訂について」（2002年1月25日）は、「監査範囲の大半について他の監査人の監査の結果を利用しなければならない場合には、実質的には他の監査人が監査を行うという結果となることから、監査人として監査を実施することについて、監査契約の締結の可否を含めて慎重に判断すべきである。」としていた（三　主な改訂点とその考え方、8　実施基準に関わるその他の改訂事項、(6)他の監査人の監査結果の利用）。

2　この規定と1991年改訂による削除の詳細については、たとえば、脇田良一「改訂『監査基準・監査実施準則』の検討」明治学院論叢487号（1991）153-154頁参照。なお、この規定を前提として、かなり稚拙であるが考察を加えたものとして、弥永真生「他の監査人の監査結果等の利用をめぐる法的問題」筑波法政14号（1991）294-348頁

3　この点について、高田教授は、この規定が「責任と結びつかない限り、監査報告書で挙げることはどういう意味があるのか、なおはっきりしません。これが責任を伴わない限りは、主たる監査人の責任に帰するわけですから、これは監査報告書上では排除すべきではないかというふうに我々は考えている」とし、中嶋氏も「全体について主たる監査人は責任を負っておりますから、……責任との関係では少なくとも意味がありません」と述べていた（新井清光ほか「監査基準・報告準則の改訂をめぐって」企業会計43巻8号（1991）42頁）。

4　Ⅲ　監査及び四半期レビュー契約書の作成例、2．契約書の記載内容、(11)グループ監査、②

5　龍田　節「公認会計士の共同責任」会計ジャーナル4巻2号（1972）13頁、大住達雄「株式会社の監査制度はどのように変わるのか」会計ジャーナル6巻6号（1974）17頁、酒巻俊雄『改正商法の理論と実務』（帝国地方行政学会、1974）110頁、山村忠平『新商法による株式会社監査』（同文舘出版、1975）

178頁、龍田　節「商特9条」上柳克郎＝鴻　常夫＝竹内昭夫（編集代表）『新版注釈会社法(6)』（有斐閣、1987）573頁、江頭憲治郎『株式会社法［第8版］』（有斐閣、2021）650頁注㉕、藤原俊雄「会計監査人の民事責任」月刊監査役537号（2008）65頁など

6　北川善太郎「415条」中川善之助ほか（編）『注釈民法⑽』（有斐閣、1987）417頁参照。判例は、履行補助者の故意・過失により債権者に損害が生じた場合には、債務者は債権者に対してその賠償責任を負うものとの判断を示してきた（大判昭和4・3・30民集8巻363頁、大判昭和4・6・19民集8巻675頁、大判昭和15・3・20法学9巻12号95頁、大判昭和15・12・18新聞4658号8頁、最判昭和30・4・19民集9巻5号556頁［ただし、履行補助者という表現は用いられていない］、最判昭和35・6・21民集14巻8号1487頁、最判平成7・6・9民集49巻6号1499頁など）。

7　我妻　榮『新訂債権総論』（岩波書店、1964）107頁、林　良平［安永正昭補訂］＝石田喜久夫＝高木多喜男『債権総論［第3版］』（青林書院、1996）92頁［林］、奥田昌道『債権総論［増補版］』（悠々社、1992）126頁など

8　龍田・前掲注(5)［新版注釈会社法(6)］573頁

9　石本雅男『債権法総論』（法律文化社、1961）82頁、柚木　馨＝高木多喜男『判例債権法総論［補訂版］』（有斐閣、1971）114頁、林＝石田＝高木・前掲注(7)93頁［林］など

10　我妻・前掲注(7)108頁、山中康雄『債権総論』（巌松堂、1953）96頁など

11　落合誠一『運送責任の基礎理論』（弘文堂、1979）、星野英一『民法概論III［補訂版］』（良書普及会、1992）62頁以下、平井宜雄『債権総論［第2版］』（弘文堂、1994）85頁、前田達明『口述債権総論［第3版］』（成文堂、1983）1頁以下、川井　健『民法概論3［第2版補訂版］』（有斐閣、2009）91頁以下など

12　森田宏樹『契約責任の帰責構造』（有斐閣、2002）65頁以下、潮見佳男『債権総論I［第2版］』（信山社、2003）292頁以下、中田裕康『債権総論　新版』（岩波書店、2011）140頁など。また、内田　貴『民法III［第3版］』（東京大学出版会、2005）148頁、加藤雅信『新民法大系III　債権総論』（有斐閣、2005）157頁、大村敦志『基本民法III［第2版］』（有斐閣、2005）113頁など

13　たとえば、北川善太郎＝潮見佳男「415条」奥田昌道（編）『新版注釈民法⑽II』（有斐閣、2011）193頁以下参照

14　監査人に要求される監督の程度・水準は通常より高いと思われ、いずれの考えかたによっても、監査人の責任に大きな違いは生じないと思われるが、履行補助者の選任・監督について過失があったときにのみ、監査人は責任を負うと

いう見解もあった。龍田・前掲注(5)14頁参照

15　高田正淳「他の監査人の監査の利用および関係会社の監査」企業会計28巻10号（1976）36頁、飯野利夫「「監査実施準則」及び「監査報告準則」の改訂について」産業経理36巻8号（1976）110頁、山桝忠恕＝檜田信男『新訂増補監査基準精説』（税務経理協会、1978）146頁など

16　たとえば、大蔵省証券局「証券取引上の連結財務諸表制度化要綱（案）」（昭和51年7月13日）（産業経理36巻8号（1976）97-99頁所収）三（注）2［この記載は、当該監査報告書を作成する公認会計士又は監査法人の監査責任を限定するためになされるものではない。］

17　高田・前掲注(15)37頁・40頁。また、新井清光「連結財務諸表に係る通常の監査手続と監査意見」企業会計28巻10号（1976）27頁

18　高田・前掲注(15)35頁は、主たる監査人の提携事務所である他の監査人が契約または約束に基づいて子会社等を監査した場合は補助者の問題であるとしていた。

19　なお、監査事務所検査結果事例集（令和元事務年度版）〈https://www.fsa.go.jp/cpaaob/shinsakensa/kouhyou/20190730-2/2019_jireisyu.pdf〉では、「ここ数年、国内外の子会社等における不正事例が発覚し、財務諸表利用者の関心が高まる中、審査会検査においては」、「グループ監査チームは、構成単位の監査人に関する理解を適切に行い、また、当該監査人が実施する作業に適切に関与した上で、その作業の妥当性を評価しているか。」、「グループ監査チームは、監査の過程において構成単位の監査人の作業に影響を及ぼす、グループ財務諸表に係る不正による重要な虚偽表示を示唆する状況を識別した場合等、構成単位の監査人との間で状況に応じた適切なコミュニケーションを実施しているか。」、「グループ監査チームは、構成単位の監査人からの報告事項を評価し、必要に応じて追加の監査手続を依頼するか、あるいは自ら実施することで、十分かつ適切な監査証拠を入手しているか。また、構成単位の監査人から未修正の虚偽表示が報告された場合、グループ財務諸表に与える影響について適切に評価しているか。」などの観点から検証しているとされている（120頁）。

20　大迫　勝「「監査実施準則」及び「監査報告準則の改訂について」」JICPA News 228号（1976）28頁

21　山田昭広「連結財務諸表の監査」産業経理36巻12号（1976）42頁

22　Ⅲ　監査及び四半期レビュー契約書の作成例、2．契約書の記載内容、(11)グループ監査、②

23　日本公認会計士協会は、『倫理規則』の6条8項3号への該当性をかなり厳

格に解している。たとえば、「職業倫理に関する解釈指針」（2010年12月14日、最終改正：2020年12月10日）では、「会計事務所等が当該事務所の所属するネットワーク内において独立性の確認や品質管理レビュー等の品質管理目的のために必要な報告又は資料の提出などを行う場合」は、「守秘義務が解除される場合には該当しない」とされ、「そのため、監査契約及びその他の業務実施の契約書等において条項として織り込むなど、あらかじめ依頼人の了解を得ておくことが必要である。」とされている。これは、「会計事務所等が所属するネットワーク内における独立性の確認や品質管理レビュー等の品質管理目的のための必要な報告又は資料の提出などは……職業上の義務若しくは権利又は法令等の要請によるものではないので、守秘義務が解除される場合には該当しない」ためである（Q8）。

24 Ⅲ 監査及び四半期レビュー契約書の作成例、2．契約書の記載内容、⑾グループ監査、②

25 Ⅲ 監査及び四半期レビュー契約書の作成例、2．契約書の記載内容、⒀守秘義務その他受領情報の取扱い、②

20 共同監査

1 | 共同監査の定義

　現在の『監査基準』または監査基準委員会報告書では、共同監査の定義は示されていないが[1]、公認会計士・監査審査会「小規模監査事務所の監査の品質管理について（資料編）」（2006年11月）では、「「共同監査」とは、同一監査事務所に属することなく、互いに独立した関係にある公認会計士等が一体となって監査チームを構成し、一つの監査契約に基づいて監査業務を実施する監査遂行形態をいう。」と定義されていた（16頁）[2]。

　そして、公認会計士法24条の4本文は、「公認会計士は、大会社等の財務書類について第2条第1項の業務を行うときは、他の公認会計士若しくは監査法人と共同し、又は他の公認会計士を補助者として使用して行わなければならない。」（圏点—引用者）と定めており、共同監査を想定している。

　また、構造改革特区に関する有識者会議のヒアリングにおいて、金融庁は、「公認会計士法第2条第1項の監査証明業務については、労働者派遣という枠組みの下では、業務を行う際の独立性を確保する観点からは、困難である。」と回答し、たとえば、ある監査法人が一時的に大きな監査業務を手がけることになった場合に必要な人的資源を他の監査法人から得るためには共同監査という仕組みがあると担当官は回答した[3]。

2 複数の会計監査人による監査は共同監査か？

　会社法上は、複数の公認会計士または監査法人を会計監査人として選任することは、複数の会計監査人を選任することにほかならない。

　他方、公認会計士・監査審査会「小規模監査事務所の監査の品質管理について（資料編）」では、「共同監査においては、監査責任者となる複数の公認会計士が、それぞれ対等の立場で討議を行い、共同して監査を遂行して同一の監査意見を形成することになる」（圏点—引用者）とされており、金融商品取引法の下での公認会計士または監査法人による監査における共同監査においては、1つの監査意見、1通の監査報告書が想定されている。そうであれば、会社法上の会計監査人には、形式的には、共同監査という概念はあてはまらないというべきなのかもしれない。

　会社法の下では、会計監査人設置会社ではない監査役設置会社では、「監査役設置会社（監査役の監査の範囲を会計に関するものに限定する旨の定款の定めがある株式会社を含み、会計監査人設置会社を除く。）においては、……計算書類及び事業報告並びにこれらの附属明細書は、法務省令で定めるところにより、監査役の監査を受けなければならない。」とされており（会社法436条1項）、監査役が複数選任されている場合には、監査役会設置会社であっても、それぞれの監査役が監査報告を作成することとされている（会社計算規則122条1項）。そして、監査役会設置会社においては、さらに、「監査役会（会計監査人設置会社の監査役会を除く……）は、前条［122条—引用者］第1項の規定により監査役が作成した監査報告（以下この条において「監査役監査報告」という。）に基づき、監査役会の監査報告（以下この条において「監査役会監査報告」という。）を作成しなければならない。」とされ（会社計算規則123条1項）、「監査役は、当該事項に係る監査役会監査報告の内容が当該事項に係る監査役の監査役監査報告の内容と異なる場合には、当該事項に係る各監査役の監査役監査報告の内容を監査役会監査報告に付記することができる。」とされている（会社計算規則123条2項2文）。

ここで、123条2項1号から3号まででは、「当該事項」として、①会社計算規則122条第1項第2号から第4号までに掲げる事項（計算関係書類が当該株式会社の財産及び損益の状況を全ての重要な点において適正に表示しているかどうかについての意見、監査のため必要な調査ができなかったときは、その旨及びその理由、追記情報）、②監査役及び監査役会の監査の方法及びその内容ならびに③監査役会監査報告を作成した日が列挙されているが、各監査役の監査報告の内容となっているのは、この中で、①と監査役の監査の方法及びその内容のみであり、結局、付記されるのは、①の内容のみであると考えられる。すなわち、監査役会の監査報告には、「計算関係書類が当該株式会社の財産及び損益の状況を全ての重要な点において適正に表示しているかどうかについての意見」としては1つに集約された意見が（監査役の多数決により）記載・記録されるが、それと異なる監査役の意見も付記することができるというのが会社計算規則123条2項2文である。

　これと対照的に、複数の会計監査人が選任されている場合については、いわば、会計監査人会計監査報告を1本に集約することは求められておらず（だからこそ、会社計算規則123条2項2文のような規定が設けられていない。）、少なくとも、会計監査人の間で意見が分かれているときは、それぞれ、会計監査報告を作成することになる。

3 ｜ 複数の会計監査人が選任されている場合の任務懈怠

(1)　問題の所在

　複数の会計監査人が選任されている場合、それらの会計監査人の会社または第三者に対する損害賠償責任は連帯責任とされている（会社法430条）[4]。もっとも、連帯責任とされるのは、それぞれの会計監査人が任務を怠った、（善良な管理者としての）注意を怠ったことによって、損害賠償責任を負う場合である。

したがって、それぞれの会計監査人が任務を怠ったとされるのはどのような場合なのか（会社法423条1項、429条1項）、会計監査人が注意を怠らなかったとされるのはどのような場合なのか（会社法429条2項）との関係で、会計監査人は他の監査人の業務の結果に、どの程度依拠してよいのか、信頼を置いてよいのかは別の問題である。

(2) 信頼は保護されるか―監査役の場合

監査役については、東京地判平成25・10・15（平成21年（ワ）第24606号）は、当該事案における「職務分担は、……常勤監査役であるＡが日々の社内の会議等に出席し、稟議書等の書類の確認、意見交換等を行い、非常勤の社外監査役であるＹ1らが、Ａから監査状況について報告を受けるというものであったから、調査の重複等を避けた効率的な監査を可能にするものとして、上記監査役監査基準［社団法人日本監査役協会の監査役監査基準―引用者］の内容とも整合しており、常勤監査役と社外監査役の職務分担として、合理性・相当性を欠くものとはいえない。したがって、このような職務分担を定めたこと自体が善管注意義務違反になることはない。そして、本件において、常勤監査役であるＡの職務遂行の適正さについて特に疑念を抱くような事情が存在したことを認めるに足りる的確な証拠はなく、Ａ及びＹ1らの間では、監査役会の場のみならず、各取締役会の機会に情報交換がされていたことが認められ、Ａが職務の遂行上知り得た情報をＹ1らと共有することを怠っていたとも認められないから、Ｙ1らは、Ａの実施した監査結果を前提に、これに依拠して追加の監査実施の必要性等を判断し、監査報告等を行うことができたものというべきである。」と判示している。

学説も、各監査役は、監査役会決議によって職務の分担が決定された場合には、他の監査役の担当すべき職務については、その職務の分担が合理的である限り、他の監査役が分担する職務が適正に行われているかにつき相当の注意を払っていたのであれば、かりに他の監査役に任務懈怠があったとしても、善管注意義務を尽くしたものとして任務懈怠の責任は問われず、損害賠償責任を負うものではないと解している[5]。これは、平成5年商法改正によ

って監査役会制度が設けられた趣旨は、監査対象が複雑で広範に及ぶ大会社の業務全般につき、複数の監査役がそれぞれ個別に調査を実施するのは非効率的であること、社外監査役に社内監査役と同程度の調査を要求するのは無理を強いる面もあること、及び、各監査役が役割を分担しそれぞれの調査結果をもち寄り、会社業務に関する必要・十分な知識・情報を共有すると同時に、それぞれの意見の内容・根拠につき相互に検証し合うことによって、組織的監査を実現し、監査の一層の適正性と実効性を期すことができると期待されることであったことからすれば[6]、監査役監査を組織的・効率的に行うという観点からは、合理的な職務の分担がなされ、当該職務を分担する監査役の職務の遂行が適正に行われているか否かにつき相当の注意を払いつつも、自己の分担する職務を適正に遂行することに注力することが期待されていると考えるべきであるというものである。このような理解からは、他の監査役が分担する職務について求められる善管注意義務はその限りで軽減されるということになる。

　もっとも、監査役は独任制であるから、取締役会を通じて取締役の職務執行を監督する取締役と同じ意味でのいわゆる信頼の権利を有するといえるわけではなく、監査役については他の監査役から何の報告もないので他の監査役の職務の遂行に疑念を抱くべき特段の事情がなかったとはいえず、他の監査役から報告を受け、その結果、他の監査役の職務が適正に遂行されていると判断できる場合には、その結果に基づき自己の監査意見を表明することができるといわれている[7]。すなわち、必要な報告がなく、または、あったとしてもその内容の相当性に疑義がある場合には、他の監査役に対して必要な報告を求めたり、是正を促すことが必要になる[8]。そして、他の監査役が報告せず、または、その職務遂行を是正しないときには、自らの調査権限に基づき調査でき、また、調査しなければならない。善管注意義務を払って判断すると、他の監査役の職務内容が当然に疑念を抱くような内容のものであるにもかかわらず、放置すれば、監査役には任務懈怠があることになる[9]。

⑶　信頼は保護されるか──会計監査人の場合

　２人以上の会計監査人が選任された場合において、その職務分担を定めた
ときでも、それは、単に監査の能率を図るためのものにすぎないから、各会
計監査人の責任は各自の分担部分にとどまることなく、全体についての責任
を免れることはできないと考えられてきた[10]。

　しかし、各会計監査人としては善良な管理者としての注意義務を尽くして
すべての監査の手続を自ら実施し、またはその補助者に実施させないと損害
賠償責任を負うリスクがあるというのであれば、二重監査を要求することに
なり、結局、共同監査を選択する意味がないことになる。そうだとすれば、
各会計監査人は全体についての責任を免れることはできないというのは、他
の会計監査人が行った作業の結果に信頼を置くことができず、自ら行わなけ
ればならないという趣旨ではなく、自己の分担部分以外の作業についても、
他の会計監査人の作業の結果をうのみにすることはできない（善良な管理者
としての注意を尽くして、監査意見を表明しなければならない）というもの
であると推測されるし、少なくとも、──監査役の責任をめぐって、上述⑵
でみたような見解が裁判例や学説において通説となっている──現在では、
そのように解釈するのが首尾一貫しているといえるように思われる。会計監
査人設置会社以外の会社において、監査役会が設置され（または、監査役が
複数存在し）、会計監査を行う場合に、⑵でみたような考え方があてはまる
のであれば、会計監査人が複数存在する場合にも同様に解釈することが、監
査の効率性を確保するという観点からは適切であると考えられるし、会社法
の規定上、異なって解釈することが適切であると考えるべき基礎となるもの
は見あたらないからである[11]。

　かりに、このように考えるとすると、問題となるのは、複数の会計監査人
間で合理的に監査業務（監査手続）を分担した場合（法規委員会研究報告第
13号「共同監査協定書の作成について」の「３．共同監査協定書の作成例」
の「〈A案〉共同監査人ごとの監査チームが一定の自立性を有する場合」）に、
どのような手続を実施すれば、他の会計監査人が行った業務の結果に信頼を

置いて意見を表明することが許されるのかということである（後述 4 参照）[12]。

4 | 他の共同監査人の分担部分との関係で実施すべき監査手続

　金融商品取引法上の責任及び/または民法上の損害賠償責任（ならびに会社法上の会計監査人の対会社及び対第三者責任）との関係では、一般に公正妥当と認められる監査の基準及び慣行に従って、共同監査を実施すれば、善良な管理者としての注意を尽くして監査意見を表明した（注意を怠らなかった）と評価される。

　ところが、わが国には、——たとえば、フランス[13]とは異なり——共同監査を直接に対象としている、独立の監査の基準が存在しない。したがって、「一般に公正妥当と認められる監査の基準及び慣行」の総体から、なすべき手続を探ることが必要となる面がある。

　品質管理基準委員会報告書第 1 号では、「監査事務所が共同監査を実施する場合には、監査事務所は、当該監査業務の品質を合理的に確保するための共同監査に関する方針及び手続を定めなければならない。この方針及び手続には、他の監査事務所の品質管理のシステムがその監査業務の品質を合理的に確保するものであるかどうかを、監査事務所が、監査契約の新規の締結及び更新の際、並びに、必要に応じて監査業務の実施の過程において確かめるための方針及び手続を含めなければならない。」とされている（61項）[14]。

　そして、共同監査に関する方針及び手続に含まれるものとして、

　(1)　共同監査契約の新規の締結及び更新の承認手続
　(2)　各々の監査事務所相互間の監査業務の分担方法
　(3)　監査調書の相互査閲及び監査業務内容の評価の方法
　(4)　監査業務に係る審査に関する事項
　(5)　各々の監査事務所相互間で取り交わすべき書類
　(6)　他の監査事務所の品質管理のシステムに関して確認した内容及び結

論の記録及び保存

を例示している（A73項）。

　ここで、「監査調書の相互査閲及び監査業務内容の評価の方法」が挙げられていることからは、少なくとも、他の共同監査人の監査調書を査閲し、また、その監査業務内容を評価することが共同監査人には求められることが前提とされているといえよう[15, 16]。たとえば、公認会計士・監査審査会「監査事務所検査結果事例集」（2015）では、「他の共同監査事務所が実施した監査手続に係る不備を見落としているといった不備事例がみられる。」とされ、その「発生原因としては、他の共同監査事務所が実施した監査手続の適切性等について十分な検証を行うことなく、安易に他の共同監査事務所から示された結論に依拠しようとする姿勢などが挙げられる。」とされている。また、「共同監査人は、共同監査協定書に規定された相互査閲の一環として、他の共同監査事務所が実施した会計上の見積りの監査や実証手続等の特定の監査手続について、関連する監査調書の複写を入手しているものの、当該監査調書の査閲が不十分であったことから、他の共同監査事務所が実施した監査手続に係る不備を見落としている。」とも指摘されている（53頁）。

　また、少なくともグループ監査の場合に、グループ監査人に求められる手続は共同監査人に求められると考えてよいように思われる。

　まず、監査基準委員会報告書600においては、「構成単位の監査人が重要な構成単位になると見込まれる構成単位の財務情報について作業を実施する場合、グループ監査責任者は、グループ監査チームが十分かつ適切な監査証拠の入手に必要な程度まで、これら構成単位の監査人の作業に関与できるかどうかを評価しなければならない。」とされ（11項）、「グループ監査チームは、構成単位の財務情報に関する作業の実施を構成単位の監査人に依頼する場合」には、「構成単位の監査人が、グループ財務諸表の監査に関連する職業倫理に関する規定を理解し遵守しているか」、「特に独立性に問題がないか」、「構成単位の監査人が、職業的専門家としての能力を有しているか」、「グループ監査チームが、十分かつ適切な監査証拠を入手するに当たり必要な程度

まで構成単位の監査人の作業に関与することができるか」、「構成単位の監査人が、監査人を適切に監督する規制環境の下で業務を行っているか」を理解しなければならないとされている（18項）。

　また、監査基準委員会報告書600では、構成単位の監査人が実施する作業へのグループ監査人の関与について、以下のように定められている。

---

29. 構成単位の監査人が重要な構成単位の財務情報の監査を実施する場合、グループ監査チームは、グループ財務諸表に係る特別な検討を必要とするリスクを識別するため、構成単位の監査人のリスク評価に関与しなければならない。グループ監査チームは、構成単位の監査人に関する理解に基づき構成単位の監査人のリスク評価への関与の内容、時期及び範囲を決定することになるが、少なくとも以下を実施しなければならない。

(1)　グループにとって重要である、構成単位の事業活動について、構成単位の監査人又は構成単位の経営者と協議すること。

(2)　構成単位の財務情報に不正又は誤謬による重要な虚偽表示が行われる可能性について、構成単位の監査人と討議すること。

(3)　識別されたグループ財務諸表に係る特別な検討を必要とするリスクに関して、構成単位の監査人の監査調書を査閲すること。このような監査調書は、識別された特別な検討を必要とするリスクに関する構成単位の監査人の結論を要約した簡潔な文書の形態をとる場合がある。

30. 構成単位の監査人が作業を実施する構成単位においてグループ財務諸表に係る特別な検討を必要とするリスクが識別されている場合には、グループ監査チームは、グループ財務諸表に係る特別な検討を必要とするリスクに対応するために実施されるリスク対応手続の適切性を評価しなければならない。グループ監査チームは、構成単位の監査人に関する理解に基づき、構成単位の監査人のリスク対応手続への関与が必要かどうかを決定しなければならない。

　さらに、監査基準委員会報告書600は、構成単位の監査人とのコミュニケーションについて、「グループ監査チームは、構成単位の監査人に、グループ財務諸表の監査において要求する事項として、実施すべき作業、その作業結果の利用目的並びに構成単位の監査人のグループ監査チームへの報告の様式及び内容を適時に伝達しなければならない。」とし、この伝達に際しては、「グループ監査チームが識別した、不正又は誤謬によるグループ財務諸表に係る特別な検討を必要とするリスクの中で、構成単位の監査人の作業に影響を及ぼすリスク（グループ監査チームは、グループ監査チームが伝達したもの以外に不正又は誤謬によるグループ財務諸表に係る特別な検討を必要とするリスクがあるかどうか及び当該リスクに対する構成単位の監査人の対応について適時に伝達するように、構成単位の監査人に依頼しなければならない。）」を含めなければならないとし（39項）、「グループ監査チームは、監査の過程において、構成単位の監査人の作業に影響を及ぼす、グループ財務諸表に係る不正による重要な虚偽表示を示唆する状況を識別した場合には、構成単位の監査人に適時に伝達しなければならない。また、グループ監査チームは、構成単位の監査人に対して、構成単位の監査人が実施した手続の結果、不正による重要な虚偽表示を示唆する状況を識別した場合、当該状況の内容を適時に伝達するように、構成単位の監査人に依頼しなければならない。」としている（F39-2項）。

　以上に加えて、監査基準委員会報告書600は、入手した監査証拠の十分性及び適切性の評価として、「グループ監査チームは、連結プロセスについて実施した監査手続、並びに構成単位の財務情報に対してグループ監査チーム及び構成単位の監査人が実施した作業から、グループ財務諸表についての意見表明の基礎を得るために十分かつ適切な監査証拠が入手されたかどうかを評価しなければならない。」（43項）とし、「グループ監査チームは、構成単位の監査人の作業が不十分であると判断した場合には、グループ監査チームがどのような追加手続を実施すべきか、又はその追加手続を構成単位の監査人若しくはグループ監査チームのいずれが実施するかを決定しなければならない。」としている（42項）。

これらの要求事項とのバランスからは、第1に、共同監査人には、少なくとも、被監査会社の事業活動について、他の共同監査人と協議すること、被監査会社の財務情報に不正または誤謬による重要な虚偽表示が行われる可能性について、他の共同監査人と討議すること、及び、識別された財務諸表に係る特別な検討を必要とするリスクに関して、他の共同監査人の監査調書を査閲することが求められ、また、共同監査人は他の共同監査人に関する理解に基づき、他の共同監査人のリスク対応手続への関与が必要かどうかを決定しなければならないということになろう。

　第2に、共同監査人が識別した、不正または誤謬による財務諸表に係る特別な検討を必要とするリスクの中で、他の共同監査人の作業に影響を及ぼすリスクを他の共同監査人に対するコミュニケーションに含めなければならず、また、共同監査人が伝達したもの以外に不正または誤謬によるグループ財務諸表に係る特別な検討を必要とするリスクがあるかどうか及び当該リスクに対する他の共同監査人の対応について適時に伝達するように、他の共同監査人に依頼しなければならないと考えられよう。また、共同監査人は、監査の過程において、他の共同監査人の作業に影響を及ぼす、財務諸表に係る不正による重要な虚偽表示を示唆する状況を識別した場合には、他の共同監査人に適時に伝達しなければならず、共同監査人は、他の共同監査人に対して、他の共同監査人が実施した手続の結果、不正による重要な虚偽表示を示唆する状況を識別した場合、当該状況の内容を適時に伝達するように、他の共同監査人に依頼しなければならないと解される[17]。

　第3に、共同監査人は、他の共同監査人の監査調書を査閲し、また、その監査業務内容を評価することによって、共同監査人は、他の共同監査人の作業が不十分であると判断した場合には、自らがどのような追加手続を実施すべきか、またはその追加手続を他の共同監査人または自らのいずれが実施するかを決定しなければならず[18]、被監査会社の財務情報に対して自らまたは他の共同監査人が実施した作業から、財務諸表についての意見表明の基礎を得るために十分かつ適切な監査証拠が入手されたかどうかを評価しなければならない。

5 | 監査報告書

　会社法の下では、2人以上の会計監査人を選任した場合には[19]、それぞれ、別々に会計監査報告を作成することが原則となるはずであるが[20]、同一の意見を表明する場合には、1通の会計監査報告を作成することができると考えられる[21]。

　他方、金融商品取引法の下では、1通の監査報告書の作成が想定されているのではないかと推測されるが、共同監査人の意見が一致しなかった場合の取扱いについて、監査証明府令は特段の定めを置いておらず、4条3項の規定からは意見の併記は認められないように思われる[22]。

　法規委員会研究報告第13号の「3．共同監査協定書の作成例」では、「〈A案〉共同監査人ごとの監査チームが一定の自立性を有する場合」が想定されているが、この場合に、業務分担がなされている旨、及び、どのように業務分担がなされているのかを監査報告書に記載することは要求されないのか、また、記載することは許容されるのかという問題がある。

　まず、金融商品取引法の文脈においては、監査証明府令4条はこのような事項を記載することを想定しておらず、かつ、同条は、監査報告書に記載する事項を限定列挙していると解する方が自然でありうる。

　他方、会社計算規則126条1項1号は、「会計監査人の監査の方法及びその内容」を会計監査報告の内容としなければならないと規定しているので、この規定のみからは、――少なくとも、各会計監査人が1通ずつ会計監査報告を作成する場合には――業務分担がなされている旨、及び、どのように業務分担がなされているのかを含めることが求められると解するのが自然である。また、監査役及び監査役会の監査報告には、どのように業務分担がなされているかが含められると解されていることからすれば、すべての会計監査人で1通の会計監査報告を作成する場合であっても、業務分担がなされている場合には、その旨及びどのように業務分担がなされているかを含めるべきであると解することが首尾一貫するということもできる[23]。

もっとも、このような記載・記録が公認会計士の倫理に反し、または、一般に公正妥当と認められた監査の基準及び慣行に反すると解される[24]のであれば、記載・記録することを要しないばかりか、記載・記録してはならないと解される。

　なお、他の会計監査人（共同監査人）に任務懈怠・過失・善管注意義務違反があり、その結果、会計監査報告に記載し、または記録すべき重要な事項についての虚偽の記載または記録がなされた場合、または監査証明に係る書類について記載が虚偽でありまたは欠けているものを虚偽でなくまたは欠けていないものとして証明した場合において、業務分担がなされている旨及びどのように業務分担がなされているかが監査報告書の内容とされていなくとも、会計監査人（共同監査人）が他の会計監査人（共同監査人）の作業を善管注意義務を尽くして利用したこと、または他の会計監査人（共同監査人）の業務に信頼を置いたことを主張し、自己には任務懈怠・過失・善管注意義務違反がないといえるのかという点は（監査報告書の利用者にとっては不意打ちになるため）問題となる。法規委員会研究報告第13号の「3．共同監査協定書の作成例」では、「〈B案〉監査従事者が統合された監査チームを形成している場合」もありうるとされているのであるから、共同監査人の連名で1通の監査報告書または会計監査報告を作成していることから直ちに業務の分担がなされているはずだとはいえなさそうである。

〈注〉

1　たとえば、監査基準委員会報告書（序）「監査基準委員会報告書の体系及び用語」（2011年12月22日、最終改正：2016年1月26日）では、共同監査は定義されていない。
2　やや古いデータであるが、金融庁「監査法人のローテーション制度に関する調査報告（第一次報告）」（2017年7月20日）によれば、2014年度には、上場会社の会計監査における共同監査数は合計13件で、うち、11件は個人公認会計士どうし、1件は監査法人と個人公認会計士、1件は監査法人どうしの共同監査であった。
　比較的最近の共同監査の事例としては、たとえば、細谷火工株式会社は、3

名の個人公認会計士による共同監査を受けている。なお、2017年度につき、日清紡ホールディングスの会計監査人は、有限責任監査法人トーマツと監査法人ベリタスとであったが、監査法人ベリタスが、2018年6月28日開催の定時株主総会終結の時をもって退任したため、共同監査ではなくなったというものがある。また、新コスモス電機株式会社は、令和元年6月4日提出の臨時報告書で、「協立監査法人及び神明監査法人による共同監査体制をとってまいりましたが、共同監査特有のリスクを解消するため神明監査法人から令和元年6月27日開催予定の第60回定時株主総会終結の時をもって任期満了により退任したい旨の申し出があり、この申し出を了承することとしたものです。なお、今後は協立監査法人の単独監査となります。」とした。

3　構造改革特区に関する有識者会議によるヒアリング 議事概要〈https://www.kantei.go.jp/jp/singi/tiiki/kouzou2/yusikisya/050708/050708gijigaiyou.pdf〉

4　平成17年廃止前商法特例法9条は、「会計監査人がその任務を怠ったことにより大会社に損害を生じさせたときは、その会計監査人は、大会社に対し連帯して損害賠償の責めに任ずる。」と定めていた。味村　治＝加藤一昶『改正商法及び監査特例法等の解説』（法曹会、1977）263頁参照

5　江頭憲治郎『株式会社法』［第8版］（有斐閣、2021）563頁、森本　滋「390条」落合誠一（編）『会社法コンメンタール8』（商事法務、2009）460頁、470-471頁、大阪弁護士会＝日本公認会計士協会近畿会（編）『非常勤社外監査役の理論と実務』（商事法務、2007）419頁。さらに、法務省民事局参事官室（編）『一問一答　平成5年改正商法』（商事法務研究会、1993）150頁。ただし、監査役会制度導入前の議論として、竹内昭夫『改正会社法解説［改訂版］』（有斐閣、1983）167-168頁参照

6　法務省民事局参事官室・前掲注(5)133-134頁

7　酒巻俊雄＝藤原祥二『平成5年改正商法による監査役監査・代表訴訟』（中央経済社、1993）118頁［酒巻発言］参照

8　大阪弁護士会＝日本公認会計士協会近畿会・前掲注(5)420頁

9　法務省民事局参事官室・前掲注(5)104頁

10　山村忠平『株式会社監査制度：改正の方向』（同文舘出版、1971）160-161頁、同『新商法による株式会社監査』（同文舘出版、1975）147頁、龍田　節「商特3条」上柳克郎＝鴻　常夫＝竹内昭夫（編集代表）『新版注釈会社法(6)』（有斐閣、1987）523頁、酒巻俊雄『改正商法の理論と実務』（帝国地方行政学会、1974）97頁

11　もっとも、――とりわけ、会計監査人がそれぞれ会計監査報告を作成し、か
　　つ、業務を分担している旨及び分担の範囲を会計監査報告に記載しない場合に
　　は――他の共同監査人の過失（善管注意義務違反）は補助者の過失（本書「6
　　　内部監査人の作業の結果の利用」参照）と同様に取り扱うべきであり、他の
　　共同監査人に任務懈怠・善管注意義務違反があれば、共同監査人は任務懈怠・
　　善管注意義務違反に基づく損害賠償責任を負うという解釈も想定できる。この
　　ような解釈は、法規委員会研究報告第13号「共同監査協定書の作成について」
　　（1982年5月11日、最終改正：2012年7月4日）の「3．共同監査協定書の作
　　成例」の「〈B案〉監査従事者が統合された監査チームを形成している場合」
　　には、共同監査人は監査チームを構成する者の1人に任務懈怠・善管注意義務
　　違反があれば、損害賠償責任を負うと考えられることとはバランスがとれてい
　　る。なお、「3．共同監査協定書の作成例」は「共同監査人は、相互に適当と
　　認める職業損害賠償責任保険に加入するものとする。」（18条）という条項を含
　　めているが、これは、他の共同監査人に任務懈怠・善管注意義務違反があれば、
　　それは共同監査人の任務懈怠・善管注意義務違反と評価され、損害賠償責任を
　　負うことがあるという理解を暗黙の前提としているのかもしれない。

12　なお、監査基準委員会報告書610は、「企業が内部監査機能を有し、監査人自
　　らが実施する監査手続の種類若しくは時期を変更するか、又は範囲を縮小する
　　ために内部監査人の作業」を利用することができることを前提としている（9
　　項）（本書「6　内部監査人の作業の結果の利用」も参照）。そうであれば、他
　　の共同監査人には財務諸表監査において監査人に要求される独立性が求められ、
　　かつ、監査人に要求される能力を有していることを前提とすれば、共同監査に
　　おいて、他の共同監査人が実施した監査手続及びその結果を前提として、監査
　　人自らが実施する監査手続の種類もしくは時期を変更し、またはその範囲を縮
　　小することはなおさら許容されると考えられる。

13　専門職業人業務基準（NEP）100「複数の会計監査役によって実施される計
　　算書類の監査（Audit des comptes realises par plusieurs commissaires
　　aux comptes）」。この内容については、たとえば、蟹江　章「フランスにお
　　ける共同会計監査役制度」経済学研究（北海道大学）66巻1号3-12頁（2016）
　　参照

14　たとえば、前掲「小規模監査事務所の監査の品質管理について（資料編）」
　　では、「共同監査人の間には適切な監査計画に基づく業務の分担と緊密な意思
　　疎通が不可欠であり、そのために共同監査に関する方針と手続を策定し、監査
　　事務所間の協議・調整方法や役割分担方法を定めなければならない。」と指摘

されていた（16頁）。

15　たとえば、公認会計士・監査審査会「小規模監査事務所の監査の品質管理について」（2006年11月）では、品質管理レビューにおける主な指摘として、「共同監査人が作成した監査調書を査閲したか、又は共同監査人が実施した監査手続の実施状況及び結果について評価したか否かが明らかでない」こと、及び、「4大監査法人との共同監査において、審査を含めた4大監査法人の品質管理体制にほとんど依拠している」ことが挙げられている（そのほか、「共同監査の遂行に必要な基本的事項や協議・調整方法が共同監査に関する方針と手続に規定されていない」、「共同監査協定書を締結していない」、「共同監査人の信頼性、独立性の確認をしたか否かが明らかでない」と指摘されている。）。また、よりはっきりと、「監査業務の分担や監査調書の相互査閲及び監査業務内容の評価方法、さらには監査意見表明のための審査に関する事項を明確にしないまま遂行していた結果、相互査閲を行っていないものや審査を行っていないものなども見られる。」と指摘されている（25-26頁）。

16　法規委員会研究報告第13号は、〈A案〉の場合につき、「共同監査人は、原則として、共同監査に関するすべての監査調書及び四半期レビュー調書を査閲し、複写することができる。」（12条3項）と規定している。なお、〈B案〉の場合については、監査調書及び四半期レビュー調書は、共同監査人の共有に属するものとするとされているから（12条1項）、いずれの共同監査人も監査調書等を当然に査閲できると解される。

17　法規委員会研究報告第13号の「3．共同監査協定書の作成例」は、「共同監査人は、共同監査上生じた問題について、他方のいかなる質問にも誠意をもって十分回答するように努めなければならない。」としているものの（9条1項）、この点には明示的に言及していないようにみえる。

18　法規委員会研究報告第13号の「3．共同監査協定書の作成例」では、〈A案〉の場合につき、「監査意見及び四半期レビューの結論の表明のため必要な場合、共同監査人は、他方に対し追加手続の実施を求め、又は自ら追加手続を実施することができる。」としている（5条4項）。

19　味村＝加藤・前掲注(4)253頁、田邊　明ほか『商法改正三法の逐条解説（別冊商事法務24号）』（商事法務研究会、1974）52頁、加藤一昶＝黒木　学『改正商法と計算規則の解説』（商事法務研究会、1975）123頁、133頁、酒巻・前掲注(10)97頁。また、会社法346条4項は「会計監査人が欠けた場合又は定款で定めた会計監査人の員数が欠けた場合……」（圏点─引用者）と規定しており、定款で会計監査人の員数として2人またはそれ以上が定められることがありう

ることを想定している。

20　定時総会における貸借対照表及び損益計算書の取扱い等を定めていた平成17年廃止前商法特例法16条１項は「各会計監査人の監査報告書に第13条第２項の規定による商法第281条ノ３第２項第３号に掲げる事項の記載があり……」（圏点—引用者）と規定し、会計監査人ごとに１通の監査報告書が作成されることを当然の前提とした規定振りであった。また、たとえば、神崎克郎「商特15条」上柳克郎＝鴻　常夫＝竹内昭夫（編集代表）『新版注釈会社法(6)』606頁（有斐閣、1987）は、「複数の会計監査人が存在するときは、それぞれの会計監査人の監査報告書を備え置き、株主・会社債権者の閲覧または謄本・抄本の交付請求に応ずることを要する」と指摘していた。

21　たとえば、細谷火工株式会社の場合、その「第69回定時株主総会招集ご通知」〈http://www.hosoya-pyro.co.jp/dcms_media/other/第69回定時株主総会招集ご通知.pdf〉によれば、第69期（平成31年４月１日から令和２年３月31日まで）の計算書類に係る会計監査報告は、３名の会計監査人（個人公認会計士）の連名で１通のみ作成され、提出されている。

22　法規委員会研究報告第13号の「3．共同監査協定書の作成例」では、「共同監査人は、会計、監査、四半期レビュー及びそれらに関する報告事項について共同監査人間で意見又は結論が一致しない場合には、委嘱者への対応を含め、監査報告書や四半期レビュー報告書の提出前に十分に協議し意見又は結論の一致に至るよう努めるものとする。」としているが（９条２項）、万一、一致しなかった場合において、どのような対応が想定されているのかは明らかではない。

23　「会社計算規則の一部を改正する省令案」に関する意見募集の結果について」（2019年 12月 27日）〈https://search.e-gov.go.jp/servlet/PcmFileDownload?seqNo＝0000196092〉では、「会社計算規則第126条第１項は、会計監査報告の内容とすべき最低限の事項を定めるものであり、監査基準において記載しなければならないこととされている事項を網羅的に会計監査報告に記載することは必ずしも要求していない。もっとも、監査基準において「経営者及び監査役等の責任」や「監査人の責任」の区分に記載しなければならないこととされている事項には、「監査の方法」（会社計算規則第126条第１項第１号）に含まれると解される事項も含まれており、また、同項は、前記のとおり、会計監査報告の内容とすべき最低限の事項を定めるにとどまるから、これらの事項を任意に会計監査報告に記載することはできると考えられる。」とされている。

24　監査基準委員会報告書600では、「グループ監査責任者は、グループ財務諸表に対する監査報告書において、構成単位の監査人の利用に関して言及してはな

らない。」とされているが（10項）、共同監査については、——共同監査を直接に対象としている、独立の監査の基準が存在しない以上、当然のことであるが——そのような規定は「監査基準」または監査基準委員会報告書には設けられていない。

21 会計監査人と会計参与

1 | 会社法・金融商品取引法における（会計）監査人と会計参与の接点

　会社法396条は、会計参与設置会社であって会計監査人設置会社である会社が存在することがありうることを前提とした規定を置いている[1,2]。すなわち、同条2項は、「会計監査人は、いつでも、……取締役及び会計参与並びに支配人その他の使用人に対し、会計に関する報告を求めることができる。」（圏点—引用者）と定めている。この規定は、会計監査人が監査を行うにあたって必要な情報（監査証拠）を入手することができるようにするための規定であるから、会計参与から受ける会計に関する報告が会計監査人の監査にとって必要な場合があることが前提とされている。

　また、会計参与は、有価証券届出書、有価証券報告書、半期報告書または四半期報告書との関連では、会社法上、何らの任務も有していないにもかかわらず、金融商品取引法は、有価証券届出書、有価証券報告書、半期報告書または四半期報告書のうちに「重要な事項について虚偽の記載があり、又は記載すべき重要な事項若しくは誤解を生じさせないために必要な重要な事実の記載が欠けているときは」、当該有価証券を取得しまたは処分した者がその取得等の申込みの際記載が虚偽であり、または欠けていることを知っていたときを除き、当該書類を提出した会社のその提出の時における役員は、当該有価証券を取得等した者に対し、「記載が虚偽であり又は欠けていることにより生じた損害を賠償する責めに任ずる。」と定め（21条1項1号、22条

330

1項、24条の4、24条の4の7第4項、24条の5第5項）、ここでいう役員とは「取締役、会計参与、監査役若しくは執行役又はこれらに準ずる者をいう。」（圏点―引用者）（21条1項1号かっこ書き）と定めている。

2 ｜ 監査の基準における会計参与の無視？

　『監査基準』や『監査における不正リスク対応基準』には、「会計参与」という語は含まれておらず、会計参与という機関が株式会社に設けられることがあることは全く忘れられているようにもみえる。『監査基準』や『監査における不正リスク対応基準』は主として金融商品取引法の下での監査を念頭に置いているから、会社法上の任務しか負わない（金融商品取引法上の財務諸表・連結財務諸表を作成する権限はない³）会計参与は想定しなくてもよい、あるいは、有価証券報告書提出会社で会計参与が選任されることは実際には考えられないということなのかもしれない。しかし、上述のように、金融商品取引法の下で公認会計士または監査法人の監査を受ける会社でも、会計参与が選任されていることがありうることが想定されている。また、『監査基準』は会社法の下での会計監査人監査の文脈においても――会社法の解釈として、適用が強制されるといえるかどうかについては議論がありうるところであるが――少なくとも「一般に公正妥当と認められる監査の基準」に従って監査を行っていると会計監査報告に記載されていることからすれば現実には適用されているし⁴、企業会計審議会「監査基準の改訂に関する意見書」（2002年1月25日）は、「改訂基準における監査の目的が示す枠組み及びこれから引き出されたそれぞれの基準は、証券取引法に基づく監査のみならず、株式会社の監査等に関する商法の特例に関する法律に基づく監査など、財務諸表の種類や意見として表明すべき事項を異にする監査も含め、公認会計士監査のすべてに共通するものである。」と述べている。

　また、日本公認会計士協会が公表している監査基準委員会報告書にも「会計参与」という語は見あたらない。

3 | 会計参与と監査の基準にいう「経営者」

　「会計参与は、取締役と共同して、計算書類……及びその附属明細書、臨時計算書類……並びに連結計算書類……を作成する。この場合において、会計参与は、法務省令で定めるところにより、会計参与報告を作成しなければならない。」と規定されている（会社法374条1項）。

　ここで、監査基準委員会報告書260「監査役等とのコミュニケーション」は、「ガバナンスに責任を有する者」とは「企業の戦略的方向性と説明責任を果たしているかどうかを監視する責任を有する者又は組織をいう。これには、財務報告プロセスの監視が含まれる。」としており（9項(2)）[5]、会計参与は「ガバナンスに責任を有する者」の定義をみたさない（そして、『監査基準』ならびに品質管理基準委員会報告書及び監査基準委員会報告書における「監査役等」に該当しないことも明らかである。『監査基準』第三実施基準　一　基本原則、7及び監査基準委員会報告書260の9項参照）。他方、たとえば、監査基準委員会報告書260は、「経営者」とは「取締役又は執行役のうち、企業における業務の執行において責任を有する者をいう。」と定義しており（9項(1)）[6]、この文言からは、会計参与が「経営者」にあたらないことにも異論をさしはさむ余地はなさそうである。

　しかし、『監査基準』は、「監査人は、監査意見の表明に当たっては、監査リスクを合理的に低い水準に抑えた上で、自己の意見を形成するに足る基礎を得なければならない。」と定め（第四　報告基準、一　基本原則、3）、十分かつ適切な監査証拠を入手することを求めていること（第三　実施基準、一　基本原則、3及び4、三　監査の実施、1、5及び6など）からすれば[7]、会計監査人監査において、会計参与の存在を考慮に入れなくてもよいと考えることは早計に過ぎよう。

　一般に公正妥当と認められる監査の基準が前提としている「経営者の責任」の一部は「会計参与の責任」でもあるからである。すなわち、『監査基準』は、監査報告書の記載事項の1つとして、「経営者には、財務諸表の作成責任が

あること、財務諸表に重要な虚偽の表示がないように内部統制を整備及び運用する責任があること、継続企業の前提に関する評価を行い必要な開示を行う責任があること」、「監査役等には、財務報告プロセスを監視する責任があること」を定めている（第四　報告基準、三　無限定適正意見の記載事項、(3)経営者及び監査役等の責任）[8]。また、たとえば、監査基準委員会報告書200のA2項は以下のように定めている。

（略）一般に公正妥当と認められる監査の基準に準拠した監査は、経営者が以下の責任を有することを認識し理解しているという監査実施の前提に基づいて実施される。

(1)　適用される財務報告の枠組みに準拠して財務諸表を作成すること（適正表示の枠組みの場合は、財務諸表を適正に表示することを含む。）。

(2)　不正か誤謬かを問わず、重要な虚偽表示のない財務諸表を作成するために経営者が必要と判断する内部統制を整備及び運用すること。

(3)　以下を監査人に提供すること。

①　経営者が財務諸表の作成に関連すると認識している記録や証憑書類等の全ての情報

②　監査人が監査の目的に関連して経営者に依頼する、全ての追加的な情報

③　監査人が監査証拠を入手するために必要であると判断した、企業構成員への制限のない質問や面談の機会

たしかに、会計参与は、「財務諸表に重要な虚偽の表示がないように内部統制を整備及び運用する責任」は負っていないし、財務諸表の作成に関連すると認識している記録や証憑書類等の全ての情報及び監査人が監査証拠を入手するために必要であると判断した、企業構成員への制限のない質問や面談の機会を監査人に提供するという立場にはない。しかし、「適用される財務報告の枠組みに準拠して財務諸表を作成する……（適正表示の枠組みの場合は、財務諸表を適正に表示することを含む。）」責任、監査人が監査の目的に

関連して会計参与に依頼する、全ての追加的な情報を提供する責任、そして、
——限定された範囲内においてかもしれないが——継続企業の前提に関する
評価を行い必要な開示を行う責任を、会計参与は、会社法の下での会計監査
人監査との関係では負っていると考えるのが穏当である。

　また、監査基準委員会報告書200は「財務諸表の作成においては、状況に
応じた合理的な会計上の見積りを行い、適切な会計方針を選択及び適用する
必要があるが、この際、経営者には判断が要求される。これらの判断は、適
用される財務報告の枠組みに照らして行われる。」と指摘しているが（A3項）、
これは会計参与設置会社においては、会計参与にも求められる判断である。
したがって、監査基準委員会報告書200において、「職業的専門家としての判
断は、監査の適切な実施に必要不可欠なものである。これは、関連する職業
倫理に関する規定及び一般に公正妥当と認められる監査の基準を解釈し、監
査の過程を通じて要求される十分な情報に基づく判断を行う際に、関連する
知識と経験を事実と状況に対して適用することが必要なためである。」とされ、
職業的専門家としての判断は、特に、「適用される財務報告の枠組みを適用
する際の経営者の判断の評価」や「入手した監査証拠に基づき結論を導くこ
と（例えば、財務諸表の作成において経営者が行う見積りの合理性を評価す
ること。）」に関する決定において「必要となる」とされていること（A22項）
との関連では、経営者を会計参与と読み替えて、監査を実施する必要がある
ものと考えられる。

4 ｜ 経営者確認書

　『監査基準』は、「監査人は、適正な財務諸表を作成する責任は経営者にあ
ること、財務諸表の作成に関する基本的な事項、経営者が採用した会計方針、
経営者は監査の実施に必要な資料を全て提示したこと及び監査人が必要と判
断した事項について、経営者から書面をもって確認しなければならない。」
と定めている（第三　実施基準、三　監査の実施、9）。そして、監査基準

委員会報告書580は、監査人は、経営者に対して、「適用される財務報告の枠組みに準拠して財務諸表を作成する責任（適正表示の枠組みの場合、作成し適正に表示する責任）を果たした旨」（9項）、「経営者が財務諸表の作成に関連すると認識している又は監査に関連して監査人が依頼した全ての情報及び情報を入手する機会を監査人に提供した旨」、及び、「全ての取引が記録され、財務諸表に反映されている旨」（10項）を記載した経営者確認書を提出するように要請しなければならないと定めている[9]。

　しかし、会計参与設置会社においては、会計参与が——取締役等と共同して作成するとはいえ、取締役または執行役自身ではなく、場合によっては会社の経理部門等の従業員の協力を得つつ——主として計算書類等を作成することがありうる。そのような場合には、会計参与に対して、少なくとも、「適用される財務報告の枠組みに準拠して財務諸表を作成する責任（適正表示の枠組みの場合、作成し適正に表示する責任）を果たした旨」を記載した確認書を提出するよう要請することが実態に即しているということができる[10, 11]。

　そもそも、監査基準委員会報告書580では、他の監査基準委員会報告書、たとえば、監査基準委員会報告書260及び同200などと同様、「本報告書における「経営者」は、取締役又は執行役のうち、企業における業務の執行において責任を有する者」をいうとしているが、経営者は「適用される財務報告の枠組みに準拠して財務諸表を作成する責任を有する」者である（7項）と定義している。そして、「監査人は、財務諸表に対する最終的な責任を有し、確認事項についての知識を有する経営者に対して経営者確認書を提出するように要請しなければならない。」（8項）とされていることに表われているように、経営者確認書が監査証拠として意味を持つためには、確認する者が「確認事項についての知識を有する」ことが不可欠であるから、「取締役又は執行役」であることよりも、「財務諸表に対する最終的な責任を有し、確認事項についての知識を有する」ことが重要であると考えられる。日本公認会計士協会監査基準委員会が意図的に会計参与を無視したのかどうかは定かではないが、会計参与は取締役または執行役と共同して計算書類等を作成するこ

とに着目すると、少なくとも、経営者確認書の文脈においては、会計参与は取締役または執行役と同視できると解するのが穏当であろう。

　また、監査基準委員会報告書580のA9項は、監査人が必要と判断することがある、その他の確認事項には、たとえば、会計方針の選択及び適用が適切であるかどうか、ならびに、資産及び負債の帳簿価額または分類に影響を及ぼす可能性のある経営計画または経営者の意思、負債（偶発債務を含む。）、資産の所有権または支配、資産に対する制約及び担保に供されている資産、及び、財務諸表に影響を及ぼす可能性のある法令及び契約上の合意事項（違法行為、契約不履行を含む。）が適用される財務報告の枠組みに準拠して認識、測定、表示または注記されているかどうかに関する陳述が含まれるとする。このような陳述は、会計参与設置会社においては、――会計参与となることができるのは、公認会計士、監査法人、税理士及び税理士法人に限定されており――企業会計につき専門的な知見を有する会計参与に対して求めることがより適切でありうる。

　さらに、監査基準委員会報告書580以外の監査基準委員会報告書により経営者確認書の入手が要求されている事項があるが[12]、これらについても、会計参与の確認書の入手を要求する方が監査証拠として有用でありうるのではないかと考えられる。監査基準委員会報告書580《付録2　経営者確認書の記載例》の「1．会社法に基づく監査の経営者確認書（計算書類）の記載例」で示されている確認事項のうち、たとえば、「3．会計上の見積りについて適用される財務報告の枠組みに照らして合理的な認識、測定及び注記を達成するために、使用した見積手法、データ及び重要な仮定並びに関連する注記事項は適切であると判断しております。」、「4．関連当事者との関係及び取引は、会社計算規則及び我が国において一般に公正妥当と認められる企業会計の基準に準拠して適切に処理し、かつ注記しております。」、「5．決算日後本確認書の日付までに発生した計算書類等に重要な影響を及ぼす事象は、全て計上又は注記されております。」、「6．計算書類等を作成する場合にその影響を考慮すべき、既に認識されている又は潜在的な訴訟事件等は全て、会社計算規則及び我が国において一般に公正妥当と認められる企業会計

の基準に準拠して適切に処理又は注記されております。」、「7．未修正の虚偽表示が及ぼす影響は、個別にも集計しても計算書類等全体に対して重要ではないものと判断しております。」といったものは、その者自身としては、一般に公正妥当と認められる企業会計の基準に必ずしも通暁していない取締役または執行役による確認よりも会計参与による確認が適切でありうる。「会社計算規則及び我が国において一般に公正妥当と認められる企業会計の基準に準拠して適切に処理し、かつ注記して」いるかどうかについて確認するためには、一般に公正妥当と認められる企業会計の基準及び会社計算規則を十分に理解していることが前提となるし、見積りにあたっての仮定が合理的であるかどうかの判断にあたっても専門的な知見が必要であると考えられるからである。そして、何よりも、重要性の有無の判断には企業会計についての相当程度の知見が必要なのではないかと思われるところである。

　以上に加えて、監査基準委員会報告書580では、「財務諸表又は財務諸表における特定のアサーションに関連する他の監査証拠を裏付けるため、その他の事項について経営者確認書を入手する必要があると判断した場合、当該確認事項についての経営者確認書を提出するように要請しなければならない。」とされているが（12項）、計算書類等の作成において中心的な役割を果たす会計参与に対して確認書の提出を求めることが実効的でありうる確認事項が少なくないと推測される。

5 ｜ 監査の指導的機能と会計参与

　監査基準委員会報告書720「監査した財務諸表が含まれる開示書類におけるその他の記載内容に関連する監査人の責任」（2011年7月1日、最終改正：2011年12月22日）は、監査報告書日の前に入手したその他の記載内容について監査した財務諸表との重要な相違を識別し、「監査した財務諸表に修正が必要であるが、経営者が修正することに同意しない場合、監査人は、監査基準委員会報告書705「独立監査人の監査報告書における除外事項付意見」に

従って監査報告書において除外事項付意見を表明しなければならない。」（圏点—引用者）としていた（8項）[13]。

　この規定からは、一般論として、監査人は、「経営者が採用した会計方針の選択及びその適用方法、財務諸表の表示方法に関して不適切なものがあり、その影響が無限定適正意見を表明することができない程度に重要で」ある場合（『監査基準』第四　報告基準、四　意見に関する除外）または「監査人が自ら入手した監査証拠に基づいて、全体としての財務諸表に重要な虚偽表示があると判断する場合」（監査基準委員会報告書705「独立監査人の監査報告書における除外事項付意見」5項(1)）には、経営者に対して、財務諸表の修正が必要である旨を、監査意見を表明する前に知らせることが標準的な財務諸表監査において想定されていることがうかがえる[14]。

　もし、そうであれば、——会計参与が計算書類等の作成を行っている場合には、そのようなことは、通常、想定しにくいのであるが——監査人が監査報告書日の前に入手したその他の記載内容について監査した財務諸表との重要な相違を識別し、監査した財務諸表に修正が必要であるときはもちろんのこと、それ以外の場合であっても監査した財務諸表に修正が必要であるときには、監査人は、取締役や執行役ではなく、会計参与に対して、財務諸表の修正が必要である旨を、監査意見を表明する前に知らせることがより適切であるのではないかと考えられる。

〈注〉────────────────────────────

1　会計参与を設置することができる会社は限定されていない（会社法326条4項及び6項と対照）。法制審議会会社法（現代化関係）部会における検討の過程では、会計監査人と会計参与が同一会社で併存することに賛否両論がみられた。すなわち、一方では、「会計参与制度というようなものを導入するということであれば、その適用会社は、会計監査人が置かれない中小会社に限るべきではないか」（法制審議会 会社法（現代化関係）部会 第24回会議（平成16年6月9日）議事録〈http://www.moj.go.jp/content/001225268.pdf〉）、「会計参与と会計監査人……の併存するシステムというのは基本的に望ましくないと思っております。つまり、会計参与というのは監査人を置かないような非公開

会社とか、あるいは中小会社のために考案された制度でありますので、その趣旨に徹した方がいいのではないかというふうに個人的には思っております。つまり、その趣旨は、現在の開示制度の基本的な考え方というのは、情報開示というのはこれは経営者の自己申告であるという考え方なのですね。それは、要するに経営者が持っている有意な内部情報を開示させることで、投資家の役に立つような情報が市場に伝わるようにする、そういう趣旨でありまして、基本的に外部の人が入ってきて、何かあたかも鑑定人が鑑定するみたいな情報を出すことが現在の開示制度の趣旨ではないのですね。投資家に比べてより有意な情報を持っている経営者が、基本的には投資家の役に立つような情報を開示することで自らの企業価値を高めるインセンティブを持っている、そのインセンティブを活用して投資家にとって意味のあるような情報を出させるようにしようと、そういう趣旨で現在の開示制度はでき上がっていると私は思うのです。ただその場合でも、経営者には自分が開示する情報にバイアスをかけるインセンティブがありますから、そのバイアスをかけさせないようにするために公認会計士監査の制度をつくってチェックしている。それが、大げさに言えば人類が半世紀以上かけてつくってきた制度だと私は思うのです。この場合の会計参与というのは、基本的には外部者でありますので、これは今の開示制度の目的には役に立たないわけでありまして、実際には監査人と同じような役割しか果たせないと私は思うのです。ですから、この両者が併存するというのは意味がない。だけではなくて、開示制度の本来の趣旨を損なうと私は考えております。要するに、開示制度の本来の趣旨というのは、繰り返し言いますけれども、経営者の持っているインセンティブを活用して、内部情報の開示を促して、投資家の意思決定モデルに適合した情報が市場に伝わるようにする、それが本来の趣旨でありまして、鑑定人の鑑定ではないということなのです。ですから、その意味で私は、本来の趣旨としては会計参与と会計監査人の併存というのはほとんどナンセンスに近いというふうに思っています。」（法制審議会 会社法（現代化関係）部会 第27回会議（平成16年7月21日）議事録〈http://www.moj.go.jp/content/001225277.pdf〉）と、併存に対して否定的な意見が述べられた。

　他方、たとえば、日本公認会計士協会は「会計参与については、任意の制度として会計参与を新設することに賛成いたします。 ……大会社に対しても、高度に専門化しつつある会計実務に的確に対応し、かつ適切な情報開示を進めるために一定の効果が期待できると考えられますので、そういう趣旨で賛成をいたします。」（法制審議会 会社法（現代化関係）部会 第23回会議（平成16年6月2日）議事録）〈http://www.moj.go.jp/content/001225266.pdf〉）と述

べ、「会計参与の大会社の場合のことなのですけれども、私どもはかねてから、内部統制の設置とか、あるいは高度な会計システムの整備とかいうことを是非大会社にお願いしたいということを言っていますので、もしかしたら、こういう制度を有効利用していただければそういうことも可能かなということで、これはあくまで選択性（ママ）の話ですからどうなるか分かりませんけれども、会計監査人と別途に内部にそういう機関があることは決して不都合ではないのではないかというふうに思っております。」（法制審議会 会社法（現代化関係）部会 第24回会議（平成16年6月9日）議事録）というような、併存を認めることに対する肯定的な見解も示された。

　　なお、併存を認めることの意義について、事務局（法務省）は、「会計参与というのは、会社の内部の計算書類の作成過程において、いわば会社の自律的作用というか、経営を担当している者と会計参与とが協力し合って適正な計算書類をつくっていこうと、そちらの方で働く制度であるのに対して、会計監査人というのは、むしろ他律的な、つくったものが正確にできているかどうかをチェックする制度というようなすみ分けをしているわけです。現在においても、例えば、会社において税理士や公認会計士が計算書類の作成に関与されている、実際にはコンピュータの入力から含めてほとんど作成しているような現実というものがあって、その現実を前提に、監査役なり会計監査人なりの監査も入るということになっていると思います。ですから、今回の制度は、そのような現実をベースにした上で、計算書類の作成に携わっている人を役員と正式に認めた上で、個々の説明義務やまた保存義務を課すことによって、より計算書類の作成に対する信頼性が高まるようにしていこうというところに意味があると考えております。」と説明した（法制審議会 会社法（現代化関係）部会 第24回会議（平成16年6月9日）議事録）。

2　我が国の会計参与のような制度を法定している法域を寡聞にして知らないが、会計専門家による財務諸表の調製を前提とした規律を会社法制に取り込んでいる立法例は存在する。南アフリカでは、2011年会社規則が、公開会社及び国有会社のほか、一定の類型の会社にその年度計算書類の監査を受けることを要求している（2008年会社法30条2項(a)、会社規則28条）。たとえば、社会的影響度スコア（public interest score）が、年度計算書類が独立した者によって調製された（independently compiled）場合には350以上であるときに、年度計算書類が内製された（internally compiled）場合には100以上であるときに、それぞれ、監査を受けることが要求される（会社規則28条2項(c)。詳細については、弥永真生「中小会社の計算書類の信頼性の確保：EUと南アフリカ」

筑波ロー・ジャーナル18号（2015）92-94頁参照）。すなわち、年度計算書類
の調製を会計専門職業人に依頼すれば、監査ではなく、独立レビュー（弥永・
前掲94-108頁参照）を受けることで足りるとされており、年度計算書類の調製
を専門家に依頼するインセンティブを与えるものである（See, Carl Stein,
New Companies Act Unlocked, p.123 and 129 (Siber Ink, 2011)）。「独立
した者によって調製され、かつ報告された（independently compiled and
reported）」のでなければ、「内製された（internally compiled）」とみなさ
れるが（会社規則27条2項）、「独立した者によって調製され、かつ報告された」
とは、「独立した会計専門職業人（independent accounting
professional）」によって、会社が提供した財務記録に基づいて、適用される
財務報告基準に従って年度計算書類が作成されたことを意味する（会社規則26
条1項(e)）。「独立した会計専門職業人」とは、(i)監査職業人法にいう登録監査
人、監査職業人法33条の下での公認専門職業人団体の正会員（member in
good standing）または1984年閉鎖会社法60条1項、2項及び4項に基づき
会計役員（accounting officer）となる資格を有する者であって、(ii)会社
またはその関係会社（related or interrelated company）について個人的
な経済的利害関係を有しておらず、かつ、iii 会社の事業の日常の業務執行に
関与せず、直近3事業年度のいずれの時点においても関与しておらず、かつ、
会社またはそれが関係を有している会社もしくは相互関係を有している会社の
みなし役員（prescribed officer）または常勤の業務執行従業員（executive
employee）でなく、直近事業年度のいずれの時点においてもそうではなかっ
た者をいうとされている（会社規則26条1項(d)）。これは、独立レビューを行
うことができる者とおおむねパラレルである。会社規則においては、「調製」
の意義は定義されていないが、たとえば、南アフリカ勅許会計士協会は、国際
監査・保証基準審議会が公表している国際関連サービス基準4410（ISRS 4410
(Revised), Compilation Engagements）に従うことが期待されていると
いう見解を示している（Compilation of financial statements 〈https://
www.saica.co.za/Technical/Assurance/Compilationoffinancialstatem
ents/tabid/3782/language/en-ZA/Default.aspx〉）。

3 会計参与としてではなく、公認会計士もしくは監査法人または税理士もしく
は税理士法人として、財務諸表・連結財務諸表の調製を行うことはあるかもし
れない。

4 本書「2 会計監査人監査と監査の基準」参照

5 たとえば、監査基準委員会報告書200「財務諸表監査における総括的な目的」

（2011年12月22日、最終改正：2021年1月14日）の12項(14)も同じ定義を与えている。

6　たとえば、監査基準委員会報告書200の12項(7)も同じ定義を与えている。

7　監査基準委員会報告書200も「監査人は、合理的な保証を得るため、監査リスクを許容可能な低い水準に抑える十分かつ適切な監査証拠を入手しなければならない。それにより、監査人は、意見表明の基礎となる結論を導くことができる。」としている（16項）。

8　また、監査基準委員会報告書700の31項及び32項

9　経営者確認書については、本書「7　経営者確認書」参照

10　なお、監査基準委員会報告書210のA21項では、「例えば、第三者が財務諸表の作成を支援しているような場合でも、適用される財務報告の枠組みに準拠して財務諸表を作成する責任が経営者にあることの確認を求めることは有益である。」とされているが、会社法の建付けとしては、会計参与は単に計算書類等の作成を支援しているのではなく、計算書類等を作成する責任を有するとされていると考えられ、会計参与に対して（も）確認を求めることが自然であるように思われる。

11　なお、法制審議会 会社法（現代化関係）部会において、会計参与制度の創設が検討された際には、「証券取引法上も、例えば財務諸表の適正性を証明するときにCFOがやるというようなときに、会計参与がいるのであれば、CFOは別途いるのだけれども、それではなくて、会計参与という人にのみ証明適格性を与えるのか、これまた証券取引法上もいろいろと波及してくるのだろうと思うのですけれども、……どういうふうに展開していくのかまだ読めないところがあるものですから、いろいろな使い勝手があるなという気もするのですけれども、今のような会計参与CFO、取締役ではない、でも財務すべての責任者になるというふうな位置づけというのも利用形態としては考えられるということでしょうか。」という発言があった（法制審議会 会社法（現代化関係）部会 第24回会議（平成16年6月9日）議事録）。

12　監査基準委員会報告書240「財務諸表監査における不正」38項・F38-2項・A55項・A56項・FA56-2項・FA56-3項、監査基準委員会報告書250「財務諸表監査における法令の検討」16項・A15項、監査基準委員会報告書450「監査の過程で識別した虚偽表示の評価」13項・A26項、監査基準委員会報告書501「特定項目の監査証拠」11項、監査基準委員会報告書540「会計上の見積りの監査」21項・A125項・A126項、監査基準委員会報告書550「関連当事者」第25項・A47項・A48項、監査基準委員会報告書560「後発事象」8項・A7項、監査基

準委員会報告書570「継続企業」15項・A19項、監査基準委員会報告書710「過
年度の比較情報―対応数値と比較財務諸表」8項・A1項、監査基準委員会報
告書910「中間監査」24項参照

13　監査報告書日の後に入手したその他の記載内容について監査した財務諸表と
の重要な相違を識別し、かつ、「監査した財務諸表の修正又は訂正が必要な場
合、監査人は、監査基準委員会報告書560「後発事象」第9項から第16項の関
連する要求事項に従わなければならない。」とされていた（10項）（2021年改正
後監査基準委員会報告書720には明文の規定はないが、同19項及び「監査基準
委員会報告書560」A9項参照）。ここで、監査基準委員会報告書560では、た
とえば、9項では、財務諸表の修正または財務諸表における開示が必要な場合、
当該事項について財務諸表でどのように扱う予定であるか経営者に質問しなけ
ればならないとされ（(3)）、12項では、「監査人が財務諸表の修正又は財務諸表
における開示が必要であると判断する状況において、経営者が財務諸表の修正
又は開示を行わない場合には」、①「まだ監査報告書を企業に提出していない
場合、監査基準委員会報告書705「独立監査人の監査報告書における除外事項
付意見」に従って、監査意見に及ぼす影響を考慮した上で、監査報告書を提出
すること」、②「既に監査報告書を企業に提出している場合、監査人は、経営
者及び監査役等に、必要な財務諸表の修正又は財務諸表における開示を行うま
では、財務諸表を第三者に対して発行しないよう通知すること」を実施しなけ
ればならないとされ、「それにもかかわらず、必要な修正又は開示を行う前の
財務諸表が発行された場合、監査人は、財務諸表の利用者による監査報告書へ
の依拠を防ぐための適切な措置を講じなければならない。」とされている。②
の場合の通知の相手方は「経営者及び監査役等」とされているが、会計参与設
置会社においては、――会計参与が「経営者」にあたらないとしても――計算
書類の作成責任を（事実上、主として）負っている「会計参与」こそが最適任
者でありうる。

14　たとえば、「会計上の欠陥を補正し、適正な財務諸表を作成するように、会
社に対して必要な助言・勧告を行い、またはコメントを発するなどの方法によ
り、適当にこれを指導すること」が監査の目的であるとし、「監査人が財務諸
表の欠陥を発見したときは、会社に対して修正勧告を行い、速やかに欠陥を修
正するように……指導」するとして、監査の指導的機能を強調する見解があっ
た（日下部與市『新会計監査詳説［全訂版］』（中央経済社、1975）22頁）。同
様に、監査人は、「経営者が、不適正な財務諸表を提出したならば、それを適
正なものに修正するように」指導性を発揮し、適正な財務諸表を作成するよう

に経営者を「説得する努力が必要である」（森　實『近代監査の理論と制度』
（中央経済社、1967）189頁）、「監査には本来的に、経営者に至らざるところが
あれば、それを事前に指摘し、本来あるべき会計の姿を説明・助言し、適正な
財務報告が達成されるように、被監査会社をていねいに指導するという役割が
含まれているはずである。」（鳥羽至英『財務諸表監査：理論と制度（基礎編）』
（国元書房、2009）46頁）とも論じられてきた。また、高田正淳「監査におけ
る指導的機能と指導性説」国民経済雑誌134巻1号（1976）22-24頁も参照

22 会計監査人と取締役会

1 | 監査基準委員会報告における「ガバナンスに責任を有する者」

　監査基準委員会報告書260は、「ガバナンスに責任を有する者」とは「企業の戦略的方向性と説明責任を果たしているかどうかを監視する責任を有する者又は組織をいう。これには、財務報告プロセスの監視が含まれる。国によっては、ガバナンスに責任を有する者には、経営者を含むことがある。」とした上で、「我が国においては、会社法の機関の設置に応じて、取締役会、監査役若しくは監査役会、監査等委員会又は監査委員会がガバナンスに責任を有する者に該当するが、品質管理基準委員会報告書及び監査基準委員会報告書においては、原則としてコミュニケーションの対象は監査役若しくは監査役会、監査等委員会又は監査委員会を想定し「監査役等」と記載している。」（圏点—引用者）としている（9項）。また、A2項では、「我が国においては、取締役会、監査役、監査役会、監査等委員会、監査委員会、又はそれと同等の機関等が全体としてガバナンスの責任を有している。」と指摘してはいるものの、監査役等に限らず、経営者の関与が疑われる不正を発見した場合、又は不正による重要な虚偽表示の疑義があると判断した場合、経営者との連絡・調整や監査役会との連携に係る体制整備を図るため、独立社外取締役の互選により「筆頭独立社外取締役」が決定されている場合、及び、取締役会議長と経営者とを分離している場合などには、「必要に応じ、社外取締役その他の非業務執行取締役ともコミュニケーションを行うことが有用

なことがある。」としており、コミュニケーションの相手方として取締役会は想定されていないようである[1]。

とはいえ、監査基準委員会報告書においても、国際監査基準にいう「ガバナンスに責任を有する者（those charged with governance）」に対応するものとして、取締役会を含めて規定している例はある。たとえば、監査基準委員会報告書315の3項(4)、A9項、A10項、A110項、A112項及び付録1内部統制の構成要素、1.(3)では、内部監査人からの報告ラインを示す場合や内部統制の構築責任を示す場合には「取締役会又は監査役等」と規定している。

他方、監査基準委員会報告書260では、「経営者」とは「取締役又は執行役のうち、企業における業務の執行において責任を有する者をいう。国によっては、ガバナンスに責任を有する者の一部若しくは全員が経営者である企業もあり、又はオーナー経営者のみが経営者である企業もある。」とされている（9項(1)）[2]。そこで、取締役会は、ここでいう「経営者」にあたるのかが気になるところである。ここで、経営者とは、取締役又は執行役のうち、企業における業務の執行において責任を有する「者」（国際監査基準260でも、person(s)）をいうとされ、他方、「ガバナンスに責任を有する者」の定義では「者または組織」（国際監査基準260でも person(s) or organization(s)）をいうと使い分けられていることからすれば、取締役会は「者」ではないので、この点でも、経営者の定義をみたすことはないのではないかと思われる。

また、そもそも、取締役会は業務の執行の責任（国際監査基準260にいう executive responsibility）を有するものではなく、業務執行の決定の責任を有する会議体である。すなわち、会社法においては、「業務執行」（会社法）または「業務の執行」（会社法2条15号イ、348条1項、418条2号参照）と「業務執行の決定」（会社法361条2項1号・4項、399条の13第1項1号・4項・5項・6項、416条1項1号・4項、418条1号）または「業務の決定」（会社法348条2項）とは異なる概念であり、取締役会は業務執行をする機関ではない。したがって、日本法の下では、少なくとも形式論としては、取締役会は監査基準委員会報告書260にいう「経営者」にはあたらないと考えられる[3]。

2 | 会計監査人と取締役会—解釈論

　協会の品質管理基準委員会報告書及び監査基準委員会報告書において、コミュニケーションの相手方として、原則として監査役等を想定しているのは、会社法の建付けからはきわめて自然である。すなわち、会計監査人はその職務を行うに際して取締役（指名委員会等設置会社では、執行役及び取締役）の職務の執行に関し不正の行為または法令もしくは定款に違反する重大な事実があることを発見したときは監査役等に報告することとされ（会社法397条1項・3項・4項・5項）、また、監査役、監査等委員会が選定した監査等委員及び監査委員会が選定した監査委員会の委員は会計監査人に報告を求めることができるとされており（会社法397条2項・4項・5項）、取締役会設置会社の監査役、監査等委員及び監査委員は、取締役（指名委員会等設置会社では、執行役及び取締役）が不正の行為をし、もしくは当該行為をするおそれがあると認めるとき、または法令もしくは定款に違反する事実もしくは著しく不当な事実があると認めるときは、遅滞なく、その旨を取締役会に報告することとされている（会社法382条、399条の4、406条）⁴。そこでは、基本的には、会計監査人から提供された情報は監査役等を通じて、取締役会に報告されることになっている（そもそも監査役等は、いわば応急措置としての違法行為差止請求権を有しているにすぎず、問題の抜本的な解決は取締役会が代表取締役または業務執行取締役の選定・解職とその業務執行の監督を通じて行うという建前になっている。）。

　したがって、会社法上、会計監査人は監査役等にさえ報告すれば、その後、監査役等が取締役会に報告したかどうかを確かめる必要はないし、監査役等が適切に対応しなくても、取締役会に直接報告することは求められない。監査の基準においても、（会計）監査人が取締役会に直接報告することは求められていない⁵。

　そして、会社法上、会計監査人は取締役会に出席し、意見を述べる権利も義務も有しないが（会社法上または監査契約上、求めに応じる義務はないと

思われるが）、取締役会の求めに応じて、取締役会に出席し、意見を述べることができることは当然である。

3 ｜ 計算書類等の作成

　会社法374条1項1文は、「会計参与は、取締役と共同して、計算書類……及びその附属明細書、臨時計算書類……並びに連結計算書類……を作成する。」と、また、同条6項が「指名委員会等設置会社における第1項……の規定の適用については、第1項中「取締役」とあるのは「執行役」と……する。」と、それぞれ定めていることから判明するように、通常は、計算書類等の作成は業務執行権を有する取締役[6]（指名委員会等設置会社では執行役）の任務である。そして、計算書類等（及び金融商品取引法上の財務諸表など）の作成は、会社の業務の執行にあたると考えられる。取締役会設置会社の取締役は、代表権または業務執行権を取締役会により与えられなければ、取締役会の構成員にすぎないので、代表取締役でも業務執行取締役でもない取締役が、計算書類等（及び金融商品取引法上の財務諸表など）の作成責任を会社法上負っているとは考えられない。

　同様に、取締役会には業務執行権を有する取締役（指名委員会等設置会社では執行役）が計算書類等を作成することを監視する責任はあるとしても[7]、取締役会に計算書類等の最終的な作成責任があるということではない。上述したように、取締役会は業務執行機関ではないからである。そして、最終的な責任を負っているのだとすれば、代表取締役もしくは業務執行権を有する取締役または執行役が作成しないときには、取締役会がだれかを雇って作成させなければならないということになりそうだが、そうではない。取締役会は、さらに、適切な者を業務執行権を有する取締役または執行役として選定する責任を負っているだけであり、あくまで、業務執行権を有する取締役または執行役（会計参与設置会社では、さらに会計参与）が計算書類の作成責任を負う。計算書類等（及び金融商品取引法上の財務諸表など）を作成する

ことは取締役会の権限ではないから、当然のことながら、計算書類等（及び金融商品取引法上の財務諸表など）の作成の任務または権限を取締役会が特定の取締役に委譲するということは観念できない。

4 計算書類等の承認

　取締役会設置会社においては、計算書類及び事業報告ならびにこれらの附属明細書（監査役が設置されている会社では監査役の監査を受けたもの［会計監査人設置会社では、さらに会計監査人の監査を受けたもの］、指名委員会等会社では会計監査人及び監査委員会の監査を受けたもの、監査等委員会設置会社では会計監査人及び監査等委員会の監査を受けたもの）は、取締役会の承認を受けなければならないとされている（会社法436条３項）。

　そこで、取締役会の承認がどのような意味を有するのかが問題となるが、昭和56年商法特例法改正までは、すべての株式会社において計算書類の確定は株主総会の決議によるものとされていた（平成17年改正前商法283条１項）。そして、株主総会に提出される（会社提案の）議案は取締役会の決議によって決定されるべきことから、計算書類についても取締役会の承認が必要とされると説明することができた[8]。

　他方、昭和56年改正により、会計監査人の適法意見（現在は無限定適正意見）があるなど一定の要件を満たすときには、取締役会の決議によって計算書類が確定できることになり（平成17年法律第87号による廃止前商法特例法16条１項）[9]、平成17年会社法の下でも、会計監査人の無限定適正意見が表明されているなど一定の要件を満たすときには、株主総会による計算書類及び臨時計算書類の承認は要しないものとされている（会社法439条、441条４項、会社計算規則135条）。

　もっとも、この場合に、取締役会の承認がどのような法的性質を有するのかについてはほとんど議論がなく、学説がどのように考えてきたのかは必ずしも明確ではないが、これは取締役会が株主総会に代わって会社の意思決定

をすることを認めたものであると考えてよいであろう。すなわち、会社の意思決定・行為であるというためには、会社の機関による意思決定・行為であることが必要であるが、取締役会は会社の機関であるから、取締役会の承認をもって株主総会の承認に代えることを認めることは理論的におかしいことではない。

　とはいえ、いずれにしても、計算書類等についての取締役会の承認は（副次的にはそのような機能はあると思われるものの）監督機能の行使を少なくとも主たる目的としているわけでないといえそうである[10]。

5 ｜ 会計監査人と取締役会―立法論

　会計監査人と取締役会との間のコミュニケーションを要求していない現在の会社法は、会計監査人制度を導入した商法特例法制定当時（昭和49年）、会計監査人は株主総会の決議ではなく、監査役の過半数の同意を得て取締役会の決議によって選任されていたこと（昭和56年改正前商法特例法3条1項）、その背景には、会計監査人は――少なくとも業務監査については[11]――監査役監査を補佐するという位置づけがあったこと[12]など、その沿革によるところが大きいと推測される（経路依存性）。また、実質的に考えてみても、会計監査人からの報告を受け、または、会計監査人に対して報告を求める会社の機関が一本化されていれば、会計監査人にとっては便宜であるし、他方で、会計監査人からコミュニケーションがなされたことについて責任をもって対応する主体が明らかで、責任の所在が明確になるため、適切な対応が期待できるということもできる。

　しかし、よく考えてみると、監査役の独任制を前提として、監査役設置会社ではコミュニケーションの相手方は必ずしも一本化されているわけではない（もっとも、会計監査報告の内容の通知及び会計監査人の職務の遂行に関する事項の通知との関係では、特定監査役という概念が導入されている。会社計算規則130条、131条)[13]。

　また、会計監査人は、いつでも、取締役及び会計参与ならびに支配人その他の使用人に対し、会計に関する報告を求めることができるとされており（会社法396条2項）、そこでは、いわば会社（業務執行）側から会計監査人へのコミュニケーションがなされることが想定されている（本書「7　経営者確認書」）もこの1つであるということができる。）。

　さらに、原則的なコミュニケーションの相手方を監査役等に限定することが適切であるとしても、会計監査人が取締役会に出席し、意見を述べる必要が「常に」ないということにはならない。たしかに、会計監査人は、計算関係書類が法令または定款に適合するかどうかについて会計監査人が監査役等と意見を異にするときは、株主総会に出席して意見を述べることができ（会社法398条1項・3項・4項・5項）、出席を求める定時株主総会の決議があれば、株主総会に出席して意見を述べなければならない（会社法398条2項）（本書「23　会計監査人と株主総会」参照）。しかし、無限定適正意見以外の意見を会計監査人が表明した場合に、計算書類等の承認を株主総会に委ねるという現行法の建付けの是非はともかく[14]、そのような計算書類等の承認が株主総会の議題・議案となることについて、現行法は十分な手当てをしていないといわざるを得ないように思われる。すなわち、取締役会設置会社においては、取締役は、定時株主総会の招集の通知に際して、法務省令で定めるところにより、株主に対し、取締役会の承認を受けた計算書類を提供しなければならないと（会社法437条）、取締役会の承認を受けた計算書類を定時株主総会に提出し、または提供しなければならず（会社法438条1項3号）、規定により提出され、または提供された計算書類は、定時株主総会の承認を受けなければならないと（会社法438条2項）、それぞれ、規定している[15]。また、取締役会の承認を受けた（会社法444条5項）連結計算書類は、定時株主総会の招集の通知に際して、法務省令で定めるところにより、株主に対し提供され、かつ、定時株主総会に提出されまたは提供され、定時株主総会の承認を受けることは要しないが、連結計算書類の内容は定時株主総会に報告される（会社法444条6項・7項）。取締役会の承認がなされることが、計算書類の承認が定時株主総会の議題・議案となり、連結計算書類の報告が定時株主

総会の報告事項となり、臨時計算書類の承認が臨時株主総会の議題・議案となる前提条件なのである。

ところが、取締役会には会計監査人は出席する権利も義務もないのであるから、取締役会は会計監査人の説明を聴き、また、質問をするなどの機会が保障されないままで、監査人が無限定適正意見以外の意見を表明した計算書類等を承認するかどうかを決定しなければならないという問題が生じることになる。監査役等が会計監査人の監査の結果を相当であると認めるかどうかにかかわらず、少なくとも、このような場合には、会計監査人に決算承認取締役会に出席し、必要な場合には意見を述べることを要求することが立法論としては穏当なのではないかと思われる[16]。たしかに、上述したように、現行法の下でも、取締役会として、[任意ベースで]会計監査人の出席を要請することができると考えられるが[17]、これは取締役会としてできるのであって、一部の取締役のみが必要であると考えても、多数決によって退けることが可能であり[18]、そのような場合でも、取締役会の決議の方法が法令に違反するとは考えられない（もちろん、計算書類等の内容が法令に違反している場合［一般に公正妥当と認められる企業会計の慣行に、合理的な理由なしに、従っていない場合］には、計算書類等の承認決議の内容が法令に違反するものとして、当該決議は無効となる。）。

また、取締役会設置会社においては、会計監査人が無限定適正意見を表明し、監査役等も会計監査人の監査の方法または結果を相当ではないとする意見を述べなかった場合には、取締役会の承認によって計算書類及び臨時計算書類は確定し、会計監査人の意見の内容にかかわらず、連結計算書類は取締役の承認で確定するわけであるが、計算書類等の内容が法令に違反している場合には、計算書類等の承認決議が無効となる（そして、取締役の任務懈怠責任［会社法423条］も問題となり得る。）。このことに鑑みると、さらに進んで、会計監査人の意見の内容にかかわらず、決算承認取締役会への会計監査人の出席義務を定めることが立法論として適当であるという見解にも相当の説得力が認められよう。

日本の会社法の下でも、会計参与には決算承認取締役会への出席義務と必

要に応じた意見陳述義務とが定められている。すなわち、会社法376条1項は、書類の作成に関する事項について会計参与が取締役（または執行役）と意見を異にするか否かにかかわらず（会社法377条1項と対照）、「取締役会設置会社の会計参与（会計参与が監査法人又は税理士法人である場合にあっては、その職務を行うべき社員……）は、第436条第3項、第441条第3項又は第444条第5項の承認をする取締役会に出席しなければならない。この場合において、会計参与は、必要があると認めるときは、意見を述べなければならない。」と規定している。これは、会計参与の説明を求め、また、会計参与が意見を述べることができるようにすることによって、取締役会が必要な判断材料を得た上で、計算関係書類を承認すべきかどうかを決定することができるようにするためである[19]。会計参与は、会計監査人と同様、計算関係書類の作成に関する事項について会計参与が取締役と意見を異にするときは、会計参与（会計参与が監査法人または税理士法人である場合には、その職務を行うべき社員）は、株主総会において意見を述べることができるとされていること（会社法377条）[20]に鑑みると、一定の場合に、会計監査人に株主総会に出席し、意見陳述する権利が認められていることのみを理由としては、立法論として、会計監査人に決算承認取締役会への出席及び意見陳述の権利と義務を認める必要がないということにはならない。

　なお、監査報告書の宛先が取締役会とされるのであれば（本書「23　会計監査人と株主総会」1参照）、会計監査人・金融商品取引法上の監査人と取締役会とのコミュニケーションが制度的に担保されず、また要求されないことは首尾一貫していないといわざるを得ない。

〈注〉

1　株式会社東京証券取引所『コーポレートガバナンス・コード』（2018年6月1日）補充原則3－2②も、取締役会及び監査役会が少なくとも行うべき対応として、高品質な監査を可能とする十分な監査時間の確保、外部会計監査人からCEO・CFO等の経営陣幹部へのアクセス（面談等）の確保、外部会計監査人と監査役（監査役会への出席を含む。）、内部監査部門や社外取締役との十

分な連携の確保及び外部会計監査人が不正を発見し適切な対応を求めた場合や、不備・問題点を指摘した場合の会社側の対応体制の確立を挙げているものの、取締役会と外部監査人とのコミュニケーションは想定していないようである。

2　また、たとえば、監査基準委員会報告書200の12項(7)も同じ定義を与えている。

3　なお、日本において、会社が任意においている執行役員が「経営者」にあたるのかという問題はある。「執行役員」も業務執行責任を有している実態に照らすと、企業会計審議会「監査における不正リスク対応基準」や監査基準委員会報告書315「企業及び企業環境の理解を通じた重要な虚偽表示リスクの識別と評価」（2011年12月22日、最終改正：2019年6月12日）などの文脈においては、「経営者不正」というときの「経営者」に含まれるべきではないかと考えられる。また、監査報告書には、経営者には、財務諸表の作成責任があること、財務諸表に重要な虚偽の表示がないように内部統制を整備及び運用する責任があること、継続企業の前提に関する評価を行い必要な開示を行う責任がある旨が記載され（「監査基準」第四　報告基準、一　基本原則、三　無限定適正意見の記載事項、(3)経営者及び監査役等の責任）、また、経営者確認書には、「不正又は誤謬による重要な虚偽表示のない財務諸表等を作成するために、経営者が必要と判断する内部統制を整備及び運用する責任は経営者にあることを承知しております。」という記載がなされることが想定されているが（監査基準委員会報告書580《付録2経営者確認書の記載例》1．会社法に基づく監査の経営者確認書（計算書類）の記載例及び2．金融商品取引法に基づく監査の経営者確認書（連結財務諸表）の記載例）、取締役の大多数が社外取締役であり、取締役会が監督機関に特化している場合を想定すると、財務報告に係る内部統制の整備及び運用の責任を負っている者が取締役ではない執行役員であるということも想定でき、そのような場合の「経営者」には執行役員が含まれると考えることが適切である。もっとも、執行役員の実態は会社により異なるため、執行役員すべてが監査基準委員会報告書260にいう「経営者」にあたると解することは適当ではない。ただ、基準や実務指針において、「経営者」に着目して一定の監査手続をすることを要求するときには、(1)「経営者」の範囲が客観的な基準によって一意的に定まらないというのは、法的リスクの問題と（被監査会社からみた）過剰な監査手続という問題との板ばさみを生じさせるのではないか、(2)監査人がある執行役員が「経営者」にあたるかどうかをケースバイケースで判断しなければならないということに無理はないのかといった問題を考えておく必要はあろう。

4　金融商品取引法193条の３との関係でも、公認会計士または監査法人の通知
の相手方は、当該特定発行者の監査役または監事その他これらに準ずる者（金
融商品取引法193条の３第１項に規定する適切な措置をとることについて他に
適切な者がある場合には、当該者）とされている（監査証明府令７条）。

5　監査基準委員会報告書260は、監査役等に対するコミュニケーションを行っ
た場合のフォローアップについては定めていない。そして、たとえば、監査基
準委員会報告書720「その他の記載内容に関連する監査人の責任」は、監査人
は、その他の記載内容に重要な誤りがあると判断した場合には、経営者にその
他の記載内容の修正を要請し、経営者が修正に同意したときには修正が行われ
たことを確認し、経営者が修正することに同意しないときには監査役等にその
事項を報告するとともに、修正を要請しなければならないとし（16項）、また、
監査報告書日以前に入手したその他の記載内容に重要な誤りがあると判断し、
また監査役等への報告後もその他の記載内容が修正されていない場合には、監
査人は監査報告書に及ぼす影響を検討し、監査報告書において重要な誤りに関
して監査人がどのように対応する計画かを監査役等に対して報告し、また、現
実的な対応として可能であれば、監査契約を解除することを含む適切な措置を
講じなければならないと定めている（17項）。しかし、取締役会とコミュニケ
ーションすることまでは求めていない。また、監査基準委員会報告書240は、「監
査人は、経営者の関与が疑われる不正又は不正の疑い（不正リスク対応基準で
規定されている不正による重要な虚偽表示の疑義があると判断した場合を含む。）
を発見した場合には、第40項に従って監査役等とコミュニケーションを行い、
協議の上、経営者に問題点の是正等適切な措置を求めなければならない。」と
するが（F39-２項）、経営者が問題点の是正等を行わない場合に取締役会とコ
ミュニケーションすることまでは求めていない。

6　これには、代表取締役も含まれる。単に「取締役」と規定されているが、こ
れは、取締役会設置会社以外の会社（この類型の会社では、それぞれの取締役
が業務執行権を有するのが原則であり（会社法348条１項）、したがって、定款
に別段の定めがある場合を除き、取締役はそれぞれ計算書類の作成責任を負っ
ていると考えられる。）を標準形として規定されているためである。

7　もっとも、会社において計算書類等が作成されることを確保する責任を計算
書類等の作成責任と呼ぶとすれば、代表取締役でも業務執行取締役でもない取
締役はそのような責任を負っておらず、そのような責任は取締役会にあると解
されている。この点で、取締役会設置会社においては、代表取締役でも業務執
行取締役でもない取締役は「ガバナンスに責任を有する者」ではないが、その

ような会社においては「取締役会」及び監査役等が「ガバナンスに責任を有する者」なのではないかと考えられる。

8　また、実質的に内容が異なる、2組以上の計算書類が株主総会に提出されるというのでは困るが、取締役会の承認を要求しておけば、株主総会に提出される計算書類は1組に絞られることになると期待されることも理由の1つとして考えることができる。取締役会設置会社の株主総会の招集に関する事項が取締役会で決定されるべきこととされている（会社法298条4項）のは、株主総会であると主張されている複数の集会のうち、どの集会が株主総会であるかを一意的に判断できるようにするためであるといわれている（竹内昭夫（弥永真生補訂）『株式会社法講義』（有斐閣、2001）382頁）。

9　この改正の合理性については、計算書類の確定は政策的判断の問題ではないから、株主総会の多数決で決める問題ではないこと、及び、株主に複雑な計算書類の内容の成否について判断するだけの能力がないことのほか、計算書類が確定してしまえば、株主としては利益金処分案につき総会が紛糾すると配当がもらえなくなるだけであり、総会が荒れることが少なくなり、最も気がかりな議案がなくなれば、経営者も株主と総会で率直な意見交換をすることになって、総会が活性化するのではないかという政策論があったと説明されている（竹内昭夫『改正会社法解説［新版］』（有斐閣、1983）222頁参照）。

10　なお、会社法上、取締役会による決議（承認）を要するとされている事項が、すべて、362条2項1号にいう「業務執行の決定」にあたるかどうかは一概にはいえない。明文の規定で（ある具体的な事項につき）取締役会の決議を要求している場合には、それは業務執行の決定であるかどうかを問わず、取締役会の決議が必要とされるからである。

11　矢沢　惇『企業会計法講義［改訂版］』（有斐閣、1973）43頁

12　松岡和生「会計監査人の監査と監査役の監査の関係」企業会計31巻11号（1979）105頁以下。詳細な分析については、岡田陽介「監査役と会計監査人の連携に関する一断面(1)会社法397条に関する若干の考察」愛媛大学法文学部論集 総合政策学科編 34号（2013）1-16頁参照。ただし、監査人の任免につき監査役の同意が要求されていることや会計監査人が監査役に先立って会計監査を行うことから、「会計監査人は、監査役の補助者であるとかそれに従属しているという結論を引き出すべきではない」と指摘されていた（矢沢・前掲（注11）42頁）。また、山浦久司『会計監査論［第5版］』（中央経済社、2010）79頁

13　他方、監査等委員会設置会社においては監査等委員会が選定した監査等委員

が、指名委員会等設置会社では監査委員会が選定した監査委員会の委員が、それぞれ、その職務を行うため必要があるときは、会計監査人に対し、その監査に関する報告を求めることができるものとされている（会社法397条2項・4項・5項）。

14　監査論の研究者から強い批判を受けている点である。

15　臨時計算書類は、取締役会の承認を受けた上で（会社法441条3項）、株主総会に提出され、承認を受けるのが原則であるが（会社法441条4項本文）、一定の要件をみたす場合には、株主総会の承認を受ける必要はないものとされている（会社法441条4項ただし書、会社計算規則135条）。

16　諸外国には、外部監査人の決算承認取締役会または決算承認監査役会への出席義務を法定している例がみられる。たとえば、フランス商法典L. 823-17条は、会計監査役は、取締役会（conseil d'administration）もしくは董事会（directoire）及び監事会（conseil de surveillance）、または統治機関もしくは経営機関及び監督機関の年度決算書または半期決算書を検討しまたは作成するすべての会議に出席することができると定めている。また、オーストリア株式法93条1項3文は、「年度決算書の承認及び作成ならびに年度決算書（コンツェルン決算書）の監査を取り扱う［監査役会またはその委員会の―引用者］会議にはいかなる場合にも決算監査人（コンツェルン監査人）を参加させなければならない。」と定めている。同様に、ドイツ株式法171条1項は、年度決算書またはコンツェルン決算書が決算監査人によって監査されている場合には、その決算監査人は、提出した文書に関する監査役会またはその監査委員会の審議に参加し、自己の監査の主要な結果、とりわけ、会計のプロセスに関する内部統制体制及びリスク管理体制の重要な弱点につき発見したことを報告しなければならないと定めている。

17　また、定款の定めによって、会計監査人の決算承認取締役会への出席権や意見陳述権を定めることはでき、会計監査人との監査契約にその旨を定めることはできよう。

18　名古屋地決平成7・2・20判タ938号223頁は、「商法上取締役の会計帳簿等の閲覧謄写に関する明文の規定はないが、会社の業務を執行し、経営に参加するという取締役の職務の性質上、職務に必要な限り、会社の会計帳簿等の閲覧謄写を求める権限を有すると解すべきである」としたが、東京地判平成23・10・18金判1421号60頁は、「会社法及び関連法令（会社法330条により会社と取締役との関係を規律するものとされる委任に関する規定を含む。）上、取締役の会社に対する会計帳簿等閲覧謄写請求権の根拠となる規定は、存在しない」

ことを理由として、取締役としての地位に基づく会計帳簿等閲覧謄写請求は認められないとした。学説としても、業務・財産の調査権は取締役会にあり、取締役会を通じてのみ行使することができると解するのが通説、少なくとも多数説である（阿部一正ほか『条解・会社法の研究7取締役(2)（別冊商事法務200号）』(1997)41頁［江頭憲治郎、森本　滋発言］、43頁［菊池洋一発言］、落合誠一「362条」落合誠一編『会社法コンメンタール8』（商事法務、2009)219頁）。もっとも、江頭教授は、閉鎖型タイプの株式会社を念頭に置くと、取締役は大株主または大株主の派遣者であることが多いので強い監督権を認めるのが望ましいこと、監査役設置会社以外の会社においては監査役による調査がないことを根拠として、指名委員会等設置会社でも監査等委員会設置会社でもない会社では、取締役は単独で業務・財産の調査権を行使できると解するのが適当であるとされる（江頭憲治郎『株式会社法［第8版］』（有斐閣、2021)432頁注(7)）。

19　もっとも、計算関係書類は会計参与と取締役（または執行役）と共同して作成するとされていることから、両者が合意したものでなければならないと考えられており（相澤　哲ほか（編著）『論点解説新・会社法』（商事法務、2006)386頁）、現実には、決算承認取締役会へ提出される計算関係書類は会計参与の意見に沿ったものとなることが想定されている。

20　ここで、会計監査人と異なり、出席権が定められていないのは、会計参与は株主総会における説明義務を負っており（会社法314条）、株主総会への出席義務を負っているからである。ただ、このことからすると、377条が取締役等と意見を異にする場合の陳述権を定めていることは確認規定にすぎないという解釈の余地が全くないわけではないかもしれない。すなわち、会計参与は、説明を求められたときは、意見を異にしない場合でも意見を陳述できるはずであるし、議決権を有しないにもかかわらず、出席義務（反射的には出席権）があるというのであれば、当然に意見を陳述する権利も有していると解するのが穏当であるともいえるからである。とはいえ、株主総会における議事の進行は議長の広範な裁量に委ねられていることからすれば、377条の規定は議長の裁量を制約するものであり、会計参与が発言の機会を求めた場合に発言させなければならないときを定めたものであるというべきなのかもしれない。

23

会計監査人と株主総会

1 | 監査報告書の宛先

　監査基準委員会報告書700では、「監査報告書には、契約内容に応じた宛先を記載しなければならない。」とされ（20項）、「監査報告書の宛先は、法令等又は契約条件において規定されていることがある。監査対象となる財務諸表を作成する企業の機関設計に応じて、監査報告書の提出先を宛先とする。我が国の場合、通常、取締役会となる。」とされている（A21項）。

　また、監査・保証実務委員会実務指針第85号でも、「監査報告書には、契約内容に応じた宛先を記載しなければならない……。監査報告書の提出先を宛先とし、通常、取締役会となる……。ただし、任意の会計監査人設置会社で取締役会を設置していない会社の場合には、「代表取締役」等を宛先とすることが適当であると考える。会社法監査の場合で監査役会に提出する監査報告書（又は監査委員会若しくは監査等委員会に提出する監査報告書）については、「監査役会」（又は「監査委員会」若しくは「監査等委員会」）を宛先とすることが想定されるが、取締役会宛の監査報告書謄本を提出することもできる。なお、会計監査人の会計監査報告の内容について、会社計算規則第130条第1項において特定監査役及び特定取締役に通知する旨の規定があるので、宛先が「監査役会」又は「取締役会」等でも事務的には監査報告の内容をそれぞれの規定に従い特定監査役及び特定取締役に通知するものとし、通知に際して送り状を付けるなどの方法によれば、監査報告書の宛先と通知

先の事実関係がより明確になるものと考える。」とされている（8項）。

　いずれにせよ、日本公認会計士協会は、監査報告書の提出先・宛先は、通常、「取締役会」であるとの見解によっており、株主総会を宛先とすることは想定していないようである。

　現在の監査基準委員会報告書700は、なぜ、通常、取締役会が宛先となると考えられるのかについて明確な論拠を示していないが、監査・保証実務委員会実務指針第75号「監査報告書作成に関する実務指針」（2003年1月31日、最終改正2011年3月29日、2011年7月8日廃止）をふまえたものであると推測される。そこでは、「法定監査においては、監査報告書に宛先を記載することの要否及び記載する場合に誰を宛先とするかについて特段の明文規定はない。しかし、監査報告書は、監査の結果として、財務諸表に対する監査人の意見を表明する手段であるとともに、監査人が自己の意見に関する責任を正式に認める手段であるという本質に鑑みると、その宛先は「株主各位及び取締役会」、「株主各位」、「取締役会」又は「監査役会」のように会社の機関宛てとすることが考えられる。国際監査基準（ISA）は、契約内容及び各国の法令に従うこととしているものの、通常、"Shareholders"あるいは"Board of directors"が宛先となるとしている。我が国においては、「株主各位」又は「取締役会」がこれに該当する。証券取引法（現在は金融商品取引法—引用者）に基づく監査人の選任は、通常、取締役会で行われ、会計監査人は、株主総会において選任されるため、証券取引法（現在は金融商品取引法—引用者）監査及び会社法監査それぞれについて、宛先を定めることも考えられるが、両監査人には同一の監査法人あるいは公認会計士が選任されるのが通例であることから、監査報告書の宛先も同一とすることが合理的であり、かつ、我が国におけるコーポレート・ガバナンスの観点からは、「取締役会」が望ましいと考えられる。したがって、証券取引法（現在は金融商品取引法—引用者）及び会社法により提出する監査報告書の宛先は、原則として「取締役会」とする。監査役会に提出する監査報告書（又は監査委員会に提出する監査報告書）については、取締役会宛の監査報告書謄本を提出することを想定しているものと考えられるが、「監査役会」（又は「監査委員会」）を宛

先とすることもできる。ただし、監査報告書の宛先については、監査意見の内容にかかわるものではないことから、「代表取締役」等他の宛先とすることも差し支えない。また、任意の会計監査人設置会社で取締役会を設置していない会社の場合には、「代表取締役」等を宛先とする。」（Ⅱ 全般的事項 １.形式要件 (3)宛先)[1] としていた。

　たしかに、金融商品取引法の下では、監査役等による財務書類の監査は想定されておらず、また、財務書類の株主に対する提供は定められていないから、監査報告書の宛先を株主としたり、監査役等とすることは不自然であるという見方もあり得よう。また、取締役会は、計算関係書類の承認を行うところ、会計監査報告はそのための重要な判断材料であるということもできよう（たとえば、会計監査人が除外事項付意見を表明した場合には承認しないことが考えられる。)[2]。

　しかし、現在の国際監査基準700のA21項は、宛先は被監査事業体の持分保有者（shareholders）またはガバナンスに責任を有する者のいずれかであることが多いと指摘している。また、連合王国をはじめとするコモンウェルス諸国では株主が宛先とされているし、ドイツにおいては被監査事業体（たとえば、フォルクスワーゲン株式会社[3]）が宛先とされており、会社法上の監査報告書の宛先が「取締役会」とされていることは比較制度的にはきわめてめずらしい。また、会社法上の会計監査人の選任等に関する議案の内容は、監査役、監査役会、監査等委員会または監査委員会が決定し、かつ、株主総会において選任するものとされている（取締役会は内容を左右することができない。)。しかも、国際監査基準700のA21項では、その者のために監査報告書が作成される者が、通常、監査報告書の宛先となると指摘しているが、会社法の下では、会計監査報告の主たる利用者は株主ないし株主総会なのではないかと思われる[4]。また、監査役等は会計監査人の監査の方法及び結果の相当性について意見を述べる立場にあることからすれば、取締役会よりは利用者といってよい立場にある。会計監査人設置会社の監査役等の監査報告は、会計監査人の会計監査報告を前提として作成されることが想定されていることは、監査役等の監査報告の作成等のスケジュールからも監査報告の記

載事項からも明白なのではないかと思われる。会計監査報告の内容の通知先は「特定監査役及び特定取締役」（会社計算規則130条1項柱書）とされており、語順からすると特定監査役に重点があると解するのが自然であるという見方も十分に成り立つ[5]。

　さらに、金融商品取引法上の監査人がかりに取締役会の決議によって選任されるとしても、取締役会が有価証券報告書を承認する決議をするというのでなければ、——監査報告書は現任の監査人を再選するかどうかの判断材料としては情報量がほとんどないといって差し支えないことに鑑みると——監査報告書が取締役会における意思決定に用いられる程度はかなり低いと評価できそうである。

　何よりも、（会社法上の）会計監査報告の宛名を金融商品取引法上の監査報告書の宛名にあわせなければならないと解する説得力を有する根拠はなさそうである（金融商品取引法上の監査報告書の宛名を会計監査報告の宛名にあわせるというのでは問題があるという確固たる根拠は見あたらないし、統一するのであれば、ドイツのように○○株式会社を宛先としてもよさそうである。）[6]。

2 ｜ 充実懇報告書

　会計監査についての情報提供の充実に関する懇談会「会計監査に関する情報提供の充実について——通常とは異なる監査意見等に係る対応を中心として——」（2019年1月22日）（以下「充実懇報告書」という。）[7]は、「監査人による会計監査に関する説明・情報提供については、監査報告書によることが基本とされている。」としつつも、「経営者や監査役等と監査人との間の見解の不一致等を背景に、監査人が監査報告書を提出した後、その記載内容について財務諸表利用者から（場合によっては経営者や監査役等から）疑問点が提起された場合など、予め監査報告書に求められる情報を記載しておくことが必ずしも現実的でない事案も想定される。こうした事案においては、監

査人は、経営者や監査役等とのコミュニケーションの状況や見解の不一致の内容等について、個別の状況に応じ、追加的な説明を行うべきである。」とする。そして、監査人は、会社法398条1項の趣旨や、「会計監査に関する説明・情報提供の充実の要請を踏まえ、会社法上の株主総会での意見陳述の機会を積極的に活用すべきである。また、企業側においても、株主総会の議事運営にあたり、会計監査人の意見陳述の機会を尊重することが求められる。特に、会社法第398条第1項が想定する場面においては、結論は株主の判断に委ねられることとなるため（会社法第438条第2項）、監査役等はもとより、会計監査人からも、計算書類等の法令・定款適合性に関する意見不一致の内容及びそれが生じた理由、さらに、監査役等の意見にもかかわらず自己の意見が正しいと考える理由を株主総会の場で説明すべきである。」としている。

3 会計監査人の株主総会出席権・意見陳述権

　会計監査人は、会計監査人の選任、解任もしくは不再任または辞任について、株主総会に出席して意見を述べることができるほか、会計監査人を辞任した者及び監査役等により（会社法340条1項・2項・4項から6項）会計監査人を解任された者は、解任後または辞任後最初に招集される株主総会に出席して、辞任した旨及びその理由または解任についての意見を述べることができる（会社法345条5項・1項・2項）[8]。

　また、定時株主総会において会計監査人の出席を求める決議があったときは、会計監査人は、定時株主総会に出席して意見を述べなければならないが（会社法398条）、そうでなくとも、計算関係書類が法令または定款に適合するかどうかについて、会計監査人が監査役（監査役会設置会社の場合には監査役または監査役会、監査等委員会設置会社の場合には監査等委員会または監査等委員、指名委員会等設置会社の場合には監査委員会またはその委員）と意見を異にするときは、会計監査人（会計監査人が監査法人である場合には、その職務を行うべき社員）は、定時株主総会に出席して意見を述べるこ

とができる（会社法398条１項・３項から５項）。

　会計監査人の株主総会出席権を定めるこれらの規定は、少なくとも、その文言からは、これらの規定が定める場合に該当しないときには、会計監査人には株主総会に出席する権利も義務もないという考え方を前提としたものである[9]と解するのが自然なようである[10, 11]。

　しかし、会計監査人には定時株主総会に出席する権利があり、（少なくとも事実上、）出席する義務を負っていると解しているように思われる見解も存在する。すなわち、門田氏（当時、法務省民事局第４課）は、「定時総会において、いつ出席決議がなされるか予測されない以上、会計監査人は、いつでも総会に出席できる状態にしておく必要があります。このことから通常は、出席の決議がなくとも、出席することになるでしょうし、それが法の趣旨に合した適法なものであることはいうまでもありません。ただし、定時総会以外の臨時総会などにはその旨の規定の存しないことと職務内容から判断し出席義務はないものと考えます。」[12]と述べていた[13]。

　また、会社法上、役員等の権限は単なる権利ではなく、この権限を適切に行使することが任務である（それが善管注意義務を果たすという観点から求められる。）[14]。かりに、この解釈が正しいとすれば、計算関係書類が法令または定款に適合するかどうかについて会計監査人が監査役等と意見を異にするときは、会計監査人は、定時株主総会に出席して意見を述べることができるという権利を適切に行使しなければ、会計監査人に任務懈怠（会社法423条１項）・善管注意義務違反（会社法330条参照）があることになる。充実懇報告書に示されている見解に即するとこのような解釈こそが穏当であるということになりそうである。かりに、このように解することが難しいとしても、このような場合には会計監査人は定時総会に出席し、意見を述べなければならないとすることが立法論としては適切であると考えることはできそうである。なぜなら、会計監査報告も監査役等の監査報告も監査意見の部分はきわめて簡略に記載されているのが一般的であることに照らすなら、株主総会は計算書類を承認するにあたって、会計監査人の意見と監査役等の意見の両方についてより詳細な情報を得ることが必要であると考えられるからである。

また、意見を異にするということはまれなことであるから、そのような義務を会計監査人が負うこととしても、会社や会計監査人に過度の負担が生ずるとはいえないであろう。

なお、「株式会社監査制度改正に関する民事局参事官室試案」（1968年9月3日）では、「定時総会において会計監査人の出席を要求する決議がされた場合」のほか、「計算書類が法令及び定款に適合するかについて、会計監査人の意見と監査役の意見が異なる場合」には、会計監査人は、定時総会に出席して意見を述べなければならないとすることが提案されていた（第十一 大会社の特例、七、8）。これは、「会計監査人の意見を株主総会における計算書類の承認決議に反映させて、審議の適正をはかるため」であると説明されていた[15]。

しかし、これに対しては、経済団体から強い反対が寄せられた[16]。その根拠としては、「会計監査に関して、株主総会に直接責任を負うのは会社の機関である監査役である」こと（関西経済連合会）[17]、「会計監査人は株主総会によって選任される会社の機関ではなく、いわば会社の外部機関にすぎ」ず、「かかる会計監査人が株主総会に出席して意見を述べるものとすることは理論的にも問題があるのみならず、実際上も徒に株主総会の運営を混乱させるおそれがある」こと（大阪商工会議所）[18]などが論拠とされていた。なお、会計監査人と株主総会を切り離すべきであるという意見も有力であった[19]。また、法制審議会商法部会においても、経済界の委員が、監査役が説明すれば十分であると主張し[20]、他方、会計学者委員はこれに対して異議を唱えなかったようである[21]。

この結果、法制審議会商法部会「株式会社監査制度改正要綱案」（1969年7月16日）では、「定時総会において会計監査人の出席を要求する決議がされた場合には、会計監査人は定時総会に出席して意見を述べなければならない」という点は維持されたが（第十四 大会社の特例、七、9）、「計算書類が法令又は定款に適合するか否かについて、会計監査人の意見と監査役の意見が異なる場合には、会計監査人は、定時総会に出席して意見を述べることができる」（第十四 大会社の特例、七、8）にとどまった[22]。

ところが、会社法の下では、会計監査人を株主総会が選任し（329条1項）、かつ、原則として株主総会が解任するのであるから（339条1項）、昭和49年当時とは異なり、会計監査人を外部機関と位置づけることは不自然になっている[23]。また、会社法においては、「第2編　株式会社」、「第4章　機関」、「第2節　株主総会以外の機関の設置」中に含まれる326条2項[24]が「株式会社は、定款の定めによって、取締役会、会計参与、監査役、監査役会、会計監査人、監査等委員会又は指名委員会等を置くことができる。」と規定しており、会計監査人は会社の機関であると位置づけられている[25]。さらに、機関と位置づけることが会計監査人の独立性に悪影響を与えるというのであれば、社外監査役や社外取締役が会社の機関であることに疑いはない以上、社外取締役等の意義は乏しいことになりそうであるが、現在の会社法は社外取締役等がコーポレート・ガバナンスによい影響を与えるという前提に立っている[26]。したがって、会計監査人が株主総会に出席できるとすることに、理論上の障害はないというべきであろう[27]。

　他方、出席した場合に、意見を述べる権利を常に有するかどうか（意見を述べる義務を常に負うのか）については、さらに考察することが必要である[28]。なぜなら、会計監査人は、株主総会の構成員ではないのであるから、構成員でない者が発言権を有するとされるためには、明文の規定が必要であると、一般論としては考えられるからである。そのような明文の規定が会社法345条及び389条なのだと考えることができる。もっとも、門田氏は、「議長および取締役等の判断において、専門的な会計事務に関する事項につき会計監査人に説明させることは認められる」とする[29]。これは、取締役・執行役または監査役がその説明義務を履行するにあたっての補助者として会計監査人を用いることができるという考え方であるが、会計監査人は取締役・執行役または監査役の指揮命令に服する者ではないし、それらの者の職務執行を補助または支援するものではないことからすると不自然さがぬぐえない。また、取締役、会計参与、監査役及び執行役と異なり、会社法314条は、会計監査人の説明義務を一般的には規定していない。そして、すでに述べたように398条を理解し、398条の規定を反対解釈すると、株主総会の決議がない

場合には、会計監査人に意見を述べることを認めることは議長の裁量の範囲外であり、せいぜい、客観的な事実を述べることを認めることにとどまると解することが自然でありうる。

　そもそも、あらかじめ株主総会の議題に含められていなくとも[30]、総会の議場で、動議を提出し、会計監査人の出席を求める決議をすることは可能であり（会社法309条5項ただし書き）、出席株主がこの決議に反対する理由は想定しにくく——会社側が得ている委任状を用いて否決する[31]というのでなければ——このような決議はなされるのではないかと推測される。したがって、会計監査人による説明が必要であると議長が考え、かつ出席株主の多数がそのように考えるのであれば、議長としては動議の提出を促し、出席を求める決議をすることが、会社法の枠組みに沿っており（王道であり）、かつ、それで不都合はないと考えられる。

4 ｜ 会計監査人と監査役等とが「意見を異にする」場合

　「計算関係書類が法令または定款に適合するかどうかについて会計監査人」が監査役等と「意見を異にする」場合とはどのような場合をいうのかについて、平成17年廃止前商法特例法の下では、貸借対照表または損益計算書が法令及び定款に適合するかどうかについて意見を異にする場合のみならず、適合しないとする箇所が異なる場合、計算書類及び附属明細書は法令・定款に適合していることについて意見は一致しているが、その作成方法・様式などの重要な点について意見が分かれた場合、会計方針の変更が相当であるか否かについて意見が分かれた場合、及び、営業報告書もしくは附属明細書のうち会計に関する部分または利益処分案の法令・定款適合性について意見が異なる場合には、会計監査人は意見を述べることができると解されていた[32]。

　現在の会社法の下では、会計監査報告には、「計算関係書類が当該株式会社の財産及び損益の状況を全ての重要な点において適正に表示しているかどうかについての意見」が記載されることとされており（会社計算規則126条

１項２号）、「計算関係書類が法令または定款に適合するかどうかについて会計監査人」が監査役等と「意見を異にする」場合とはどのような場合なのかについては見解が分かれうる。

　計算関係書類が法令及び定款に適合するが適正ではない場合には会計監査人の総会出席権及び意見陳述権は認められないという見解もあるが[33]、計算関係書類が当該株式会社の財産及び損益の状況を全ての重要な点において適正に表示しているとはいえないのであれば、原則として[34]、その計算関係書類は法令及び定款に適合していないというべきなのではないかと思われる。なぜなら、会社法、会社計算規則及び定款は会社の計算関係書類が会社の財産及び損益の状況を全ての重要な点において適正に表示することを要求していると解されるからである[35]。

　なお、立法論としては、株主総会の決議がなければ、会計監査人の意見を聴く機会が株主に保障されないでよいとすることには疑問が残る[36]。昭和56年商法改正により、取締役の説明義務が法定されたことをふまえると、少なくとも、会計監査人の意見と監査役等の意見が異なる場合、そして、望ましくは会計監査人が無限定適正意見以外の意見（意見不表明を含む。）を表明した場合には、多数決によって、会計監査人の意見を聴く必要はないとすること[37]は首尾一貫していないようにも思われる。なぜなら、取締役等の説明義務（会社法314条）は多数決によって排除することはできない。すなわち、一部の株主が説明を求めた場合には説明拒絶事由に該当しない限り、（合理的な会議時間による制約があることは格別、）取締役等は説明しなければならないのである。会社法314条ただし書きにも反映されているように、取締役等の説明義務は「株主総会の目的である事項」について、株主に必要かつ十分な情報を与えるために法定されているのであるところ、株主総会における計算書類・臨時計算書類の承認、事業報告の内容の報告、連結計算書類の内容の報告及び剰余金の配当等に係る議案の承認（会社法438条２項・３項、439条、441条４項、444条７項、156条、448条１項１号・３号、452条後段、454条１項、459条）との関係では会計監査人の意見は株主にとって必要な情報であると考えられる。

　会計監査人が無限定適正意見以外の意見を表明した場合であっても、株主総会の決議によって計算関係書類を確定することができるが、かりに、計算関係書類が法令・定款に違反した内容であるとすれば、当該決議は法令・定款に違反する内容の決議として無効となり[38]、結局は、計算関係書類は確定しないこととなる。また、そのような計算関係書類上の数値に基づいて分配可能額を算出し、それをふまえて剰余金の配当や自己株式の処分が行われると、それらの剰余金の配当などが——無効となるかどうかについて意見は分かれているものの[39]——違法な配当などとなり、（善意悪意を問わず）株主の支払義務を生じさせ、また、（注意を怠らなかったことを証明できなかった）業務執行者の支払義務を生じさせることになることがある（会社法462条）。

　そうであれば、無効な株主総会決議がなされることを可能な限り防止するという観点から、株主総会に対しては必要かつ十分な判断材料が提供されるべきであり、このように考えると、充実懇報告書が提言するように[40]、無限定適正意見以外の意見を表明した会計監査人は定時株主総会に出席し、意見を述べなければならないとすることが「立法論としては」望ましいのではないかと思われる。かりに、会社法の改正によって強制することまでは時期尚早である、または過剰であると考えられるとしても、香港のように[41]、『コーポレート・ガバナンス・コード』を改訂して、「上場会社は、監査の実施、監査報告書の作成と内容、会計方針及び監査人の独立性についての質問に答えるために会計監査人を定時総会に出席させるようにすべきである。」と定めることは十分に考えられる。

5 ｜ 監査の基準と株主総会

　会社法の下では、株主総会は重要な機関として位置づけられているが、監査の基準ではほとんど言及されていない。企業会計審議会の『監査基準』や『監査における不正リスク対応基準』には「株主総会」はおろか、「株主」という語すら現れない。

監査基準委員会報告書でも株主総会の存在はほとんど意識されていないようであるが[42]、監査基準委員会報告書560「後発事象」（2011年7月1日、最終改正：2021年1月14日）は、株主総会での意見陳述にふれている。

　すなわち、監査人が財務諸表の修正または財務諸表における開示が必要であると判断する状況において、経営者が財務諸表の修正または開示を行わない場合であって、既に監査報告書を企業に提出しているとき[43]には、監査人は、「経営者及び監査役等に、必要な財務諸表の修正又は財務諸表における開示を行うまでは、財務諸表を第三者に対して発行しないよう通知しなければならない。」とされ、それにもかかわらず、必要な修正または開示を行う前の財務諸表が発行された場合には、監査人は、「財務諸表の利用者による監査報告書への依拠を防ぐための適切な措置を講じなければならない。」とされている（12項(2)）。そして、「当該財務諸表に対する監査報告書への依拠を防ぐために監査人が講じる措置は、監査人の法令上の権利及び義務によって決まる。これは監査役等への報告、適切な場合には株主総会での意見陳述、監査契約の解除等を含む。」（圏点—引用者）とされている（A13項）。

　同様に、「経営者が財務諸表の訂正について、以前に発行した財務諸表を受領した全ての者に対して伝達するために必要な対応を行わない場合、及び財務諸表に訂正が必要であると監査人が判断しているにもかかわらず経営者が財務諸表を訂正しない場合、監査人は、経営者及び監査役等に、財務諸表の利用者による監査報告書への依拠を防ぐための措置を講じる予定であることを通知しなければならない。」とされ、「このような通知にもかかわらず、経営者が必要な対応を行わない場合、監査人は、監査報告書への依拠を防ぐための適切な措置を講じなければならない。」とされている（16項）。そして、「監査人が、以前に発行された財務諸表に対する監査報告書への依拠を防ぐための措置を講じるように事前に通知したにもかかわらず、経営者が必要な対応を行っていないと監査人が判断した場合に監査人が講じる措置は、監査人の法令上の権利及び義務によって決まる。これは監査役等への報告、適切な場合には株主総会での意見陳述、監査契約の解除等を含む。」（圏点—引用者）とされている（A15項）。

　しかし、上述したように、会計監査人の出席を求める総会の決議がある場合は格別、会計監査人が株主総会において意見陳述できる場合としては、計算関係書類が法令または定款に適合するかどうかについて会計監査人が監査役等と「意見を異にする」場合のみが明文で規定されている。監査基準委員会報告書560が想定する場合のほとんどにおいては、計算関係書類が法令または定款に適合するかどうかについて会計監査人が監査役等と「意見を異にする」とはいえない可能性が高く、そうすると、監査基準委員会報告書560のA13項及びA15項が挙げる「株主総会における意見陳述」はできないということにもなりそうである。

　もし、監査基準委員会報告書560のこの規定に合理性があるというのであれば、立法論としては、会計監査人は常に定時総会に出席することができ、意見を述べることができると明定することも検討すべきであるというべきなのかもしれない[44]。

〈注〉
────────────────────────────────────

1　「会社法監査においては、会計監査人の会計監査報告の内容について、会社計算規則第158条第1項［当時。現在は、130条1項―引用者］において特定監査役（会社計算規則第158条第5項［当時。現在は、130条5項―引用者］に定める者をいう。）及び特定取締役（会社計算規則第158条第4項［当時。現在は、130条4項―引用者］に定める者をいう。）に通知する旨の規定があるので、宛先が「取締役会」又は「代表取締役」等でも事務的には監査報告の内容をそれぞれの規定に従い特定監査役及び特定取締役に通知するものとする。通知に際して送り状を付けるなどの方法によれば、監査報告書の宛先と通知先の事実関係がより明確になるものと考える。」としていた。

2　「我が国におけるコーポレート・ガバナンスの観点からは、「取締役会」が望ましいと考えられる。」とされているが、なぜコーポレート・ガバナンスの観点から望ましいのかは示されていない。

3　〈https://annualreport2018.volkswagenag.com/notes/auditors-report.html〉

4　昭和56年商法特例法改正の解説において、担当官は、「株主総会が選任し、会社の会計に関する事項について監査を付託した総会の代理人としての会計監

査人」（圏点―引用者）と述べており（元木　伸『商法等の一部を改正する法律の解説』（法曹会、1990）680頁。同623頁では「会計監査人は、株主総会の付託を受けた株主全体の代理人として監査の業務にあたるものという性格が強くなった」と指摘されている）、会社法においても、会計監査人は株主総会によって計算関係書類の監査を付託されているのだとすれば、会計監査人の会計監査報告の宛先は株主総会となるのが最も自然な論理的帰結であるということができる。

5　かつて、会計監査人制度が導入された際に、商法特例法13条1項が「会計監査人は、……監査報告書を監査役及び取締役に提出しなければならない」と規定したことから、宛先をどのようにすべきかが議論となったことにつき、村山徳五郎「監査報告書」産業経理35巻2号（1975）52-55頁参照。なお、当時、証券取引法監査に係る監査報告書では、「○○株式会社　取締役社長　×××　×殿」という宛名とするのが慣行であった。

6　「会社を指すために会社名だけを書くという方法は、わが国の文書の慣習上どうもなじまない様子である。代表者名を代表者である旨の記載を伴って記すのが法的・正式文書の慣習だといわれる。」と指摘されていた（村山・前掲注(5)54頁）。

7　〈https://www.fsa.go.jp/singi/jyouhouteikyou/siryou/20190122/01.pdf〉

8　本書「17　監査人の交代と引継ぎ」及び「3　監査人の守秘義務」も参照

9　元木・前掲注(4)658頁、鴻　常夫ほか『改正会社法セミナー(3)』（有斐閣、1984）418頁［稲葉威雄］、419頁［河本一郎］。鴻教授は「明文の規定がないのに会計監査人の株主総会出席義務を法律上認めるのという点は解釈上はむずかしいのではないですか。」（鴻ほか・前掲427頁）とされ、稲葉氏は、当時の商法特例法17条の規定につき、昭和「49年改正のときに議論があって、公認会計士側が出席義務を認めることに反対してこういう規定に落ち着いたのです。」と指摘されていた（鴻ほか・前掲427頁）。

10　加藤一昶氏は、出席要求の決議がなくとも、監査報告書の記載につきある株主から質問があれば説明する義務があるという見解を示していた（江頭憲治郎ほか「改正会社法施行後の株主総会―下―」ジュリスト788号（1983）80頁）。また、江頭教授も、「会計事項に関しては会計監査人が出てきて話をするのがやはり当然のようにも思えます。……会計監査人に説明してもらおうかという動議が出たが否決されたというようなことになると、質問した株主は釈然としないのではないかと思うのです。」とされている（鴻ほか・前掲注(9)420頁）。

なお、かなり古いが、日本公認会計士協会法規委員会「定時総会における会計監査人の果たすべき役割等について」（商事法務976号（1983）44-46頁所収）は、出席を求める総会の決議がある場合を除き、計算書類が法令または定款に適合するかどうかについて会計監査人が監査役と意見を異にしても、定時総会に出席しないことができるという見解を示している(1)。しかし、会計監査人と監査役との「意見の不一致が重要なものではなく、その不一致の理由も一見して明らかである等会計監査人が、株主にその理由を説明するまでの必要がないと考えるようなものであれば、会計監査人は定時総会に出席する必要はないことになります。」ともしており(3)、これを反対解釈すると、会計監査人と監査役との意見の不一致が重要なものであるとき、または、その不一致の理由が一見しただけでは明らかでないときなど、会計監査人が株主にその理由を説明する必要があるときには、出席する必要があるという見解をとっているとも理解できる。

11　もっとも、会社の定款の定めにより、会計監査人の株主総会への出席権及び株主総会における意見陳述権を認めることは許されるのではないかと思われる。このような定めをおいても、（監査報酬が多少増加する可能性があることを除けば）株主にとって不利益が生ずるわけではないし、会計監査人にとっても不利益は生じないからである。他方、会計監査人の出席義務及び意見陳述義務を定款で定めても――会計監査人との監査契約において合意することを条件としてそれらの義務を定めるのであれば格別――会計監査人に対する拘束力が当然に認められるものではないと解するのが穏当であろう。

12　「定時総会以外の臨時総会など」へは「出席義務はない」というのであるから、定時株主総会への出席義務はあるという見解なのであろう。なお、会社法の解釈としては、同398条2項が臨時株主総会に類推適用されるという見解が有力である（山田純子「398条」岩原紳作（編）『会社法コンメンタール9』（商事法務、2014）38頁、久保大作「398条」江頭憲治郎＝中村直人（編）『論点体系会社法3』（第一法規、2012）344頁）。

13　門田稔永「株主総会における会計監査人等による説明の可否」商事法務999号（1984）39頁

14　たとえば、会社法385条1項は、「監査役は、取締役が監査役設置会社の目的の範囲外の行為その他法令若しくは定款に違反する行為をし、又はこれらの行為をするおそれがある場合において、当該行為によって当該監査役設置会社に著しい損害が生ずるおそれがあるときは、当該取締役に対し、当該行為をやめることを**請求することができる**。」（圏点―引用者）と定めているが、この請求

権を適切に行使しないことは監査役の任務懈怠にあたることに異論は全くない。かつて、監査役の監査が妥当性監査に及ぶかどうかが議論の対象となっていたが、その際にも、妥当性監査に及ぶとすると「監査役に対し困難に過ぎる任務を強いることになる」と指摘されていた（加藤一昶「行政法違反等と監査役の差止請求権」商事法務670号（1974）27頁、今井　宏「監査役の事前監査―取締役会出席権を中心として」月刊監査役50号（1983）6頁、竹内昭夫「274条」上柳克郎＝鴻　常夫＝竹内昭夫（編集代表）『新版注釈会社法(6)』（有斐閣、1987）446頁など）。

15　味村　治「株式会社監査制度改正試案の解説」商事法務460号（1968）16頁。また、「株式会社監査制度改正に関する民事局参事官室試案理由書」（商事法務459号（1968）2頁以下所収）。また、味村氏は、「会計監査人というのは公益的な公共的な立場において監査するわけでございますので、粉飾のような決算ができるだけされないようにする。そのために総会に出席して意見を述べるんだ、こういう考えであった。」と説明している（「法制審議会商法部会第51回会議議事速記録」（昭和44年7月16日）27頁）。

16　赤堀光子「監査制度改正試案に対する各界の意見について」商事法務471号（1968）10頁及び「株式会社監査制度改正民事局参事官室試案に対する各界の意見」同16-30頁参照

17　商事法務471号18頁

18　商事法務471号23頁

19　日本損害保険協会（商事法務471号29頁）など。また、赤堀・前掲注(16)10頁

20　「法制審議会商法部会第51回会議議事速記録」23-29頁［原委員］［金子委員］

21　「法制審議会商法部会第51回会議議事速記録」23-29頁。また、日本公認会計士協会が株式会社監査制度改正民事局参事官室試案に対して提出した意見、川北　博氏（当時、日本公認会計士協会副会長）の衆議院法務委員会における参考人としての意見陳述（第71回国会衆議院法務委員会議録第33号（昭和48年6月15日））及び尾澤修治氏（当時、日本公認会計士協会相談役）の参議院法務委員会における参考人としての意見陳述（第71回国会参議院法務委員会会議録第14号（昭和48年7月10日））においては、会計監査人の総会出席権への言及はみられない。

22　担当官の解説も「計算書類が法令又は定款に適合するか否かについて、会計監査人の意見と監査役の意見が異なる場合には、会計監査人の意見を株主総会における計算書類の承認決議に反映させることが望ましいことがあると考えられる」とトーンダウンした（味村　治「株式会社監査制度改正要綱案の解説」

商事法務492号（1969）19頁）。

23　もっとも、株主総会で選任するという一事をもって、会計監査人が会社の機関であるという帰結が導かれるわけではない（竹内昭夫『改正会社法解説［新版］』（有斐閣、1983）238頁）。

24　326条の見出しは、「株主総会以外の機関の設置」である。

25　会計監査人が会社の機関であるかどうかについては、学説において議論があり、平成17年法律第87号による廃止前商法特例法の解釈としては、会社の機関ではないという見解が多数説であったが（龍田　節「商特3条」上柳克郎＝鴻常夫＝竹内昭夫（編集代表）『新版注釈会社法(6)』（有斐閣、1987）526頁参照）、会社の機関であるという見解（龍田　節「会計監査人の選任と責任」会計ジャーナル6巻6号（1974）145頁）も有力であった（吉野俊一郎「会計監査人の法的位置付け」商事法務763号（1977）22頁以下も参照）。

26　令和元年改正により、監査役会設置会社であっても、公開会社であり、大会社であり、かつ、金融商品取引法24条1項の規定によりその発行する株式について有価証券報告書を内閣総理大臣に提出しなければならないものは、社外取締役を置かなければならないものとされた（会社法327条の2）。

27　たとえば、商事法務研究会編『株主総会白書　2020年版（商事法務2256号）』（商事法務研究会、2021）では、会計監査人の出席状況につき、「待機せず」が44.3％、「別室待機」25.1％、議場の「株主側」10.9％、議場の「議長側（事務局を含む）」12.1％、「議場内の別席」5.7％、「オンラインで待機」0.7％という回答結果が紹介されている。なお、日本公認会計士協会法規委員会・前掲注(10)は、「13　会計監査人は特例法第17条（現在の会社法398条—引用者）の事由がある場合以外は定時総会に出席できませんか」という問いを立てつつ、答えを示していない。なお、会社法の下では、会計監査人は314条に基づき説明義務を負う者に含まれていない以上、398条所定の場合を除き、会計監査人の定時総会出席義務はないものと考えてよいであろう（元木　伸『改正商法逐条解説』（商事法務研究会、1981）280頁）。他方、取締役や監査役は総会出席義務を負っているという見解が通説である（竹内・前掲注(23)106頁、大隅健一郎＝今井宏＝小林　量『新会社法概説［第2版］』（有斐閣、2010）172頁、浜田道代「314条」酒巻俊雄＝龍田　節（編集代表）『逐条解説会社法第4巻』（中央経済社、2008）162頁［浜田道代］参照）。

28　江頭教授は、会計監査人が会社の機関であることから説明義務を負うという見解を示されており（鴻ほか・前掲注(9)421頁）、龍田教授は、「自分のやった仕事について、取締役だけでなく株主から聞かれた場合にも答えることが、受

任者としての義務だといえないでしょうか。」とされていた（鴻ほか・前掲注
(9)421頁）。しかし、竹内教授は、「会計監査人にも当然の説明義務を認めるという考え方が、立法論として成り立たないとは思いませんけれども、そこまでの義務を課すのが妥当かどうかという政策的判断の問題であって、現行法はそう考えていないのではないですか。法律上の義務がないからといって、……株主総会決議で要求されなくても出ていって説明することがいけないというわけではない」と述べている（鴻ほか・前掲注(9)421-422頁）。

29　門田・前掲注(13)38-39頁。また、稲葉氏は、「監査役に質問されて、監査役が説明し切れないと思ったら、監査役としては事前に会計監査人の出席を求めておいて、補助者としての会計監査人をして説明させるという手当てをすることになる。」としている（鴻ほか・前掲注(9)418頁）。なお、日本公認会計士協会法規委員会・前掲注(8)は、「会社からの事実上の要請に基づいて出席する」ことができることを前提としている（8参照）。

30　もちろん、取締役会の決議により、「会計監査人の出席を求める件」を議題（株主総会の目的である事項）とすることはできる。

31　Sankei Biz【東芝臨時株主総会詳報】(3)(2017.10.24. 15:16)〈https://www.sankeibiz.jp/business/news/171024/bsg1710241516008-n1.htm〉。堀篭俊材「巨大企業と監査法人の存亡をかけた攻防：内部資料があぶり出すその内幕」論座2017年11月7日〈https://webronza.asahi.com/business/articles/2017110100001.html〉も参照

32　大隅健一郎＝今井　宏『会社法論　[第3版]　中巻』（有斐閣、1992）341頁、龍田・前掲(25)（新版注釈会社法(6)）619-620頁

33　相澤　哲＝葉玉匡美＝郡谷大輔『論点解説　新・会社法──千問の道標』（商事法務、2006）424頁

34　一般に公正妥当と認められる企業会計の基準ないし慣行から離脱しなかった場合（本書「13　実質的判断」）及び会計監査人設置会社ではない会社において継続企業の前提が成立しない場合については、「法令及び定款に適合していない」とは必ずしも評価されないと解することはできよう。

35　なお、平成17年改正前商法の下では、法令及び定款に適合していることと計算書類が会社の財産及び損益の状況を適正に表示していることとは実質的に同義であると解されていた（田邊　明ほか『商法改正三法の逐条解説（別冊商事法務24号）』（商事法務、1974）53-54頁）、味村　治＝加藤一昶『改正商法及び監査特例法の解説』（法曹会、1977）267頁、龍田・前掲注(25)（新版注釈会社法(6)）592頁など）。

36 たとえば、味村 治氏は、「株主総会では、たとえ1人でありましても、そういう会計監査人の意見と監査役の意見が違う場合にはとことんまで議論をつきつめてどちらが正しいかということを、これは理想論になるかもしれませんけれども、そういうことを議論する場じゃなかろうかと思うものですから……できるだけ正しい決議がされるようにするということが必要ではあるまいか」と述べていた（「法制審議会商法部会第51回会議議事速記録」27-28頁）。なお、審議の過程では、会計監査人の意見を招集通知に添付するのであれば、「会計監査人は原則として必ず総会に出席すべき」である、総会に出席しなくてよいというのであれば「初めから意見を添付する必要もない」という意見も述べられていた（「法制審議会商法部会第48回会議議事速記録」（昭和44年4月30日）56-57頁［小川委員]）。鴻ほか・前掲注(9)427頁［稲葉］も参照

37 なお、たとえば、カナダ事業会社法168条2項は、取締役または（当該総会において議決権を行使することができるか否かにかかわらず）株主が株主総会の10日前までに書面で通知したときは、監査人または元監査人は会社の費用で、株主総会に出席し、その任務に関する質問に答える義務を負うと定めている。2001年オーストラリア会社法250RA条も、上場公開会社の監査人は総会に出席するか他の者によって適切に代表されなければならない旨を定めている。他方、たとえば、香港のコーポレート・ガバナンス・コードは、上場有価証券の発行者は、監査の実施、監査報告書の作成と内容、会計方針及び監査人の独立性についての質問に答えるために監査人を定時株主総会に出席させるようにしなければならないと定めている（E.1.2）。

38 江頭憲治郎『株式会社法［第8版]』（有斐閣、2021）712頁。また、齋藤真紀「458条」森本 滋＝弥永真生（編）『会社法コンメンタール11』（商事法務、2010）147頁。さらに、龍田 節「290条」上柳克郎＝鴻 常夫＝竹内昭夫（編集代表）『新版注釈会社法(9)』（有斐閣、1988）15頁参照

39 たとえば、黒沼悦郎「462条」森本 滋＝弥永真生（編）『会社法コンメンタール11』（商事法務、2010）196～200頁［黒沼悦郎］、齋藤真紀「458条」森本＝弥永・前掲147頁参照

40 充実懇報告書は立法論として述べているつもりではないのかもしれないが、解釈論としては現在のところ広く支持されている見解ではない。

41 前掲注(37)参照

42 なお、監査人の総会出席・意見陳述についての実務指針を有する国もある。たとえば、（オーストラリア）Auditing and Assurance Standards Board, Guidance Statement GS 010 Responding to Questions at an Annual

General Meeting; （香港）Hong Kong Institute of Certified Public Accountants, Technical Bulletin - AATB 2, Guidance to the Auditor when Responding to Questions at an Annual General Meeting などがある。

43　まだ監査報告書を企業に提出していないときには、監査基準委員会報告書705「独立監査人の監査報告書における除外事項付意見」に従って、監査意見に及ぼす影響を考慮した上で、監査報告書を提出しなければならない（12項(1)）。

44　たとえば、カナダ事業会社法168条1項は、監査人は株主総会に出席し、その任務に関する意見を述べる権利を有すると定め、連合王国の2006年会社法502条や2001年オーストラリア会社法249V条も同様である。また、1993年ニュージーランド会社法附則1（定款で別段の定めをしない限り適用される。124条）の2条1項によれば、監査人は総会の招集通知を受けることとされており、これは、監査人が総会に出席する権利を有することを意味している。前掲注(37)も参照。なお、「株式会社監査制度改正に関する民事局参事官室試案」に対して、中央大学商学部教授は、会計監査人に一般的に総会出席義務を課すべきであるという意見を提出した。

24

準拠性監査と適正性監査

1 | 準拠性監査の明定

　2014年2月18日改訂により、『監査基準』に準拠性監査についての規定が設けられた。すなわち、「財務諸表が特別の利用目的に適合した会計の基準により作成される場合等には、当該財務諸表が会計の基準に準拠して作成されているかどうかについて、意見として表明することがある。」とされ（第一　監査の目的、2）、「監査人は、準拠性に関する意見を表明する場合には、作成された財務諸表が、すべての重要な点において、財務諸表の作成に当たって適用された会計の基準に準拠して作成されているかどうかについての意見を表明しなければならない。」とされた（第四　報告基準、一　基本原則、1）。

　そして、監査基準委員会報告書200は、財務諸表監査の実施における監査人の総括的な目的（の1つ）は、「不正か誤謬かを問わず、全体としての財務諸表に重要な虚偽表示がないかどうかについて合理的な保証を得ることにより、財務諸表が、全ての重要な点において、適用される財務報告の枠組みに準拠して作成されているかどうか（適正表示の枠組みの場合は、財務諸表が全ての重要な点において適正に表示されているかどうか。）に関して、監査人が意見を表明できるようにすること」であるとし（10項(1)）、「準拠性の枠組み」は、「その財務報告の枠組みにおいて要求される事項の遵守が要求されるのみで、「① 財務諸表の適正表示を達成するため、財務報告の枠組みにおいて具体的に要求されている以上の開示を行うことが必要な場合がある

ことが、財務報告の枠組みにおいて明示的又は黙示的に認められている。」及び「② 財務諸表の適正表示を達成するため、財務報告の枠組みにおいて要求されている事項からの離脱が必要な場合があることが、財務報告の枠組みにおいて明示的に認められている。このような離脱は、非常に稀な状況においてのみ必要となることが想定されている。」[1]のいずれも満たさない財務報告の枠組みに対して使用される。」としている（12項(13)。「監査基準委員会報告書700」6項(2)も同じ。）。

　そして、監査基準委員会報告書700では、無限定意見とは、「準拠性の枠組みの場合、財務諸表が、すべての重要な点において、適用される財務報告の枠組みに準拠して作成されていると監査人が認める場合に表明される意見をいう。」とされ（6項(3)）、「準拠性の枠組みに準拠して作成された財務諸表に対して無限定意見を表明する場合、監査意見には、「財務諸表が、すべての重要な点において、［適用される財務報告の枠組み］に準拠して作成されている」と記載しなければならない。」とされている（24項）[2]。

　そして、監査基準委員会報告書700は「準拠性の枠組みでは、適用される財務報告の枠組みにおいて要求される事項の遵守が求められるのみであるため、財務諸表が準拠性の枠組みに準拠して作成されている場合、監査人は、財務諸表が適正に表示されているかどうか評価することを求められない。」としている（17項）。

　他方、監査基準委員会報告書700は「監査人は、財務諸表が適正表示の枠組みに準拠して作成されている場合には、第10項及び第11項で求められている評価において、財務諸表が適正に表示されているかどうかの評価も行わなければならない。」とし、監査人は、財務諸表が適正に表示されているかどうかについて評価する場合には、財務諸表の全体的な表示、構成及び内容、及び、関連する注記事項を含む財務諸表が、基礎となる取引や会計事象を適正に表しているかどうか、を勘案しなければならないとしている（12項）。また、以下のように規定している（16項）。

　適正表示の枠組みでは、適用される財務報告の枠組みにおいて要求さ

れる事項に準拠して財務諸表を作成したとしても、財務報告の枠組みにおいて具体的に要求されている以上の注記や、財務報告の枠組みからの離脱が必要な場合があることから、作成された財務諸表が適正に表示されているとは認められない場合がある。その場合には、監査人は、原因となっている事項について経営者と協議し、適用される財務報告の枠組みにより求められる事項、及びその事項がどのように解消されたかに応じて、監査基準委員会報告書705に基づき監査報告書において除外事項付意見を表明する必要があるかどうかを判断しなければならない。（圏点―引用者）

　ここで、16項と17項とを対比して読むと、「適正に表示されている」というためには、追加的な開示または（例外的に）会計基準からの離脱をしないと、「財務諸表が利用者の誤解を招く」という場合のみならず、追加的な開示または（例外的に）会計基準からの離脱が求められる場合があることを意味していると理解するのが自然であるように思われる。たとえば、高田正淳教授は、「適正の中には最低限の法律要件に従っているということのほかに、利害関係者を誤解させないような措置がとられているかどうかが含まれています」と述べていた[3]。

2 ｜ 平成17年廃止前商法特例法の下での会計監査人監査は準拠性監査だったのか

　監査論の研究者の間では、平成17年廃止前商法特例法の下での会計監査人監査は適法性監査であり、適正性監査とは異なるという見解がかつては多数であったのかもしれないが[4]、平成17年廃止前商法特例法21条の28第2項2号、平成17年改正前商法281条ノ3第2項3号の「法令及定款ニ従ヒ会社ノ財産及損益ノ状況ヲ正シク示シタル」こと（適法性）と監査証明府令4条1項1号ハの「一般に公正妥当と認められる企業会計の基準に準拠して、当該財務諸表等に係る事業年度（連結財務諸表の場合には、連結会計年度……）の財

政状態、経営成績……をすべての重要な点において適正に表示している」こと（適正性）とは実質的には同意義であると解するのが、少なくとも商法の学説としては通説であった[5]。

　そして、「株式会社監査制度改正に関する民事局参事官室試案」（1968年9月3日）[6]では、（会計監査人を置かない会社の）監査役の監査報告書及び会計監査人の監査報告書の記載事項の1つとして、「貸借対照表及び損益計算書の内容及び記載方法その他の様式が法令及び定款に適合しているか否か」を定めることが提案されていたのに対し（第八（四）及び第十一、七、2（二））、企業会計審議会「監査制度改善に関する「商法改正試案」について」（1968年12月27日）[7]が会計監査人の監査報告の記載事項は「貸借対照表及び損益計算書が法令及び定款に従って作成され、会社の財政及び損益の状態を適正に表示しているか否か」と規定すべきである（二　監査報告書の記載事項、三）と主張したのをうけて、法制審議会商法部会「株式会社監査制度改正要綱案」（1969年7月16日）[8]が（会計監査人を置かない会社の）監査役の監査報告書及び会計監査人の監査報告書に「貸借対照表及び損益計算書が法令及び定款にしたがって会社の財産及び損益の状況を正しく示しているときは、その旨」、「示していないときは、その旨及びその違反の内容」を記載させる方針を採った（第八（二）(1)(2)及び第十四、七、2（二））という沿革からも、単に法令及び定款の明文の規定に従っただけでは、「法令及定款ニ従ヒ会社ノ財産及損益ノ状況ヲ正シク示シタル」ものとはいえないという解釈が穏当であった。そして、──監査役の監査報告書の記載事項の文脈においてであるが──商法及び商法特例法と証券取引法とでは適正性の判断基準が異なることが前提とされていたと指摘されている[9]。

　したがって、平成17年廃止前商法特例法の下での会計監査人監査は法令及び定款の明文の規定への準拠性について意見を表明するにとどまらず、「会社ノ財産及損益ノ状況ヲ正シク示シタル」ものであるかどうかについて意見を述べることが求められていたという点では適正性監査であり、準拠性監査ということはできなかったと考えられる。

　なお、株式会社の貸借対照表、損益計算書、営業報告書及び附属明細書に

関する規則（昭和38年法務省令第31号。以下「計算書類規則」という）（昭和57年法務省令第25号による改正後）３条の３は「この規則で定めるもののほか、貸借対照表又は損益計算書により会社の財産及び損益の状態を正確に判断するために必要な事項は、貸借対照表又は損益計算書に注記しなければならない。」と定め、平成18年改正前商法施行規則47条も「この節に定めるもののほか、貸借対照表又は損益計算書により計算書類作成会社の財産及び損益の状態を正確に判断するために必要な事項は、貸借対照表又は損益計算書に注記しなければならない。」と定めていた。したがって、追加的開示が求められていたという点でも、適正表示の枠組みにおける監査意見の表明が、会計監査人には求められていたということができる。

3 │ 財務諸表が利用者の誤解を招くと監査人が判断する場合

　すでにみたように、監査基準委員会報告書700は「財務諸表が準拠性の枠組みに準拠して作成されている場合、監査人は、財務諸表が適正に表示されているかどうか評価することを求められない。」としているが、「極めてまれな状況において、財務諸表が利用者の誤解を招くと監査人が判断する場合、その原因となっている事項を経営者と協議するとともに、その事項がどのように解消されたかに応じて、監査報告書における記載の要否、及び記載する場合にはその方法について判断しなければならない。」としている（17項）。これは国際監査基準700のパラグラフ19をふまえたものである。また、監査基準委員会研究報告第３号のQ13（財務報告の枠組みの相違と監査プロセス②準拠性の枠組み）に対する（解説）によると、「これは、倫理規則における誠実性の原則（倫理規則第３条）に基づき求められる」[10]。

　しかし、「受入可能な」適用される財務報告の枠組みにおいて要求される規定が遵守されているにもかかわらず、「財務諸表が利用者の誤解を招くと監査人が判断することがある」という立論はやや奇妙な面を有する。

　まず、監査基準委員会報告書210の４項は、監査の前提条件が満たされて

いることを明確にすることを求め、同項(1)では、財務諸表の作成に当たり適用される財務報告の枠組みが受入可能なものであるかどうかを判断することを求めている。すなわち、「財務諸表の作成に当たり適用される財務報告の枠組みが受入可能なものである」ことは、監査の前提条件の1つである。

そして、監査基準委員会報告書210は、以下のように規定している。

A4. 財務諸表の作成において適用される財務報告の枠組みが受入可能なものかどうかについて監査人が判断する際に、以下のような要素を考慮することがある。
  ・企業の特性（例えば、企業は営利企業か非営利組織か。）
  ・財務諸表の目的（例えば、広範囲の利用者に共通する財務情報に対するニーズを満たすことを目的として作成される財務諸表であるか、又は特定の利用者の財務情報に対するニーズを満たすことを目的として作成される財務諸表であるか。）
  ・財務諸表の特性（例えば、完全な一組の財務諸表であるか、個別の財務表（例えば貸借対照表）であるか。）
  ・適用される財務報告の枠組みが法令等に規定されているかどうか。

ここからは、受入可能なものであるためには、財務報告が利用者のニーズを満たすことができるような財務報告の枠組みでなければならないという立場をとっていると推察することができる。そうであれば、追加的開示や（ごくまれな場合の離脱）なしに、当該財務報告の枠組みによって作成された財務諸表が利用者のニーズを満たすことができると考えられる場合に、監査人は受入可能と判断するのではないかと考えられる。このように考えると、監査基準委員会報告書700の17項にいう「極めてまれな状況」の場合は、むしろ、当該財務報告の枠組みが受入可能ではないことが一般的なのではないかという疑問が生ずる。

また、財務報告の枠組みが適正表示の枠組みである場合と同様、準拠性の枠組みである場合にも、監査意見の形成に当たり、監査人は、財務諸表が、

すべての重要な点において、適用される財務報告の枠組みに準拠して作成されているかどうかを評価しなければならず、適用される財務報告の枠組みにより要求される事項に基づき、

・経営者が採用した重要な会計方針が、財務諸表において適切に注記されているかどうか

・経営者が採用した会計方針が、適用される財務報告の枠組みに準拠しており、かつ適切であるかどうか

・経営者の行った会計上の見積り及び関連する注記事項が合理的であるかどうか

・財務諸表において表示及び注記された情報が目的適合性、信頼性及び比較可能性を有し、かつ理解可能なものであるかどうか

・重要な取引や会計事象が財務諸表に与える影響について、財務諸表の利用者が理解するために適切な注記がなされているかどうか

・財務諸表の名称を含め、財務諸表で使用されている用語は適切であるかどうか

を評価しなければならないとされている（「監査基準委員会報告書700」10項及び11項参照）。

　このうち、「財務諸表において表示及び注記された情報が目的適合性、信頼性及び比較可能性を有し、かつ理解可能なものであるかどうか」、及び、「重要な取引や会計事象が財務諸表に与える影響について、財務諸表の利用者が理解するために適切な開示がなされているかどうか」は実質的な判断を含んでいると考えられ、もし、これらにつき否定的に監査人が評価するのであれば、財務諸表には虚偽表示（虚偽表示には重要な事項の不記載あるいは不十分な記載が含まれると考えられる。）があると判断され、除外事項付意見の表明につながるのではないかと思われる。

　「監査基準の改訂に関する意見書」（2014年3月18日）では、「適正性に関する意見の表明に当たっては、監査人は、経営者が採用した会計方針が会計の基準に準拠し、それが継続的に適用されているかどうか、その会計方針の選択や適用方法が会計事象や取引の実態を適切に反映するものであるかどう

かに加え、財務諸表における表示が利用者に理解されるために適切であるかどうかについて判断しなくてはならない。その際、財務諸表における表示が利用者に理解されるために適切であるかどうかの判断には、財務諸表が表示のルールに準拠しているかどうかの評価と、財務諸表の利用者が財政状態や経営成績等を理解するに当たって財務諸表が全体として適切に表示されているか否かについての一歩離れて行う評価が含まれるが、準拠性に関する意見の表明の場合には、後者の一歩離れての評価は行われないという違いがある。」とされている（二 主な改訂点とその考え方、1 監査の目的の改訂）。

　また、『監査基準』の第四 報告基準、一 基本原則、2 は、「監査人は、財務諸表が一般に公正妥当と認められる企業会計の基準に準拠して適正に表示されているかどうかの判断に当たっては、経営者が採用した会計方針が、企業会計の基準に準拠して継続的に適用されているかどうかのみならず、その選択及び適用方法が会計事象や取引を適切に反映するものであるかどうか並びに財務諸表の表示方法が適切であるかどうかについても評価しなければならない。」（圏点—引用者）としており、準拠性に関する意見表明の場合になすべき評価に加えて、①経営者が採用した会計方針が、企業会計の基準に準拠して継続的に適用されているかどうか、②その選択及び適用方法が会計事象や取引を適切に反映するものであるかどうか、及び、③財務諸表の表示方法が適切であるかどうかを、適正性に関する意見表明の場合には検討しなければならないかのようにも読める。しかし、「監査基準の改訂に関する意見書」では、「準拠性に関する意見には、財務諸表には重要な虚偽の表示がないことの合理的な保証を得たとの監査人の判断が含まれている。この判断に当たり、監査人は、経営者が採用した会計方針が、会計の基準に準拠して継続的に適用されているかどうか、財務諸表が表示のルールに準拠しているかどうかについて形式的に確認するだけではなく、当該会計方針の選択及び適用方法が適切であるかどうかについて、会計事象や取引の実態に照らして判断しなければならないことにも留意が必要である。」とされているから（二 主な改訂点とその考え方、3 報告基準の改訂）、少なくとも、①及び②の点では差がないのではないかと考えられる。そうすると、③財務諸表の表示方法が

適切であるかどうかを、適正性に関する意見表明の場合には検討しなければ
ならないが、準拠性に関する意見表明の場合には検討することを要しないと
いう相違が、両者を分けるものとされていると理解することになろう。

たしかに、明文化された財務諸表の表示のルールは完璧なものではなく、
漏れなどもありうる。しかし、（表示のルールを細則主義的に捉える場合には、
そのような理解もありうるかもしれないが、）表示のルールを表面的に解釈し、
または、表示のルールで明文で要求されていない場合には作成者は好きなよ
うに表示してよいという理解を前提とするのであれば格別、表示のルールを
原則主義的に捉え、または、目的論的に解釈すれば、財務諸表の利用者が財
政状態や経営成績等を理解するにあたって財務諸表が全体として適切に表示
されていない以上、財務諸表は表示のルールに準拠しているとはいえないと
準拠性に関する意見表明においても考えるべきことになろう（つまり、財務
諸表の表示のルールをどのように解釈すべきかという問題なのではないかと
も思われる）。しかも、「一歩離れて行う評価」というのは比喩的表現であり、
少なくとも、裁判において、この意味を裁判所に理解してもらうことは必ず
しも容易ではなさそうである。

4 監査基準委員会研究報告第３号

(1) 適正表示の枠組みの理解

監査基準委員会研究報告第３号ではQ6（「適正表示の枠組み」と「準拠性
の枠組み」の考え方）に対する答えとして以下のように述べられている。

> 我が国においては、適正表示の枠組みか否か判断する際に、以下を検
> 討する必要がある。
> １．適正表示を達成するための追加開示の明示的な規定の有無
> ２．追加開示の明示的な規定が存在する場合の考慮点

　この一般論はよく練られたものであると思われ、1でみた「適正表示の枠
組み」の特性とも整合的であると考えられる。

　しかし、Q6に対する（解説）ならびにQ8（会社法に基づいて作成された
計算書類）及びQ9（中小会計指針又は中小会計要領の取扱い）に対する答
え及び（解説）で述べられている見解には、以下(3)及び(4)で述べるように、
法律学の観点からは違和感を覚えるものが少なくない。

(2)　適正表示を達成するための追加開示の明示的な規定の存在

　Q6に対する（解説）において認識されているように、「我が国において存
在する様々な財務報告の枠組みは、その多くが、必須の注記事項以外に利害
関係者が財政状態や経営成績等の状況を適切に判断するために必要と認めら
れる事項がある場合の追加的な開示要求を明示的に規定しており」、「①財務
諸表の適正表示を達成するため、財務報告の枠組みにおいて具体的に要求さ
れている以上の開示を行うことが必要な場合があることが、財務報告の枠組
みにおいて明示的又は黙示的に認められている」ことという条件を「満たす
場合が多い」。

　たとえば、財務諸表等規則8条の5は「この規則において特に定める注記
のほか、利害関係人が会社の財政状態、経営成績及びキャッシュ・フローの
状況に関する適正な判断を行うために必要と認められる事項があるときは、
当該事項を注記しなければならない。」と、連結財務諸表規則15条は「この
規則において特に定める注記のほか、連結財務諸表提出会社の利害関係人が
企業集団の財政状態、経営成績及びキャッシュ・フローの状況に関する適正
な判断を行うために必要と認められる事項があるときは、当該事項を注記し

なければならない。」と、それぞれ定めている。会社計算規則98条1項19号にいう「その他の注記は、［会社計算規則―引用者］第100条から前条［115条の2―引用者］までに掲げるもののほか、貸借対照表等、損益計算書等及び株主資本等変動計算書等により会社（連結注記表にあっては、企業集団）の財産又は損益の状態を正確に判断するために必要な事項とする。」とされており（会社計算規則116条）、この注記は省略することができない（会社計算規則98条2項）。

したがって、少なくとも、会社法または金融商品取引法の要求に従って作成される（連結）計算書類・（連結）財務諸表については、適正表示を達成するための追加開示の明示的な規定があるということになる。

(3) 追加開示の明示的な規定の設定趣旨

たしかに、「監査基準の改訂に関する意見書」（2014年2月18日）では、「一般目的の財務諸表であっても法令により一部の項目について開示を要しないとされている場合等には、適正性に関する意見を表明することは馴染まない場合もあると考えられる。」（一 経緯、1 審議の背景）とされており、Q6に対する（解説）において、「追加開示の規定がある場合、それのみで適正表示の枠組みかどうかを判断するのは適切でない。」とされているのは一般論としては適切である。

しかし、Q6に対する（解説）が「追加的な開示要求を規定している財務報告の枠組みであっても、必ずしも明確に適正表示の達成を意図しておらず、慣行的に追加開示が行われていない場合には、準拠性の枠組みとして取り扱うのが適切である。」とし、Q8に対する（解説）の3が「会社法に基づく計算書類においては、会計監査人設置会社に求められている注記項目が全て提供された場合に、会社法の計算書類における適正表示が達成されると考えられることから、会計監査人非設置会社において、会社計算規則第98条第2項第1号又は第2号に基づき注記を省略する場合、当該枠組みは、準拠性の枠組みと整理するのが適切であると考えられる。」としている点には違和感が残る。

なぜなら、第1に、会社計算規則（かつては計算書類規則、商法施行規則）が追加的な注記を要求している理由は利用者に対する有用な情報の提供以外には見出すことができないのであるから、会社法の下での財務報告が「必ずしも明確に適正表示の達成を意図して」いないと評価することは不適切だからである。第2に、「慣行的に追加開示が行われていない」から適正表示の枠組みではないというのは本末転倒である。もし、法令上において、明示的に追加開示が求められているのであれば、適正表示の枠組みとして取り扱い、ある会社の計算関係書類または財務諸表等において必要な追加開示が行われていないと監査人が判断したときには、除外事項付意見を表明するのがスジなのではないかと考えられるからである[11]。第3に、Q8に対する（解説）の3では、会社計算「規則第98条第2項第1号及び第2号は会計監査人非設置会社の状況を踏まえて一定の注記を要しないとしている趣旨に鑑みれば、「その他の注記」の規定は同規則第98条第2項第1号又は第2号に従い省略される注記の開示の必要性の判断を改めて求めているわけではないと考えられる。」という解釈が示されている。この解釈が正しいかどうかについて裁判所の判断が示された事例は知られていないが、会社計算規則98条1項19号の「その他の注記」はすべての株式会社に求められているため、同条2項1号または2号の規定により注記を省略できるとされている事項であっても、「貸借対照表等、損益計算書等及び株主資本等変動計算書等により会社……の財産又は損益の状態を正確に判断するために必要な事項」があれば、注記しなければならないということに疑いはない。そうであれば、会社計算規則98条2項1号または2号の規定により注記を省略しているという点を捉えて適正表示の枠組みにあたらないとするのは会社法及び会社計算規則の趣旨に反するように思われる。むしろ、適正表示の枠組みにあたると解して、（任意）監査においては、会社計算規則98条1項19号に基づいて必要な追加的開示が行われているかを判断し、もし、行われていなければ、除外事項付意見を監査人は表明すればよいだけのことではないかと思われる。第4に、かりに、準拠性の枠組みであると解したとしても、会社法及び会社計算規則に基づく計算書類であるというのであれば、会社法98条1項19号の注記がなされていない

場合には、準拠していないことになるから、結局、除外事項付意見を表明しなければならないという奇妙な帰結になるのではないかと思われる。

　しかも、企業会計基準第29号「収益認識に関する会計基準」（2018年3月30日、最終改正：2020年3月31日）101-6項は、「開示目的を定めたうえで、企業の実態に応じて、企業自身が当該開示目的に照らして注記事項の内容を決定することとした方が、より有用な情報を財務諸表利用者にもたらすことができると考えられる。」とし、「包括的な定めとして、IFRS第15号と同様の開示目的及び重要性の定めを含める。また、原則としてIFRS第15号の注記事項のすべての項目を含める。」一方で、「企業の実態に応じて個々の注記事項の開示の要否を判断することを明確にし、開示目的に照らして重要性に乏しいと認められる項目については注記しないことができることを明確にする。」という方針を採用したとされている。すなわち、その80-4項は、「収益認識に関する注記における開示目的は、顧客との契約から生じる収益及びキャッシュ・フローの性質、金額、時期及び不確実性を財務諸表利用者が理解できるようにするための十分な情報を企業が開示することである。」と定め、80-5項ただし書きは、「上記の項目に掲げている各注記事項のうち、前項の開示目的に照らして重要性に乏しいと認められる注記事項については、記載しないことができる。」と定めている。

　これは、企業の財政状態及び経営成績（金融商品取引法の下では、さらにキャッシュ・フローの状況）を財務諸表（計算書類）の利用者が適切に理解できるという意味において有用な情報を提供するという開示目的からは、すべての会計基準にあてはまるアプローチであると考えられ、会社計算規則98条2項1号または2号に基づいて注記を省略した場合であっても、その省略された注記事項が、会社法の計算規定の根底にある「開示目的に照らして重要性に乏しいと認められる注記事項」であるのであれば、省略したことを捉えて、適正表示の枠組みでないと評価することの説得力は乏しい。

　なお、会社法の下では、法律の建付けとしては、株式会社の計算書類の利用者として株主、会社債権者、親会社社員に加え――現実には99％以上の株式会社が貸借対照表（大会社の場合は貸借対照表及び損益計算書）の公告ま

たは電磁的方法による公表の義務を懈怠しているとはいえ――一般公衆を想定しており、会社の計算は「一般に公正妥当と認められる企業会計の慣行」に従うものとして、そのような広範な利用者のニーズに応えることとされているから、株式会社の計算書類は「一般目的の財務諸表」として位置づけられる[12]。

(4) 一般に公正妥当と認められる会計の基準との差異の程度

　監査基準委員会研究報告第3号のQ6に対する（解説）2の(2)では、「一般に公正妥当と認められる会計の基準は、財務諸表の作成主体（事業体）の種類（営利企業か非営利企業か等）を踏まえ、広範囲の利用者に共通するニーズを満たす情報が財務諸表で提供されるように、適正表示を意図して財務報告に関係する利害関係者間の調整プロセスを経て策定される。適用される財務報告の枠組みが、このようなプロセスを経て策定された同一種類の事業体が利用する一般に公正妥当と認められる会計の基準と大きく異なる場合、作成される財務諸表は同一種類の事業体の財務諸表として広範囲の利用者が想定するものとは異なることとなる。そのような枠組みは、適正表示を達成する財務情報を提供することを意図して策定されているものではないと考えるのが相当である。」とされている。

　このような立論の背景には、おそらく、監査基準委員会報告書210のA8項があるのであろう。そこでは以下のように記載されている。

　現在、一般目的の財務報告の枠組みが受入可能なものかどうかを判断するための、国際的に一般に認められる客観的かつ規範性のある基準は存在しない。そのような判断基準が存在しないため、企業が利用すべき基準を公表する権限を有する又は認知されている会計基準設定主体が設定する財務報告の基準は、当該設定主体が、確立された透明性のあるプロセス（広範囲の利害関係者の見解についての審議及び検討を含む。）に従っているのであれば、企業が作成する一般目的の財務諸表に適用される枠組みとして受入可能なものであると推定される。こうした財務報

告の基準には、例えば、以下のものが含まれる。

・企業会計基準委員会が設定する企業会計基準

・金融庁長官が指定する指定国際会計基準

・国際会計基準審議会が公表する国際会計基準

・日本以外の国において認知されている会計基準設定主体が公表する会計原則、ただし、当該会計基準設定主体が確立された透明性のあるプロセス（広範囲の利害関係者の見解についての審議及び検討を含む。）に従っている場合

　これらの財務報告の基準は、我が国において、一般目的の財務諸表の作成を定める法令等により、適用される財務報告の枠組みとして認められていることがある。

　したがって、監査基準委員会研究報告第3号のQ6に対する（解説）2の(2)のこのような一般論はもっともであると考えられる。

　しかし、監査基準委員会研究報告第3号のQ6に対する（解説）2の(2)で、この一般論の後に述べられている以下の見解及びQ9に対する（解説）の5は、わが国の会社法の理念及び解釈からも、（拡大前）EU構成国における理解（後述5参照）ともかなりかけ離れているように思われる。

　同一種類の事業体に対して、一般に公正妥当と認められる会計の基準を含め、適用される財務報告の枠組みが複数存在するような場合（注）、一般に公正妥当と認められる会計の基準とは大きく異なる緩やかな取扱い（開示の省略を含む。）を認めている枠組みについては、形式的には適正表示を達成するための追加開示の規定がある場合でも、適正表示の枠組みとして取り扱うのは適切ではないと判断する可能性が高いと考えられる。

　(注)　適用される財務報告の枠組みが複数存在するような場合とは、例えば、会社計算規則に基づく計算書類の場合、会計監査人設置会社であれば、我が国において一般に公正妥当と認められる企業会計の基準（JGAAP）が適用されるが、会計監

査人非設置会社の場合には、「中小企業の会計に関する指針」や「中小企業の会計に関する基本要領」に基づくことも認められる状況が挙げられる。

　第1に、監査基準委員会報告書210のA9項では、「企業の一般目的の財務諸表の作成において利用する財務報告の枠組みは法令等に規定されていることがあるが、反証がない限り、そのような財務報告の枠組みは、当該企業が作成する一般目的の財務諸表のために受入可能なものであると推定される。」とされている。

　ところで、かつては、商法及びそれに基づく法務省令（商法施行規則。その前は、株式会社の貸借対照表、損益計算書、営業報告書及び附属明細書に関する規則）が、現在では、会社法及び会社計算規則は財務報告につき、具体的な規定を置き、かつ、「公正ナル会計慣行」を斟酌することを求め、または、「一般に公正妥当と認められる企業会計の慣行」に従うものとすると定めている。そうであれば、「一般に公正妥当と認められる企業会計の慣行」は一般目的の財務報告の枠組みとして受入可能なものであると推定されるという論理的帰結が導かれそうである。

　いずれにしても、監査基準委員会報告書210のA8項及びA9項からすると、JGAAP——企業会計基準委員会が設定する会計基準を念頭に置いているのであれば——を基準として、適正表示の枠組みかどうかを判断することは不適切であろう[13]。

　第2に、監査基準委員会研究報告第3号のQ6に対する（解説）2の(2)では「一般に公正妥当と認められる会計の基準は、財務諸表の作成主体（事業体）の種類（営利企業か非営利企業か等）を踏まえ、広範囲の利用者に共通するニーズを満たす情報が財務諸表で提供されるように、適正表示を意図して財務報告に関係する利害関係者間の調整プロセスを経て策定される。適用される財務報告の枠組みが、このようなプロセスを経て策定された同一種類の事業体が利用する一般に公正妥当と認められる会計の基準と大きく異なる場合、作成される財務諸表は同一種類の事業体の財務諸表として広範囲の利用者が想定するものとは異なることとなる。そのような枠組みは、適正表示

を達成する財務情報を提供することを意図して策定されているものではないと考えるのが相当である。」とされている。そして、企業会計基準委員会の開発する会計基準を中核とする一群の会計基準[14]をここでいう「一般に公正妥当と認められる会計の基準」であると考えているようである。

しかし、少なくとも、企業会計基準委員会の開発する会計基準は有価証券報告書提出会社を主として念頭において開発されているのであって[15]、「同一種類の事業体」として株式会社を想定したときには、そのベンチマークとしての適格性は保証されていない[16]。また、有価証券報告書提出会社以外の会社の財務報告に関係する利害関係者間の調整プロセスを経ていると言い切ることも難しいであろう[17]。したがって、株式会社一般を前提として、会社法の下で認められる「一般に公正妥当と認められる企業会計の慣行」が企業会計基準委員会が公表した企業会計の基準と異なることをもって、「そのような枠組みは、適正表示を達成する財務情報を提供することを意図して策定されているものではないと考えるのが相当である。」と論じることには論理の飛躍があるのではないかと思われる。あくまでも、建前かもしれないが、現在の会社法の計算規定は、『商法と企業会計の調整に関する研究会報告書』（1998年6月16日）を背景として、会社の財産及び損益の状況を正しく示すことを目的としており、分配可能額の適格性は分配可能額の算定のレベルで対応するということになっている[18]。

第3に、現在の会社法の下では、「計算関係書類が当該株式会社の財産及び損益の状況を全ての重要な点において適正に表示しているかどうかについての意見」は会計監査報告の内容であるとともに（会社計算規則126条1項2号）、会計監査人設置会社ではない監査役設置会社の監査役（及び監査役会）の監査報告の内容でもある（会社計算規則122条1項2号、123条2項1号）。この規定ぶりからは、会社法の計算関係規定は、会計監査人非設置会社についても、「適正表示を達成する財務情報を提供することを意図して策定」されている（とみてもらえないと困る?）。

第4に、Q9に対する（解説）の5は、①「実際の適用に当たっては、いずれの場合も、経営者は個々の企業における実際の利用者のニーズを念頭に

おいて、それぞれ許容されている範囲で税法基準を含め会計処理の方法を選択・適用しており、一定の枠内ではあるが、テーラーメード型の財務報告の枠組みとして機能している側面がある。」こと及び②「我が国において一般に公正妥当と認められる企業会計の基準（JGAAP）との差異の程度や会社計算規則第98条第2項第1号及び第2号に基づく注記の省略を考慮して、準拠性の枠組みと位置づける。」ことを理由として、中小会計指針及び中小会計要領を「当面の間、いずれも、特別目的の財務報告の枠組みであり、準拠性の枠組みと位置付けるのが適当と考えられる。」としている。

　しかし、②は、すでに述べたように、かなり無理のある考え方なので、中小会計指針及び中小会計要領を特別目的の財務報告の枠組みであり、準拠性の枠組みと位置づけることが適当であるとすると、①が論拠となるものと思われる。ただ、1999年に「金融商品に係る会計基準」が公表されるまでは、証券取引法の下での監査においても、実質的には『企業会計原則』への準拠性に着目して[19]、無限定適正意見が表明されていたという事実がある。しかし、『企業会計原則』が許容していた会計処理は広範に及ぶこともあり、『企業会計原則』の下で、「経営者は……、それぞれ許容されている範囲で税法基準を含め会計処理の方法を選択・適用して」いたと考えられる[20]。そうであるとすると、経営者に会計処理の方法を選択・適用する余地がどの程度あれば、準拠性の枠組みと位置づけるべきなのかはかなり難しい問題のように思われる。また、『企業会計原則』が適正表示の枠組みであったというのであれば、中小会計指針も適正表示の枠組みと位置づけてもよいのではないかという考え方もありうるかもしれない。中小会計指針の内容をみると、比較的新しい会計問題を別とすれば、『企業会計原則』を踏襲していると評価できそうだからである。

　なお、監査基準委員会研究報告第3号のQ8に対する（解説）の2では、「会計監査人設置会社においては、金融商品取引法における開示制度との関係から、財務諸表等規則により求められている、我が国において一般に公正妥当と認められる企業会計の基準（JGAAP）により、会社計算規則に準拠して計算書類が作成される。」とされている。これは、会計監査人が指導した結果、

会社がそれに従っているという事実を述べているのであれば正しいのであろうが、JGAAPにより計算書類を作成しなければならないという解釈は——明らかに誤っているとは断言できないが——正しいといえるかどうかはかなり疑わしい。

たしかに、有価証券報告書提出会社（である会計監査人設置会社）の場合であれば、『商法と企業会計の調整に関する研究会報告書』でそのような見解が、いわば、公に示され[21]、かつ、そのような解釈を前提とすると推測される裁判例もある[22]。しかし、有価証券報告書提出会社ではない会計監査人設置会社が金融商品取引法と同様の財務報告規制（会計規制）に服すべき説得力のある根拠が示されたことはないように思われる。

まず、公認会計士または監査法人が監査する以上、金融商品取引法上の一般に公正妥当と認められる企業会計の基準に会社法上も準拠すべきであると解する根拠となる法令の規定は存在しない。

また、『商法と企業会計の調整に関する研究会報告書』では、有価証券報告書提出会社（報告書では、「公開会社」と表現されている。）ではない商法特例法上の大会社（現在では、会社法上の大会社）について、企業会計審議会が公表した企業会計の基準が強制適用されると解すべきかどうかについて全く言及されていないが、そのような会社は、「投資家保護の観点からより統一的な会計処理が求められる会社」とはいえない以上、『企業会計原則』を適用することが原則として求められていると解されるとしても、企業会計審議会が公表したその他の企業会計の基準や企業会計基準委員会が公表した会計の基準は強制適用されないという立場によっていたと理解するのが穏当でありうる。

さらに、企業会計基準委員会には、連結財務諸表を念頭に置き、かつ、国際的な会計基準とのコンバージェンスを最優先にして、企業会計基準を開発する傾向が見受けられることがあることは否定できない[23]。たとえば、企業会計基準第21号「企業結合に関する会計基準」（最終改正：2019年1月16日）は、いわゆる持分プーリング法を排除し、負ののれんの即時収益認識を規定しているが、結論の背景では、国際的な会計基準とのコンバージェンス

以外には、それを正当化できる実質的根拠を示すことができていない（75項及び111項）。しかも、――著者は、一般論として、この方針に反対しているものではないが――企業会計基準委員会は連結と単体とで会計ルールを異ならせることは原則として認められないという方針をとっている[24]。

　以上に加えて、有価証券報告書提出会社でないのであれば、とりわけ、連結計算書類を作成していないのであれば、国際的な企業間比較可能性の確保を主眼に置いて企業会計基準委員会が開発した企業会計基準を（相当の費用と時間をかけて）適用することが強制されるべき実質的理由はなおさらない（ベネフィットが低く、コストとベネフィットとが見合わない）ことになりうる[25]。

5 ｜ 欧州諸国の場合

　まず、資本市場規制（日本の金融商品取引法に対応するもの）との関係で適用が要求される会計原則・会計基準が適用されるかどうかをベンチマークとして適正表示の枠組みであるかを判断するという考え方は、少なくとも、連合王国をはじめとして、拡大前EU構成国では採用されていない。すなわち、上場していない（ドイツ流にいえば資本市場志向ではない）会社に適用される、より簡素な会計ルールに従って作成された財務諸表（計算書類）について、適正性意見を表明することについて議論がなされているということは寡聞にして知らない。たとえば、ドイツでは商法典の規定及び正規の簿記の諸原則（GoB）に従って、フランスではプラン・コンターブル・ジェネラル（PCG）に従って、作成された計算書類について適正性に関する意見の表明が、それぞれ、商法典によって求められている。

　また、EU会計指令（Directive 2013/34/EU）の下では小規模事業体に要求する注記事項を絞り込むことがEU構成国に認められており（17条の事項の注記は小規模事業体に要求することを要しない。）、EU構成国はそれを国内法化しているが、小規模事業体に要求されている注記事項が少ないことの

みを理由として、適正性の枠組みにあたらないとは解されていない。

　たとえば、連合王国の場合、会社法上[26]、財務報告基準（FRS）第102号「連合王国及びアイルランドにおいて適用される財務報告基準」（これは、中小事業体向け国際財務報告基準をベースに作られたもの）が原則的な会計基準として位置づけられているが、これには、Section1A小規模事業体が設けられている。そして、Section1Aの下では、たとえば、小規模事業体は、貸借対照表及び損益計算書を作成すれば足りる（総認識利得損失計算書やキャッシュ・フロー計算書は作成しなくてよい。）、公正価値が要求される金融商品が限定されている（デリバティブの公正価値評価は要求される。）、必ず注記しなければならない事項は少ないが、真実かつ公正な概観を提供するための追加的開示が要求されるなどの点で、本則とは異なる。しかし、著者が調査した限りでは、Section1Aを適用している場合にも、会社法の要求に従って、適正表示の枠組みであることを前提として、

In our opinion the financial statements：

・give a true and fair view of the state of the company's affairs as at .... and of its profit ［loss］ for the year then ended：

・have been properly prepared in accordance with United Kingdom Generally Accepted Accounting Practice applicable to Smaller Entities；and

・have been prepared in accordance with the requirements of the Companies Act 2006.

というように、真実かつ公正な概観の提供（適正性）に関する意見表明がなされている（FRS102号が適用されるため、アイルランドにおいても同様）[27]。

6 | 準拠性監査の社会的意義

　株式会社以外の法人及び組合などについては準拠性監査のニーズがあることが想定されることに加え[28]、少なくとも、会社法上の大会社ではない株式会社の場合、事実上、その計算書類の利用者が限られており、その利用者たちが——厳密には、会社法の観点からも会社の財産及び損益の状況を適正に表示しているというレベルに達していない[29]——計算書類を受容することは十分に考えられる。そのような場合には、会社が採用した会計方針——たとえば、黙示的に会社計算規則98条1項19号を適用しない、その会社の財産及び損益の状況を適正に表示するためにはより適切な会計処理方法があるとしても簡便な方法を適用するということがあっても——を前提として、準拠性に関する意見表明がなされることに利害関係者にとっての実益がありうることは想定できる。

　監査基準委員会報告書800の《付録 特別目的の財務諸表に対する監査報告書の文例》の文例1は、会計監査人設置会社以外の会社が作成する完全な一組の財務諸表に対する任意監査（金融機関との銀行取引約定書において、一般に公正妥当と認められる企業会計の慣行により財務諸表を作成し、監査報告書を添付して提出することが求められている。）の場合である。金融機関は与信先の計算書類のみに基づいて与信に関する意思決定をするわけではないから、会社計算規則98条1項19号の「その他の注記」がなされていなくとも、また、いわゆる税法基準によって会計処理がなされていても、計算書類を重要な判断材料の一部として用いることが可能でありうるからなのであろう。

　また、公共工事の請負のためには建設業企業は経営事項審査を受けなければならないが、そこでは、自己資本額及び平均利益額（X_2）（自己資本額＝基準決算における純資産合計（激変緩和措置により2期平均を選択することも可）の絶対額。平均利益額＝利払前税引前償却前利益（EBITDA）＝営業利益額＋減価償却額、2年平均額）及び経営状況評点（Y）が総合評点算

定の基礎に含まれている。Yは、純支払利息比率（Y_1）、負債回転期間（Y_2）、総資本売上総利益率（Y_3）、売上高経常利益率（Y_4）、自己資本対固定資本比率（Y_5）、自己資本比率（Y_6）、営業キャッシュ・フロー（絶対額）（Y_7）及び利益剰余金（絶対額）（Y_8）に基づいて算定される。つまり、X_2算定及び経営状況評点（Y）算定目的のためには、少なくとも、注記が省略されているかどうかは重要ではない。このような会社には、上述した意味における準拠性監査がふさわしいことがあるといえよう[30]。

〈注〉

1 日本の財務報告の枠組みでは、「財務報告の枠組みにおいて要求されている事項からの離脱が必要な場合があることが、財務報告の枠組みにおいて明示的に認められている」（圏点―引用者）という要件は満たされていないから、適正表示の枠組みであるかどうかは、①を満たすかどうかによることになる。なお、離脱が必要なことがあることが明示的に認められているわけではないが、少なくとも、会社法の下では、離脱できるというのが定説といってよいことについては、本書「13 実質的判断」参照

2 以上に加えて、監査基準委員会報告書800「特別目的の財務報告の枠組みに準拠して作成された財務諸表に対する監査」（2014年4月4日、最終改正：2021年1月14日）には、準拠性監査についての実務上の指針を与えているという面がある。

3 武田隆二ほか「シンポジウム 制度会計重要問題の総合検討〈5〉 真実性・有用性・適正性・適法性」企業会計29巻6号（1977）55頁

4 久保田音二郎「新会計制度の規範的支柱の意義」企業会計27巻1号（1975）42頁以下、黒沢 清「監査報告書について」會計106巻1号（1974）4頁、江村 稔「商法監査における監査意見（上）」商事法務683号（1974）2頁以下、河合秀敏「監査役監査と会計監査人監査」産業経理35巻4号（1975）11頁（適法性は適正性の下部構造）、友杉芳正「適正性監査・適法性監査・相当性監査」名古屋商科大学論集26巻2号（1982）81-82頁、武田ほか・前掲注(3)55頁［高田正淳］参照。また、山浦久司「新監査制度における伝統的財務諸表監査のゆくえ」一橋論叢83巻1号（1980）59頁以下、同「会計監査人監査」産業経理40巻2号（1980）28頁以下参照。もっとも、飯野利夫「適正性と適法性」会計ジャーナル6巻6号（1974）92頁、森 実「会計監査人の監査意見の問題について」企業会計27巻3号（1975）37頁、40頁、村山徳五郎「監査報告書」産業経

理35巻 2 号（1975）59頁参照

5　田邊　明ほか『商法改正三法の逐条解説』（商事法務研究会、1974）53-54頁、
　　味村　治＝加藤一昶『改正商法及び監査特例法等の解説』（法曹会、1977）267
　　頁、加藤一昶＝黒木　学『改正商法と計算規則の解説』（商事法務研究会、
　　1975）137頁、矢沢　惇「監査役の職務と権限」商事法務研究会（編）『監査役
　　ハンドブック』（商事法務研究会、1975）62頁、龍田　節「商特13条」上柳克
　　郎＝鴻　常夫＝竹内昭夫（編集代表）『新版注釈会社法(6)』（有斐閣、1987）
　　592頁、片木晴彦「会社計算規則126条」江頭憲治郎＝弥永真生（編）『会社法
　　コンメンタール10』（商事法務、2011）196頁

6　商事法務研究459号（1968）2 頁以下所収

7　會計95巻 2 号（1969）162-165頁所収

8　商事法務研究492号（1969）21頁以下所収

9　味村＝加藤・前掲注(5)155-156頁

10　『倫理規則』は以下のように定めている。
　　第 3 条　会員は、常に誠実に行動しなければならず、次のような報告その他の
　　　情報であると認識しながら、その作成や開示に関与してはならない。
　　　一　重要な虚偽又は誤解を招く陳述が含まれる情報
　　　二　業務上必要とされる注意を怠って作成された陳述又は情報が含まれる情報
　　　三　必要な情報を省略する又は曖昧にすることにより誤解を生じさせるよう
　　　　な場合において、当該情報を省略する又は曖昧にする情報
　　　2　会員は、前項各号の情報が含まれていることを知ることになった場合には、
　　　当該情報への関与を速やかに中止しなければならない。

11　しかも、証券取引法または金融商品取引法の下でも、国際財務報告基準など
　　に比べて、明示的に要求されている注記事項が少ないにもかかわらず、追加開
　　示が行われることは従来まれであり、「慣行的に追加開示が行われていない」
　　と評価されてもおかしくはない実態があったといわれても不思議ではない。「慣
　　行的に追加開示が行われていない」点を強調すると、金融商品取引法の下での
　　財務報告も準拠性の枠組みとして取り扱うのが適当であったということにもな
　　りそうであるが、そのような見解が示されたことは寡聞にして知らない。

12　監査基準委員会研究報告第 3 号のQ8に対する（解説）の 1 も「会社法及び
　　会社計算規則は、全ての会社に適用される会社の計算等に関する規定を定めて
　　おり、会社の類型（会計監査人設置の有無、株式の譲渡制限の有無）ごとに、
　　会社法が想定する広範囲の利用者に共通する財務情報に対するニーズを前提に
　　透明性のあるプロセスに従って策定されている。したがって、会社法に基づく

計算書類は、一般目的の財務諸表としての性質を本来的に有するものと考えられる。」と指摘している。

13 そもそも、指定国際会計基準に準拠して作成された連結財務諸表につき、適正性意見を表明することに対して疑義は呈されていない。また、任意監査との関係では、国際財務報告基準に準拠して作成された財務諸表・連結財務諸表との関係でも同様である。

14 企業会計基準適用指針第24号「会計方針の開示、会計上の変更及び誤謬の訂正に関する会計基準の適用指針」5項参照

15 企業会計基準委員会が開発・公表する企業会計基準は、金融商品取引法との関係で認知されている（財務諸表等規則1条3項、連結財務諸表規則1条3項、連結財務諸表の用語、様式及び作成方法に関する規則に規定する金融庁長官が定める企業会計の基準を指定する件（平成21年金融庁告示第69号）、財務諸表の用語、様式及び作成方法等に関する規則に規定する金融庁長官が定める企業会計の基準を指定する件（平成21年金融庁告示第70号）など）。

16 金融商品取引法は企業内容の開示については会社法の特別法にあたると解されており、「一般に公正妥当と認められる会計の基準」がかりに金融商品取引法との関係で適用が求められる会計の基準を意味するのであれば、それは例外と位置づけられる。

17 企業会計基準委員会から公表されている資料には、有価証券報告書提出会社ではない会計監査人設置会社の特性（会社法上の大会社は株主が1人または少数であることが少なからずある、外国または多数の計算書類利用者が存在するとは考えられないものも少なくないなど）を考慮に入れて企業会計基準が開発されたことをうかがわせるものはほとんどないように思われる。

18 相澤 哲＝岩崎友彦「株式会社の計算等」商事法務1746号（2005）26頁、相澤 哲＝郡谷大輔「分配可能額［上］」商事法務1767号（2006）34頁

19 1991年12月26日改訂前「監査実施準則」は、個別財務諸表に係る通常の監査手続につき、予備調査の手続として、「経理規程、その他の書類又は会社の慣行を検討して、会社の採用する会計処理の原則及び手続が「企業会計原則」に準拠しているかどうかを調査する」（第二、一、(一)、1(14)）とし、「取引記録の監査の目的は、……取引記録が「企業会計原則」に継続的に準拠しているかどうかを調査することにより、取引記録の信頼性の程度を確かめるにある」（第二、一、(二)）、「財務諸表項目の監査の目的は、……財務諸表が「企業会計原則」に継続的に準拠して作成され、会社の財政状態及び経営成績を適正に表示しているかどうかを確かめるにある」（第二、一、(三)）としていた。また、1991年12

月26日改訂前「監査報告準則」は、個別財務諸表に対する意見として、「会社が採用する会計処理の原則及び手続が「企業会計原則」に準拠しているかどうか」を記載しなければならないとしていた（三、㈠、１）。もっとも、平成４年３月10日改正前「財務諸表等の監査証明に関する省令取扱通達」（昭和49年12月25日蔵証第2387号）3-2は、3-1及び4-2の取扱いに関して実施準則を適用するに当たっては、同準則中「企業会計原則」とあるのは、「一般に公正妥当と認められる企業会計の基準」と読替えるものとする、としていた。

20　税法基準の選択が認められており、かつ、そのことを理由として適正表示の枠組みにあたらないとは考えていなかったであろうことは、いわゆる長銀刑事事件判決に明らかに反映されている（しかも、日本長期信用銀行は上場会社）。すなわち、最判平成20・７・18刑集62巻７号2101頁は、「本件当時、関連ノンバンク等に対する貸出金についての資産査定に関し、従来のいわゆる税法基準の考え方による処理を排除して厳格に前記改正後の決算経理基準に従うべきことも必ずしも明確であったとはいえず、過渡的な状況にあったといえ、そのような状況のもとでは、これまで「公正ナル会計慣行」として行われていた税法基準の考え方によって関連ノンバンク等に対する貸出金についての資産査定を行うことをもって、これが資産査定通達等の示す方向性から逸脱するものであったとしても、直ちに違法であったということはできない。」と判示した。また、日債銀刑事事件判決（最判平成21・12・７刑集63巻11号2165頁）も参照。

21　ただし、江頭憲治郎『株式会社法［第８版］』（有斐閣、2021）661頁及び663頁注⑷参照

22　東京地判平成17・５・19判時1900号３頁。また、宇都宮地判平成23・12・21判時2140号88頁（東京高判平成26・９・19［平成24年（ネ）第1349号］により控訴棄却、最決平成27・10・13［平成27年（受）第187号］により上告不受理）、大阪地判平成24・９・28判時2169号104頁（大阪高判平成25・12・26［平成24年（ネ）第3286号］により控訴棄却［ただし、取締役であったYⅠらに過失がないことが根拠］、最決平成27・３・27［平成26年（受）第684号］により上告不受理）など。

23　企業会計基準委員会の「中期運営方針」（2019年10月30日）は、開発に関する方針として、「高品質」の次に「国際的に整合性のあるもの」を挙げており、優先順位が高いことが推測される（Ⅱ.日本基準の開発１.開発に関する方針⑵）。

24　企業会計基準委員会の「中期運営方針」では、「これまで当委員会では、原則として、開発された会計基準が連結財務諸表と単体財務諸表の両方に同様に適用されるものとして開発してきており、今後も、その方針に変わりはない。」

とされている（Ⅱ.I.(5)）。

25 著者の素朴な感想（独り言）にすぎないが、適用されるべき会計ルールが複雑かつ適用に相当のコストを有するものであるということになると、本来、会計監査人を設置しなければならない会社が、監査報酬以外の会計コストの増加をいやがって、会計監査人を設置しないというインセンティブが生じてしまうのではないか、また、任意に会計監査人を設置しようとしなくなるのではないかという懸念もある。さらに進んで、現在の会社法は会計監査人設置会社でなければ連結計算書類は作成できないということにしており、連結計算書類を任意に作成するためのハードルが高いのであるが、さらにハードルを高めることになる。これらは、企業内容の開示という観点からはきわめて好ましくないのではなかろうか。

なお、欧州諸国の会社法監査についての発想を標準にすると、監査基準委員会研究報告第3号で示されている見解はかなり特異であるが、これは、法定監査や会計基準設定の歴史の違いに起因する可能性が高いと思われる。すなわち、欧州諸国（旧社会主義国を除く。）においては、上場会社を念頭に置いた会計基準設定より前に商法または会社法によって会計のルールが定められ、上場会社向けの会計ルールが例外であることが明確であるばかりではなく、法定監査は会社法上の制度として発展してきたのであって、監査が資本市場法によって求められるようになった、または規制されるようになったのは近年である。これに対して、日本では、証券取引法に公認会計士の監査が導入された後に商法特例法（講学上の会社法）が会計監査人監査を導入したため、公認会計士には金融商品取引法の下での監査や会計基準がデフォルトであると認識されるのかもしれない。

26 個別財務諸表を作成するにあたっては、「国務大臣によって作成される規定」（2006年会社法396条）とIFRSとの選択適用（2006年会社法395条1項）とされており、「国務大臣によって作成される規定」とは財務報告評議会（Financial Reporting Council：FRC）体制の下で設定・公表される財務報告基準（FRS）を中心とする会計基準である。すなわち、2006年会社法第15部にいう「会計基準」とは規則で定める機関が発行する標準的会計実務（standard accounting practice）書（2006年会社法464条1項）であるとされ、2012年法定監査人（2006年会社法及び任務の委託等）規則（SI 2012/1741）2項及び23項が財務報告評議会をその機関と定めている。

27 たとえば、Apollo Tyres（London）社〈https://s3.eu-central-1.ama-zonaws.com/apolloproducts/3989/apollo-tyres-london-pvt-ltd.pdf〉。

また、財務報告評議会のCompendium of illustrative auditor's reports on United Kingdom private sector financial statements for periods commencing on or after 17 June 2016 〈https://www.frc.org.uk/getattachment/962031c1-5282-4324-b5be-af2a87615445/Bulletin-Compendium-of-Illustrative-Auditors-Reports-(1)-Oct-2016.pdf〉Appendix1参照

28 松本祥尚「保証業務と2条1項業務」内藤文雄（編著）『監査・保証業務の総合研究』（中央経済社、2014）64-67頁参照

29 日本の場合、計算書類の虚偽記載に対する刑事罰は定められておらず、100万円以下の過料（会社法976条7号）という行政罰でさえ、少なくとも、ここ数十年、課された例は知られていない。平成17年会社法制定の過程において、決算公告懈怠についてであるが、国会では、たとえば、「ほとんどないというふうに私も事前に伺っていたんですが、ゼロだということで伺っておりました。要は、過料ということがこの中でうたわれているんですけれども、これはもう改正する前からうたわれていたんですが、実際にそれが執行されたことは全然ないというような実態でございます。」（第162回国会参議院法務委員会会議録第23号（平成17年6月14日）13頁［富岡由紀夫委員］）と指摘されたのに対し、当時の法務大臣は、「直ちに決算公告義務違反があれば必ず罰則を掛けるとの扱いをすることは関係者に無用の混乱を生ぜしめるおそれがあると、必ずしも適切ではないというふうに考えます。」と答弁し、過料を科すことに消極的であることを自認していた（同14頁［南野知恵子国務大臣］）。したがって、株主が株主総会決議の効力を争うような場合を除いては、適正表示と評価されるレベルを計算書類が満たしていないことが問題となることは事実上ないということもたしかである。

30 なお、評点には、建設業経理の状況点数 W_5＝監査の受審状況点数 W_{51}＋公認会計士等数点数 W_{52} が含められており、たとえば、監査の受審状況点数 W_{51} は会計監査人の設置20点、会計参与の設置10点などとされている。ところが、残念なことに、公認会計士または監査法人による任意監査を受けたことの評点はなく、公認会計士等による準拠性監査が普及し、それが評点に反映されるようになることを期待したい。

25 四半期レビュー／中間監査

1 | 中間監査／レビューは1項業務か

(1) 中間監査と四半期レビュー

公認会計士法2条1項は「公認会計士は、他人の求めに応じ報酬を得て、財務書類の監査又は証明をすることを業とする。」と定め、同条2項は「公認会計士は、前項に規定する業務のほか、公認会計士の名称を用いて、他人の求めに応じ報酬を得て、財務書類の調製をし、財務に関する調査若しくは立案をし、又は財務に関する相談に応ずることを業とすることができる。」と定めている。

また、同34条の5は、「監査法人は、第2条第1項の業務を行うほか、その業務に支障のない限り、定款で定めるところにより」、第2条第2項の業務及び公認会計士試験に合格した者に対する実務補習の「全部又は一部を行うことができる。」と定めている。

中間監査も「監査」であるから、公認会計士法2条1項及び同34条の5により、公認会計士及び監査法人の業務であるというのは容易に理解できるが、四半期レビューは2条1項業務にあたるのか、あたらないとすると2項業務にあたるのかということは気になる。

企業会計審議会は「監査基準の改訂に関する意見書」（2002年1月25日）において、「レビューが監査の一環又は一部であると誤解され、監査と混同

されると、却って監査に対する信頼を損ねる虞が生じることから、レビューについては監査基準の対象としていない。」とし、「このような消極的な証明を行う業務については、種々異なる需要があるので、日本公認会計士協会が適切な指針を作成する方が、実務に柔軟に対応することができると考えられる。」とした（二 改訂基準の性格、構成及び位置付け、3 監査基準の位置付け）。ここでは、――公認会計士法2条1項の文脈においてではないことに留意しなければならないが――少なくとも、レビューは「監査」ではないという見解が採られていた。

　また、金融商品取引法や会社法などにより、保証業務の主体として、公認会計士及び監査法人のみが定められているという一事をもって、当該保証業務が1項業務にあたるということはできない。

　しかし、金融商品取引法193条の2第1項は、「金融商品取引所に上場されている有価証券の発行会社その他の者で政令で定めるもの……が、この法律の規定により提出する貸借対照表、損益計算書その他の財務計算に関する書類で内閣府令で定めるもの（第4項及び次条において「財務計算に関する書類」という。）には、その者と特別の利害関係のない公認会計士又は監査法人の監査証明を受けなければならない。」（圏点―引用者）と定め、監査証明府令1条は、特別の利害関係のない公認会計士または監査法人の監査証明を受けなければならない「財務計算に関する書類」として、金融商品取引「法第5条第1項の規定により提出される届出書に含まれる四半期財務諸表」（2号）、金融商品取引「法第5条第1項の規定により提出される届出書に含まれる四半期連結財務諸表」（5号）、金融商品取引「法第24条の4の7第1項又は第2項の規定により提出される四半期報告書に含まれる四半期財務諸表」（9号）及び金融商品取引「法第24条の4の7第1項又は第2項の規定により提出される四半期報告書に含まれる四半期連結財務諸表」（11号）などを定めている。したがって、金融商品取引法は、四半期レビューを――金融商品取引法の文脈において――「監査証明」と位置づけているとみることができる。

(2) レビュー業務

　とはいえ、公認会計士法２条との関係で四半期レビューが「監査又は証明」にあたるのかという問題はある。なお、ここでは、レビュー業務とは——保証業務実務指針2400「財務諸表のレビュー業務」（改正：2018年10月19日）に従うかどうかにかかわらず——「財務諸表には会計基準に照らして特に修正を要する重要な事項は見当たらなかったことを、限定した手続により消極的に証明する業務」[1]であると理解しておく。

　まず、『公認会計士法逐条解説』[2]では、「監査とは、会計検査院法、旧計理士法に云う検査に通ずる。監査は、会計の或部面に不正の存在する嫌疑があつてこれを発見するため、或は営業の譲渡につきその収益力を決定するため、株主債権者の投資の安否を確かめるため等、特殊の事項の調査のために行われる場合もあるが、一般には、他人の作成した決算書類の記帳計算に不正誤謬がないかを検し、その決算書類が当該企業の真の財政状態及び経営成績を現すように適当に調製されているかどうかを検査することをいう。即ち、監査とは他人のなした記帳計算の正否を検する方法であって自己のなした記帳計算を自ら検することを含まない。而して、……第１項の監査とは、固より内部監査に非ざる企業外の第三者による監査である。監査には、継続監査と期末監査、貸借対照表監査……と精査……、全部監査と一部監査等の区別があるが、これらの何れをも含む。」（旧字体を新字体に置き換えた。—引用者）と説明されていた。また、「証明とは、監査の結果に基き他人の作成した（稀には監査した他人の書類に基き自己の調製した）財務書類が適法正確であることを確認する行為であり、米国の例によれば多くは要式行為とされている。監査の結果は監査報告書として監査の委嘱者に報告されるのであるが、委嘱者の申出があれば公認会計士は自己の真実と認める範囲において証明をすべきである。」（旧字体を新字体に置き換えた。—引用者）とされていた。すなわち、証明は監査を前提とするものと位置づけられていた。

　下級審裁判例[3]も、これを踏襲して、「監査」とは、他人の作成した決算書類の記帳計算に不正誤謬がないかを検し、その決算書類が当該企業の真の

財政状態及び営業成績を表わすように適正に調製されているかどうかを検査することをいい、「証明」とは、監査の結果に基づき他人の作成した財務書類が適法正確であることを確認する行為であると解されていると判示している。このような理解によれば、四半期レビューを含むレビュー業務は「監査」及び「証明」にあたると解されることになろう。

　他方、羽藤秀雄氏は、公認会計士の独占業務とされている「監査」は、①「経済活動や経済事象についての主張」を対象とするものであること、②その対象について「確立された規準との合致の程度を確かめるため」のものであること、③「証拠を客観的に収集・評価する」ことによって実施されるものであること、④その結果を「利害関係をもつ利用者に伝達する」ものであること、及び、⑤「体系的な過程」であることという要素を満たすものとしている[4]。このような理解によれば、レビュー業務は「監査」の定義を満たすことになりそうである。とはいえ、羽藤氏によればレビューは公認会計士法上の「監査」ではないと位置づけられているようにもみえる[5]。もっとも、羽藤氏は、2条1項にいう「証明」とは「一般に「保証業務」といわれるもののうち、他の関係者が行った主張について、保証を提供すること」をいうとされており[6]、レビューは少なくとも「証明」にあたることになる[7]。また、監査及びレビュー業務以外の保証業務もそのように考えることになろう[8]。

　ただし、公認会計士法が制定された当時は、レビュー業務は想定されていなかったため、レビュー業務は2条1項業務ではないと解する余地もないわけではない。

　他方、レビュー業務が、たとえば、公認会計士法2条2項の「財務に関する調査」にあたるというのは、文言上、不自然であり[9]、ましてや、レビュー業務は、文言上、明らかに財務に関する立案や相談ではない。そうだとすると、レビュー業務は2条2項にいう「財務書類の調製をし、財務に関する調査若しくは立案をし、又は財務に関する相談に応ずること」のどれにもあたらないようにも思われる[10]。そうすると、レビュー業務は2条1項業務にも2項業務にも該当せず、公認会計士がその名称を用いて、または監査法人は、レビュー業務を行うことができないということになりそうである。

　しかし、2条1項の趣旨は、監査を信頼して取引等を行う者を保護するために、監査自体の信頼性を確保するために公認会計士の独占業務とするものであるところ[11]、同様にレビューによっても、その対象である財務書類の記載内容についての信頼性が高められることになるのであるから[12]、公認会計士または監査法人が、レビュー業務を行うことができないと公認会計士法が定めていると解することも適切ではない。そうすると、レビュー業務は1項業務にあたると解するのが穏当であるように思える。

　しかも、四半期レビューが公認会計士法2条1項にいう「監査」または「証明」にあたると解すると、四半期レビュー以外の財務書類のレビューも2条1項にいう「監査」または「証明」にあたると解するのが自然であるということになりそうである[13]。

　ところが、このように解すると、今度は、「公認会計士又は監査法人でない者は、法律に定のある場合を除くほか、他人の求めに応じ報酬を得て第2条第1項に規定する業務を営んではならない。」（公認会計士法47条の2）とされていることから、レビュー業務はすべて公認会計士または監査法人の独占業務であると解してよいのかという問題が生ずる[14]。

　もっとも、公認会計士法47条の2の規定は、第10回国会で議員立法（昭和26年法律第51号）により追加された条項［当時は公認会計士、外国公認会計士又は計理士に限定］を踏襲したものであるが、この法案の提案理由は「公認会計士制度は極めて新らしい制度であり、且つ企業の財務書類の監査又は証明に関する業務は高度の技能と職業道徳とを必要とすることが強く要請せられますので、かかる業務を営む者は、公認会計士、外国公認会計士、計理士のごとく特定の資格を有する者に限定することといたしたのであります」と説明されていた[15]。レビュー業務には、監査と同様の「高度の技能と職業道徳[16]とを必要」とすると考えられることからすれば、公認会計士または監査法人の独占業務とすることが立法趣旨にかなっていると考えることは十分に可能である[17]。

2 | 四半期レビュー/中間監査と監査人の責任

(1) 一般的な枠組み

　有価証券届出書のうちに重要な事項について虚偽の記載があり、または記載すべき重要な事項もしくは誤解を生じさせないために必要な重要な事実の記載が欠けているときは、当該有価証券届出書に係る金融商品取引法193条の2第1項に規定する監査証明において、当該監査証明に係る書類について記載が虚偽でありまたは欠けているものを虚偽でなくまたは欠けていないものとして証明した公認会計士または監査法人（3号）は、当該有価証券を募集または売出しに応じて取得した者に対し、当該取得者がその取得の申込みの際記載が虚偽であり、または欠けていることを知っていたときを除き、記載が虚偽でありまたは欠けていることにより生じた損害を賠償する責任を負う（金融商品取引法21条1項）。ただし、その証明をしたことについて故意または過失がなかったことを証明したときには、損害を賠償する責任を負わない（金融商品取引法21条2項2号）。同様の要件の下で、記載が虚偽であり、または欠けていることを知らないで、当該有価証券届出書の届出者が発行者である有価証券を募集もしくは売出しによらないで取得した者または処分した者に対しても、当該有価証券届出書に係る193条の2第1項に規定する監査証明を行った公認会計士または監査法人は損害賠償責任を負う（22条）。したがって、有価証券届出書に四半期（連結）財務諸表に係る四半期レビュー報告書または中間（連結）財務諸表に係る中間監査報告書が含まれ、または四半期報告書もしくは半期報告書が組み込まれ、もしくは参照されている場合には、当該四半期レビューまたは中間監査を行った公認会計士または監査法人は損害賠償責任を負う可能性がある。さらに、金融商品取引法22条の規定は、四半期報告書及びその訂正報告書のうちに重要な事項について虚偽の記載があり、または記載すべき重要な事項もしくは誤解を生じさせないために必要な重要な事実の記載が欠けている場合（金融商品取引法24条の

４の７第４項）及び半期報告書及びその訂正報告書のうちに重要な事項について虚偽の記載があり、または記載すべき重要な事項もしくは誤解を生じさせないために必要な重要な事実の記載が欠けている場合（金融商品取引法24条の５第５項）について、それぞれ準用されているから、四半期レビューまたは中間監査を行った公認会計士または監査法人は、重要な事項について虚偽の記載があり、または記載すべき重要な事項もしくは誤解を生じさせないために必要な重要な事実の記載が欠けている四半期報告書または半期報告書の提出者が発行者である有価証券を取得した者または処分した者に対して損害賠償責任を負う可能性がある。

したがって、公認会計士または監査法人がその「証明をしたことについて故意または過失がなかつたこと」を証明するためにはどのような要件を満たさなければならないのかが問題となる。公認会計士が監査証明したことにつき故意または過失がなかったとは、一般的には公認会計士が受任者としての善管注意義務を尽くしたことをいい、具体的には一般に公正妥当と認められる監査の基準及び慣行に基づいて監査を実施し、その監査の結果が、監査報告書に正確に記載されていることをいうと解されている（本書「１　裁判例における監査基準」）[18]。ただ、大阪地判平成20・４・18判時2007号104頁が、監査人が「リスク・アプローチに基づき、監査計画を策定して監査手続を実施する過程において、……会社による架空循環取引等の不正行為に起因する重要な虚偽の記載の具体的な兆候を発見したか、あるいは発見すべきであったといえる場合において、……不正の類型や発生可能性、財務諸表全体への影響額等を考慮し、不正発見のために必要な監査手続を実施すべきと認められるときは」、監査人は、「善管注意義務の一内容として、……架空循環取引発見のための合理的な監査手続を実施すべき義務を負う」としたことは見逃せない。

(2)　四半期レビュー[19]

『四半期レビュー基準』（2007年３月27日、最終改訂：2019年９月３日）では、「四半期レビューにおける監査人の結論は、四半期財務諸表に重要な虚

偽の表示があるときに不適切な結論を表明するリスクを適度な水準に抑えるために必要な手続を実施して表明されるものであるが、四半期レビューは、財務諸表には全体として重要な虚偽の表示がないということについて合理的な保証を得るために実施される年度の財務諸表の監査と同様の保証を得ることを目的とするものではない。」とされているが（第一　四半期レビューの目的）、この規定から、業務実施者の（故意または）過失の有無を判断する規準を導き出すことはできない。

　そこで、業務実施者の（故意または）過失の有無は、「監査人は、質問、分析的手続その他の四半期レビュー手続を実施しなければならない。四半期レビュー手続は、経営者の作成した四半期財務諸表について、一般に公正妥当と認められる四半期財務諸表の作成基準に準拠して、企業の財政状態、経営成績及びキャッシュ・フローの状況を適正に表示していないと信じさせる事項が全ての重要な点において認められなかったかどうかについての監査人の結論の基礎を与えるものでなければならない。」（第二　実施基準、3　四半期レビュー手続）という規定に従って、四半期レビューを行ったのかにまず依存することになる。「質問、分析的手続」が例示されていることから、原則として、実査・立会・確認などの実証手続を実施する必要はないと理解することはできる[20]。とはいえ、「その他の四半期レビュー手続」としてどのようなものが求められるのかという問題はある[21]。もっとも、「監査人は、四半期財務諸表について、企業の財政状態、経営成績及びキャッシュ・フローの状況を重要な点において適正に表示していない事項が存在する可能性が高いと認められる場合には、追加的な質問や関係書類の閲覧等の追加的な手続を実施して当該事項の有無を確かめ、その事項の結論への影響を検討しなければならない。」（第二　実施基準、7　追加的な手続）とされ、このような場合についてすら、追加的な手続として「追加的な質問や関係書類の閲覧等」のみが例示されていることからすれば、四半期レビューにおいては実証手続を実施することは、通常、要求しないという方針が採られていると理解できる。

　なお、四半期レビュー手続については、「四半期レビュー基準の設定に関

する意見書」において、「本四半期レビュー基準を実務に適用するに当たって必要となる実務の指針については、日本公認会計士協会において、関係者とも協議の上、適切な手続の下で作成されることが要請される。」（三 実施時期等、4）とされたことをうけて定められた監査・保証実務委員会報告第83号「四半期レビューに関する実務指針」（2007年10月30日、最終改正：2021年4月7日）の第28項から第46項までに例示されているが、「例示した全ての手続が実施されることを意図するものではなく、また、四半期財務諸表に重要な虚偽表示が存在する可能性が高いと認められる場合には、ここに掲げている手続以外の追加的な手続が必要となることも考えられる。」（同27項）と位置づけられている。

　そして、「四半期レビュー手続は、経営者の作成した四半期財務諸表について、一般に公正妥当と認められる四半期財務諸表の作成基準に準拠して、企業の財政状態、経営成績及びキャッシュ・フローの状況を適正に表示していないと信じさせる事項が全ての重要な点において認められなかったかどうかについての監査人の結論の基礎を与えるものでなければならない。」（圏点―引用者）（第二 実施基準、3 四半期レビュー手続）という大原則からすれば、四半期財務諸表に重要な虚偽表示が存在する可能性が高いと認められる場合には実証手続等を実施しなければ、結論を表明できない場合があると解するのが穏当であろう。また、「四半期レビューに関する実務指針」でも、「四半期レビューにおいては、通常、内部統制の運用評価手続や実査、立会、確認、証憑突合、質問に対する回答についての証拠の入手及びその他の実証手続に基づく証拠の入手は要求されていない。」（圏点―引用者）とされているのであって（11項）、結論の基礎を得るために不可欠である場合には、きわめて例外的であるにせよ、「内部統制の運用評価手続や実査、立会、確認、証憑突合、質問に対する回答についての証拠の入手及びその他の実証手続に基づく証拠の入手」が必要となりうると解すべきように思われる。

　そして、そのような場合において必要とされる「内部統制の運用評価手続や実査、立会、確認、証憑突合、質問に対する回答についての証拠の入手及びその他の実証手続に基づく証拠の入手」が時間的制約などによって実施で

きないときには、重要な四半期レビュー手続を実施できなかったとして、監査人は、無限定の結論を表明できないと考えられるが、その影響が四半期財務諸表全体に対する結論の表明ができないほどではないと判断したときは除外事項を付した限定付結論を表明し（第三　報告基準、　8　四半期レビュー範囲の制約）、その影響が四半期財務諸表全体に対する結論の表明ができないほどに重要であると判断したときは結論を表明してはならない（第三　報告基準、　9　結論の不表明）ことになると考えられる。

　なお、法律学的な観点からすると、四半期レビュー報告書で表明される結論をどのように解釈すべきなのかという点が気になる。すなわち、四半期レビュー手続が限定されていることから、「経営者の作成した四半期財務諸表について、一般に公正妥当と認められる四半期財務諸表の作成基準に準拠して、企業の財政状態、経営成績及びキャッシュ・フローの状況を適正に表示していないと信じさせる事項が全ての重要な点において認められなかったこと」（無限定の結論）の基礎も得られないし、「経営者の作成した四半期財務諸表について、一般に公正妥当と認められる四半期財務諸表の作成基準に準拠して、企業の財政状態、経営成績及びキャッシュ・フローの状況を重要な点において適正に表示していないと信じさせる事項が認められたこと」（限定付結論・否定的結論）の基礎も得られないという状況が想定されるのではないかということである。「四半期財務諸表に重要な虚偽表示が存在する可能性が高いと認められる場合」——可能性が高いというのはどの程度のことを意味するのかがそもそも問題であるが——にはあたらないが、四半期レビューの実施の過程で、「四半期財務諸表に重要な虚偽表示が存在する可能性がある」（表現が不正確であるが、たとえば、50％ぐらいの可能性がある）と認識したときに、『四半期レビュー基準』第二　実施基準、　3　四半期レビュー手続及び「四半期レビューに関する実務指針」第28項から第46項までに従った四半期レビュー手続（通常の四半期レビュー手続）を行っても、「経営者の作成した四半期財務諸表について、……適正に表示していないと信じさせる事項が認められた」という心証が得られなかったら、無限定の結論を表明してよいのかという問題である。結局は、「適正に表示していないと信

じさせる事項が認められた」というためにはどの程度の確証が得られればよいのかという問題に帰結するのであるが、かなり難しい問題のように思われる。

(3) 中間監査

『中間監査基準』（1998年 6 月16日、最終改訂：2020年11月 6 日）によれば、中間監査報告書には、監査人の意見として、「中間監査の対象とした中間財務諸表の範囲、及び経営者の作成した中間財務諸表が、一般に公正妥当と認められる中間財務諸表の作成基準に準拠して、中間会計期間に係る企業の財政状態、経営成績及びキャッシュ・フローの状況に関する有用な情報を表示していると認められること」（第三 報告基準、3(1)）が記載されることとされている。

通常の監査と異なり、「適正に表示していると認められる」とするのではなく「有用な情報を表示していると認められる」という意見を表明することとされているが、これは、監査人の責任の成否、すなわち、監査証明したことにつき故意または過失がなかったかどうかには影響を与えないものと考えるのが穏当であろう。『監査基準』は「財務諸表の表示が適正である旨の監査人の意見は、財務諸表には、全体として重要な虚偽の表示がないということについて、合理的な保証を得たとの監査人の判断を含んでいる。」としているところ（第一 監査の目的、1）、『中間監査基準』においては、「中間財務諸表が有用な情報を表示している旨の監査人の意見は、中間財務諸表には、全体として投資者の判断を損なうような重要な虚偽の表示がないということについて、合理的な保証を得たとの監査人の判断を含んでいる。」（圏点─引用者）と定められており（第一 中間監査の目的）、「重要な」虚偽の表示であるかどうかは、投資者の判断に及ぼす影響によって定まる以上、「投資者の判断を損なうような」という形容は、法的にみれば重要な意義を有するとは考えられず、両者の間に差異はみられないからである。

たしかに、企業会計審議会「中間監査基準の設定に関する意見書」（1998年 6 月16日）では、「中間財務諸表が提供する情報は、年度財務諸表とは異

なり、年度の中間期までの期間を対象とした企業活動に係る中間的な報告である。また、年度監査が毎期継続して実施されている中で、半年ごとに年度監査と同様の監査を実施するのは証券取引法適用会社に対し経済的あるいは実務的に過度の負担をかけるおそれがある。これらの点を考慮し、「中間監査基準」においては、中間監査は、年度監査と同程度の信頼性を保証するものではなく、中間財務諸表に係る投資者の判断を損なわない程度の信頼性を保証する監査として位置付け、合理的な範囲で年度監査における通常実施すべき監査手続の一部を省略できることとしている。」とされていた。しかし、――四半期レビューのように、原則として実証手続等は行わないとし、合理的な保証を与えるものではないと位置づけるのであれば格別――「投資者の判断を損なわない程度の信頼性」が財務諸表の監査と中間監査とで異なることを説得力をもって説明することは困難である。また、上述したように、中間監査報告書の文言から、「中間監査は、年度監査と同程度の信頼性を保証するものではな」いと読み取ることは自然ではないように思われる。

　また、『中間監査基準』は、「中間監査に当たり、中間財務諸表に係る投資者の判断を損なわない程度の信頼性についての合理的な保証を得ることのできる範囲で、中間監査リスクを財務諸表の監査に係る監査リスクよりも高く設定することができる。」とし（第二　実施基準、1）、「監査人は、中間監査に係る発見リスクの水準を財務諸表の監査に係る発見リスクの水準よりも高くすることができると判断し、財務諸表の監査に係る監査手続の一部を省略する場合であっても、分析的手続等を中心とする監査手続は実施しなければならない。」としているが（第二　実施基準、5）、上述したように、「中間財務諸表には、全体として投資者の判断を損なうような重要な虚偽の表示がないということについて、合理的な保証を得た」ことと「財務諸表の表示が適正である旨の監査人の意見は、財務諸表には、全体として重要な虚偽の表示がないということについて、合理的な保証を得た」こととの間に違いがない以上、ある企業の中間監査を行う監査人が当該企業の財務諸表の監査も行っていることによって得ている監査証拠に照らして、「中間監査リスクを財務諸表の監査に係る監査リスクよりも高く設定することができる」ことはある

にしても[22]、中間監査であるという一事をもって、中間監査に係る発見リスクの水準を高く設定することができると考えることは論理的ではないと思われる[23]。

　同様に、『中間監査基準』は、「監査人は、中間監査に係る発見リスクの水準を財務諸表の監査に係る発見リスクの水準よりも高くすることができると判断し、財務諸表の監査に係る監査手続の一部を省略する場合であっても、分析的手続等を中心とする監査手続は実施しなければならない。」（第二　実施基準、5）、「監査人は、中間監査に係る発見リスクの水準を財務諸表の監査に係る発見リスクの水準よりも高くすることができないと判断した場合には、分析的手続等を中心とする監査手続に加えて必要な実証手続を適用しなければならない。」（第二　実施基準、6）として、（四半期）レビューの場合と同様、分析的手続等を中心とする監査手続のみを実施すればよい（実証手続を実施しなくともよい）場合があるという立場をとっているが、これも、法的にみると「中間監査に係る発見リスクの水準を財務諸表の監査に係る発見リスクの水準よりも高くすることができる」かどうかに帰着してしまい、——「通常実施すべき監査手続」という概念があった1998年当時であればともかく、リスク・アプローチを採用している現在の監査の基準の下では[24]——中間監査であることを理由として、財務諸表監査におけるよりも中間監査における監査人の監査手続を限定することを法的に許容することにはつながらないように思われる。

　さらに、中間監査報告書には、たとえば、「監査人の責任」として、「中間監査は分析的手続等を中心とした監査手続に必要に応じて追加の監査手続を適用して行われていることその他財務諸表の監査に係る監査手続との重要な相違」を記載すべきこととされている（第三　報告基準、3）。しかし、中間監査報告書の読者は、「全体として投資者の判断を損なうような重要な虚偽の表示がないということについて、合理的な保証を得た」と監査人が判断するために必要なすべての「追加の監査手続」が適用されていることに信頼を置くはずであるから、この記載によって、中間監査の保証水準が低い、中間監査報告書に信頼を置くことには相当のリスクがあると認識できると合理的

に期待することには無理がある。実務上も、たとえば、EY新日本有限責任監査法人が日本放送協会について行った中間監査に係る「独立監査人の中間監査報告書」（2020年11月19日）[25]では、「中間監査手続は、年度監査と比べて監査手続の一部が省略され、監査人の判断により、不正又は誤謬による中間財務諸表の重要な虚偽表示リスクの評価に基づいて、分析的手続等を中心とした監査手続に必要に応じて追加の監査手続が選択及び適用される。」とのみ記載されており、発見リスクの水準をどの程度高く設定したのか、どのような手続が省略されたのか、財務諸表監査に係る監査手続との重要な相違が「具体的に」記載されないのが通例であり、財務諸表監査と中間監査との保証水準の相違を的確に推し量る情報は提供されない。

3 ｜ 中間監査と四半期レビューとの制度的アンバランス？

　企業会計審議会「中間監査基準の設定に関する意見書」では、「今般新たに設定された「中間連結財務諸表等の作成基準」では、中間決算に特有の会計処理は基本的に認めないこととし、中間連結財務諸表及び中間財務諸表（以下「中間財務諸表」という。）が提供する情報の内容は年度単位の連結財務諸表及び財務諸表（以下「財務諸表」という。）に準ずるものであるとしているため、投資者への情報提供の観点からすれば、中間監査は、年度監査と同様の監査として位置付けるのが望ましいと考えられる。」（圏点─引用者）と指摘されていた。

　しかし、2でみたように、中間監査に係る監査人の法的リスクは四半期レビューに係るそれに比べると格段に高く[26]、そのことは、リスクに敏感な公認会計士または監査法人であれば、年度監査に近い監査手続を適用することにつながり[27]、「中間監査基準の設定に関する意見書」において「半年ごとに年度監査と同様の監査を実施するのは証券取引法適用会社に対し経済的あるいは実務的に過度の負担をかけるおそれがある。」とされていたこと（二「中間監査基準」の要点及び考え方、2　中間監査の位置付け）に応えられない

ことになる。

　たしかに、提出期限や頻度に差があり、半期報告書は期間経過後３か月以内に提出すればよく、有価証券報告書とパラレルに提出期限が設定されているから、中間監査につき財務諸表の監査に近い水準を要求することは可能なのかもしれない[28]。とはいえ、金融商品取引法上、上場会社などについて作成が要求されている四半期財務諸表よりも、上場会社等以外の有価証券報告書提出会社に要求されている中間財務諸表に係る「監査証明」の保証水準が高いというのは均衡がとれていないのではないかとも思われる[29]。また、「当該四半期連結財務諸表の開示対象期間に係る企業集団の財政状態、経営成績及びキャッシュ・フローの状況に関する財務諸表利用者の判断を誤らせない限り、簡便的な会計処理によることができる。」とされているものの[30]、「四半期連結財務諸表作成のための特有の会計処理は、原価差異の繰延処理及び税金費用の計算とする。」とされており[31]、限られている。

　もっとも、単体かつ半期ベースで自己資本比率に係る規制を受ける特定の事業を行う会社（銀行業及び銀行持株会社、保険業及び保険持株会社ならびに信用金庫連合会）には、第２四半期において、連結財務諸表に加え個別財務諸表の提出が求められ、かつ、第２四半期における累計期間の連結財務諸表及び個別財務諸表については中間監査基準に準拠した監査を受けることが要求されており、この点では四半期レビューと中間監査の保証水準の違いが意味を持っている[32]。

〈注〉

1　「監査基準の改訂に関する意見書」（2002年１月25日）二 改訂基準の性格、構成及び位置付け、3 監査基準の位置付け
2　大蔵省大臣官房文書課編纂『公認会計士法逐条解説』（大蔵財務協會、1948）60-61頁。林　大造（述）『公認会計士法解説』（日本計理士会、1948）17頁も参照
3　東京地判平成13・3・30（平成12年（行ウ）第186号）。その控訴審判決である東京高判平成13・10・24（平成13年（行コ）第106号）も同趣旨
4　羽藤秀雄『新版　公認会計士法』（同文舘出版、2009）71-73頁

5 羽藤・前掲注(4)86頁

6 羽藤・前掲注(4)73頁

7 羽藤・前掲注(4)85-86頁も参照

8 富山正次氏は、公認会計士審査会第5回監査制度小委員会（平成12年4月11日）において、「現在、財務書類の監査又は証明することだけが第1項業務になっていますが、レビュー業務であるとか、あるいは内部統制組織が適正であるとか、そういう証明をするということ自体も基本的には監査業務の延長線上にあり、従来の財務書類の監査証明という範疇からすると、ちょっと広がるような形になるので、表現を変えているだけでして、実質的には保証業務といいますか、証明業務の中に入ると思います。そういう意味で、弁護士とか税理士等は、こういう業務はできないと考えています。」と述べている（⟨https://www.fsa.go.jp/cpaaob/kako/kounin/gijiroku/c120411.htm⟩）。また、日本公認会計士協会「『日本における公認会計士及び公認会計士制度のあるべき姿の提言プロジェクトチーム』中間報告」（2013年7月3日）は、「法第2条第1項の業務は、"監査証明"に限定されるものではなく、"信頼を付与するための保証業務"として捉えるべきであり、これら保証業務を、枠組み、保証の程度等により整理する必要があると考えられる。」と結論づけている（5頁）。もっとも、松本教授は、「わが国会計士が本来の監査業務と保証業務を切り分けることなく、両業務間の曖昧さを残したまま、なるべく独占業務としての1項業務に含まれるような業務領域を指向していると解される。」「監査業務として法令に規定された業務は、自動的に公認会計士の独占業務となる。このため1項業務として、財務書類の監査証明が公認会計士の独占業務として位置付けられた趣旨とは異なるような業務まで、公認会計士の独占業務として位置付けられている可能性がある。」と指摘する（松本祥尚「保証業務と2条1項業務」内藤文雄（編著）『監査・保証業務の総合研究』（中央経済社、2014）62頁、68頁）。

9 大蔵省大臣官房文書課編纂・前掲注(2)63-64頁（「財務に関する調査」とは、会計に関係のある或特殊事項について吟味をすることを云う。調査のために調査を行う必要を生ずることもあるが、調査のための調査は、通常その対象の範囲が決算書類調査の場合に比し大いに局限されている。例えば、出納係に不正の疑がありこれを調査する場合には専ら現金出納帳を中心として現金有高を監査し、収支記録を関係証憑と照査する如きである。この外調査は、或いは営業の譲渡、合併、融資等にあたって企業の収益力、暖簾価格を決定するためとか、或いは訴訟事件につき当事者又は裁判所の委託により或会計事項を調査すると

　か、色々の場合がある（旧字体を新字体に置き換えた。―引用者））。また、羽藤・前掲注(4)83-84頁参照

10　松本教授は、「1項業務に該当しない業務は、保証業務を含めて全て2項業務として捉えられる」とされるが（松本・前掲注(8)70頁）、2項の文言からは保証業務がそれに含まれると解することには無理がある。

11　松本教授は、「財務諸表監査のように想定利用者と情報作成者との間の情報の非対称性を解消する目的で、第三者としての職業的専門家たる公認会計士が関与する業務が独占化されるためには、公益的な観点からの証明業務として1項業務に位置付けられる必要がある。」とする（松本・前掲注(8)61頁）。また、「公益性の観点は、想定利用者が既存の契約関係にない不特定多数の利害関係者となる場合を前提としている。」とされるが（松本・前掲注(8)59頁注7）、この考え方によれば、たとえば、金融機関から与信を受けるための任意監査は公益的な観点を欠き、1項業務にふさわしくないということになるが、立法論としてはともかく、現在の公認会計士法2条1項の解釈論としては狭すぎるのではないかと思われる。

12　羽藤・前掲注(4)70頁参照

13　日本公認会計士協会「独立性に関する法改正対応解釈指針 第8号（中間報告）大会社等の規制・非監査証明業務について（その3）」（2004年9月7日）（公認会計士等に係る利害関係に関する内閣府令（昭和49年大蔵省令第58号）が平成19年内閣府令第81号附則3条により廃止され、根拠規定が削除されたため廃止）では、「2条2項業務は、公認会計士が行う業務のうち、公認会計士法第2条第1項に掲げる監査又は証明業務（以下「2条1項業務」という。）以外の業務とも言えるが、現状の実務では2条1項業務の範囲が必ずしも明確ではなく、したがって、2条1項業務と2条2項業務の区分が明確になっていない部分がある。」と指摘されていた。その上で、「監査報告書に記載すべき非監査証明業務」（利害関係府令第8条第3号―2004年当時）の文脈においてであるが、「監査証明業務の一環として実施される業務、監査証明業務と直接的関連性を有する業務、及び法規制により監査人が実施することを要請されている業務であって、かつ、会計監査人のみが合理的に提供可能である業務については、当分の間、2条1項業務に含まれるものとして取り扱うものとする。このように2条1項業務に含まれるものの事例としては、コンフォートレターの作成業務、四半期財務情報のレビュー業務、海外等を含む法令等の要請により財務報告に係る内部統制の証明業務を監査人が提供することを義務付けられている場合における当該業務に係る基準に準拠して適切に実施しなければならな

い過程の業務が挙げられる。」としていた。

　なお、日本公認会計士協会「独立性に関する法改正対応解釈指針 第4号 大会社等監査における非監査証明業務について」(2004年3月17日、改訂：2008年2月13日)は、たとえば、監査の過程で行われる会計処理に関する助言・指導業務、監査対象となる財務諸表の作成方法に関する助言・指導業務、監査対象となる内部統制システムに関する助言・指導業務が一般に公正妥当と認められる監査に関する基準及び慣行に基づき監査人が実施しなければならない過程であると認められる業務(監査証明業務の一環として実施される業務)にあたるとの見解を示していた。また、たとえば、コンフォートレターの作成業務、海外等の法規制により内部統制の証明業務を監査人が提供することを義務づけられている場合における当該業務に係る基準に準拠して適切に実施しなければならない過程の業務、銀行等の金融機関に対する、金融庁による金融検査マニュアルに記載されている種々のリスク管理に関する「外部監査」に相当する業務、業種別監査委員会報告第30号「自己資本比率の算定に関する外部監査を『金融機関の内部管理体制に対する外部監査に関する実務指針』に基づき実施する場合の当面の取扱い」における業務、業種別監査委員会報告第28号「証券会社における顧客資産の分別保管に対する検証業務等に関する実務指針(中間報告)」における業務、監査基準委員会報告書第18号「委託業務に係る統制リスクの評価」における受託会社監査人の業務、監査対象となる財務諸表を含む開示書類または上場申請書類等に関して実施される当該財務諸表に関連する項目に対する助言・指導業務、規制による報告のための情報の分析及び集計、規制当局等により要求される報告書等の提供に関する業務が監査証明業務もしくは監査手続と直接的関連性を有するため、監査人により提供されることが効率的であり、かつ、監査の質を向上させることにも有用であると認められる業務(監査証明業務と直接的関連性を有する業務)、または法規制により監査人が実施することを要請されている業務に該当すると考えられるとしていた。

14　もちろん、公認会計士法34条の5が、監査法人が行うことができる業務を限定しすぎていることに問題があるのであり、このように解釈することによって、公認会計士または監査法人の独占業務の範囲を広く解することは不適切であるという見方はありえよう。とりわけ、財務書類に係る「監査及びレビュー業務以外の保証業務」(保証業務実務指針3000「監査及びレビュー業務以外の保証業務に関する実務指針」(2017年12月19日、改正：2019年8月1日)参照)も公認会計士法2条2項の業務であると解することは文言上、不自然であり、無理があると思われるが、1項業務であると解すると、公認会計士の独占業務が

広くなりすぎるとみる余地がある一方（羽藤・前掲注⑷73頁は「独占業務としての監査に該当するかどうかの解釈については厳格に判断することが適切であると解される。」とする。）、1項業務に該当しないとすると監査法人は実施できないことになる。

15　第10回国会参議院大蔵委員会会議録第25号（昭和26年3月22日）7頁［平岡市三］

16　現在であれば、「職業倫理」という表現になろう。

17　公認会計士審査会監査制度小委員会「監査制度を巡る問題点と改革の方向～公認会計士監査の信頼の向上に向けて～」（2000年6月29日）においては、「近年、財務書類以外の監査証明業務、財務書類に係るレビュー業務等が拡大しており、これらの業務については、公認会計士法第2条第1項の業務又は第2項の業務としてどのように位置づけていくか、また、現行の規定を見直す必要があるかどうかを検討する必要があると考えられる。」と指摘されていた。

　　なお、この報告書に至る過程で、日本公認会計士協会から参加した富山委員は、2条1項を、

> 一　財務書類の監査又は証明をすること。
> 二　財務に関する情報の信頼性を担保すること。ただし、前号の業務を除く。

と改正することを提案した。そして、「1号は従来の業務で、2号は……レビュー業務とか、あるいは財務書類以外のいろいろな事実関係の証明業務であるとか、そんなことをイメージして作ってみたものです。」とその趣旨を説明したが（公認会計士審査会第5回監査制度小委員会議事録）、報告書では採用されなかった。

18　神田秀樹（監修）『注解証券取引法』（有斐閣、1997）136頁、岸田雅雄（監修）『注釈金融商品取引法　第1巻』（金融財政事情研究会、2011）275頁［加藤貴仁］、神崎克郎＝志谷匡史＝川口恭弘『証券取引法』（青林書院、2006）366-367頁など

19　たとえば、森　公高ほか「座談会 四半期報告制度における四半期レビュー基準・実務指針の適用面における課題をめぐって」会計・監査ジャーナル20巻4号（2008）9頁以下も参照

20　企業会計審議会「四半期レビュー基準の設定に関する意見書」（2007年3月27日）においては、「監査人は、年度の財務諸表の監査において得た、内部統制を含む、企業及び企業環境の理解及びそれに基づく重要な虚偽表示のリスクの評価を考慮して、四半期レビュー計画の策定を行い、これに基づき、質問、分析的手続その他の四半期レビュー手続を適切に実施することが求められる。」

「四半期レビュー手続の実施に当たり、監査人は、企業が年度の財務諸表を作成する際の会計帳簿等の会計記録に基づいて四半期財務諸表を作成していることを確かめた上で、経営者等に対して、四半期財務諸表の重要な項目に関して的確な質問を実施するとともに、業種の特性等を踏まえたきめ細かな分析的手続を実施することが求められる。」とされていた（二 主な内容と考え方、2 実施基準）。

21 　無限定の結論を表明する場合には、四半期レビュー報告書に、監査人の責任として、「四半期レビューは質問、分析的手続その他の四半期レビュー手続からなり、年度の財務諸表の監査に比べて限定的な手続となること」を記載することとされているが（第三 報告基準、5 無限定の結論）、「その他の四半期レビュー手続」の内容が明らかにされていない以上、この記載を理由として業務実施者の過失が認められにくくなるということはできないであろう。

22 　山浦久司「中間監査基準の論理と課題」JICPA ジャーナル11巻6号（1999）53頁参照。また、鈴木輝夫「中間監査基準等の実務的対応」企業会計50巻12号（1998）38頁以下

23 　そもそも、『中間監査基準』は、「監査人は、中間監査リスクを合理的に低い水準に抑えるために、中間財務諸表における重要な虚偽表示のリスクを評価し、発見リスクの水準を決定するとともに、当該発見リスクの水準に対応した適切な監査手続を実施しなければならない。」（第二 実施基準、3）としているところ、経験的に、「中間財務諸表における重要な虚偽表示のリスク」が、「財務諸表における重要な虚偽表示のリスク」よりも低いということはないのではないかと思われる。

24 　企業会計審議会「中間監査基準の改訂について」（2020年11月6日）の「二 主な改訂点とその考え方」でも、「平成14（2002）年及び平成17（2005）年の改訂における「監査基準の改訂について」及び「中間監査基準の改訂について」に記載されているリスク・アプローチの概念や考え方は踏襲されていることに留意が必要である。」と指摘されている。

25 　〈https://www.nhk.or.jp/info/pr/kessan/assets/pdf/2020/k-kansa_r02.pdf〉

26 　山浦・前掲注⑵53頁、吉見　宏「中間監査基準にみる公認会計士の責任」現代監査10号（2000）36頁以下など参照

27 　森　實「中間監査の保証水準について」税経通信54巻15号（1999）27頁

28 　そもそも、1971年に半期報告書制度が導入された時点では、半年決算の会社が提出会社の約半数（上場会社の85%）を占め、これらの会社は、半年ごとに

有価証券報告書を提出し、かつ、東京証券取引所が、１年決算の会社には有価証券報告書とほぼ同じ記載内容の（公認会計士の監査証明がなされた）半期報告書の提出を求めていた（西原寛一ほか「証券取引法の改正について〔7〕」インベストメント25巻２号（1972）62頁［神崎克郎］）。したがって、半年に１回、通常の監査がなされていたのであり、中間監査の保証水準を低く設定することは、保証水準を引き下げるものと評価されてもおかしくはなかった。河本一郎教授は、期間経過後３カ月以内を証券取引法上の半期報告書の提出期限としたのは、「将来この半期報告書についても公認会計士なり監査法人の監査を及ぼすということを考えてこのようにしたのでしょうかね」と発言され、神崎教授は、公認会計士または監査法人の監査証明を要しないのであれば、「３か月というのは長すぎるのではないか」と述べられていた（西原ほか・前掲76頁）。とはいえ、中間監査に必要なリソースと時間が十分に確保できないと、中間監査に係る重要な監査手続を実施できなかったことにより、中間財務諸表全体に対する意見表明のための基礎を得ることができなかったとして（第三 報告基準、7）、意見不表明になることも全く想定されないわけではないかもしれない（脇田良一「中間監査基準の論点」企業会計50巻12号（1998）33頁参照）。

29　40年以上前に、アメリカの監査基準第10号（Limited Review of Interim Financial Information）（1975）〈https://egrove.olemiss.edu/cgi/viewcontent.cgi?article＝1004&context＝aicpa_sas〉を紹介して、中間財務諸表については限定監査（limited review）にとどめることが適切であると主張したものとして、白鳥栄一「中間財務諸表と公認会計士の関与」企業会計29巻２号（1977）69頁以下

30　企業会計基準第12号「四半期財務諸表に関する会計基準」９項

31　企業会計基準第12号11項

32　ただ、この場合の提出期限は第２四半期期間終了後60日以内とされているため、中間監査の保証水準と財務諸表監査の保証水準との間に有意な差がないとすると、十分な中間監査期間が確保されないという可能性があるかもしれない。また、監査人がなすべき監査手続に要する時間と費用（被監査会社からみれば監査報酬）が財務諸表監査の監査のそれらと大差なくなることになろう。

26 その他の記載内容

1 | 平成17年廃止前商法特例法

　平成17年法律第87号による廃止前商法特例法13条2項2号は、平成17年改正前商法281条ノ3第2項6号（営業報告書ガ法令及定款ニ従ヒ会社ノ状況ヲ正シク示シタルモノナルヤ否ヤ）及び同9号（第281条第1項ノ附属明細書ニ記載スベキ事項ノ記載ナク又ハ不実ノ記載若ハ会計帳簿、貸借対照表、損益計算書若ハ営業報告書ノ記載若ハ記録ト合致セザル記載アルトキハ其ノ旨）に掲げる事項のうち、会計に関する部分を会計監査人の監査報告書の記載事項として挙げていた[1]。もっとも、大会社の監査報告書に関する規則（昭和57年4月24日法務省令第26号）4条1項は、会計監査人の監査報告書における「営業報告書の監査の方法の概要及び結果は、会計に関する部分として監査の対象にした事項を示して記載しなければならない。」とのみ定めていた[2]。

2 | 会計監査人と事業報告—2021年改正前

　会社法の下では、計算書類等の監査と事業報告等の監査とは別個に規定されており、事業報告及びその附属明細書は会計監査人の監査の対象とはされていない[3]。おそらく、会計監査人の監査の範囲を明確なものとすることが、

このような会社法及びその委任に基づく法務省令における整理の１つの眼目であろう[4]。

　しかし、公開会社の事業報告には、「直前三事業年度（当該事業年度の末日において三事業年度が終了していない株式会社にあっては、成立後の各事業年度）の財産及び損益の状況」（会社法施行規則120条１項６号）を含めなければならず、この事項について、会社法施行規則120条３項は、「当該事業年度における過年度事項（当該事業年度より前の事業年度に係る貸借対照表、損益計算書又は株主資本等変動計算書に表示すべき事項をいう。）が会計方針の変更その他の正当な理由により当該事業年度より前の事業年度に係る定時株主総会において承認又は報告をしたものと異なっているときは、修正後の過年度事項を反映した事項とすることを妨げない。」と定めている[5]。

　また、会社法の下では、計算書類及びその附属明細書の監査と事業報告及びその附属明細書の監査とを分けて規定しているため、事業報告と計算書類との首尾一貫性について、監査の範囲外であると解されるおそれがあるが、事業報告と計算書類との首尾一貫性が欠けている場合には、そのような首尾一貫性は黙示的に会社法・会社計算規則・会社法施行規則において要求されていると解して、「法令」に従っていないという意見を、監査役、監査役会、監査委員会または監査等委員会は表明すべきであると考えられた[6]。

3 | 監査の基準—沿革と2020年改訂前・2021年改正前

　「監査基準の改訂に関する意見書」（2002年１月25日）では、「監査した財務諸表を含む開示書類における当該財務諸表の表示とその他の記載内容との重要な相違」が追記情報として例示されたが、これは、「財務諸表と共に開示される情報において、財務諸表の表示やその根拠となっている数値等と重要な相違があるときには、監査人が適正と判断した財務諸表に誤りがあるのではないかとの誤解を招く虞があるため」であるとされていた（三、９．(3)）。

　これをうけて、監査・保証実務委員会報告第75号「監査報告書作成に関す

る実務指針」（2003年1月31日）は、「本来、連結財務諸表と共に開示される情報に対する監査上の責任はないが、当該情報と連結財務諸表との間に重要な相違があるときには、監査人が適正と判断した連結財務諸表に誤りがあるのではないかと誤解を招く虞があるため、諸外国の監査基準との整合性も考慮して追記情報に記載することとされたものである。」とし、「連結財務諸表と共に開示される情報には様々な種類のものが想定されるが、追記情報の記載対象となる "重要な相違" の範囲に経営者の記述情報を含むことは、いたずらに監査人の責任を広げることになる。したがって、客観的に "重要な相違" の有無が確認できる数値情報（金額、数値、割合等）のみを記載の対象とする。」という立場をとっていた。そして、「"重要な相違" の有無は監査人の注意義務として開示書類の全体を読む中で確認されるものであり、特段の監査手続が要請されるものではない。」としていた（Ⅲ　1．(1)⑤(ケ)）。「なお、監査基準で追記情報とされている「監査した財務諸表を含む開示書類における当該財務諸表の表示とその他の記載内容との重要な相違」については、会社法では特段の要請が行われていないが、金融商品取引法監査との関係から、会社法監査における監査報告書においても追記情報として記載を行うものとする。」とされていた（Ⅳ　1．(6)追記情報①追記情報の記載対象）[7]。

　しかし、2015年改訂前国際監査基準720におおむね沿った（2021年1月14日改正前）監査基準委員会報告書720「監査した財務諸表が含まれる開示書類におけるその他の記載内容に関連する監査人の責任」（2011年7月1日、改正：2011年12月22日）では、「個々の業務の状況において別に要求される事項がない限り」、監査した財務諸表及び監査報告書が含まれる開示書類におけるその他の記載内容[8]は「監査意見の対象ではなく、監査人は、その他の記載内容が適切に記載されているかどうかを判断する特定の責任を有していない。」としつつ、「監査した財務諸表とその他の記載内容との重要な相違によって、監査した財務諸表の信頼性が損なわれることがあるため、監査人は、その他の記載内容を通読する。」とされた（1項）。

　その上で、監査人は、その他の記載内容を通読することにより重要な相違を識別した場合、監査した財務諸表またはその他の記載内容を修正する必要

があるかどうかを判断しなければならず（7項）、監査した財務諸表に修正が必要であるが、経営者が修正することに同意しない場合には、監査人は、監査基準委員会報告書705「独立監査人の監査報告書における除外事項付意見」に従って監査報告書において除外事項付意見を表明しなければならない（8項）。他方、その他の記載内容に修正が必要であるが、経営者が修正することに同意しない場合には、監査人は、監査役等に当該事項を報告する[9]とともに、①監査基準委員会報告書706「独立監査人の監査報告書における強調事項区分とその他の事項区分」第7項に従って監査報告書にその他の事項区分を設け、重要な相違について記載する、②監査報告書を発行しない、または、③可能な場合、監査契約を解除する、のいずれかを行わなければならないとされていた（9項）。

　他方で、監査人は、重要な相違を識別するためにその他の記載内容を通読する際に、明らかな事実の重要な虚偽記載に気付いた場合、経営者と当該事項について協議しなければならないとされ（13項）、監査人は、そのような協議を行った結果、明らかな事実の重要な虚偽記載が存在すると判断する場合、企業の顧問弁護士等の適切な第三者と相談することを経営者に要請し、経営者が受けた助言について考慮しなければならないとされていた（14項）。そして、監査人は、その他の記載内容に事実の重要な虚偽記載が存在すると判断したが経営者がそれを修正または訂正することに同意しない場合、監査役等にその他の記載内容に関する監査人の懸念を知らせるとともに、適切な措置を講じなければならないとされていた（15項）。

　なお、監査・保証実務委員会報告第75号は廃止され、（2021年4月7日改正前）監査・保証実務委員会実務指針第85号が、監査基準委員会報告書720の9項をふまえて、「財務諸表が含まれる開示書類のその他の記載内容に修正が必要であるが、経営者が修正することに同意しない場合、監査人は、監査役等に当該事項を報告するとともに」、(1)監査基準委員会報告書706第9項[10]に従って監査報告書に「その他の事項」区分を設け、重要な相違について記載する、(2)監査報告書を発行しない、または、(3)可能な場合、監査契約を解除する、のいずれかを行わなければならないとしていた（47項）。

4 | 事業報告は「その他の記載内容」にあたるのか——2021年改正前

　監査基準委員会報告書720（2021年1月14日改正前）では、「本報告書において、「監査した財務諸表が含まれる開示書類」は、株主（又は同様の利害関係者）に発行又は開示される、監査した財務諸表及び監査報告書が含まれる年次報告書（又は同様の書類）を表す。さらに、本報告書は、有価証券届出書等、監査した財務諸表が含まれるその他の開示書類にも状況に応じて適用されることがある。」とされていた（2項）。

　投資者は株主と「同様の利害関係者」であると考えられ、かつ、有価証券報告書は年次報告書であり、四半期報告書及び半期報告書は年次報告書と「同様の書類」といってよいから、定義をみたし、これらが「監査した財務諸表が含まれる開示書類」に含まれると解することには異論はないであろう（また、これらの書類には「監査した財務諸表」が含まれている。もっとも、厳密には、四半期報告書の場合は四半期レビューの対象となった財務諸表が含まれるというべきであろう。）。しかも、「有価証券届出書等、監査した財務諸表が含まれるその他の開示書類」という規定ぶりは、有価証券報告書、四半期報告書及び半期報告書が「監査した財務諸表が含まれる開示書類」であることを論理的な前提としている。（圏点—引用者）

　他方、会社法の下での事業報告が「その他の記載内容」にあたるとは必ずしもいい切れないのではないかという問題がありえた。たしかに、定時株主総会の招集通知に際して、事業報告は計算書類・連結計算書類（多くの場合、さらに、株主総会参考書類）とともに提供され、事実上は、1冊の冊子にまとめられている。しかし、招集通知、事業報告、計算書類（及び連結計算書類）及び株主総会参考書類は別個の書類であると会社法上は位置づけられており[11]、それらを併せて、年次報告書または同様の書類であると評価することは必ずしも自然ではないようにも思われる。したがって、事実上、1冊の冊子となっていても、それを一体としてみて、「監査した財務諸表が含まれる開示書類」と評価しなければならないとはいい切れないかもしれない。

しかも、平成17年会社法の下では、事業報告は会計監査人の監査報告の対象
とならないという整理を行ったと立案担当者は指摘しているし[12]、会社計算
規則の下では、会計監査報告には「附属明細書ニ……営業報告書ノ記載若ハ
記録ト合致セザル記載アルトキハ其ノ旨」（平成17年廃止前商法特例法13条
2項2号、平成17年改正前商法281条ノ3第2項9号）とパラレルな事項の
記載は求められていない。

5 │ 『監査基準』の改訂及び監査基準委員会報告書720の改正

(1) 『監査基準』改訂

2020年11月6日に、『監査基準』が改訂され、監査人は、「監査した財務諸
表を含む開示書類のうち当該財務諸表と監査報告書とを除いた部分の記載内
容（以下「その他の記載内容」という。）に関する事項」を「監査報告書に
記載するに当たっては、別に区分を設けて、意見の表明とは明確に区別しな
ければならない。」とされ（第四　報告基準、二　監査報告書の記載区分、
2(3)）、「第四　報告基準」に以下のような規定が新設された。

> 八　その他の記載内容
> 1　監査人は、その他の記載内容を通読し、当該その他の記載内容と財
> 　務諸表又は監査人が監査の過程で得た知識との間に重要な相違がある
> 　かどうかについて検討しなければならない。また、監査人は、通読及
> 　び検討に当たって、財務諸表や監査の過程で得た知識に関連しないそ
> 　の他の記載内容についても、重要な誤りの兆候に注意を払わなければ
> 　ならない。
> 2　監査人は、その他の記載内容に関して、その範囲、経営者及び監査
> 　役等の責任、監査人は意見を表明するものではない旨、監査人の責任
> 　及び報告すべき事項の有無並びに報告すべき事項がある場合はその内

> 容を監査報告書に記載しなければならない。ただし、財務諸表に対する意見を表明しない場合には記載しないものとする。

　他方、追記情報の例示から、「監査した財務諸表を含む開示書類における当該財務諸表の表示とその他の記載内容との重要な相違」が削除された[13]。

　なお、前文では、まず、「従来と同様、監査人は「その他の記載内容」に対して意見を表明するものではなく、監査報告書における「その他の記載内容」に係る記載は、監査意見とは明確に区別された情報の提供であるという位置付けは維持」していると説明されている（二　主な改訂点とその考え方、1　「その他の記載内容」について、⑴　監査報告書における「その他の記載内容」に係る記載の位置付け）。

　また、「監査人は、「その他の記載内容」を通読し、「その他の記載内容」と財務諸表又は監査人が監査の過程で得た知識との間に重要な相違があるかどうかについて検討することを明確にした。」とされ、「監査人が監査の過程で得た知識には、入手した監査証拠及び監査における検討結果が含まれるが、「その他の記載内容」の通読及び検討に当たって、新たな監査証拠の入手が求められるものではない。」とされている（同⑵　「その他の記載内容」に対する手続）。「新たな監査証拠の入手が求められるものではない。」とされている点は、監査人の法的責任の成否との関係ではきわめて重要な点である。

　さらに、「監査人は、「その他の記載内容」の通読及び検討に当たって、財務諸表や監査の過程で得た知識に関連しない内容についても、重要な誤りの兆候に注意を払うこととなる。その結果、監査人が、上記の重要な相違に気付いた場合や、財務諸表や監査の過程で得た知識に関連しない「その他の記載内容」についての重要な誤りに気付いた場合には、経営者や監査役等と協議を行うなど、追加の手続を実施することが求められる。」とされている（同⑵　「その他の記載内容」に対する手続）。これも、監査人の法的責任の成否との関係ではとても重要な意義を有する。すなわち、追加の手続を実施することが求められるとされているが、ここでいう追加の手続とは、監査証拠に匹敵するような証拠を入手する手続を意味するのではなく、「経営者や監査

役等と協議を行う」というような手続——2021年改正前の監査基準委員会報告書720の9項及び13項から15項までに定められた手続——にとどまることが示されていると理解できるからである。

「財務諸表に対する意見を表明しない場合には記載しないものとする。」とされた理由については、「財務諸表に対し意見を表明しない場合においては、「その他の記載内容」についての重要な誤りの有無を監査報告書に記載し、財務諸表の一部についての追加的な情報を提供することは、当該記載と財務諸表全体に対する意見を表明しないという監査人の結論との関係を曖昧にするおそれがあるため」であるとされている（同(3)「その他の記載内容」の記載）。

(2) 監査基準委員会報告書720の改正（2021年）

「監査基準の改訂について（案）」を前提とし、2015年改訂後国際監査基準720[14]と可能な限り適合させるという観点から、日本公認会計士協会も、2021年1月14日に、監査基準委員会報告書720を改正した（タイトルも「その他の記載内容に関連する監査人の責任」とされた）。

ここでは、「その他の記載内容は、通常、財務諸表及びその監査報告書を除く、企業の年次報告書に含まれる財務情報及び非財務情報である」とされ（11項(1)）、年次報告書とは「法令等又は慣行により経営者が通常年次で作成する単一又は複数の文書であり、企業の事業並びに財務諸表に記載されている経営成績及び財政状態に関する情報を所有者（又は類似の利害関係者）に提供することを目的としているものをいう」（圏点—引用者）とされている（11項(3)）。会社法上の事業報告が「企業の事業並びに財務諸表に記載されている経営成績及び財政状態に関する情報を所有者に提供することを目的として作成するもの」であることに疑いはなく（A3項も参照）、「複数の文書」であってもよいのであれば、会社法上の事業報告は計算書類でも監査報告でもない以上、「その他の記載内容」にあたると考えることに不自然さはない。

また、その他の記載内容を通読し、検討する際のガイダンスが定められた。すなわち、第1に、「その他の記載内容から選択された数値又は数値以外

の項目について財務諸表との整合性を評価する際、監査人は、その他の記載内容に含まれる財務諸表の数値又は数値以外の項目と同一の情報、要約した情報又はより詳細な情報を提供することを意図した情報の全てを財務諸表において対応する情報と比較することは要求されていない。」としている（A26項）。その上で、整合性の評価の手続として、「財務諸表の情報と同一であることが意図された情報については、当該情報と財務諸表を比較する」こと、「財務諸表の開示と同じ意味を伝えることが意図された情報については、使用された文言を比較し、また使用された文言の相違の重要性及び当該相違により意味が異なるかどうかを検討する」こと、ならびに、「その他の記載内容の金額と財務諸表の調整を経営者から入手し」、当該調整における項目を財務諸表及びその他の記載内容と比較し、及び／または当該調整における計算が正確かどうかを確認することを例示している（A28項）。

第2に、その他の記載内容と監査人が監査の過程で得た知識との間に重要な相違があるかどうかの検討との関連では、その他の記載内容における多くの事項について、監査において入手した監査証拠及び結論に対する認識と照らし合わせて検討することで十分なことがあるとし（A34項）、関連する監査調書を参照すること、または関連する監査チームのメンバーもしくは構成単位の監査人に質問を行うことは必ずしも求められていないが、必要に応じて行うものとされている（A35項及びA36項）。

第3に、これら以外の情報（監査人の専門外の情報を含む。）については、重要な誤りのその他の兆候に注意を払うことで、結果として監査人は、その他の記載内容を通読した監査チームメンバーが監査の過程で得た知識とは別の一般的な知識とその他の記載内容との相違点やその他の記載内容における不整合を識別する場合があるとされている（A38項）。

そして、監査人は、通読及び検討の結果、その他の記載内容と財務諸表との間に重要な相違があると思われる場合または重要な誤りがあると思われるその他の記載内容に気付いた場合には、その事項について経営者と協議し、①その他の記載内容に重要な虚偽記載があるかどうか、②財務諸表に重要な虚偽表示があるかどうか、及び、③監査人の企業及び企業環境の理解の更新

が必要かどうかを判断をするために、必要に応じてその他の手続を実施すべきこととされているが（15項）、その他の記載内容に固有なものは①のみであると考えられる[15]。

そして、①との関連で、監査人が実施すべき手続としては、経営者との協議に際して、その他の記載内容の裏付けとなる資料の提供を要請することが挙げられ（A39項）、財務諸表や監査の過程で得た知識と関連しない情報について、監査人の質問に対する経営者の回答を監査人が十分に評価することができない場合には、適格な第三者（たとえば、経営者の利用する専門家または顧問弁護士）への相談を要請し、第三者の見解を得てもなお、判断が困難な場合の対応としては、監査人の利用する法律専門家から助言を得ること、監査報告書に及ぼす影響、たとえば経営者から課された制限がある状況を記載するかどうかを検討すること、及び、現実的な対応として可能であれば、監査契約を解除することが例示されている（A43項）。

(3) 若干の法的問題点

1) 監査人の責任

金融商品取引法は、有価証券届出書、有価証券報告書、半期報告書または四半期報告書のうちに「重要な事項について虚偽の記載があり、又は記載すべき重要な事項若しくは誤解を生じさせないために必要な重要な事実の記載が欠けているときは」、当該有価証券を取得しまたは処分した者がその取得等の申込みの際記載が虚偽であり、または欠けていることを知っていたときを除き、当該書類に係る「第193条の2第1項に規定する監査証明において、当該監査証明に係る書類について記載が虚偽であり又は欠けているものを虚偽でなく又は欠けていないものとして証明した公認会計士又は監査法人」は、当該有価証券を取得等した者に対し、「記載が虚偽であり又は欠けていることにより生じた損害を賠償する責めに任ずる。」と定めている（21条1項3号、22条1項、24条の4、24条の4の7第4項、24条の5第5項）。監査人は、その他の記載内容については意見を表明していないのであるから、「監査証明に係る書類について記載が虚偽であり又は欠けているものを虚偽でなく又

は欠けていないものとして証明」したという要件に該当しないから、かりに、「その他の記載内容」に重要な誤りがあるにもかかわらず、「報告すべき事項はない」旨を監査報告書に記載したとしても、監査人は有価証券を取得等した者に対して、金融商品取引法上の損害賠償責任を負わないということになる。

　他方、会計監査人監査との関連では、「会計監査報告に記載し、又は記録すべき重要な事項についての虚偽の記載又は記録」をしたときは、これをすることについて注意を怠らなかったことを証明したときを除き、これによって第三者に生じた損害を賠償する責任を会計監査人は負うものとされており（会社法429条2項4号）、「虚偽の記載又は記録」には記載等すべき重要な事項の不記載も含まれると解されている[16]。ところが、令和3年法務省令第1号による改正後会社計算規則126条1項は、同条「第2号の意見があるときは、事業報告及びその附属明細書の内容と計算関係書類の内容又は会計監査人が監査の過程で得た知識との間の重要な相違等について、報告すべき事項の有無及び報告すべき事項があるときはその内容」（5号）を会計監査報告の内容としなければならないとする。したがって、かりに、会計監査人監査も『監査基準』に従って実施しなければならないと解すると、『監査基準』が「報告すべき事項がある場合はその内容を監査報告書に記載しなければならない」と定めている以上、「その他の記載内容」に重要な誤りがあるにもかかわらず、それを記載しなければ、会計監査人は第三者に対して損害賠償責任を負うことがありうる[17]。そこで、「注意を怠らなかったことを証明」するために、会計監査人はその他の記載内容に関してどのような手続を実施すべきかが重要な問題となる。

　公認会計士法30条は公認会計士または監査法人が「虚偽、錯誤又は脱漏のある財務書類を虚偽、錯誤及び脱漏のないものとして証明した場合」の公認会計士の処分を、同31条の2は「公認会計士が会社その他の者の財務書類について証明をした場合において、第30条第1項又は第2項に規定する場合に該当する事実があるとき」の課徴金納付命令を、同34条の21第2項1号及び2号ならびに第3項は、監査法人が「虚偽、錯誤又は脱漏のある財務書類を

虚偽、錯誤及び脱漏のないものとして証明した場合」の監査法人に対する処分を、同34条の21の２第１項は「監査法人が会社その他の者の財務書類について証明をした場合において、当該監査法人が前条［34条の21—引用者］第２項第１号又は第２号に該当する事実があるとき」の課徴金納付命令を、それぞれ定めている。その他の記載内容は財務書類の一部を成すものではなく、また、公認会計士または監査法人はその他の記載内容について証明を行うわけではないので、その他の記載内容に重要な虚偽記載があり、または、監査済財務諸表とその他の記載内容との間に重要な相違があるにもかかわらず、それを監査報告書に記載しなかったとしても、これらの（懲戒）処分または課徴金納付命令の対象とはならないものと考えられる[18]。

２）　監査報告書日以前の入手

　「監査報告書日以前に入手した」その他の記載内容がある場合に、①監査人が報告すべき事項はない旨または②監査人がその他の記載内容に未修正の重要な誤りがあると結論づけた場合には当該未修正の重要な誤りの内容を記載することが要求されるため、監査報告書日以前に、その他の記載内容を監査人が入手できなければ、『監査基準』の2020年改訂及び監査基準委員会報告書720の2021年改正はいわば絵に描いた餅にすぎないことになる。

　日本公認会計士協会「2016年から2018年における３月決算上場会社の会社法監査報告書日付の分布状況について」（2019 年１月16日）[19]によると、東証一部上場企業の平均値は５月13日、中央値は５月12日または14日、他の本則市場上場会社の平均値は５月14日または15日、中央値は５月10日または15日、新興市場上場企業の平均値及び中央値はおおむね５月17日であった[20]。他方、会社法施行規則132条１項は、特定監査役は、事業報告を受領した日から４週間を経過した日、事業報告の附属明細書を受領した日から１週間を経過した日、及び、特定取締役及び特定監査役の間で合意した日の「いずれか遅い日までに、特定取締役に対して、監査報告……の内容を通知しなければならない。」と、会社法437条は「取締役会設置会社においては、取締役は、定時株主総会の招集の通知に際して、法務省令で定めるところにより、株主に対

し、前条［436条―引用者］第3項の承認を受けた計算書類及び事業報告（同条第1項又は第2項の規定の適用がある場合にあっては、監査報告又は会計監査報告を含む。）を提供しなければならない。」と、会社法436条3項は「取締役会設置会社においては、前条第2項の計算書類及び事業報告並びにこれらの附属明細書（第1項又は前項の規定の適用がある場合にあっては、第1項又は前項の監査を受けたもの）は、取締役会の承認を受けなければならない。」（圏点―引用者）と、それぞれ定めている。取締役会設置会社の場合、株主総会の招集通知は会日の2週間前までに発しなければならないことを考慮に入れると（会社法299条1項）、――招集通知等の印刷・発送に要する時間及び取締役会の招集・開催に要する時間を考慮に入れなくとも――これらの規定からは、少なくとも、定時株主総会の会日の6週間前には特定監査役が事業報告を受領していることが想定されているということできる。そして、3月末を事業年度の末日とする会社の定時株主総会はおおむね6月21日から27日までに集中する傾向があること[21]からすれば、特定監査役が事業報告を遅くとも5月17日ごろまでには受領している（したがって、事業報告は作成済である）ことが会社法の建前である。そうであれば、通読し、検討する時間的余裕が十分であるかどうかはともかく[22]、ほとんどの場合、会計監査報告日前に会計監査人は事業報告を入手できているはずということになりそうである[23、24]。

　もっとも、会社計算規則126条1項及び監査証明府令（案）（令和2年12月24日）4条6項5号の規定ぶりからは、その他の記載内容について会計監査人（金融商品取引法上は公認会計士または監査法人）が「報告すべき事項の有無及びその内容」は必ず記載すべき事項と位置づけられていること、及び、『監査基準』は、「その他の記載内容」を通読・検討すること等を監査人に要求していることからすれば、監査報告書日以前に入手したその他の記載内容がないということ、したがって、その他の記載内容（会社法上は事業報告及びその附属明細書）を入手せずに会計監査報告を提出することは想定されていないと解することが自然でありうる。

　たしかに、営業報告書が計算書類の1つとして会計監査人の監査対象とさ

れていたため、平成17年法律第87号による廃止前商法特例法12条１項２項及び21条の27第１項第２項が取締役・執行役は営業報告書を含む計算書類及びその附属明細書を会計監査人に提出しなければならないとしていたのに対し、事業報告は会計監査人監査の対象とされていないため、会社計算規則は、事業報告及びその附属明細書が会計監査人に提供されることを想定しては、会計監査報告の提出期限を定めていない（130条）。しかし、その他の記載内容についての記載を求める以上、計算書類等と並行して事業報告等を通読する必要があるから、立法論としては、130条１項１号のイは「当該計算書類及び事業報告の全部を受領した日から４週間を経過した日」と、ロは「当該計算書類及び事業報告の附属明細書を受領した日から１週間を経過した日」と改正することが適切である。（圏点―引用者）

　なお、監査基準委員会報告書700「財務諸表に対する意見の形成と監査報告」は、「監査報告書日は、監査人がその日付までに気付き、かつその日付までに発生した事象や取引の影響を検討したことを、利用者に知らせるものである。」とする一方で（A57項）、「我が国では、株主総会又は取締役会による財務諸表の最終承認が要求されているが、そのような最終承認は、監査人が財務諸表に対する意見表明の基礎となる十分かつ適切な監査証拠を入手したと判断するために必要なものではない。また、我が国では、法令等において、認められた権限を持つ者が、関連する注記を含む財務諸表に対して責任を受け入れた日は明確には規定されていないが、監査の完了時期が想定されている。一般に公正妥当と認められる監査の基準においては、財務諸表の承認日は、経営者確認書において、認められた権限を持つ者が、関連する注記を含む全ての財務諸表が作成されたと判断し、当該財務諸表に対して責任を認めた日付をいう。」としている（A60項）。そして、これとパラレルに、2021年改正後監査基準委員会報告書720は、「我が国では、会社法において取締役会による事業報告の最終承認が要求されているが、そのような最終承認は監査人がその他の記載内容について本報告書で要求される手続を行うために必要なものではない。したがって、本報告書では、事業報告の最終版は、経営者が最終版であることを表明した事業報告を指し、通常、経営者確認書

の日付までに監査人に提出された事業報告となる。」としている（A15項）。

〈注〉

1　監査基準委員会報告書200「財務諸表監査における総括的な目的」（2011年12月22日、最終改正：2021年1月14日）のA1項は、「国によっては、法令等により、他の特定の事項（例えば、内部統制の有効性や、財務諸表と財務諸表以外の経営者による報告書との整合性等）について、監査人による意見の表明が要求されている場合がある。監査基準委員会報告書には、財務諸表に対する意見形成に関連する範囲で、そのような他の特定の事項に関連する要求事項と適用指針が含まれているが、そのような意見を提供する追加的な責任を有する場合、監査人は追加的な作業の実施が要求されることになる。」としている。また、監査基準委員会報告書700「財務諸表に対する意見の形成と監査報告」（2011年7月1日、最終改正：2021年1月14日）のA53項は、「国によっては、監査人は、我が国において一般に公正妥当と認められる監査の基準に基づく財務諸表に対する監査人の報告責任に加え、財務諸表に関連するその他の事項について報告責任を有する場合がある。例えば、監査人は、財務諸表監査の実施中に特定の事項（適切な会計記録を維持していない場合など）に気付いた場合、当該事項を報告することが求められている場合がある。また、監査人は、特定の事項（会計帳簿と会計記録、財務報告に係る内部統制、又はその他の記載内容に含まれる項目の適切性など）について追加的に特定の手続を実施し報告することが求められていたり、意見を表明することが求められていたりすることがある。」としており、「我が国においては、財務報告に係る内部統制の監査がこれに該当し、財務報告に係る内部統制の監査基準が指針を提供している。」としているが、平成17年廃止前商法特例法の下では、そのような状況であったということができる（「会計帳簿ニ記載若ハ記録スベキ事項ノ記載若ハ記録ナク若ハ不実ノ記載若ハ記録アルトキ又ハ貸借対照表若ハ損益計算書ノ記載若ハ記録ガ会計帳簿ノ記載若ハ記録ト合致セザルトキハ其ノ旨」という記載事項も定められていた。平成17年改正前商法281条ノ3第2項2号・平成17年廃止前商法特例法13条2項2号）。

2　商法特例法の昭和56年改正の審議の過程で、元木説明員は、「今回監査特例法において、この「監査報告書の記載方法は、法務省令で定める。」ということにしているわけでございますけれども、まず理由といたしましては二つございます。……今後の方針といたしまして、営業報告書、それから附属明細書にはいわゆる会計事項も、それから非会計事項といいますか業務事項も双方が書

442

かれるということになるわけでございます。そういたしますと、監査役は業務及び会計の監査双方をいたしますので、計算書類のすべてについて監査の対象になるということになりますけれども、会計監査人につきましては会計事項のみを監査するということになってまいりますと、営業報告書とか監査報告書のうちの会計事項のみを監査するということになるわけでございます。ところが、実際問題といたしまして何が会計事項かあるいは何が非会計事項かということになると、かなり微妙な問題も起きてきて、そのためにいろいろ問題を生じるということもあるのではなかろうか。そこで、これを法務省令で明らかにいたしまして、これとこれとこれは完全に記載してほしいというようなことで、会計監査人の監査報告書が書きやすいようにするということもねらっているわけでございます」と回答していたが（第94回国会衆議院法務委員会議録第11号（昭和56年5月8日）31頁）、会計に関する部分を一般的に列挙することは不可能であると考えられたため（龍田　節「商特2条」上柳克郎＝鴻　常夫＝竹内昭夫（編集代表）『新版注釈会社法(6)』（有斐閣、1987）520頁）、法務省令（大会社の監査報告書に関する規則）では、何が会計に関する部分なのかは明らかにされなかった。

3　事業報告を会計監査人の監査の対象から除くために、事業報告を計算書類ではないと整理したものである（相澤　哲＝葉玉匡美＝郡谷大輔（編著）『論点解説　新・会社法』（商事法務、2006）458頁、相澤　哲＝郡谷大輔「新会社法関係法務省令の解説(4)事業報告〔上〕」商事法務1762号（2006）4頁、相澤　哲『一問一答　新・会社法』（商事法務、2005）155頁参照）。

4　昭和49年商法改正（商法特例法制定）に至る過程で、営業報告書のうち、会計に関する記載の真実性について、会計監査人の監査の対象とすることが当初提案されたが（「民事局参事官室試案」（昭和43年9月）第十一、七、2（三））、営業報告書の記載事項が法定されていないため、どの部分が会計に関するかの判断が困難となり、監査の範囲、ひいては会計監査人の責任の範囲が不明確になるおそれがあるという理由で（味村　治＝加藤一郎『改正商法及び監査特例法等の解説』（法曹会、1977）28頁）、「商法の一部を改正する法律案要綱」（昭和45年3月30日）ではこの提案は盛り込まれなかったという経緯がある。その後、上述のように、昭和56年改正により記載事項に含められた。

5　また、公開会社の事業報告の内容とすべき「株式会社の現況に関する事項」（会社法施行規則119条1号）のうち、「当該事業年度における事業の経過及びその成果」（120条1項4号）、「対処すべき課題」（同項8号）または「前各号に掲げるもののほか、当該株式会社の現況に関する重要な事項」（同項9号）は、

計算書類に示された数値（またはそれを加工した数理）を用いて記載されることが少なくなく、しかも、「株式会社が当該事業年度に係る連結計算書類を作成している場合には、前項各号に掲げる事項については、当該株式会社及びその子会社から成る企業集団の現況に関する事項とすることができる。」（120条2項1文）とされていることから、連結計算書類に示された数値（またはそれを加工した数値）を用いて記載されることもよく見受けられる。そもそも、会社法施行規則118条1号は、事業報告は、「当該株式会社の状況に関する重要な事項（計算書類及びその附属明細書並びに連結計算書類の内容となる事項を除く。）」（圏点—引用者）をその内容としなければならないと定め、同120条2項2文は「この場合において、当該事項に相当する事項が連結計算書類の内容となっているときは、当該事項を事業報告の内容としないことができる。」と規定しており、ある事項が計算書類及びその附属明細書または連結計算書類の内容とされるか事業報告の内容とされるかの境界線は一義的には定まらないことが前提とされている。

6 　EU構成国の状況については、やや古くなったが、弥永真生『会計監査人論』（同文舘出版、2015）230頁参照

7 　令和3年法務省令第1号による改正前会社計算規則126条2項は、追記情報として、「監査した財務諸表を含む開示書類における当該財務諸表の表示とその他の記載内容との重要な相違」を例示していなかった。もっとも、令和3年4月14日時点の監査証明府令4条6項も「監査した財務諸表を含む開示書類における当該財務諸表の表示とその他の記載内容との重要な相違」を例示していない。

8 　その他の記載内容には、たとえば、経営者による事業報告、財務概要または財務ハイライト、従業員の状況、設備投資計画、財務比率、取締役の氏名、四半期財務情報が含まれるものとされている（A3項）。

9 　監査基準委員会報告書260「監査役等とのコミュニケーション」は、「監査の過程で発見され、経営者と協議したか又は経営者に伝達した重要な事項」及び「監査の過程で発見され、監査人が、職業的専門家としての判断において財務報告プロセスに対する監査役等による監視にとって重要と判断したその他の事項」についても、監査人は、監査役等とコミュニケーションを行わなければならないとしている（14項(3)(6)）。

10 　監査基準委員会報告書720第9項の規定とは異なっているが、監査基準委員会報告書706（最終改正：2021年1月14日）では当該規定は第9項となっている。

11 　これらの書類を1冊の冊子にまとめることは要求されていない。また、「定

時株主総会の招集の通知に際して、……株主に対し、……提供」という文言（会社法437条）からすれば、法的には招集通知と計算書類及び事業報告とは別個の書類である。同様に、株主総会の招集「通知に際して、……株主に対し、……交付」という文言（会社法301条）からすれば、法的には招集通知と株主総会参考書類とは別個の書類である。さらに、計算書類と事業報告とは別個の書類と位置づけられている。

12　前掲注(3)参照

13　なお、中間監査との関係では、「監査人が意見を表明した中間財務諸表を含む開示書類における当該中間財務諸表の表示とその他の記載内容との重要な相違」は追記情報という位置づけのままである（『中間監査基準』第三 報告基準、9）。また、四半期レビューとの関係でも同様とされる（『四半期レビュー基準』第三 報告基準、13）と予想される。

14　なお、2014年4月に、国際監査・保証基準審議会は、国際監査基準720「その他の情報に関する監査人の責任」の改訂公開草案を公表したが、そこでは、監査人はその他の情報を通読し、(a)その他の情報と財務諸表との間に重要な不整合がないかどうかを検討しなければならない、(b)その他の情報と監査の過程において監査人が知ったこととの間に重要な不整合がないかどうかを検討しなければならない、そして、(c)その他の情報につき重要な虚偽表示があるように見えるその他の兆候に注意を払わなければならないとし、(a)に基づく考察に基づいて、監査人は、財務諸表に含まれる金額と同一の、または要約し、もしくはより詳細を示すために、その他の情報に含まれる金額その他の項目と財務諸表に含まれる金額その他の項目との整合性を評価するために限定的手続（limited procedures）を実施しなければならないとすることが提案されていた。ここで、限定的手続の例としては、財務諸表に含まれる情報と同一の情報を提供することを意図している場合には、突合を行うこと、財務諸表における開示と同じ意味を伝えることを意図している場合には用いられている文言の相違の重要性を検討し、その相違が異なる意味を示唆しているかを検討すること、その他の情報に含まれている項目と財務諸表に含まれている項目との間の調整表を経営者から入手し、調整表に含まれている項目を財務諸表と突き合わせ、調整表における計算が算術的に正確であるかどうかを判断することが挙げられていた。しかし、2015年改訂では、このような限定的手続の実施要求は——少なくとも明示的には——国際監査基準720に含められなかった。

15　そして、財務諸表に重要な虚偽表示があると判断した場合または監査人の企業及び企業環境の理解の更新が必要であると判断した場合、他の監査基準委員

会報告書（監査基準委員会報告書705または 監査基準委員会報告書315など）に従って適切に対応することが求められているが、これは、その他の記載内容との関係に特有のものではない。

16 吉原和志「429条」岩原紳作（編）『会社法コンメンタール９』（商事法務、2014）410-411頁

17 もっとも、そのような不記載によって損害が第三者に生ずることは必ずしも多くはないのかもしれない。

18 公認会計士法26条違反［信用失墜行為］として懲戒処分の対象となることはありうる（公認会計士法31条１項）。

19 〈https：//jicpa.or.jp/news/information/files/5-99-0-2-20190116.pdf〉

20 とはいえ、たとえば、2018年３月期については、会社法監査報告書日が５月７日である会社が106社（4.4%）存在した。

21 たとえば、東京証券取引所「2020年３月期決算会社の定時株主総会開催日集計結果（東証上場会社）」
〈https://www.jpx.co.jp/news/1021/nlsgeu000004r6il-att/nlsgeu000004rdck.pdf〉参照

22 ドラフトの段階から通読し検討するのであれば、時間的に無理はないということもあるかもしれない。なお、日本公認会計士協会業務本部2020年審理通達第２号「開示書類におけるその他の記載内容に関する手続実施上の留意事項」（2020年２月20日）では、金融商品取引法上の開示を念頭に置いてであるが、「企業情報の開示の充実の要請により、その他の記載内容の作成にこれまで以上に時間を要することも想定されることから、その他の記載内容の入手スケジュールについて経営者と事前協議し、それに応じて監基報720が定める通読のために必要なリソースを確保することがより重要となる点に留意する必要がある。」と指摘されている。

23 実務上は、その時点では最終版とはいえないという事態が懸念されるが、それは、会社法が定める規律の建前とは異なる。また、「監査報告書日までにその他の記載内容を入手できなかった」と監査報告書に記載されることを被監査企業としては好まないであろうから、『監査基準』の2020年改訂及び監査基準委員会報告書720の2021年改正は、これまでは事業報告の作成のタイミングが遅れがちであった（その結果、事実上、監査役等にとっての監査期間が短くなってしまっていた）企業に、事業報告を早期に作成するインセンティブを与えることになりうる。

24 なお、平成17年改正前商法及び平成17年廃止前商法特例法の下では、廃止前

商法特例法12条1項・2項及び21条の27第1項・第2項が遵守されている限り、ある程度の時間的余裕をもって、会計監査人は営業報告書及び附属明細書の会計に関する部分を監査することができたし、当然、それ以外の部分を通読することもできたはずである。

27 会計監査人の任務の拡大

1 | 分配可能額と会計監査人

　平成17年法律第87号による廃止前商法特例法13条2項2号は、会計監査人の監査報告書の記載事項の1つとして（平成17年改正前）商法281条ノ3第2項7号に掲げる事項（利益ノ処分又ハ損失ノ処理ニ関スル議案ガ法令及定款ニ適合スルヤ否ヤ）を挙げていた。しかし、（平成17年改正前）商法281条ノ3第2項8号に掲げる事項（利益ノ処分又ハ損失ノ処理ニ関スル議案ガ会社財産ノ状況其ノ他ノ事情ニ照シ著シク不当ナルトキハ其ノ旨）は会計監査人の監査報告書の記載事項とはされていなかった。

　しかし、平成17年会社法の下では、利益処分案・損失処理案は計算書類を構成しないこととなったため、監査役（会）の監査報告[1]及び会計監査人の会計監査報告の対象ではなくなった[2]。

(1) 分配可能額を超えてなされた配当と自己株式取得

　利益処分案または損失処理案が会計監査人の監査の対象ではなくなったことと関連性があるのかどうかは明らかではないが、会社法の下では、剰余金の配当または自己株式取得が分配可能額を超えてなされた事例が少なからず知られている（450頁の表参照）。

(2)　欧州諸国の例

　ヨーロッパの国々では、会計監査人が利益処分案・損失処理案について意見を述べるべきこととされている例が見受けられる。スウェーデンでは、経営者報告書における提案に従って、利益の配当または損失の処理を株主総会が決議すべきかどうかについての記載を監査報告書に含めなければならないとされ（会社法9章32条1項2号）、ノルウェー（1999年1月15日法律第2号［監査人法］5-6条4項4号）も同趣旨の規定を置いている[3]。また、ベルギーでは、監査報告書には、総会に対して提案されている利益の分配が会社法典及び定款に従っているかについての意見を記載すべきこととされている（会社法典3.75条1項8号）。

(3)　今後の課題

　450頁の表に示したいずれの事例においても、決算業務担当部署が分配可能額算出方法に通暁していなかった、あるいは、会社法上の分配可能額算定のプロセスが確立されていなかった、取締役会や監査役会によるチェックが働く仕組みになっていなかったという問題があるが、事前に、会計監査人が剰余金の配当議案等をチェックする必要がなかったという制度上の問題があったということもできる。

　他方、会社法の下では、分配可能額の算定に係る規定はかなり大部なものとなっており、一読して理解することは容易ではない。また、阿波製紙の事案などのように臨時計算書類を作成することによって分配可能額に影響を与えることができるとされているものの、臨時計算書類と金融商品取引法上の中間財務諸表や四半期財務諸表との有機的結びつきはない。これに加えて、IFRSとのコンバージェンスの結果、これまで以上に会社計算規則158条のような規定が複雑化すると、さらに経営者などは読み取れなくなるかもしれない。

　このように考えると、分配可能額の検証に会計監査人を関与させるという方向が考えられてもよいように一見思われる。

会社	時期	行為
日本オフィス・システム	2006年11月15日取得	自己株式取得
福島銀行	2008年3月31日基準日	剰余金配当
タカチホ	2011年3月31日基準日	剰余金配当
平賀	2011年3月31日基準日	剰余金配当
阿波製紙	2012年9月30日基準日	中間配当
ジャパンベストレスキューシステム	2013年9月30日基準日	剰余金配当
HOYA	2016年3月から4月まで	自己株式取得
アルメディオ	2017年3月31日基準日	剰余金配当
PCIホールディングス	2019年1月から2月まで/2019年3月31日基準日	自己株式取得/中間配当
テイツー	2019年4月24日	自己株式取得
リソー教育	2020年5月13日効力発生日	剰余金配当

　とはいえ、このような仕組みを導入するにあたっては、会計監査人のリスクを合理的に限定するという観点などからの慎重な検討が必要であろう[4]。

2 | コーポレート・ガバナンス情報と（会計）監査人

(1)　事業報告・有価証券報告書と（会計）監査人[5]

　わが国においても、会社法施行規則の下で、公開会社の事業報告及びその附属明細書において、コーポレート・ガバナンスに関する事項の開示は広く求められ、また、金融商品取引法の下で有価証券報告書に含めるべき財務情報以外の情報は拡大する一方である。とりわけ、2018年6月28日に、金融審議会「ディスクロージャーワーキング・グループ報告——資本市場における好循環の実現に向けて——」が公表され、これに沿って、平成31年内閣府令第3号により企業内容開示府令が改正され、経営方針・経営戦略等の内容を

原因
不明
有価証券の含み損を控除しなかった
自己株式帳簿価額や事業年度末における負のその他有価証券評価差額金を控除しなかった
分配可能額の算定を行っていなかった
臨時計算書類を作成せずに、上半期の利益を分配可能額算定に含めていた
過年度決算の訂正の結果
分配可能額の算定を行っていなかった
自己株式帳簿価額を控除しなかった
臨時計算書類を作成せずに、上半期の利益を分配可能額算定に含めていた
分配可能額に注意を払わなかった
5月11日まで行った自己株式取得を考慮に入れなかった

主な事業の内容と関連づけて記載すること、事業上・財務上の課題の内容等を経営方針・経営戦略等と関連づけて記載すること、経営者が認識する「主要なリスク」を経営方針・経営戦略等との関連性の程度を考慮して分かりやすく記載することなどが求められ、また、経営者による経営成績等の状況の分析における開示項目及び記載の際の注意が拡充された。また、令和2年法務省令第52号による改正により、役員の報酬等などについての事業報告における開示が拡張された。

それにもかかわらず、金融商品取引法の下で有価証券報告書等に含まれる非財務情報は——内部統制報告書に係る監査を除けば——監査やレビューの対象とはならないし、事業報告及びその附属明細書については監査役（会）、監査等委員会または監査委員会の監査のみが要求され、会計監査人の監査の対象とはなっていない。すなわち、開示されている非財務情報の信頼性を確保する役割を監査役（会）、監査等委員会または監査委員会のみに委ねておいて十分なのかという問題はある。とりわけ、社外取締役が過半数を占める、一方で、常勤者の設置が任意とされている監査等委員会または監査委員会が十分なチェック機能を果たすことができるのかという点は重要である。監査役、監査役会、監査等委員会または監査委員会が、事業報告または有価証券報告書中の非財務情報が実態を適切かつ誠実に描写しているのかどうかを監査できればよいのであろうが（そもそも、監査役等は事業報告の内容は監査するが、有価証券報告書についてはその内容を監査するのではなく、その監査の重点は有価証券報告書等が作成される体制が適切に整備され、運用されていることをチェックすることにある。）、十分な監査をするために必要なスタッフと能力を持っているのか、そうでなくとも、作業を委託できる外部の専門

家等が存在するのかという問題がある。

1) 欧州連合

　会計指令[6]34条1項1文は、「構成国は、法定監査指令に基づいて、法定監査を行うことを構成国が認めている1人または複数の法定監査人または監査事務所によって、社会的影響度の高い事業体、中規模及び大規模企業の財務諸表が、監査されることを確保しなければならない」と定め、同条2項1文は、連結財務諸表にも準用されると定める。同時に、同条1項2文は、法定監査人は、経営者報告書が同一事業年度の財務諸表と首尾一貫しているか否か、及び、経営者報告書が適用されるべき法的要求事項に従って作成されているか否かについて意見を表明しなければならず、監査の過程で得た企業とその環境についての知識と理解に照らし、法定監査人が経営者報告書に重要な虚偽記載を識別したかどうかを記載し、そのような虚偽記載の性質を示さなければならないとする（同条2項2文で、連結経営者報告書に準用）。また、会計指令19a条5項は、構成国は、非財務報告が提供されているかどうかを法定監査人または監査事務所がチェックするようにしなければならないと定めている。さらに、同20条3項は、法定監査人または監査事務所は、企業の財務報告プロセスに関連する内部統制及びリスク管理の主要な特徴の説明（及び、公開買付指令[7]が当該企業に適用されるときは、さらに、重要な直接または間接の持分保有、特別な支配権を伴う証券の保有者及びその権利の説明、議決権に対する制限、議決権の行使期限、証券に付されている財務上の権利が会社の協力により証券保有から分離されるシステム、取締役会構成員の選任及び解任及び定款の変更を規律するルールならびに取締役会構成員の権限、とりわけ、株式を発行しまたは買い戻す権限）に関して、経営者報告書が当該会計年度の財務諸表と整合しているかどうか、及び、適用される法令上の要求事項に従って、経営者報告書が作成されているかどうかについて意見を表明しなければならず、監査の過程において得た企業とその環境についての知識と理解に照らして、経営者報告書中の重要な虚偽記載を識別したかどうかを記載し、識別したときにはそのような虚偽記載の性質の表

示を含めなければならないとしている。また、「コーポレート・ガバナンス・コードの適用及びコーポレート・ガバナンスの実務などについての情報、株主総会の運営、権限、株主の権利及びそれをどのようにして行使できるかについての説明（国内法の要求によって提供されている場合を除く。）、経営機関、執行機関、監督機関及びその委員会の構成と運営についての情報ならびにダイバーシティの方針についての説明が提供されているかどうかをチェックしなければならない」と定めている。さらに、「構成国は、連結非財務報告書が提供されているかどうかを法定監査人または監査事務所がチェックするようにしなければならない」ものとされている（29a条5項）。

2）　連合王国

　監査人は、取締役報告書に含まれる情報と当該会計期間に対応する財務諸表との間に相違があるかどうかに関する意見を監査報告書に記載することが求められている（会社法496条）。

　また、上場会社には、会計年度ごとに取締役報酬報告書の作成が求められ（会社法420条1項）、当該会社の監査人は、取締役報酬報告書の監査可能部分（auditable part）が2006年会社法の規定に準拠して適切に作成されているかどうかに関する意見を監査人報告書に記載することが求められている（会社法497条1項（b））。

　さらに、上場会社の監査人には、継続企業及び長期的生存能力についての取締役の言明及びコーポレート・ガバナンス・コード（UK Corporate Governance Code）の条項6及び条項24から条項29までに関連するコーポレート・ガバナンスについての会社による言明につき、レビューすることを求められている（LR9.8.10（R））。

　以上に加えて、財務報告評議会「国際監査基準（連合王国）720　その他の記載内容に関する監査人の責任」は、「法定その他の記載内容（statutory other information）」についての監査人に対する要求事項を定めている。監査人には、戦略報告書や取締役報告書に含まれている情報の完全性（completeness）を検証したり、報告することは求められていないが、法定

その他の記載内容に適用される法令上の要求事項に従って記載内容が作成されていない場合にはその他の記載内容に虚偽記載があるものとされているから（12項（b））、法令によって戦略報告書や取締役報告書などに記載が求められている情報が記載されていないと思われたときまたは記載されていないと結論づけたときには、事実に反する記載がなされていると思われたときまたは結論づけたときと同様に対応することが求められる。

3）　フランス

　会計監査役は経営者報告書・連結経営者報告書及び株主・社員に伝達される文書に含まれる財務情報の誠実性ならびにそれらと年度決算書・連結決算書との整合性を確認しなければならない（商法典 L.823-10条、専門職業人業務基準（NEP）9510第1項）。会計監査役は、とりわけ、会社の役員が受けた報酬及びフリンジ・ベネフィットに関する情報の正確性と誠実性を検証しなければならない（商法典 L.823-10条）。また、株式会社の会計監査役は、会社から最高額の報酬を受領した者のうち10名（従業員数が200名を超える場合）または5名の報酬総額が正確であることを証明する（商法典 L.225-115条4号）。もっとも、経営者報告書に含まれる非財務情報（法定記載事項とされている CSR 情報を含む。）を理解する過程で財務諸表との不整合に監査人が気づいた場合に、法人及びその環境の理解、収集した監査証拠、監査で得た結論に基づき懐疑心を発揮するものとされるにとどまっている（NEP9510第14項及び第15項）。　そして、会計監査役は法令等が要求する情報を確認する義務があるため（NEP9510第16項）、財務諸表監査の過程において、法定記載事項とされている CSR 情報の網羅性の確認を行う必要がある。

(2)　役員報酬等

　役員報酬等は、わが国では、会社法上は事業報告で開示され、金融商品取引法上も、財務諸表、連結財務諸表及びその注記で開示されているのではなく、一種の非財務情報として開示されている。しかし、立法論として考えた場合、この開示情報の内容を監査人の監査の対象としなくてよいのかが気に

なる。

　上述したように、たとえば、イギリスでは取締役報酬報告書の監査可能部分を監査人は監査し、フランスでは報酬受領額上位者の受領報酬総額の正確性を証明し、また、会社の役員が受けた報酬及びフリンジ・ベネフィットの正確性と誠実性を検証することになっており、役員報酬等が財務諸表本体またはその注記で開示されていなくても[8]、監査人の目が入るのに対して、わが国の場合には、公認会計士・監査法人である（会計）監査人の監査報告の対象外となっている。

　関連当事者との取引の注記は会計監査人または金融商品取引法上の監査人の監査報告の対象とされており（本書「9　関連当事者」参照）、理論的には、役員報酬等は関連当事者との取引の典型である。しかし、役員に対する報酬、賞与、退職慰労金の支払いなどの役員報酬等が関連当事者との取引の注記の対象から除外されているため[9]、反射的に、役員報酬等の開示は監査の対象になっていない。役員報酬等が注記の対象から外されている理由については、「我が国や米国での役員報酬に関する現行の開示方法を考慮して、本会計基準では開示対象外としている」と説明されている[10]。そして、実質的には、指名委員会等設置会社を別とすれば、株主総会において取締役の報酬等の上限または総額を定めている（指名委員会等設置会社では業務執行者からある程度の独立性を有すると考えられる報酬委員会が決定している）から、報酬額等の総額が不当であるということは考えにくく（不当であるとは評価されず）、会社ひいては株主の利益を損なうことはないことを主要な根拠としていると推測される。他方、監査人の監査対象に役員報酬等に係る情報を含めないことが適切であるという判断がなされたわけではなさそうである。そもそも、支払額等は数値情報であり、かつ、損益計算書に費用として反映されているものであるから、公認会計士または監査法人による監査になじむものといえる。しかも、報酬額等が株主総会または報酬委員会によって適正に決定されていても、そのような決定に従って支払等がなされているということが保障されるわけではない以上、監査の対象とすることには意義がある。

⑶ 立法論—非財務情報に対する（会計）監査人の関与の余地

　『監査基準』及び監査基準委員会報告書720「その他の記載内容に関連する監査人の責任」は、財務諸表の監査人に対して、監査した財務諸表が含まれる開示書類におけるその他の記載内容の通読及び検討を要求してはいるが、保証を与えるものではない[11]。とりわけ、多様な開示があると、比較可能性が確保できないかもしれないという懸念だけではなく、開示に対して保証を与えるときに、定型的であれば、あるルールへの準拠性を主として確かめればよいとされる可能性があるが、個々の企業が自由記載のように開示しているときに、それをどうやって保証するのか、その記載が正しいという意見を、たとえば公認会計士、監査法人その他の専門家が表明するのかという問題がありうる。

　監査役は取締役の職務執行を監査する一環として、会社が行う開示について注意を払わなければならず、金融商品取引法または会社法の下での開示との関係では、——典型的な財務情報とは異なり、記載内容について広範な裁量が会社（実質的には経営者）に認められているため、重要な事項の不記載があると判断されることは少ないであろうし、重要な事項について（積極的な）虚偽記載がなされたとしても、それと相当な因果関係を有する損害を原告が主張・立証することは容易ではないかもしれないが——非財務情報（記述情報）の虚偽記載に起因する損害賠償責任を負う可能性が一般論としてはある[12]。かりに、損害賠償責任を負うリスクがさほど大きくないとしても、虚偽記載や重要な事項の不記載が監査役等の評判を低下させ、また、その再任等に影響を与える可能性は否定できない。これらは、任意の開示においても同様であるし、取締役・執行役などの経営者にとっても重要な問題であるといえよう。したがって、財務情報についてと同様、非財務情報についても、監査役、取締役・執行役にとって、独立した、専門的知見を有する者による保証業務の結果に依拠できるという枠組みは重要であるといえる。

　他方で、投資判断にあたっては企業の持続（持続的成長）可能性が重要なファクターであり、非財務情報が企業の持続可能性の評価にとって重要であ

るとすれば、情報利用者（投資者や株主、場合によっては会社債権者）からの非財務情報の要請が高まる。信頼を置くことができなければ、情報の有用性は乏しいし、その情報が十分に活用されることは期待できないことに鑑みるならば、非財務情報の利用者の利益を図る（そして、会社が非財務情報をコストや時間などのリソースを費やして開示することの意義を失わせない）ためにも、情報の信頼性を確保する（少なくとも、信頼性があると情報利用者が考える状況を作り出す）ことが肝要であるといえそうである。このように考えてみると、非財務情報について、信頼できる第三者による保証の必要性はますます高まっていくのではないかと予想される[13]。

　そして、監査役（会）、監査等委員会または監査委員会が事業報告の監査にあたって、必要に応じて、公認会計士や監査法人などを補助者として用いれば足りるという立論はありうるものの、会計監査人に十分な報酬を支払ってチェックしてもらったほうが、かえってコストと時間の節約になるのではないかとも思われる。

3 ｜ 監査役等に対する情報提供

　会計監査人は、その職務を行うに際して取締役（指名委員会等設置会社では、執行役または取締役）の職務の執行に関し——会計に関するものであるか否かを問わず——不正の行為または法令もしくは定款に違反する重大な事実があることを発見したときは、遅滞なく、これを監査役（監査役会設置会社では監査役会、指名委員会等設置会社では監査委員会、監査等委員会設置会社では監査等委員会）に報告しなければならないとされている（会社法397条1項・3項・4項・5項)。これは、会社業務の適正な運営を期する監査役等の監査の資料とするためである[14]。

　また、大会社であるか否かにかかわらず、指名委員会等設置会社及び監査等委員会設置会社においては、会計監査人を置かなければならない（会社法327条5項）とされている。このように定められている理由の1つとしては、

社外取締役が各委員会の委員の過半数を占める指名委員会設置会社及び監査等委員の過半数が社外取締役である監査等委員会設置会社において、各委員会の委員ないし監査等委員にとっては、会社の計算関係書類が重要な情報であり、計算関係書類の信頼性が確保される必要性が高いことを挙げることができる[15]。

さらに、監査役会設置会社においては、社外監査役が半数以上でなければならないとされ（会社法335条3項）[16]、それ以外の会社でも、指名委員会等設置会社及び監査等委員会設置会社には2人以上の社外取締役が存在するはずであり、そのような状況の下では、社外取締役及び社外監査役がその監督あるいは監査の任務を果たすために必要な情報をどのように得るかという問題もある[17]。社外監査役でない監査役あるいは社外取締役でない監査役であっても、同様の必要は認められるが、とりわけ、指名委員会等設置会社及び監査等委員会設置会社においては、常勤の監査委員または監査等委員を置くことが要求されていないため、常勤者からの情報提供に期待を置くことができるとは限らない。

しかも、取締役や監査役のすべてが、会計・財務あるいは内部統制などについての十分な知見を有しているとは限らないという現状も存在する。

そうであれば、監査役や取締役（とりわけ、監査委員または監査等委員）による監査や監督の実効性を確保するという観点から、会計監査人から監査役（会）・監査委員会または監査等委員会に対する——その内容が必ずしも外部には公開されない——追加的な情報提供の仕組みを導入することも検討に値する。

長文式監査報告書の作成・提供が法律上求められているドイツ（商法典321条）[18]及びオーストリア（企業法典273条）を典型として[19]、ヨーロッパ諸国においては、監査役会または取締役会（最近では監査委員会）に対して、法定監査人が長文式監査報告書を提供するという実務が広く見受けられる[20]。

しかも、欧州連合の法定監査規則[21]は、社会的影響度の高い事業体の法定監査を行う法定監査人または監査事務所は被監査事業体の監査委員会に追加

的監査報告書を提出しなければならないと定める（11条）。追加的報告書では法定監査の結果を説明し、少なくとも、独立性の宣言、監査事務所が法定監査を行った場合にはすべての主要な監査パートナーの特定、会合の日時を含む、被監査事業体の監査委員会またはそれに匹敵する機関、経営機関、執行機関または監督機関とのコミュニケーションの性質、頻度及び程度の説明、監査の範囲とタイミング、共同監査の場合には、業務の分担の説明、どの貸借対照表項目について実証手続を行い、どの項目についてシステムとコンプライアンスの試査に基づいて検証したかについての説明、定量的な重要性の基準、監査の過程で認識した継続企業として継続する事業体の能力に重要な疑義をいだかせるような事象及び状況ならびにそれらが重要な不確実性にあたるかどうかについての報告とそれに関する判断についての説明、継続企業性の評価にあたって考慮に入れたすべての保証、コンフォート・レター、公的介入その他の支援措置の要約、被監査事業体（連結財務諸表との関連では、親企業）の財務についての内部統制システム及び／または会計システムの重要な欠陥についての報告、監査委員会がその任務を果たすことができるために有用であると考えられる限りにおいて、監査の過程で認識した法令・定款の不遵守またはその疑いを含む重要な事項についての報告などを含めなければならない。

4 | 公認会計士法2条との関係

公認会計士法2条1項は、「公認会計士は、他人の求めに応じ報酬を得て、財務書類の監査又は証明をすることを業とする。」（圏点―引用者）と、同条2項本文は、「公認会計士は、……公認会計士の名称を用いて、他人の求めに応じ報酬を得て、財務書類の調製をし、財務に関する調査若しくは立案をし、又は財務に関する相談に応ずることを業とすることができる。」と、それぞれ、定めている。

そこで、「財務書類」、「財務に関する調査」、「財務に関する立案」及び「財

務に関する相談」の意味が問題となる。公認会計士法１条の３第１項は、「「財務書類」とは、財産目録、貸借対照表、損益計算書その他財務に関する書類（これらの作成に代えて電磁的記録（電子的方式、磁気的方式その他の人の知覚によつては認識することができない方式で作られる記録であつて、電子計算機による情報処理の用に供されるもので内閣府令で定めるものをいう……）を作成する場合における当該電磁的記録を含む。）をいう。」と定義している。ここで、「その他財務に関する書類」に何が含まれるのかが問題となるが、『公認会計士法逐条解説』（以下「逐条解説」という。）では、伝票、仕訳帳、元帳等など簿記上の各種の計算書類、スケヂュール（明細表）及びフットノート（脚注）、損益計算に繋がる価値計算に関する書類、物品会計に関する物品に関する書類等、商法の規定する営業報告書、銀行法第12条に規定する監査書、保険業法第82条に規定する事業報告書等、準備金及び利益または利息配当に関する書類、証券取引法193条にいう「財務計算に関する書類」などが「財務書類」に含まれるという見解が示されていた[22]。また、羽藤氏は「伝票、仕訳帳、補助簿、元帳、原価計算に関する書類等が含まれる」とし、「監査によって、その対象である財務書類の記載内容についての信頼性が高められることになるものでなければならない」とする[23]。

　また、逐条解説では、「財務」とは、「経営の価値計算及び資金の調達管理に関する事務をいうものといわれる」とされている[24]。そして、「財務に関する調査」とは、「会計に関係のある或特殊事項について吟味をすることを云う。調査のために調査を行う必要を生ずることもあるが、調査のための調査は、通常その対象の範囲が決算書類調査の場合に比し大いに局限されている。例えば、出納係に不正の疑がありこれを調査する場合には専ら現金出納帳を中心として現金有高を監査し、収支記録を関係証憑と照査する如きである。この外調査は、或いは営業の譲渡、合併、融資等にあたって企業の収益力、暖簾価格を決定するためとか、或いは訴訟事件につき当事者又は裁判所の委託により或会計事項を調査するとか、色々の場合がある」（旧字体を新字体に置き換えた―引用者）とする[25]。また、「財務に関する立案」とは、「帳簿組織の立案、内部監査組織の立案、会計組織の立案等をいう」とされ

る[26]。他方、「財務に関する相談」について、逐条解説は定義を与えていないが、羽藤氏は、「財務に関する課題や疑問についての助言と指導を与え」ることをいうとし、「この場合の助言や指導は、単に財務計算の分野にとどまらないとされ、例えば、資金の調達や管理等の広範な範囲にわたるものとして幅広く解される。」とする[27]。

　また、平成17年改正前商法の下では、利益処分案または損失処理案は計算書類であると位置づけられており（平成17年改正前商法281条1項4号）、利益処分案及び損失処理案に記載されていた当期未処分利益または当期未処理損失は会計上の数値であることから、公認会計士法2条1項にいう「財務書類」にあたると解することができ、会計監査人が平成17年廃止前商法特例法13条2項2号・平成17年改正前商法281条ノ3第2項7号に基づき、「利益ノ処分又ハ損失ノ処理ニ関スル議案ガ法令及定款ニ適合スルヤ否ヤ」を監査報告書に記載することは、公認会計士法2条1項にいう「財務書類の監査又は証明」にあたると解することができた。また、営業報告書も計算書類であると位置づけられていたから（平成17年改正前商法281条1項3号、株式会社の貸借対照表、損益計算書、営業報告書及び附属明細書に関する規則［昭和38年法務省令第31号］参照）、営業報告書のうち、少なくとも会計に関する部分は公認会計士法2条1項にいう「財務書類」にあたると解することができ、会計監査人が平成17年廃止前商法特例法13条2項2号・平成17年改正前商法281条ノ3第2項6号・9号に基づき、「営業報告書ガ法令及定款ニ従ヒ会社ノ状況ヲ正シク示シタルモノナルヤ否ヤ」及び「第二百八十一条第一項ノ附属明細書ニ記載スベキ事項ノ記載ナク又ハ不実ノ記載若ハ会計帳簿、貸借対照表、損益計算書若ハ営業報告書ノ記載若ハ記録ト合致セザル記載アルトキハ其ノ旨」を監査報告書に記載することは、公認会計士法2条1項にいう「財務書類の監査又は証明」にあたると解することができた。

　本章で取り上げたもののうち、「監査役等に対する情報提供」は財務諸表の監査に付随しているという性格を有し、「財務に関する相談」にあたるとみてもよいであろう。また、分配可能額の算定に対する関与も、やや苦しいかもしれないが、「財務に関する相談」の範疇に入るといえるかもしれない。

しかし、コーポレート・ガバナンス情報の法令・定款準拠性または適正性についての意見を表明することは、――現在の会社法及び金融商品取引法ならびにそれらの委任を受けて定められている省令・府令を前提とする限り――「財務書類」の監査または証明とはいえないであろうし、「財務に関する調査」、「財務に関する立案」または「財務に関する相談」のいずれにもあたらないことになる。そうすると、公認会計士法2条2項の業務にもあたらないので、公認会計士の名称を用いて行うことができる業務ではなく[28]、監査法人は行うことができない業務ということになる。しかし、諸外国において公認会計士またはそれに相当する職業人が実施できる業務を、日本では監査法人が実施することができないとか、公認会計士の名称を用いて行うことができないというのはいかにも不自然であるように思われ、公認会計士法2条の改正[29]が検討されてもよい時期にあるのかもしれない[30]。

〈注〉

1　もっとも、「監査役は、取締役が株主総会に提出しようとする議案、書類その他法務省令で定めるものを調査しなければならない。この場合において、法令若しくは定款に違反し、又は著しく不当な事項があると認めるときは、その調査の結果を株主総会に報告しなければならない。」とされているから（会社法384条）、利益処分案または損失処理案が株主総会に提出される場合には、監査役は調査・報告義務を負っている。

2　相澤　哲＝和久友子「計算書類の監査・提供・公告、計算の計数に関する事項」商事法務1766号（2006）64頁

3　フィンランドにおいても、以前の監査法（936/1994）19条1項4号は、取締役会その他それに相当する機関が提案する利益処分についての意見を監査報告書に含めることを要求していたが、現在の監査法（459/2007）15条2項は要求していない。

4　神田秀樹ほか「IFRSと会社法」伊藤邦雄（責任編集）『企業会計制度の再構築』（中央経済社、2013）92～93頁［郡谷大輔発言］参照

5　欧州の状況の詳細については、たとえば、弥永真生「諸外国における非財務情報の開示の在り方と我が国への示唆（下）」月刊監査役707号（2020）48頁以下参照

6　Directive 2013/34/EU of the European Parliament and of the

Council of 26 June 2013 on the annual financial statements, consolidated financial statements and related reports of certain types of undertakings, amending Directive 2006/43/EC of the European Parliament and of the Council and repealing Council Directives 78/660/EEC and 83/349/EEC Text with EEA relevance, OJ L 182, 29.6.2013, p. 19

7　Directive 2004/25/EC of the European Parliament and of the Council of 21 april 2004 on takeover bids, OJ L 142, 30.4.2004, p. 12

8　国際会計基準第24号「関連当事者の開示」では、関連当事者の開示として主要な経営陣の報酬総額とその内訳の記載が求められているから（パラグラフ17）、国際財務報告基準・国際会計基準に従って作成された計算書類または連結計算書類の場合、それらの記載は監査人の監査の対象となる。なお、欧州連合において、国際会計基準第24号は域内での使用のために受け入れられている（Commission Regulation (EU) No 632/2010 of 19 July 2010 amending Regulation (EC) No 1126/2008 adopting certain international accounting standards in accordance with Regulation (EC) No 1606/2002 of the European Parliament and of the Council as regards International Accounting Standard (IAS) 24 and International Financial Reporting Standard (IFRS) 8, OJ L 186, 20.7.2010, p.1)。

9　企業会計基準第11号「関連当事者の開示に関する会計基準」（2006年10月17日）9項（2）、財務諸表等規則8条の10第3項2号、連結財務諸表規則15条の4の2第5項2号、会社計算規則112条2項2号など

10　企業会計基準第11号33項

11　本書「26　その他の記載内容」参照

12　会社法429条2項3号は、「監査報告に記載し、又は記録すべき重要な事項についての虚偽の記載又は記録」があった場合の監査役等の第三者に対する損害賠償責任を定めるが、「事業報告及びその附属明細書が法令又は定款に従い当該株式会社の状況を正しく示しているかどうかについての意見」は監査役等の監査報告の内容とされている（会社法129条1項2号、130条2項2号、130条の2第1項2号、131条1項2号）。また、金融商品取引法の下での役員（取締役、執行役、監査役）は有価証券報告書等のうちに――財務情報であるか非財務情報であるかにかかわらず――重要な事項について虚偽の記載があり、又は記載すべき重要な事項若しくは誤解を生じさせないために必要な重要な事実の記載が欠けているときには、有価証券の取得者等に対し損害賠償責任を負うこ

とがある（21条1項1号、22条、24条の4、24条の4の6、24条の4の7第4項、24条の5第5項）。

13　なお、森本　滋教授は、20年以上前に、コーポレート・ガバナンスに関連する会社内部の体制について事業報告及び／または有価証券報告書に記載させ、「公認会計士が本当にそうかというようなことをチェックする」ことを考えるべきであると指摘されていた（法制審議会商法部会第140回会議（1997年7月2日）議事速記録63頁）。

14　味村　治＝加藤一昶『改正商法及び監査特例法等の解説』（法曹会、1977）262頁

15　平成17年法律第87号による廃止前商法特例法の下では、委員会等設置会社については、一定の要件の下で利益の処分及び損失の処理を取締役会の決議によって行うことができるとされていたことも、会計監査人を置くことを要求する根拠であったが、会社法の下では、定款の定めがない限り、剰余金の配当等の決定を取締役会決議のみで行うことはできなくなっている。

16　さらに、令和元年改正（令和元年法律第70号）による改正後会社法327条の2は、「監査役会設置会社（公開会社であり、かつ、大会社であるものに限る。）であって金融商品取引法第24条第1項の規定によりその発行する株式について有価証券報告書を内閣総理大臣に提出しなければならないものは、社外取締役を置かなければならない。」と定め、このような会社では、1人以上の社外取締役が選任されることになる。

17　弥永真生「社外取締役と情報収集等」商事法務2028号（2014）4-16頁参照

18　詳細については、たとえば、片木晴彦「西ドイツにおける決算監査人の監査報告書――決算監査人と監査役会の連携――」廣島法學11巻1号（1987）37-60頁及び小松義明「ドイツにおける監査報告書制度の特質：商法典第321条とIDW監査基準第450号の検討」経営論集（大東文化大学）24号（2012）51-80頁。また、加藤恭彦『ドイツ監査制度論』（千倉書房、1978）、同『現代ドイツ監査制度論』（千倉書房、1993）、高柳龍芳『ドイツ監査制度論』（関西大学出版部、1981）なども参照

19　たとえば、デンマークでは、法定監査人は、監査記録（revisionsprotokol）を監査役会に提供することとされているが（会社法129条、監査人法20条）、この監査記録は長文式監査報告書に相当するものであり、かつては、監査基準265『監査記録』がこれについての実務指針を定めていた。
　　また、フランスでは、商法典L.823-16及びNEP260に従って、会計監査役は、執行機関、経営機関または監督機関に対して、監査計画、実施した監査手続、

464

前期からの会計方法などの変更、発見した不正及び誤謬などを含む情報の提供
をしなければならないものとされている。

20 Federation des Experts Comptables Europeens（FEE）, Results of
the survey on the role, position and liability of the statutory auditor
in the EU（1996）, p.57.

21 Regulation（EU）No 537/2014 of the European Parliament and of
the Council of 16 April 2014 on specific requirements regarding
statutory audit of public-interest entities and repealing Commission
Decision 2005/909/EC, OJ L 158, 27.5.2014, p. 77.

22 大蔵省大臣官房文書課編纂『公認会計士法逐条解説』（大蔵財務協會、
1948）52-55頁。なお、逐条解説は、「具体的に何の範囲のものがこの概念の中
に含まれるかということは、個々の具体的案件を処理してゆくにつれて、裁判
所の判決及び会計士管理委員会の懲戒処分によって、一種の判例法が形成さ
れ、この判例法によって明らかにされてゆくことと思う。」（旧字体を新字体に
置き換えた―引用者）とし（51頁）、また、「「財務」の概念の分析による方法は、
財務の概念そのものが曖昧な概念であるだけにあまり頼りにすることはできな
い。第二の方法は、所謂合目的的な解釈である。公認会計士は、……株主、債権
者その他の企業に対する利害関係人の利益を保護するために監査及び証明をす
ることをその第一の職務とする。従ってここに云う財務書類とは、監査証明の
対象たり得る書類であり、且つその監査証明がこれらの利害関係人の利益とな
るものでなければならない。例えば、前計算たる原価計算に関する種々の公示
見積書、企業の予算に関する書類、品質管理の対象たる書類等は、今日ではこ
の意味における監査の対象とはされていないのであって、従って今日のところ、
これら書類は財務書類に含まれないと云うべきであろう」（旧字体を新字体に
置き換えた―引用者）としている（51-52頁）。

23 羽藤秀雄『新版　公認会計士法』（同文舘出版、2009）70頁

24 大蔵省大臣官房文書課・前掲注(22)51頁。羽藤・前掲注(23)69-70頁もこの見解
によっている。

25 大蔵省大臣官房文書課・前掲注(22)63-64頁。羽藤氏は、「財務に関する調査若
しくは立案」にいう「財務」とは、公認会計士法1条の3にいう「財務書類」
の概念における「財務」と同一の概念であると解されるとした上で、同様の解
釈を示している（羽藤・前掲注(23)83-84頁）。

26 大蔵省大臣官房文書課・前掲注(22)64頁。なお、羽藤氏は「帳簿や経理の組織
の立案、原価計算や内部監査組織の立案、会計組織の立案等をいう」とする（羽

藤・前掲注(23)84頁）。

27　羽藤・前掲注(23)84頁

28　2条2項の業務は本来だれでもなしうる業務と位置づけられていると考えられる（大蔵省大臣官房文書課・前掲注(22)55-56頁。深井　忠「公認会計士の業務拡大と民事責任」日本公認会計士協会次世代公認会計士保証業務研究会『公認会計士保証業務』（2000）180頁参照）

29　もちろん、「後法は前法を破る」または「特別法は一般法を破る」という考え方（たとえば、柴田光蔵『法格言ア・ラ・カルト』（日本評論社、1986）80-83頁参照）によって、他の法律によって、監査法人は非財務情報に係る保証業務（レビュー）を行うことができるまたは行う、及び、公認会計士は公認会計士の名で非財務情報の保証業務を行うことができるまたは行うと規定することは可能である。しかし、これは、立法技術的には不自然であるように思われる。

30　もっとも、パンドラの箱を開けるようなものかもしれない。

索　引

著者紹介

弥永　真生 （やなが　まさお）

明治大学会計専門職研究科　教授

1982年　公認会計士試験第二次試験合格
1984年　明治大学政治経済学部経済学科卒業
1986年　東京大学法学部卒業
1986年　東京大学法学部助手
2002年　筑波大学ビジネス科学研究科教授
2021年　現職

■主な著書
『会計監査人の責任の限定』（有斐閣、2000年）
『監査人の外観的独立性』（商事法務、2002年）
『会計基準と法』（中央経済社、2013年）
『会計監査人論』（同文舘出版、2015年）
『会計処理の適切性をめぐる裁判例を見つめ直す』（日本公認会計士協会出
　　版局、2018年）
他多数

監査業務の法的考察

2021年6月10日　初版発行

著　者　弥永　真生　©

発行者　手塚　正彦

発行所　日本公認会計士協会出版局

　　　　〒102-8264　東京都千代田区九段南4-4-1　公認会計士会館
　　　　電話　03(3515)1124
　　　　FAX　03(3515)1154
　　　　URL：https://jicpa.or.jp/

Printed in Japan 2021　　　　　　　　　　　　　印刷製本：大日本印刷(株)

落丁、乱丁本はお取り替えします。
本書に関するお問い合わせは、読者窓口：book@sec.jicpa.or.jp までお願い致します。

ISBN 978-4-910136-09-7 C2034

弥永真生の書籍

会計処理の適切性をめぐる裁判例を見つめ直す

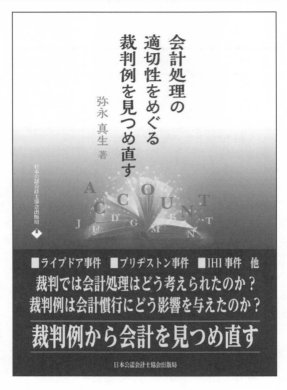

■ 弥永　真生　著
■ A5判／256ページ
■ 定価　2,200円（本体価格2,000円＋税）

- 日本公認会計士協会機関誌「会計・監査ジャーナル」2017年1月号
  から2018年6月号までに連載された記事を書籍化
- 最近の会計処理の当否が争われた裁判例を紹介し、法律学の視点
  から分析、見解を示す。裁判例から会計を見つめた一冊

★電子書籍も好評発売中！